米鸿宾 著

解密中国智慧

上

人民东方出版传媒
People's Oriental Publishing & Media
东方出版社
The Oriental Press

序　有神居焉

一、缘起

"能行中国之道，则中国之主也。"——元代大儒郝经《陵川集》

这个"主"，指的是精通中国文化之人，而能做其主，便能报之以国。

中国文化的化物育人之道是圣化的教育体系，以格物智慧为核心，而格物之精蕴尽在易学。其产生、发展与流变，数千年来，盛衰绵延，虽支脉纷纭，但内蕴无限——她是中华民族解读、认知世界的方法与智慧。历代先贤，与《易》有关者最甚。

今汇前贤之智，凡诸总论，皆纳中国格物智慧之要旨，承历代可法之言，践中国文化之大理，间或旁通己意，申先哲言不尽意之妙，为后学设绳墨，愿诸仁者灵明得契、颖解其妙。

此乃本书之缘起。

二、增益

人生，要选择抵达智慧之境的方法，而不是选择一个人。

这本书的书名虽为《解密中国智慧》，但实为中国文脉之地图、中国文化之妙旨、格物智慧之津梁。

书中根极领要，环启妙义，随得一隙而入，皆能宛转通关，可令人知晓中国文化精蕴的脉络所在，可得见圣贤格物功夫之磅礴，可了然中国文化之伟大！颖悟者皆能顺道而行、顺势而为、顺流而下。

三、饱满

有人问："学习传统文化，学习天干地支和八卦，究竟有什么用？"

我说："人生需要四种境界——先见之明，难得糊涂，独善其身，兼济天下。"

人生，最好的成长，就是让生命的智慧得以绽放。

四、不废

这世间，有人是来证道的，有人是来挣钱的。许多年后，证道的广为传颂，挣钱的音信杳无。试问：究竟谁赚到了？

要知道，人的一生，做了很多半途而废的事情。可是，仔细想想，事情真的不是废在半途，而是由于智慧不够，一开始就废了！

要知道，时下的人们，不缺能力、不缺热情，缺的是智慧财产。

要知道，有了智慧，人们所做的一切正向之事，都会迅速崛起。

要知道，所谓的秘密，都是给无知准备的！

要知道，人能行道，生命才会昂扬，才能有川流不息的活力、自觉觉他的功夫、智慧的瑞响和安稳的方向。

五、精进

古希腊苏格拉底说："像你这样只图名利，不关心智慧和真理，不求改善自己的灵魂，难道不觉得羞耻吗？"

宋代白云守端禅师说，古人留下一言半句，没有看透它们的时候，撞着就像铁壁一样。可一旦看透之后，才知道自己就是铁壁。

真谛在行间！

要将智慧带入到行动中去，不要让行为摧毁了修辞。

要知道，行辞并辉，才是自尊自重。

六、天下善

人生要有不群之气——与其在别处仰望，不如跨越百代，与往圣先贤并蒂，让生命成为一本"正经"！

这世界，洪波浩渺，白浪滔天，我只涉物流转，直下承当，向电光火闪中壁立千仞而去，成一国之良景、一家之信言、一己之智身。

你，来吗？！

七、四珍方

一个人，百千年后仍被传颂，方是经典人生。

两千多年前，颜阖先生巍峨超然的风骨、通身脱尘的风流，成

为中华民族无价的精神良药。他对齐宣王说："晚食以当肉，安步以当车，无罪以当贵，清静贞正以自虞。"（《战国策·齐策》）

你有钱，我不稀罕；我有道，你够不着！心有千千智，布衣何处不王侯？！

我爱颜斶！！

八、安住

庄子说，人生犹如一场蝴蝶梦，可这梦中，亦有数不清的罪过。

书中若遇不期之喜，则感恩圣贤；若生歧辩，则请自净其意。或燃一炷馨香，继续芬芳生命⋯⋯

祈愿苍生，在智慧一途，广结精神连理，并于未来生命的辗转中时时清净喜乐，美美与共！

让我们的生命，在更庄严处相见。

是为序。

十翼书院山长　米鸿宾
2019 己亥年孟冬月令日

目 录（上）

第一章　一脉中国

第一节 孔子的功夫

　　中国文化的教育传统是圣化的教育，是从"比肩圣贤""见贤思齐"来开蒙的。"圣人"一词在中国文化语境中是人格的极致，是有限物质世界中的一个无限精神的高标。

　　言及圣人，不得不提及中国圣人的最重要典范——孔子。《孟子·万章》载："伯夷，圣之清者也；伊尹，圣之任者也；柳下惠，圣之和者也；孔子，圣之时者也。孔子之谓集大成。"孟子评价孔子是圣人中的集大成者。

　　《史记》曰："太史公曰：《诗》有之：'高山仰止，景行行止。'虽不能至，然心乡往之。余读孔氏书，想见其为人。适鲁，观仲尼庙堂车服礼器，诸生以时习礼其家，余祗回留之不能去云。天下君王至于贤人众矣，当时则荣，没则已焉。孔子布衣，传十余世，学者宗之。自天子王侯，中国言《六艺》者折中于夫子，可谓至圣矣！"这是一位伟大的史学家对一位圣人的至高崇敬。孔子被尊奉为"天纵之圣""天之木铎"，被后世尊为孔圣人、至圣、至圣先师、大成至圣文宣王先师、万世师表，等等。两千多年来，其所代表的儒家思想对中国和世界都有着深远的影响。

　　而《论语》也是我们了解孔子最重要的经典。值得一提的是，如果学习《论语》仅仅止于理解和背诵其中那些关于仁义礼智的章句，则如同雾里看花、水中探月，不得究竟，也无法得到一个有温度、接地气的孔子形象。因此，只有回到"圣"的本源上，才能重新找回孔子，找回他有迹可寻的圣迹。

《说文解字》曰："圣（聖）者，通也。"所谓"聖人"，上左有"耳"以表闻道，通达天地之正理；上右有"口"，以表宣教布道，教民向义；下为"王"字，表其德行功业千秋万代、无出其右！

下面，我们不妨以事实来仰视一下孔子……

孔子究竟有多牛

（一）孔子观变

孔子到底是从哪里来的这么大的能量，竟让他两千多年来一直被讴歌？

《论语》中记载的某些事件，有限地展示了孔子令人难以想象的部分。例如，《论语·先进》载："闵子侍侧，訚訚如也；子路，行行如也；冉有、子贡，侃侃如也。子乐，'若由也，不得其死然。'"

场景是这样的：有一天，孔子的学生们三三两两围绕在他的身边。孔子看到闵子骞侍立在他身旁，恭敬端正，和颜悦色。孔子又移目看到子路，发现他在如此放松的场合里，却依然是表情刚毅，走来走去，孔子就说他总是忙忙叨叨、心事重重的。而当孔子侧目看到冉有和子贡在背着手聊天，并且还时不时转头看看老师有什么需要帮忙的举动时，就说这两位是谦恭有礼、从容不迫。孔子自言自语地点评完之后，笑了笑，突然又补充说道："像仲由（子路）这样，只怕将来不得善终吧！"孔子这话讲得十分突兀。

我们不知道当时子路及众人听到此言后的表情和心情是怎样的，因为《论语》没给答案。

但是，《论语》中无答案，并不代表史料中无答案！

这个答案在《孔子家语·曲礼·子夏问》中便有记载：

"子路与子羔仕于卫，卫有蒯聩之难。孔子在鲁，闻之，曰：'柴也其来，由也死矣。'既而卫使至，曰：'子路死焉。'夫子哭之于中庭……使者曰：'醢之矣。'"

孔子弟子子路和子羔都在卫国做家臣。后来，卫国发生政变，出现蒯聩之难。孔子正在鲁国，听到这件事后就说："子羔会活着回来，但子路一定会死在这个事件中。"这是孔子第二次说子路的死事，并断言会死于此。

结果呢？

没过不久，卫国使者就来了，对正在用餐的孔子说："子路死了！"孔子闻言，难以抑制悲恸，"哭之于中庭"。哭完后，他转身问使者："子路究竟是怎么死的？"使者说："醢之矣。"——子羔与子路一个出城一个进城，出了城的子羔劝子路不要进城，否则只有一死。但子路却认为自己是孔悝的家臣，食人禄而不办事不合道义，于是不顾子羔的劝阻，毅然冲进城内。结果是刚进城不久，他就被围困，不久便被蒯聩手下的兵将砍倒。当子路觉得自己已经不行了的时候，就大声地喊："让我庄严地死去……"众兵将停止砍杀，看着他浑身是血，爬到不远处，拾起自己的头盔，艰难地戴到了头上，踉踉跄跄立起身。这个武将庄严的过程刚刚结束，周围的所有兵器就全部砍向了他，很快，子路就被剁成了肉酱！

孔子听完，还未等转身，恰好不知情的仆人又将做好的一盘肉酱端了上来。孔子看到后，马上就说："快点拿下去，快点拿下去！我怎么能吃得下去呢！"然后转身走向远处，向天长歌……

《孔子家语》中所载子路之死，是对《论语》中孔子预言子路"不得其死"的印证。可惜，子路死得太惨烈了，令人连文字都不忍直视。

而孔子在大庭广众之下说子路"不得善终"，究竟是如何判断出来的呢？迄今我们仍不得其解，史书亦无记载。

然而，孔子类似的神预言，却还有很多……

（二）灾必桓厘

据《史记·孔子世家》载："夏，鲁桓厘庙燔，南宫敬叔救火。孔子在陈，闻之，曰：'灾必于桓厘庙乎？'"

有一年夏天，鲁桓公、鲁厘公的庙着火了，南宫敬叔去救火。孔子当时在陈国，听到这件事后，就说："烧的一定是桓公和厘公的庙。"后来得知，果然是桓公和厘公的庙被焚为灰烬。这件事也令齐景公非常赞叹孔子。他说："厉害啊！圣人的智慧就是超过常人很多啊！"

有人问孔子，您是怎么判断的？

孔子说，看这两人为人处世的变化就可以知道。他们开始做事还比较谦恭守礼，后来慢慢变了。如果祖上有功、宗上有德的话，就不会毁他的庙。但桓、厘二公无功德可存其庙呀！即使鲁人不毁其庙，上天也必定会毁之。

孔子这种将人的日常态度变化与祸福灾殃密切关联的判断，足以提醒人们修身的重要性。这种"不在人我之间找答案，而在人天之间找答案"的方式，正是对"天人合一"的践行。也正是因此，才让我们心中那个一直絮絮叨叨的孔子形象得以清源。

（三）伯嚭灭吴

《论语·子罕》载太宰（嚭）问子贡，孔夫子是位圣人吧，否则为什么会这样多才多艺呢？子贡说，这本来就是上天要让他成为圣人的吧，所以才使他多才多艺。后来，孔子听到子贡的描述后，说道，太宰嚭真是了解我呀！我年少时地位低贱，别人不愿意做的事情我都努力去做，所以学会了许多卑贱的技艺。君子哪会觉得技艺多呢？不会的呀。

另据西汉刘向《说苑·善说》载：太宰嚭、赵简子、齐景公三人当时都问过子贡，孔子怎么样。子贡答道，孔子太高太深了，我望尘莫及！对于子贡的回答，这些人均未提出异议，足见孔子在当时的声名和水平之高！

关于孔子之高睿，有关太宰嚭的另一事件也是佐证——当年，吴王夫差在位时，有一位大夫叫被离，他对伍子胥向吴王夫差引荐的伯嚭一点儿都不放心！为此，他专门问过伍子胥，你认为伯嚭可以信任吗？伍子胥以"同病相怜，同忧相捄（通假：救）"来回答，表示可以信任。但被离却提醒他说，你是只见其表，而不见其内。这个伯嚭眼睛像鹰，走路像老虎。鹰视虎步，本性贪佞，专功（好大喜功）而擅杀，做事充满杀机。如果将来你重用他，恐日后受其连累。但伍子胥因为与伯嚭都是从楚国逃来的，感情用事，因而对被离的话，不以为然。因为伍子胥力荐伯嚭给吴王夫差，最后伯嚭成了太宰，史称"太宰嚭"。后来，某日有人对孔子说，不好了，伯嚭死了。孔子回答，不可能。不久，又有人来说，伯嚭死了。孔子又答，不可能。后来得知，伯嚭果然没死，活得好好的。人们就很奇怪，问孔子，您是怎么知道的呢？孔子说，伯嚭在吴国做官，是专门来祸害吴国的，只要夫差还活着，吴国未灭亡，伯嚭就不会死。大家听完很是不解。后来的事实是，伍子胥先被其害死，吴王夫差随后也因太宰嚭而亡国。后来，"越王灭吴，诛太宰嚭，以为不忠，而归"。这个帮助越王勾践的伯嚭，最终也被勾践杀掉。对于伯嚭，子贡还有专门的点评："太宰嚭用事，顺君之过，以安其私，是残国之治也。"（《史记·仲尼弟子列传》）这个太宰嚭做事，顺着君王的过错而行，目的就是讨君王欢喜，从而保匿其内在的私心，这不就是残害国家的治理方式吗！

子贡对伯嚭的这个评价，是否是依据孔子当初所作的判断而得，我们不得而知，但至少说明孔子与子贡以及被离对伯嚭的为人还是看得很准的！

老子在《道德经》中所言的"知人者智"，他们三位智者的事例，便是很好的佐证。

（四）公索氏必亡

据《孔子家语·好生》记载："鲁公索氏将祭而亡其牲。孔子闻之曰：'公索氏不及二年必亡矣。'后一年而亡。门人问曰：'昔公索氏亡其祭牲，而夫子曰，不及二年，必亡。今过期而亡，夫子何以知其然？'孔子曰：'夫祭者，孝子所以自尽于其亲。将祭而亡其牲，则其余所亡者多矣。若此而不亡者，未之有也！'"

鲁国大夫公索氏，在行将祭祀的前夕，竟然将祭祀的牲口弄丢了。孔子听到这件事后，就说："一个连祭祀牲口都能弄丢的人，还有什么不能丢的呢？恐怕再丢就该丢性命了吧？"继而还判断公索氏不出二年必亡。后来，不到一年公索氏就死掉了。由此可见，古人所言的"不敬祖宗，必有大祸"，绝非一句虚言。

每每看到这个故事，我便会想起《论语·子路》中"不占而已矣"的功夫。孔子就是这种不用算就能知道结果的先知呀！

（五）性格决定命运

《论语·雍也》载："伯牛有疾，子问之，自牖执其手，曰：'亡之，命矣夫！斯人也而有斯疾也！斯人也而有斯疾也！'"冉伯牛生病了，孔子去看他，从窗外伸手进去拉着他的手，说："完了，这就是命呀！你这样性格的人，就一定会得这样的病呀！你这样性格的人，就一定会得这样的病呀！"

你看，这不就是今人耳熟能详的"性格决定命运"的表达吗？可是孔子早在两千多年前就讲出来了呀！至今仍有很多人还以为是西方文化首出的呢。

（六）商瞿得子

《孔子家语·七十二弟子》载：梁鳣，齐人，字叔鱼，少孔子三十九岁。年三十未有子，欲出其妻。商瞿谓曰："子未也。昔吾年三十八无子，吾母为吾更取室。夫子使吾之齐，母欲请留吾。夫子曰：'无忧也。瞿过四十，当有五丈夫。'今果然。吾恐子自晚生耳，未必妻之过。"从之，二年而有子。

梁鳣三十岁还没有儿子，准备休妻。商瞿对他说："我当初三十八岁还没有儿子，我妈妈准备休掉我的妻子。恰逢孔子让我到齐国出仕，但我妈妈却要留住我，这时孔子就对我妈妈说，我过了四十岁会有五个儿子！后来果然得了五个男孩。你看，我就是得子晚而已，根本不是妻子的过错。"梁鳣听了他的话，就没有休妻，两年之后果然得子。

这段记载没有讲孔子是如何判断商瞿会在四十岁之后有五个儿子的。但是，对今天的科学而言，生育的时间和数量，每一个问题，几乎都是难题！然而孔子在这里却能道出结果，实在是令人匪夷所思！

（七）知人之明

中国文化强调"以人为本"，孔子便是这方面的榜样。

哀公问于孔子曰："请问取人之法。"孔子对曰："事任于官，无取捷捷，无取钳钳，无取啍啍。捷捷、贪也，钳钳、乱也，啍啍、诞也。"（《孔子家语·五仪解》）

鲁哀公向孔子请教如何用人，孔子讲了常见的三种人特点。他说，第一种人是你刚说完话就马上答应你的，这种人既贪又不忠诚；第二种人是说话语无伦次的，这种人会乱国；第三种人是顾左右而言他的，这种人言多而不靠谱。这就是孔子从"察言"的角度来对人进行的判断和界定。

又据汉代韩婴的《韩诗外传》载，鲁哀公曾经问孔子如何用人。

孔子答道，不要用刚愎自用的人，不要用阿谀谄媚的人，不要用诋毁他人的人。

鲁哀公又问，希望您能说得再详细一点。

孔子答道，刚愎自用者，骄横跋扈；阿谀谄媚者，巧言令色；诋毁他人者，满口胡言。

鲁哀公又问，为什么这样的人不能用呢？

孔子答道，一张弓，经过调试，然后才能有力；一匹马，经过驯服，然后可以精良；一个人，真诚朴实，然后可以聪明。假如一个人没有真诚，却又多智谋，那就好比豺狼一样，是难以靠近的。这就是《周书》中所说的为虎添翼，这岂不是非常危险的事吗？

从上面所述可知，孔子对人性的理解是相当精细和深刻的，并且案例也比比皆是。

再如，《论语·颜渊》载有孔子与学生子张关于读书人怎样能称之为"达"的对话。子张问："士何如斯可谓之达矣？"子曰："何哉，尔所谓达者？"子张曰："在邦必闻，在家必闻。"子曰："是闻也，非达也。夫达也者，质直而好义，察言而观色，虑以下人。在邦必达，在家必达。夫闻也者，色取仁而行违，居之不疑，在邦必闻，在家必闻。"其中"察言"是一条重要的"达"的标准。试想，若君子能"达"，那离圣还远吗？扪心自问：你的生命里究竟安住了多少圣贤呢？

关于对人的识鉴，小孔子四十四岁的子夏也曾问过孔子，颜回怎么样啊？孔子说，颜回仁慈，我比不上他。子夏接着问，子贡呢？孔子说，子贡能辩，我比不上他。子夏又问，老师，子路怎么样？孔子说，子路勇敢，我比不上他。子夏问，子张怎么样？孔子说，子张庄重严肃，我比不上他。这时子夏离开座位问，老师啊，那这四个人为什么要来做您的学生呢？孔子说，坐下，我来告诉你。颜回虽然仁慈，却不懂得变通；子贡虽能辩，却不够谦虚，太多言；子路虽勇敢，却不懂得示弱；子张能庄重，却不随和，不懂得沟通。他们四个人的长处加在一起来交换我的长处，我不干！因为我的长处比他们四个人加在一起还要强，这是他们能够心甘情愿拜我为师的原因呀。（参见《列子·仲尼》）

孔子对于人的性格与寿夭关系也有论断。据《孔子家语》卷一载："鲁哀公问于孔子曰：'有智者寿乎？'孔子曰：'然。人有三死而非命也者，人自取之。夫寝处不时，饮食不节，逸劳过度者，疾共杀之；居下位而上忤其君，嗜欲无厌，而求不止者，刑共杀之；以少犯众，弱以侮强，忿怒不量力者，兵共杀之。此三者，非命也，人自取之。若夫智士仁人，将身有节，动静以义，喜怒以时，无害其性，虽得寿焉，不亦可乎？'"

意思是说，鲁哀公问孔子："有智慧的人能长寿吗？"孔子说："当然能长寿。人有三种死亡不属于正常死亡，而是自作自受。一是睡眠不按作息时间，居住环境也不整洁，饮食无节制，以及劳逸过度者，各种疾病就会害死他。二是地位低而好干涉上层的事情，嗜好和欲望无满足之时，以及贪索财物无止境者，各种刑罚就会杀死他。三是以少数对抗多数，以弱小欺负强大，愤怒不分对象，生气而不自量力，兵戈战事就可以让他夭折。像以上这三种病杀、刑杀、兵杀的情形，都属于死于非命，皆为咎由自取、自作自受。那些仁人智士修身有礼有节，行事动静不失道义，喜怒适时，立身行事有操守，懂得培养自己高尚的性情。这样一来，他们得享长寿，都是合乎道理的呀！

还有一次，孔子与弟子们出游。其间，拉车的马吃了农民的庄稼，农民便将孔子的马扣留下来。没有马，便无法赶路。善于雄辩的子贡（《史记》评价子贡："子贡利口巧辞，孔子常黜其辩。"）自告奋勇，去找农民讨马。没料想，子贡交涉半天，好话说尽，还跟农民引用《诗经》和《尚书》的大道理，农民却根本不为所动。

看到子贡垂头丧气地归来，孔子摇摇头说，你用别人听不懂的话来说服他，就好比用野兽来祭祀太牢，让飞鸟聆听音乐。你说的道理他根本不懂，怎么会有效果呢？

孔子对子贡说，还是让马夫去吧。

马夫找到那个农民，只对他说了三句话："子不耕于东海，予不游西海也，吾马安得不犯子之稼？"你没去过东海边种地，我也没来过西海赶车，但东海和西海的庄稼长得都一样，我的马怎么知道它吃的是你的庄稼呢？所以，这不能怪马，因为马认为它吃的是自己主人的庄稼。农民听完，觉得马夫讲的有道理，就归还了马。这件事令子贡深受启发，而孔子则笑而不语。

这个故事记载在明代冯梦龙《智囊全集》里。冯梦龙在故事的最后点评道："物以类聚，人以群分。"在无学识的农夫面前，子贡大谈《诗经》和《尚书》之理，这是不知变通呀。而马夫虽然也是白丁，但他与农民却是同类，知道如何用大家都能听得懂的逻辑来说服对方。孔子之所以在之前没有阻止子贡先去，最后才让马夫出场，其实是"圣人达人之情，故能尽人之用"。

《孟子·尽心下》曰："大而化之之谓圣。"这个既了解别人，又了解自己的圣人孔子，面对众门生，能做到有教无类、因材施教，是多好的一位通达无碍的老师啊！

世间太需要这样的明师了！

明师出高徒

（一）子贡观礼

《左传·定公十五年》载："鲁定公十五年正月，邾隐公来朝，子贡观焉。邾子执玉高，其容仰；公受玉卑，其容俯。子贡曰：'以礼观之，二君皆有死亡焉。夫礼，死生存亡之体也：将左右、周旋、进退、俯仰，于是乎取之；朝、祀、丧、戎，于是乎观之。今正月相朝而皆不度，心已亡矣。嘉事不体，何以能久！高仰，骄也；卑俯，替也。骄近乱，替近疾。君为主，其先亡乎？'五月公薨。孔子曰：'赐不幸言而中，是使赐多言也！'"

鲁定公十五年正月，颛顼的后代邾国的第十七代国君邾隐公来给鲁国进贡。邾隐公手拿玉器，仰着头，态度出奇地高傲，而鲁定公则低着头，反常地谦卑。子贡在旁，看了后，跟人说：这两个人的态度，注定他们都活不了太久，也就两年吧！果然，五月时鲁定公去世，一年半后，邾隐公因为国家发生内乱，于逃跑途中被杀。子贡所言皆验！

有人把这件事告诉了孔子，孔子却说：虽然话被子贡说中了，但是子贡多话了！

明明是一件预言与结果相应验的事情，值得夸奖，可孔子为什么会不高兴呢？

还有，从子贡这个案例中，诸位是否能够窥见孔子先见之明的功夫？

（二）颜回说马

孔子最喜欢的弟子是颜回。

据《孔子家语·颜回十八》载，东周时期各国诸侯之间特别喜欢赛马，国君中养马者非常普遍，田忌赛马的成语就出现在那个时期。

有一天，鲁定公问颜回："东野毕擅长驾驭马吗？"颜回答："擅长倒是擅长，但他的马一定会逃跑。"鲁定公听了很不高兴，不欢而散。鲁定公进入内室后还对左右的人说："君子中也有在背后说别人坏话的呀！"

三天后，一名校尉来拜见鲁定公，说："不好了！东野毕的马跑了！马车两旁套马的缰绳也断裂了，只有两匹马回厩了。"鲁定公听完一惊，越席而立，说："快驾车去接颜回。"颜回来到后，鲁定公问："之前先生说东野毕的马一定会逃跑。不知先生是如何知道的？"颜渊答："臣是根据政事得知的。从前舜很巧妙地领导人民，而造父很巧妙地使用马匹。舜不用尽民力，造父也不用尽马力，所以舜手下没有流民，造父手下也没有逃跑的马匹。如今东野毕驾驭马匹，上车就拉紧马辔头，马衔口安排得很正。马迈开步子快速奔跑，都已调习而合乎礼仪了，历尽艰险到达很远的地方，马的力量用尽了，可是东野毕还要求马不停地跑。物无美恶，过则为灾，我根据这些就知道他驯的马会逃跑。"鲁定公说："嗯，说得很好！还可以再进一步讲讲吗？"颜回说："臣听说：鸟被逼到尽头就会啄人，兽被逼到尽头就会抓人，人被逼到尽头就会欺诈别人。从古到今，还没有把自己手下人逼到尽头而自己不危险的。"鲁定公听完很是赞赏。

后来，鲁定公将此事告诉孔子。孔子对曰："夫其所以为颜回者，此之类也，岂足多哉。"孔子说，这算什么呀？颜回之所以是颜回，就是因为在他身上类似这样的事情太多啦，没什么新奇的！听得鲁定公一脸惊愕……

我们从孔子对颜回的评价可以看出：颜回的格物功夫也非同寻常！

但不知各位读者是否注意到，对于颜回和子贡的案例，同样都是判断准确，孔子却贬子贡而褒颜回，为什么呢？

原因在于，孔子非常深明大义——子贡做官，在官场，最忌讳言多，所以要保护子贡；而颜回在野，需要更多的人了解和尊重，所以要不断让人们看到他的才华。

孔子弟子中，有很多人追随子贡。为了服众，孔子曾当着众人面问子贡："你和颜回比谁厉害呀？"子贡说："我是举一知二的人，而颜回是举一反十的人，我不如他！"孔子点点头，乐！这明明就是要子贡表态：颜回比他还有水平。你看，这就是孔子识人的大智慧啊！

难怪子贡评价孔子的学问如万仞高墙——走进去之后，富丽堂皇，应有尽有！

（三）闻声知情

《孔子家语》卷五载：孔子在卫国时，有一天清晨，远处传来哭声。孔子问："颜回，你知道这是为什么哭吗？"颜回回答说："这不仅仅是死别，而且还是生离！"孔子紧接着问："为什么呢？"颜回说："我听说桓山之鸟生了四只小鸟，羽翼既成，将分于四海，其母悲鸣而送之，其哀声与这个声音很相似啊。"孔子于是派人去问哭者，原因果然是父亲死了，家里太穷了，没有钱下葬，所以就卖掉孩子来换钱葬父亲！

你看，这孔门师徒真是神一样的存在啊！未卜如神，卜亦如神，高不可测！

颜回能从哭声中听出内在的规律来，今人望尘莫及！难怪孔子最喜欢颜回，较之于那些有名闻利养的门生，颜回是有真功夫的弟子。

我们应该清楚：孔子及其门生洞若观火、出神入化、先见之明的格物功夫和天人境界，才是其成为先知、成为圣贤的引擎所在！

也正因为如此，他们才给后人留下了光耀后世的无量精神财富。

孔子无语

我一直认为，研究往圣先贤，重点要看他们的思想发展历程和格物功夫的所在，探究他们是怎么成为圣人的。要能够在这些大人物的气象中呼吸他们的气息，从君子豹变到大人虎变，不断化掉自己生命的滞碍，这才是趋向无有染污的真精进！

真正的文化，其核心都是功夫与境界并存的。如果只谈境界，没有功夫，那就势必说食不饱，到最后都是自欺欺人、自取其辱；如果只谈功夫，没有境界，那就势必落入术者之流。因此，要能做到道术合一、人神相接。

中国经典在西方传播的过程中，《论语》是很重要的著作。德国哲学家黑格尔看到翻译过去的《论语》后，对孔子及其学说投以鄙薄的态度，并说："实际上，在孔子那里，只有一种道德常识，这种道德常识我们在哪里都找得到，是毫无出色之处的东西。孔子只是一个非常现实的世间智者，在他那里，没有一点思辨的哲学，只有一些善良、老练、道德的教训，从中我们不能获得什么特殊的东西。西塞罗留给我们的《政治义务论》，便是一本道德教训的书，比孔子说的更丰富、更好！"他还说："为了维持孔子的名声，如果他的书从来不曾有过翻译，那倒是更好的事。"

还有，我们应该反思：为什么中国几千年的圣贤，在西哲眼中遭遇如此之鄙视呢？

答案只有一个：由于译者们对孔子的了解仅限于文字表义，通过文字训诂翻译以及相关历史故事描述，并未能准确说出孔子的功夫，更谈不上能够活化孔子本人，导致所传递出去的内容，都是一个个枯萎的认知，以至于原本活色生香的《孔子家语》变成了彻头彻尾的孔子无语……

"学儒须要见孔子，学道须要见老子。学儒未见孔子，博闻强记，舍本逐末，是谓腐儒；学道未见老子，着空执相，弃真认假，是谓邪道。"（清代刘一明《会心集》）

古语说："经师易得，人师难求。"那个能教授各种知识学问的人是经师，而那个能亲身证道表法的人才是人师。任何时代最需要的都是人师和道者，而非纸上谈兵之流。

只有在人师身上，才可见代代相传的薪火。

唐代洪州双岭玄真禅师问道吾禅师："那些有神通的菩萨我们看不见也就罢了，但那些没有神通的菩萨为什么也足迹难寻呢？"道吾禅师说："只有同道者方知！"（《景德传灯录》卷十）是的，同声相应、同气相求，在牛的眼里，再美的鲜花都是一棵草！

自古以来，道不虚传只在人！

问问自己：这个人是你吗？

为什么不是呢？

"野人孔子"

古往今来，君子是公认的优秀者。然而，还有比君子更优秀的人——野人。

"先进于礼乐者，野人也；后进于礼乐，君子也。"这是孔子的观点。初读《论语》时，不太懂其意。后来，随着时间推移和心性的成长，悄然意解。

孔子所谓的"野人"，是指为人纯朴、思想自由、学问通达而又有勃勃生机的人。他们不但务实，而且还拥有真正的格物功夫，将他们放到任何位置上，他们都能轻而易举地安身立命。野人平时不太注重形式，唯以安心务本为要，但在学习时却能与师心心相印，甚至能见过于师。在他们的生命中，做人的规矩与程序、对社会发展规律的了解以及如何驾驭自己的本领，他们都很了然，且深明大义。

在社会召唤他们的时候，他们可以纵横捭阖；无际遇时，他们依然可以淡定地安身求诸己，不怨天，不尤人，因为他们知道："怨人者穷，怨天者无志。"（《荀子》）就像历史上的陶朱公范蠡一样，既能帮助越王勾践雪耻复国，又能弃权而去，在没有任何政权的支持下，依然可成为富可敌国的经济学家。

野人多来自民间，例如北京大学的著名学者熊十力和梁漱溟先生，两位是北大没有任何学历的老师，但他们却是北大最优秀教师团队的重要组成部分。

东西贯通，中外一致，西方哲学鼻祖泰勒斯当仁不让也属于野人一类。

很多时候，心性已经成为生命的障碍。你挑剔的眼睛，只会看到别人的不足，却忘记了自己的成长比这重要。对此，孔子给我们作出了最优良的表率："三人行，必有我师焉！"项橐七岁，孔子师之；郯子来鲁，孔子向其请教古代官制；齐景公与晏婴访鲁，孔子与他们探讨秦穆公称霸之事；为学礼，他找到老聃；为学乐，他找到苌弘；为学琴，他找到师襄……只要有优于他之处，他都能以师礼待之，取好用之，至老不渝。

生命如此磊落，虽跨越时空亦令人激赏无比！

隋代天台宗的开山祖师智者大师曾说，最初跟我学佛的那一小部分人，虽然条件很艰苦，但个个都成就了。后来条件好了，最多时有上万人跟我学佛，可是却很少有成就者。为什么会这样呢？是因为，他们太注重形式，反倒被形式所束缚。形式主义害人不浅啊！

当年，孔子因为听到皋鱼的哭声，便去询问，得知皋鱼在周游列国后父母俱已不在，正在伤心悔恨——"树欲静而风不止，子欲养而亲不待"。孔子此时亦悲从中来，并告诫了弟子们，于是，有十三人被赶回了家中……

自古以来，上根利器，不遇其师，必入空寂狂荡。孔子这种无情表法的方式，穿破形式的藩篱，神光映照千载。

钱穆说："学贵大成，不贵小用，大成者参与天地，小用者谋利计功。人各有欲，而得其所欲则必在道。"

《大学》云："君子务本，本立而道生。"立得根本，心性即开。而通达了根本的人，在事物萌起之时，便知道了结果，这种远见被称为"圣算"。圣算可以使国家安治，可以使大道长生，可以庄严国土，可以乐业守心。

这就是"圣算镇世，大道生威"。

孔子讲"君子学道则爱人，小人学道则易使"。君子受高等教育是为了将来成为国家栋梁之时，依然保持爱人的理念；而小人，则不要让他一上来就接受这么高的教育，这样容易使他心猿意马，见异思迁，做事不扎实，这样会对社会造成人心流离的影响，会使人们不安心做事；人心不齐，则社会不稳定，国家不安宁。不是不让小人接受教育，而是要让他在懂得遵守社会规矩之后，再接受教育，渐进式成长。

圣人就是圣人，他们的话都是圣算：经世致用，光而不耀！

孔子的话，自始至终都没有那种"板起面孔的刻意说教"，反倒是温文尔雅，读起来如说家常语，既温暖人心又令人深思。孔子给我们提炼了一条治国安邦的大道：国家选才要重用野人，执政者要有信仰和爱人之力。这是国家得以长久发展的核心纲要。

从孔子传世的洋洋万言中，每个人都可以找到自己的精神动力。每观孔子之语，无不感其明察秋毫以训世的苦心，并能感受到何为"智者贵藏辉"。

现在的各行各业常将其佼佼者称为"先进"，这种称谓即源自孔子——在孔子心中，极目望去，虽侃侃訚訚，但只有野人最先进！

让智慧饱满

有人会问，您为什么开篇要先写孔子呢？

略陈其情——

（一）天佑中华

在中国，孔子是大成至圣先师。《春秋繁露·郊语》云："天地神明之心，与人事成败之真，固莫之能见也，唯圣人能见之。圣人者，见人之所不见者也。"又《吕氏春秋·长知》谓："圣人上知千岁，下知千岁。"而《越绝书》载："圣人上知天，下知地，中知人。"《白虎通义》亦载："圣人者何？圣者，通也、道也、声也。道无所不通，明无所不照。闻声知情，与天地合德，日月合明，四时合序，鬼神合吉凶。"你看，这些典籍中对圣人功夫和境界的描述，正是孔子的写照，他就是这样的人呀！

汉代司马迁在《史记·孔子世家》中写到孔子时，越写越激动，最后竟然情不能已，跑到孔子墓前徘徊沉思，久久伫立……

北宋五子之一的周敦颐在其《通书》中评价孔子："宜乎万世无穷，王祀夫子，报德报功之无尽焉！""道德高厚，教化无穷，实与天地参而四时同，其惟孔子乎？"是的，何止是国君祭祀孔子，孔子对后世"教化无穷"的功德是后人永远也回报不完的。古人更是发出肺腑之言："天不生仲尼，万古长如夜。"（宋代朱熹《朱子语类》卷九十三）是的，孔子删《诗》《书》，定《礼》《乐》，作《易传》，著《春秋》，彰古烁今，宣教报国，成为万世师表和中国文化史上无人企及的典范！只要中华民族还在，中华文化还在，孔子的精神和思想，就永远不会泯灭！

"百战归来再读书"，这句话用在孔子身上是再合适不过的了。"不学之谓贫"！孔子说自己不是"生而知之"，他只承认自己好学，勤勉刻苦，持之以恒，他还告诉我们：人人皆可做圣贤。

孔子这种朴素而昂扬的精神，为中国文化注入了源源不竭的发展动力，代代励人不已！

慈心之外，别无他物，这便是圣心之大。

（二）天下善

可惜，世间很多的真相都在时光的氤氲之中被无情地风化了，这是我们从未对丰厚的人文遗存进行细心清点的过错。

幸好这世上还有贵人在！

清代翰林院学士孙星衍，天赋奇才，博极群书，搜罗天下藏书，将所有关于孔子的先圣遗事汇载为十七卷的《孔子集语》。书中一半以上所载，均为孔子与弟子们当年神一样的功夫案例。而《易经》为群经之首、大道之源，《易》有四圣（伏羲画卦，文王作卦辞，周公作爻辞，孔子作"十翼"），孔子位居其一，且离我们最近。真切地了解孔子的功夫，了解至圣先师的格物智慧，就会更加了解《易经》对于中华民族之珍贵，也会更了解什么是真正的中国文脉以及中国文化的伟大！

《礼记·学记》曰："记问之学，不足以为人师。"

孔子的功夫，引晋代葛洪《抱朴子》之语就是："明师之恩，诚为过于天地，重于父母多矣，可不崇之乎？可不求之乎？""不见其法，不值明师，无由闻天下之有斯妙事也！"诚哉斯言！没有明师，就不会有我们辽阔的精神生命。是他们给予我们中国智慧、中国文化的精神与实践脉络，让我们渐渐成为豹变之君子、虎变之大人！

可见，明师是天下善！

（三）天不负

《史记·孔子世家》载："孔子病，子贡请见。孔子方负杖逍遥於门，曰：'赐，汝来何其晚也？'孔子因叹，歌曰：'太山坏乎！梁柱摧乎！哲人萎乎！'因以涕下……後七日卒。"

孔子病重，子贡去看望，孔子正拄着拐杖在门口盘桓，所谓逍遥，其实就是想念弟子，盼望有人来，便拄着拐杖到门口看去了……可以想象圣人心中的凄凉。

当孔子看到子贡到来后，语气略嗔，说："子贡啊，你怎么这么晚才来呢？"于是，悲歌："泰山啊，将要坍塌了！梁柱啊，将要腐朽折断了！哲人啊，将要如同草木一样枯萎腐烂了！"边唱边流泪。七天后，孔子去世。

每每读到此处，我都会潜然泪下！

几十年来，我生命中的文化自信，都是在以孔子为代表的圣人气象中渐渐饱满起来的……

凡我有生日，皆为报国年。

这叫天不负！

世界的孔子

在世界文化史上，首次提出"轴心时代"的德国哲学家、教育家雅斯贝尔斯，在其《四大圣哲》一书中，将中国的孔子与古印度的释迦牟尼、古希腊的苏格拉底和古犹太的耶稣，并蒂于世界文明之巅。何其伟矣！

如今，联合国门口悬挂的孔子"己所不欲，勿施于人"之句，成为世界人文精神的坐标。18世纪法国资产阶级启蒙运动的泰斗，被誉为"法兰西思想之王""欧洲的良心"的哲学家伏尔泰，亦认为孔子是全世界都"难得其二"的伟人。可见孔子的学问对世界文化影响之大！

以日本为例，孔子的《论语》早在 4 世纪就已传入日本，并得到持续推行。日本于隋唐之时开始效仿中国，推行"大化改新"，此次改革大获成功。后来，在公元 8 至 12 世纪，日本又仿效中国唐代科举制度，建立了用儒家经典培养官吏的"大学寮"，实行以贵族子弟为选拔对象的贡举制度。到了江户时代，程朱理学成为德川幕府的官学（因历代德川将军都是儒学迷）。日本在这种跨越数百年的儒家文化政治背景推动下，出现大量儒家学者也就势在必然了。

被誉为"近江圣人"的中江藤树，是江户前期的儒者、日本德川时代初期的哲学家、日本阳明学派的创始人。他 11 岁读《大学》，16 岁从京都禅僧学《论语》，后又精研《四书大全》，开始信奉朱子学。27 岁著《翁问答》，认为儒道即士道，将武士精神和朱子学结合在一起，因德高望重被世人称为"近江圣人"。在 37 岁读《王阳明全书》时，他认为王阳明继承了孔子的真髓，便据王阳明"知行合一"的思想主旨，将学问落实于实践，开创了独特的日本藤树学，成为日本阳明学派创始人。纵观日本自 19 世纪明治维新以来，从一个落后的农业国一跃成为位居世界经济前三强的历史性转型过程中，阳明心学在发挥了巨大作用的同时，也深深塑造了几代日本人的心性气质。如今风靡的"日本式经营"与此亦一脉相承。

中江藤树的儒学研究是从《大学》契入的，该书对其影响至深。他将大学中"格物"的"物"，理解为"事"，并指出其具体包括貌、言、视、听、思五事。我想，他没有见到周代关尹"凡有貌、像、声、色者，皆物也"这句话，否则的话，他一定会欣喜若狂的！中江藤树的代表作有《孝经启蒙》《古本大学全解》《大学解》《中庸解》《中庸续解》《论语解》等，均收于《藤树先生全集》。他的高足有熊泽蕃山、渊冈山等。

受到《论语》巨大影响的还有很多，如日本战国三英杰之一，德川家康家训中的"责人不如责己"和"不及胜于过之"，是出自《论语》的"君子求诸己，小人求诸人"和"过犹不及"，以及"日本近代企业之父"涩泽荣一享誉世界的名著《论语加算盘》，等等。

两千多年来，广泛存在的孔庙，是孔子思想文化的标志性建筑。日本甲南大学胡金定教授曾跟我分享：日本历史上有四处孔庙，分别位于冲绳、长崎、山形和东京，并且各有千秋。位于冲绳的久米至圣庙，就是孔子庙，系中国人协助建造而成，意义深远！位于长崎的孔子庙博物馆，是最符合中国孔庙建制的孔子庙，亦可以说是中国孔庙的翻版。位于山形县庄内里的致道馆，即孔子"圣庙"，为日本培养了很多名人。而位于东京的汤岛圣堂（孔子庙），则是日本教育的启迪、发源和普及推广之地，更是日本现存规模最大的孔子庙。

汤岛圣堂是由元禄时期德川幕府第 5 代将军德川纲吉命大儒者林罗山于上野忍冈（现上野公园）所建，建成时称为孔庙，内有"先圣殿"。但德川纲吉按中国惯例将"先圣殿"改称为"大成殿"，并将周围的附属建筑称为"圣堂"，林罗山将自家私塾也迁至此处。"圣堂"中除供有孔子像外，还安放了孔子四位传人（颜回、曾子、子思、孟子）塑像加以祭祀。1922 年，这里被定为日本国家级历史遗迹，并立有"日本学校教育发祥地"的石碑。

1797 年，林家私塾改为官立的昌平坂学问所（"昌平"是孔子出生地的村名），而"圣堂"则专指"汤岛圣堂"中的大成殿。这里为日本培养了无数人才，尤其是明治维新中的精英。

明治维新之后，作为幕府最高教育和研究机关的昌平坂学问所与主管天文的天文方（后来的开成所）、主管医疗的种痘所（后来的医学所）合并为现在东京大学的前身。

之后，在此还陆续建有文部省、国立博物馆（今东京国立博物馆和国立科学博物馆）、东京师范学校（后更名为东京教育大学，现为筑波大学）、东京女子师范学校（今御茶水女子大学）。足见这里是一个十足的"文昌之地"！直到今天，每年考学时仍有很多学生和家长到汤岛圣堂来许愿，祈愿魁星高照，文昌天满。

此外，佐贺县多久市的制茶园，也称"孔子园"，而其孔庙则称为"孔子圣庙"。

如此等等，均可见孔子在日本影响之深远。

第二节　中国文脉

点亮心灯，才能照亮法界。

所有文化，其精蕴皆为去除无明、开启智慧而来；而智慧之特征就是拥有先见之明。

如果人生既没有丰衍，又无所附丽，仅仅是空耗了年华，那你的所学，一定是错的！

早在两千多年前的典籍中，即载有中国文化的魅力与境界：

中国者，聪明睿知之所居也，万物财用之所聚也，贤圣之所教也，仁义之所施也，诗书礼乐之所用也，异敏技艺之所试也，远方之所观赴也，蛮夷之所义行也。

——《战国策·赵策》

就文化意义而言，中国是一群聪明睿智的人所居住的地方，也是世间万物中的灵杰、精美之材所汇聚之处。在这里，圣贤之道被广为宣教，仁义之节被广为实践，诗书礼乐之道被广泛落实于百姓日用之中。天下奇异敏巧的技艺都能在这里得到施展，远方民众不停地前来观看，就连蛮夷之人也心甘情愿地去学习和践行！

你看，堂堂中国不仅要能让四方来贺，而且还能使其去"义行"！

这该是怎样的庄严与绚丽啊！

今人学习传统文化，须熟稔中国文化生成的背景，才能抵达其智慧高境。也就是说，必须熟悉中国智慧策源时期先秦诸子百家诞生的文化土壤，才能够掌握中国文化的精髓。在此基础上，人们首先需要了解中国文化的核心思想——"天人合一"究竟指的是什么，何为格物智慧，如何精通中国哲学的阴阳基础理论和中国文化的基本五行结构。这些都是中国智慧的基础。除此之外，至少还要系统掌握一门建立在其基础之上的格物体系，它包括干支体系、八卦体系、天文历法体系、中医体系、古建筑体系、军事体系，等等。若不从此发端，则难以抵达圣境，即使讲再多的比肩圣贤，到最后都是一句空谈！

须知，空谈不仅误己误人，更误国。

俗语说："基础不牢，地动山摇。"

以下是我对中国文脉的提炼及其相关实践描述，其旨有三：一是追索中国文化中的文气与正脉；二是寻觅中国文化之大端；三是对中国文化的发扬与开拓。

更期待我们的精进一直闪闪发光！

中国文化的心识

如今，"中国精神，中国文化，中国形象，中国表达"这十六个字已经成为当今中国社会凝聚人心的共识。

这种公认的心识，在先秦时期业已呈现轮廓。具体而言：1. 中国精神——其策源地和黄金时期，是以诸子百家为核心的先秦思想。2. 中国文化——"中国者，聪明睿智之所居也，万物财用之所聚也，贤圣之所教也，仁义之所施也，诗书礼乐之所用也，异敏技艺之所试也，远方之所观赴也，蛮夷之所义行也"。(《战国策·赵策》) 3. 中国形象——

"有服章之美谓之华，有礼仪之大故称夏"。（唐代孔颖达《春秋左传正义》）这是从先秦时期即已固化了的民族共识。4. 中国表达——中国人的言行风格与行事特色是"温温恭人"。《诗经·小雅》曰："温温恭人，惟德之基。"《论语》中言及孔子，也有类似描述，"子温而厉""望之俨然，即之也温"。当一个人，为人温润如玉，处事谦恭有礼，就具备了有德者的基础——礼仪并举，人天并重，谦光阆阆。

西方文化有强调"他力"的属性，用外在制度来规范人的言行，故而"行礼如仪"，遵从外在的社会约束。而在中国文化中，"礼"却是"仁心"的外化，孔子说："人而不仁，如礼何！"如果没有一颗仁心，那么"礼"又有什么意义呢！所谓诚于中形于外，唯有内心"温良恭俭让"，外在才会呈现"温温恭人"的面貌。

悉达多的追随者宗萨仁波切曾言："本来没有佛教，只有佛法。"法是核心的精神，而教是外在的仪式。如果只是保有仪式，却丧失了内在"法"的真正内涵，则是本末倒置。

中国文化发展的四个时期

中国文化的发展有四个重要时期，分别是：先秦子学、两汉经学、魏晋玄学、宋明理学。后三个阶段皆以第一阶段为津梁（后文有详叙）。

研究中国文化发展脉络，窍诀之一就是记住如上几个关键时期，这样便能把握住文化整体之变迁规律。

什 么 是 绝 学

孔子那些令弟子和后人们望尘莫及的功夫，皆属于绝学。

北宋之时，宋明理学有五位代表人物，被尊为"北宋五子"，他们是周敦颐、程颢、程颐、邵雍、张载，他们每个人的学问核心，都是以《易经》为主线的。其中，张载传世有著名的横渠四句："为天地立心，为生民立命，为往圣继绝学，为万世开太平。"（《张子语录》）这四句话，因其言简意宏，历代传颂不衰。但究竟如何理解呢？立的是什么心、什么命，什么是绝学？你把经典都背下来是不是绝学呢？当然不是！

当年，无尽藏比丘尼对六祖慧能说："你连字都不识，怎能解释经典？"慧能回答："真理是与文字无关的。真理好像天上的明月，而文字只是指月的手指。手指可指出明月的所在，但手指并不是明月。"此言真是妙极了！这世间，最需要的就是有道的人，他们在哪里，哪里就是道场！

宋代罗大经的总结亦有异曲同工之妙，他说："绘雪者不能绘其清，绘月者不能绘其明，绘花者不能绘其馨，绘泉者不能绘其声，绘人者不能绘其情，然则言语文字，固不足以尽道也。"是的，文字只是工具，不是道，是抵达彼岸的舟筏，不是智慧本身。

关于北宋张载的横渠四句，可作如下解释："为天地立心"，立的是平等恭敬之心；"为生民立命"，立的是护法、护生的慧命；"为往圣继绝学"，继的是往圣证道的方法；"为万世开太平"，开出的是无染污的清净太平之心。

这四句话依次是递进关系，是生命的进阶，但其核心是"继绝学"。但张载并未对"绝学"二字作出解释，而我认为，绝学就是：随取一法，蕴于心中，便可以安身立命！而能"为往圣继绝学"，才能真正体证到传统文化的神韵和精妙之智。

这四句话，虽然很多人背得滚瓜烂熟，但却鲜有能将其真正落实到生命中的。因此，它仅仅是一千多年来，绝大部分知识分子共同的心声与向往而已……

可是，向往并不等于抵达呀。

圣化的教育道统

中国文化是圣化的教育传统，讲求的是比肩圣贤、见贤思齐。

我们的生命智慧通常都是从圣人的言语之中开蒙的。圣人之言是无方之药——即便人心有残，但听闻一言便可入道！这就是圣人的大功大用。关于圣人之益，南宋大儒陆九渊的见地颇为精准。他说："圣人之道有用，无用便非圣人之道。"又说："圣贤之所以为圣贤者，不容私而已。"有了这个"不容私"，就能够"寸心不昧，万法皆明"。

在我小时候，外公给我讲的商代元圣伊尹和周代元圣周公的故事，至今仍令我受益无穷。《荀子·臣道》评价二人为："殷之伊尹、周之太公，可谓圣臣矣。"伊尹既是厨圣，也被公认为中医汤液学的始创者；而周公，西汉大学者贾谊则如此评价他："孔子之前，黄帝之后，于中国有大关系者，周公一人而已。"足见其地位之高、贡献之大！孔子也常说自己很久没有梦到周公了，足见周公之伟大！

往圣先贤之语，凝为典籍，便是经典之作。我们所看到的《易经》《黄帝内经》《道德经》《论语》等典籍，皆为先贤的智慧结晶。

其中，《易经》被誉为群经之首、大道之源，饱含安身立命的证道方法，是中国文化格物智慧的核心基础，是获得中国文化的功夫精髓、抵达中国文化的明德境界的嘉途。

对于《易经》之普及，有一则时人鲜知之事，能令人从中管窥一斑：

中国邮政邮票博物馆内所藏《中国清代邮票目录》中的大清邮戳，标注着每个投放地域，分别对应六十四卦。比如，北京是"乾"卦，上海是"火天大有"卦，广州是"地雷复"卦，福州是"风地观"卦，厦门是"山火贲"卦，安徽芜湖是"地天泰"卦，苏州是"雷地豫"卦，等等。可见，在清代，《易经》之于百姓，是非常普及的，即便是最普通的投递员，也都熟悉《易经》六十四卦。

在1905年取消科举考试之前，读书人都熟悉《易经》，这种现象说明《易经》并不难学。难的是没有掌握有效的学习方法以及与之相应的支撑这个学习土壤的养分。因此，在学习《易经》之前，需先系统了解中国文化的脉络，这样才能对中国文化有提纲挈领的了解，才能学好中国文化，才能够知道中国智慧是如何抵达的！否则，都是在打粉底霜，都是花拳绣腿，都是门外汉。

日本第一部文学作品《古事纪》记载了自第一代神武天皇至第三十三代推古天皇的名字，他们的名字都与《易经》有关。《日本书纪》中还载有古代天皇与《易经》六十四卦序次表，比如第一代神武天皇名字对应着"山水蒙"卦，第二代绥靖天皇名字对应"水天需"卦等。此外，日本历代年号也几乎都出自汉典（以《易经》为主）。这都说明了《易经》影响之深远。

中国智慧的实践路径

"天下有真教术，斯有真人材。"——清代陈宏谋《养正遗规》

文化和文明的核心，是让人有功夫和境界。这个功夫就是先见之明的智慧。对此，往圣先贤早已总结出学习中国文化、中国智慧的纲领：宗经、涉事、守先、待后。

（一）宗经

经典是纯阳之物，读经典可以补阳气，这叫采经补阳！因此，你的生命一定要能守住一部经典，依此来安顿自我的灵明，成为你灵魂的支撑、行为的指导、价值的引擎、生命的高标。如此，方能让自己的生命成为一本"正经"！

读书贵用，开卷有益亦有毒，不可不慎！没有经过智慧的选择，什么书都读，就是祸害生命。因此，古人明确了读书的路径——宗经。南朝梁代的刘勰在《文心雕龙》中专门载有"宗经第三"章节，阐明了五经（《诗》《书》《礼》《易》《春秋》）之旨及其重要性和文辞特点，可谓高屋建瓴！

任何一个民族的优秀文化传承都是从宗经开始的。因为宗经可以消除人们义理上的认知障碍，即消除"理障"；而涉事则是消除"事障"，如此才能令生命达致"理无碍、事无碍、理事无碍、事事无碍"（《华严经》）的鲜活通达之境。

天地之道，异曲同工，犹太民族就是典范之一。犹太人人数不到全球人口总数的0.3%，但是全球诺贝尔奖得主中犹太人占总人数的近五分之一；全球富豪中犹太人占一半；全美200名最有影响力的人中，犹太人占一半；全美名牌大学教授中，犹太人占三分之一；全美文学、戏剧、音乐界的一流人才中，犹太人占60%。犹太人的小孩子长到两三岁时，父母就会在经书《圣经》或《塔木德》上滴几滴蜂蜜，小孩子接近后，会下意识地用舌头去舔，舔完之后，发现是甜的，于是便对经典产生了亲近感，从此他的生命就种下了一颗智慧的种子：经典是甜的！之后，父母也会有意地为孩子们讲读其中的故事。渐渐地，经典就在孩子的幼小心灵中扎根了。这就是他们独特的教育方式。

由于宗经教育是从童蒙时代开启的，经典便成为孩子们终其一生饱满和昂扬的生命源泉。

日本诺贝尔奖获奖人数位居全球第八。但日本人口仅为中国的十分之一，疆土面积与云南省相仿。"钢铁是如何炼成的？"日本是如何做到的呢?

这与 19 世纪日本明治维新有着重要关系。当时明治天皇颁布了五条誓文:

1. 广兴会议,决万机于公议;

2. 上下一心,以盛行经纶;

3. 文武一途,下及庶民,使各遂其志,勿使人心倦怠;

4. 破除旧来之陋习,秉持天地之公道;

5. 求知识于世界,以振皇基。

在"上下一心,以盛行经纶"这一条中,还附加说明:"凡不懂《易经》者,不得入阁。"并且,人人要读清代魏源的《海国图志》。这五条誓文施行不久,日本即步入中兴,经济成为亚洲之首,并在全球经济体排名第二的位置上维持四十年之久。可见犹太民族和日本民族成功的经验都与宗经教育的理念有着密切关联。

中国古代的教育方法是:宗经、涉事、守先、待后。守住一部经典,一经通,经经通。然后在日常生活的待人接物中用经典指导自己,中规中矩地办事。继承先人,并为后人表法,将希望传播于后人。读经之后,气质转化,生命开始改变。

"汉时贤俊,皆以一经弘圣人之道,上明天时,下该人事,用此致卿相者多矣。"(《颜氏家训·勉学》)这句话告诉了我们中国经典的大用!而德国诺贝尔文学奖获得者黑塞更是说:"中国经典给我开启了一个新世界,无此新世界,真不愿苟活于世。"

此外,我们今天忽略了很多来自经典中的"家训"。日本百年以上的企业有 27700 多家,占全球百年企业的 56%。超过两百年的企业有 3700 多家。中国超过百年的企业少之又少,这就是差距。

专注出天禄,散淡废灵明!持续专注做一件事,心足够虔诚,老天都会护佑你的!当你把生命的高度提升到几百年乃至上千年时,你的所作所为就都应该谨慎！而生命，也会因此别开生面！

古希腊三哲之一的苏格拉底说："像你这样只图名利，不关心智慧和真理，不求改善自己的灵魂，难道不觉得羞耻吗？"是的，传经就是传心，不是传文字、概念和欲望。我们今天学习经典，遇到很多挑战，最大的挑战就是：由于虔诚心不够饱满，导致我们的生命还不能被智慧渗透！

要知道，中国文化传承的是"天人合一"的智慧。"诚者，天之道"，一诚可动天地啊！

仔细想想，这世上，哪有什么成功学？只有诚意学呀！天地间一切都昭然若揭。上天不负诚意人，任何精细的交流都是靠诚意和会心来抵达的。故言：非诚勿扰。

传世经典，言不空发，字不妄下。一言一字，大有妙义。若能真实无伪地精通一部，便可举一反三。但这个功夫，须从涉事中熏习而来。

读经偈

往圣寂无言，惠我思无疆。

芳馨生素艳，千载共澄光。

（摘自笔者所著《会心》，东方出版社出版）

（二）涉事

涉事，是指在日常生活中用经典的智慧来指导生活，让经典的智慧融化在生命中，不断饱满自己。

这种融化，不是纸上谈兵、坐而论道，而是通经致用，能解决自己的问题，这就是证得道用！要知道，凡事都可以在不动声色中见道，无论富贵贫贱都不妨碍你载道的功夫，这叫不让时间变质。

人的一生，天生的功能占了99%，无须学习，比如呼吸、喝水、排便，余下的1%归我们自己管，但若管不好，就会成为生命灾难的源头。

这种对生命的管理，就是在涉事中完成的。古往今来，智者皆谙此道。譬如，明末清初中国画的一代宗师八大山人，就是将"涉事"作为自己的座右铭——时时勉励自己如何圆活性命，如何庄严自身，如何如理如法，如何饱满而轻灵地活着，一直活出令世人赞叹不已的美不胜收！

（三）守先

守先，就是守护和继承好往圣先贤的智慧。

这个能守能安能尊的动力，需要持之以恒地精进。但精进不是执着！执着是染污的，而精进是清净的，它能够体现生命的功夫所在——善护念。在人的一生中，智慧的建构如开城门，不开则死，开则鱼龙混杂、泥沙俱下，而功夫就在于你如何护城，如何能让生命得到真正的安住与尊重。

古代青铜器中，那些叫"尊"的器物，都是供在那儿如如不动的，这叫尊重。而精进，是尊重的外化，因为万念印心！

（四）待后

待后，就是等待来者，得时授智，以发扬光大道统，这是功德。

山东邹城的孟子祠中，悬挂有清代雍正皇帝所写的"守先待后"匾额。可惜，今人能看懂者鲜矣！要知道，"人非觉者，即为刃靡"，但凡用小聪明玩世者，世界对他都是先刃后靡！

问问自己，经典是美好的，你有何德何能能让这美好继续美好呢？！

先贤说，唯有德者能之！

新人守旧土，方可言传承。《圣门十六子书》载：孔子晚年闲居时，有一次喟然叹息。孙子子思问他是不是担心子孙不学无术辱没家门。孔子很惊讶，问他是如何知道的。他说："父亲劈柴儿子不背就是不孝。我要继承祖业，努力学习毫不松懈。"孔子听后，欣慰地说："我不用再担心了。"

后来，子思果真没有辜负孔子。《史记·孔子世家》载："子思作《中庸》。"而《中庸》与《大学》《论语》《孟子》并称四书，为学习中国文化必读之书。

"宗经、涉事、守先、待后"这八个字是中国文化智慧最基本的纲领，中国文化就是由此而开出圣化道统的！

当你知晓并能够践行这八个字的时候，你的天时就到了，生命亦从此开始发迹……

抵达圣境的方法

经常有人问我：学习传统文化，学习格物智慧，究竟有什么用？真正能滋养我们什么？

我说，中国文化能教给我们避祸之法、自保之能和培福之道。如果你学通了，就会拥有顺势而为的"胜物而不伤"的功夫！若能如此，你的人生便能抵达四种境界，它们是：先见之明，难得糊涂，独善其身，兼济天下。

有人却说：我不想知道那么多的事情，我"难得糊涂"就好。可是，难得糊涂的本义是什么呢？是指心中了了分明，但又无力改变，只好如孟子所言"穷则独善其身"啊。

你看，难得糊涂可不是真的糊涂！那是顺势而为的大智慧。要知道，真糊涂是属于愚痴的范畴，不应坚持。

今人见贤思齐、学圣贤、学经典的热情和方向没有错，但往往由于方法不当，导致难以抵达圣贤的境界。

幸好圣人不弃人。伟大的孔子，早已为后人开出了善护成圣的方便法门——"察言、观变、制器、卜占"。（《易经·系辞》）

察言，就是依据言语表达来判定其势能发展规律。如《易经·系辞》曰："君子居其室，出其言善，则千里之外应之，况其迩者乎？居其室，出其言不善，则千里之外违之，况其迩者乎？言出乎身，加乎民；行发乎迩，见乎远。言行，君子之枢机。枢机之发，荣辱之主也。言行，君子之所以动天地也，可不慎乎！"

《后汉书·陈蕃传》曰："夫吉凶之效，存乎识善；成败之机，在于察言。"察言，可知成败吉凶的关键所在。

明代袁黄《了凡四训》载："春秋诸大夫，见人言动，亿而谈其祸福，靡不验者，左国诸记可观也。"对此，《荀子·大略》所载的"口能言之，身能行之，国宝也。口不能言，身能行之，国器也。口能言之，身不能行，国用也。口言善，身行恶，国妖也。治国者敬其宝，爱其器，任其用"，以及"邪秽在身，怨之所构"等都是很好的佐证。

其他诸如《论语》中所载孔子根据言谈评价门生的案例，以及中医"望闻问切"中闻声知疾的功夫，都属于"察言"的范畴。

观变，就是通过观察事物变化而得知规律。如，"一叶落而知秋"，风雨欲来时的燕子低飞、蚂蚁搬家等现象，都属于观变的范畴。

有一个"识势制衣"的故事，更能帮助我们理解"观变"的大用。

明代嘉靖年间，北京有一知名裁缝，其所做衣服，长短宽窄无不称身。曾有一御史叫他裁制圆领衣服，裁缝跪问御史进入官阶的资历。御史感问："做衣服为何还要问这个？"裁缝答："人们刚开始担任要职，意气高昂，身体总是微微上仰，衣服就应该前长后短。过了一阵子，意气渐平，衣服就要前后一样。等到任职较长又要升迁时，他会谦虚自守，身姿微微下俯，衣服就应该前短后长。因此，如不晓得做官的资历，做的衣服就不能称身。"你看，这个裁缝观察得多明白呀！各行各业都有道。

制器，是制作器物的高境，如《庄子》中"梓庆做鐻"的故事所展示的物我合一、出神入化的境界即是此例。

卜占，是通过占卜的方式，来了知事物发展规律。

以上四途，路路不相左，法法不相违。但，道不虚传只在人。

第三节　中国文化策源

中华文明的"轴心时代"——先秦

诸子百家诞生于先秦，这也是中华文明最灿烂的黄金时期。我们今天称为经典的书籍，绝大部分诞生于这个时期，如"六经"——《诗》《书》《礼》《乐》《易》《春秋》，"四书"——《论语》《孟子》《大学》《中庸》，以及《管子》《道德经》《庄子》《荀子》《墨子》《韩非子》《孙子兵法》《黄帝内经》等诸子著作和典籍耀世而出。这个时期还涌现了中国历史上最多的哲学家。以稷下学宫、西河之学为代表的诸学派，堪称中国最早的智库。广为人知的诸子，诸如老子、孔子、孟子、韩非子、墨子、孙子、庄子、箕子、鹖子、管子、文子、鬼谷子、荀子、尸子，等等，个个驭慧争鸣，灿若群星。

而几乎在同一时期（公元前 800—前 200 年），西方的古希腊出现了苏格拉底、柏拉图和亚里士多德，印度出现了释迦牟尼。各大文明最重要的精神导师、宗教领袖，几乎都聚焦诞生于这一历史时期，并集中于北纬 30 度上下（25—35 度区间）地区。这个时期在人类史上简直就是空前绝后——这个人类思想史上最为光辉灿烂的时期，被德国哲学家、教育家雅斯贝尔斯称为"轴心时代"！

"轴心时代"的定义出自雅斯贝尔斯享誉世界的《历史的起源与目标》一书。他认为先秦时期即是中华文明的"轴心时代"。自汉朝以后，中国几乎难以找到能代表中国哲学思想、被称为"经"的哲学典籍。换言之，中华文明的核心思想体系，在第一阶段——先秦时期即已规模广具，形成了以儒家文化为主流的中国文化道统，并且，《易经》被学界公认为中国智慧之源头活水。

从周至汉、唐、宋、明、清，《易经》一直都居于中国文化的主流地位。《汉书·艺文志》更是说："易道深矣！人更三圣，世历三古。"足见对其评价之高。而据《汉书·艺文志》载，自汉朝开始，"《易》为群经之首"，一直到清代编修《四库全书》时，依然如此。《四库全书》分为经、史、子、集四部，第一部经就是《易经》。此前于南宋时期所形成的"十三经"中，《易经》亦位列其首。

中国文化认为经典是纯阳之物、无方之药、无价之宝。据《宋史》载，有一次，宋朝战败后，辽国说："你们这一次是否可以不再赔款啊，给我们几部十三经行不行？"足见辽国对经典的渴望。然而，宋朝却回复："不行，我可以加倍给你财物，但这些书不能给你！"

北宋时，高丽遣使到中国，求购《九经》及阴阳术数等书，苏东坡知道后，连忙上书劝阻皇帝："不可将天机伎术之类的书籍卖给外国。所宜卖者，不过文学而已……"

宋朝这种语言和文化上的自信，是一种文化上的强势。但是，我们却从来没有歌颂过这种强势，因为，人们忽略了各时代不同维度的贡献与特征。

现实生活中，人们常常会犯这样的错误：在向外的征服中，忽略了向内的缠绵。

问问自己，是这样吗？

不是就好。相当幸运！

什么是"儒"

中国文化以儒家为核心，那什么是"儒"呢？它是否等同今日我们所理解的"儒家"呢？恐怕未必。

《说文解字》有言："儒，柔也，术士之称，从人，需声。"钱穆先生《先秦诸子系年》中也称，术士乃儒之别解。所谓术士，即是具有特定才智的人。《韩非子·人主》称："主有术士，则大臣不得制断。"这里的"术士"就是专门为君主出谋划策的谋士。《史记·儒林列传》中将秦始皇焚书坑儒称作"焚诗书、坑术士"。隋唐时期著名学者颜师古注《汉书·司马相如传》时亦说："凡有道术皆为儒。"清末学者俞樾等也认为"有伎术者为儒"。关于其中的"伎"，《说文解字》释："伎，与也。"乃通过外物愈人安人者也。因此，宋代苏轼便认为这个"伎术"珍贵得不得了，坚决不能送与外国人。当然，这个"伎术"也包含了中医。

那么，掌握"伎术"的术士需要具备什么特定技能呢？汉代大学者扬雄对此有明确定义："通天、地、人者，为儒。"也就是说，作为儒者，天文、地理与识鉴人，至少要精通其中一个向度。及至宋代，大书法家米芾也说："唯能通天地人者，真儒矣。"（《方圆庵记》）

近代学者章太炎在《国故论衡·原儒》中提出"儒有三科"，即达、类、私。"达名为儒""太古始有儒，儒之名盖出于需。需者，云上于天，而儒亦知天文、识旱潦。"根据"儒"字的右侧"需"——对应《易》之"水天需"卦——可知早期儒者皆通晓天文、地理、水文，或全总，或致一，而后逐渐发展为"知礼乐射御书数"的"类名儒者"，最后缩小到"祖述尧舜，宪章文武，宗师仲尼"的狭义的"儒"，也就是今天所谓的"儒家"。

古人对儒者的基本要求是要能够"通达天人之学"。正如司马迁自述著《史记》之初衷："究天人之际，通古今之变。"换言之，即使谙熟文字、训诂、声韵等学问，对传统经典烂熟于心，乃至著作等身，善于协调各种人际关系，但如果内心缺少对"天人关系"的切实领会和践行，没有自证自验的格物本事，仍然算不上是真儒者，顶多算是知道很多知识的"知识分子"而已。那么，以此标准而言，历史上哪些人可以称得上是名副其实、无可非议的儒生呢？当然有很多，如：汉代的郑玄，晋代的郭璞，宋代的"北宋五子"（周敦颐、程颢、程颐、邵雍、张载）以及范仲淹、王安石、陈瓘，清代的江永、戴震、曾国藩等，皆为大儒，个个都备有天人合一的智慧。

但以同样标准来衡量，反观时下，究竟有谁算得上儒者？还有真正的儒家吗？

当然，有人会说，要根据时代背景和现实情况观待，不必较真儿。可是，立高标是立命的永恒法则啊！近代著名教育家张謇曾说："一个人办一县事，要有一省的眼光；办一省事，要有一国之眼光；办一国的事，要有世界的眼光。"而清代红顶商人胡雪岩亦说："有一乡眼光就能做一乡生意；有一省眼光就能做一省生意；有天下眼光就能做天下生意。"如此，才可以避免一叶障目、坐井观天、盲人摸象的情形出现。如果社会的文化群体成规模地蒙昧到不认识本来面目的境地，那将是多么可怕！

明末清初的大儒黄宗羲力斥学问与事功两分之法，曰："儒者之学，经天纬地。而后世乃以《语录》为究竟，仅附答一二条于伊洛门下，便厕身儒者之列，假其名以欺世。治财赋者，则目为聚敛；开阃捍边者，则目为粗材；读书作文者，则目为玩物丧志；留心政事者，则目为俗吏。徒以生民立极、天地立心、万事开太平之阔论钤束天下……遂使尚论者以为立功建业别是法门，而非儒者之所与也。"其实，事功、节义理无二致，凡所学要在生命中产生化合作用，才是知行合一。

古语说：哀莫大于心死。对于民族而言，文化亡，才是真正的亡。

古往今来，智识上的错位，必会导致文化多元面向的千疮百孔和颓废不堪。因此，文化复兴要从真实无伪的传承开始——宗经、涉事、守先、待后——后来人要能成为创新者，而非创衰者。否则，名不副实，必然混乱。

人生苦短，学无止境，可不慎乎？！

什么是传统

了解概念，要字字通达，方可趋于正见。

传，是指时间上的流传与延续；统，是指空间上的集结与凝聚。

传统，是指世代相传的精神、信仰、风俗、艺术、制度等多元内容在时空中的价值延续。

什么是文化

文化是智慧吗？是知识吗？是逻辑吗？都不是！

文化是自立立人的发蒙良药（这个"立"，是通达之意）。

"文化"二字最早出现于《易经·贲卦》："刚柔交错，天文也。文明以止，人文也。观乎天文，以察时变。观乎人文，以化成天下。"治国者，须观天道自然运行规律，以明耕作渔猎之时序；又须把握现实社会的人伦秩序，以明君臣、父子、夫妇、兄弟、朋友之等级关系，令人行为合乎文明礼仪，并推及天下，以成"大化"。

《说文解字·序》曰："仓颉之初作书，盖依类象形，故谓之文。文者，物象之本。"《易经·系辞下》曰："物相杂，故曰文。""文"就是事物形成、发展、变化的迹象，亦称文象。它有天、地、人三个维度的呈现：在天为天文；在地为地文（大地环境之纹理）；在社会共同体中为人文。南北朝时北齐的刘昼曰："日月者，天之文也；山川者，地之文也；言语者，人之文也。天文失，则有谪蚀之变；地文失，必有崩竭之灾；人文失，必有伤身之患。"（《刘子新论·慎言》）天文失察，就会遇到贬谪与亏耗之患；地文失察，就会遇到崩塌与枯竭之患；人文失察，就会遇到伤害身心之患。这强调了不懂文化的三种直接后果。

关于地文之谓，历史上除了刘昼之外，还有很多，如东汉于吉《太平经》曰："天文、地文、人文、神文，皆撰简得其善者。"又"故天文正，天亦正；地文正，地亦正；人文正，人亦正；天地人俱正，万物悉正"（《太平经合校》）。南宋朱熹《仪礼经传通解》曰："草木为地文。"清代阮元校勘《礼记注疏》载："《尔雅》释地文云，国也、邑也、平野也。"等等。

世间万物因为文象不同，其内在势能迥异，继而展现各自特有的发展规律。无数古圣先贤都用生命体证了这个道理并达成共识，谓为"文以载道"。

知道了文化和传统，就知道了何为传统文化：传统文化，就是在长期历史发展过程中形成和发展起来的，保留在每一个民族中具有稳定形态的文化。

甲骨文的"化"字，看起来像二人背靠背的形状，一正一反，以示变化。《说文》曰："匕，变也。""匕"即为"化"的古字。

化是什么？万物的生长变迁，称为化。以进食为例，人们吃进食物后，通过胃肠的工作，吸收了营养，接收到了食物的能量，这个过程就叫作化。反之，如果进食后未能吸收能量，就叫"食而不化"。有些人无论吃多么富有营养的食物，依然是骨瘦如柴，多是消化不良所致。中医将这种症状归结为脾不好，因为"脾主运化"。那么，什么是运化呢？就是将营养物质从此处运到彼处，继而转化为生命体运行所必需的能量。运输不畅或转化不顺利，均属于运化有问题。"脾主运化"，若用现代商业流行概念来作比喻，就是"物流"——这边有物品，那边有需求，通过衔接运送，使资源得到优化配置，从而转化为生产力。

宋代诗人杨万里《庸言》曰："学而不化，非学也。"试想：身心都不充实，如何能让美好继续美好呢？

古往今来，文化之功，一曰担当，二曰传情。担当，是令生命有责任心；传情，是令思想有流动性。二者皆为社会生生不息之动力，亦是以文化人的大用。

文化是用来增长慧命的，是要人能够"上知天文、下知地理、中通人事"的。你能将其内化到自己的生命中去，使之成为生命的有机营养，方可称为文化人。即便退而求其次，也至少也要精通以上三个维度之一，否则，最多只能算是知识分子——也就是知道的常识较多而已，与智慧无关。

可是，没有智慧，人又如何能传道呢？

什么是国学

国学，广义而言是中国人获得智慧的传统教育内容，具体可分为四类：国文，国艺，国医，国术。

其中，国文是指中国古代流传下来的典籍和文章，民国时期即有国文课。国艺是指中国古代传承下来的艺术类别，如京剧、昆曲、琴棋书画等传统艺术。国医是指中医类别的医疗内容。国术是指技击、养生等防御、健身、康养的内容，诸如太极、武术等。

其抵达途径有两条：一是文以载道，文包括汉字、数字等无形之物；二是物以载道，物包括琴、棋、书、画、家具等有形之物。

中国文化是信仰圣贤的文化，与其在别处仰望，不如比肩圣贤。圣贤之言，结晶于经典，囊括于"天人合一"思想之中，令生命光芒万丈。而经典中的经典，更是澎湃生命的不二之选。

什么是"学习"

"学"，《说文》释："觉也。"意即抵达智慧为学。在古代，"学"是为了开启自己内在的觉悟，即所谓"大学之道，在明明德"。而"学者"，即致力于觉悟之人。佛教的创立者佛陀，译过来就是"觉者"之意。可见，"学"是抵达智慧之路。有了智慧，便会有无畏之安。因而，南北朝的颜之推说："有学艺者，触地而安。"真正有学问和才艺的人，可以随处安身！而这，才是真正安身立命的功夫。

"习"，《说文》释："习，小鹰试隼。"小鹰为了飞翔，要不断训练，直至能够稳定地翱翔。但现实中，由于一次性的觉悟未必稳定，因此要不断实践，直至将其稳定地内化到自己的生命之中，成为自己的智慧。

孔子曰："学而时习之，不亦乐乎？"是说，经常让自己觉悟并不断稳固这种状态，让生命走在智慧的方向上，是多么开心的事情呀！

长智慧，提升自己的识鉴力和深刻度，是"学习"的核心。而长智慧的要点便是首先要有能识人的功夫。

老子曰："知人者智。"当年，孔子的贤徒樊迟问老师什么是"智"，孔子毫不犹豫地说："知人！"在"智"的核心问题上，这两位圣人的见地是无二无别的。识人的本质就是识势——探究不同人的生命势能规律。那，为什么要研究其生命"势能"呢？因为《孟子》曰："虽有智慧，不如乘势。"识势、乘势是智者必备的精良品质！

"以人为本"是春秋名相管子首先提出的观点，成为中国文化的重要特质之一。那么，人本之道究竟是什么呢？《易经》曰："立人之道，曰仁与义。"就文化而言，能通天达地，又能壁立其间者，方为仁者。古语说："仁者无敌。"而如何能够无敌呢？就是能让自己成为顺天应人、胜物而不伤的活化生命。

现实生活中，如果你的所学成了贡高我慢的资本，则必会深受麻醉，遗害无穷。究其根源，是因为丧失了敬意！

要知道，任何学问都是人学。如果你的所学、所知不是一个枯萎的约定，而是一个活体，就必然能见到种种解脱的风光，并能真正还给自己一片晶莹！反之，你所拥有的知识若令你的烦恼越来越多，那么一定是学错了！

可事实是：学错的大有人在。

不信你瞧，对于文化和文明而言，遍地可见"负豪"和"负二代"……

同学之道

同学，是互为光照、互为濡染，共同觉悟者——在一起学习，是为了避免孤单和不振，故而同学还称为同修。反之，若以同学之名相处，未能增慧开悟，反而浪费时间、挥霍生命，这叫相"贱"恨晚！

时间何其宝贵！一寸光阴一寸金。北宋宰相寇准《六悔铭》曰："官行私曲，失时悔。富不俭用，贫时悔。艺不少学，过时悔。见事不学，用时悔。醉发狂言，醒时悔。安不将息，病时悔。"是的，一切的美好都离不开每个当下的惜寸阴、善护念。

关于惜时，明代更有《七十词》传世："人年七十古稀，我年七十为奇。前十年幼小，后十年衰老。中间只有五十年，一半又在夜里过了。算来只有二十五年在世，受尽多少奔波烦恼。"如果一个人想要建功立业，如果算其活到七十岁，可用时间有二十五年。但是，在这二十五年中，要去掉一日三餐的时间，去掉谈情说爱的时间，去掉吃穿的时间，去掉生病的时间（还要保证不会生大病），去掉消遣娱乐的时间，去掉选择性错误所耗费的时间，去掉被人为挥霍掉的时间……算来算去，如果活到七十岁，最多可用的时间也就十年！

触目惊心。

我们应该清楚，人间最重要的富裕，"年富"为其一！可是，你如何能保证年富呢？

况且，仅仅年富还不行，还要能够让精神富裕才是饱满的生命。"未改心肠热，全怜暗路人。但能光照远，不惜自焚身。警众太殷勤，曾无间寸阴。几人常夜醒，不负转轮心"。这是中国台湾李炳南老先生的一首自箴诗。他在九十多岁的高龄时，仍每日传讲经教，启人慧命。离世时，台中万人空巷为他送行，其人、其行、其诗无不令人敬佩。老先生这种无伦的精进，才是不负光阴啊。

对时光之珍惜，需要有智慧的取舍力。孔子在两千多年前对这个能力的提点至今仍振聋发聩："益者三友，损者三友。友直、友谅、友多闻，益矣；友便辟、友善柔、友便佞，损矣。"（《论语·季氏》）益友有三种，损友也有三种：与正直、诚实、见多识广的人交友，有益处；与走歪门邪道、谄媚奉迎、花言巧语者交友，必有害处。

天下熙熙攘攘，知交有几人？鲜矣。

以智慧为纽带的同学关系是能为生命增值的关系。要知道，人与人相处，最应该光芒万丈的是智慧而不是资本！若能曼妙欢愉、出入古今、虚实相映，则点点善见凝为芳光，心灯汇为一炬，那么生命必蕴于大美无声之中……

文化之兴

关于读书，宋代大儒朱熹在其《朱子语类》中这样说道："果然下工夫，句句字字，涵泳切己，看得透彻，一生受用不尽。只怕人不下工，虽多读古人书，无益。书只是明得道理，却要人作出书中所说圣贤工夫来。若果看此数书，他书可一见而决矣。"是的，对中国文化而言，文字、训诂是很重要的基础，要字字透彻才会受用不尽。

训诂在古代属于"小学"（文字、训诂、音韵）内容之一，基本上在孩童8岁至12岁间学完。在训诂的基础上，把"天、地、人"文象中的某一维度内化到自己生命中，以此增长智慧、获得觉悟方可谓为"学者"——真正的学者是指循道不二的智者，是有格物功夫的贤者。

当我们重新认识"传统""文化""学习""同学"的本义之后，便知道传统意义上的真正的文化人是极少的！你想想，训诂不兴，经学不立，无有格物功夫，不能通经致用，文化何以复兴呢？

《礼记·学记》说："记问之学，不足以为人师。"仅凭背诵记忆书本上的知识，却不能落实到百姓日用之中，这种人是不够资格当教师的。北宋五子中邵雍也说："记问之学，未足以为事业。"记问之学不足以成为你一生要从事的工作。及至清代，曹雪芹在《红楼梦》第九十三回中借贾宝玉之口说："诗词一道，但能传情，不能入骨。"也就是说，真正的文化高境，绝不仅仅是靠背诵古典章句与诗词歌赋就能抵达的。真正的文化是智慧的体现，它涵盖天文、地文、人文三个维度，北齐刘昼《新论·慎言》曰："天文失，则有谪蚀之变；地文失，必有崩竭之灾；人文失，必有伤身之患。"强调了不懂文化的三种后果。

古语说得好，"师是天下善"。譬如，与王阳明亦师亦友的湛若水先生，以及他所私淑的宋代"岭南儒宗"崔与之等人，他们的精神风骨虽或明或暗，但凛凛犹生。崔与之有一语颇为传神："无以嗜欲杀身，无以货财杀子孙，无以政事杀民，无以学术杀天下后世。"是的，历来确实有很多人"以学术杀天下后世"——民国时期的辜鸿铭，曾在宴席上怒喝："恨不能杀二人以谢天下！"旋即有人问："当杀者为谁？"他马上答道："严复和林纾。"当时严、林二人均在席，但严复涵养好，对此置若罔闻，可林纾则是个暴脾气，当即质问辜氏何出此言？辜鸿铭拍桌怒道："自严复译出《天演论》，国人只知物竞天择，而不知有公理，于是兵连祸结。自从林纾译出《茶花女遗事》，莘莘学子就只知男欢女悦，而不知有礼义，于是人欲横流。以学说败坏天下的不是严、林又是谁？"听者皆面面相觑，林纾也无从置辩。

没有真实无伪的文化根基，更没有中和的视野，加之内心贪婪和恐惧并存，且私欲大于德行，其结果必定不堪入目。

日本漫画家谏山创的著名少年漫画作品《进击的巨人》中有这样一句话："将意义托付给下一个生者，就是与这个残酷世界抗争的唯一手段。"话虽说得很好，但是要能先找到意义，才可以谈托付啊！

真谛在行动中，否则，口号喊得再响，也逃不出隔江骗海的寰臼。

格物智慧

（一）什么是格物

中国文化是要让人有功夫和境界，而格物智慧就是功夫之所在。

有件事值得一提——上海著名的复旦大学，其前身与近代著名高校震旦大学有着深密渊源。震旦是印度对中国的旧称，震旦大学是法国天主教耶稣会在中国上海创办的教会大学。该校是由马相伯先生（北大前校长蔡元培和上海大学创校校长于右任均为其弟子）于1903年2月27日在上海徐家汇天文台旧址创办，所设学科有语文、象数、格物、致知四门。1952年，中国高校院系调整，将震旦大学各院系分别归并于上海市各有关高等学校（复旦大学、上海交通大学、同济大学等）。

从上面所述可见，震旦大学当年所设四门专业中，格物位居其一。

那么，我们为什么要学习格物呢？

《诗经·大雅》曰："有物有则。"这是说，现象世界中，一物有一物之理，万事万物皆有规律在。《吕氏春秋》曰："凡物之然也，必有故。而不知其故，虽当，与不知同，其卒必困。"后秦僧肇《肇论》曰："圣人会万物为己。"宋代朱熹《四书章句集注·大学章句》曰："天下之物，莫不有理。"

人只有能够了解事物发展变化规律，才可抵达《易经》中"与时偕行"和《庄子》所言"胜物而不伤"的境界。否则，就会像宋代白云守端禅师对弟子所说的那样，古人留下一言半句，没有看透它们的时候，撞着就像铁壁一样。一旦看透，才知道自己就是铁壁。

可见格物之重要。

法国思想家罗曼·罗兰的话亦可让我们从另一角度理解格物智慧的重要性。他说："世界上只有一种真正的英雄主义，那就是在认清生活的本质之后依然热爱生活。"

是的，这叫心中有数！这样才会活得明白。

究竟什么是格物呢？

"格物"一词是中国文化中最具解释价值的词语。不懂格物之意，则不可能抵达中国文化之圣境。

众所周知，中国文化是以儒家文化为核心道统的，而四书五经是儒家传道授业的基本教材，其核心精蕴，讲求的是境界和功夫！当年震旦大学马相伯先生确定的四门学科，抓住了中国传统读书育人的核心方向。

关于如何读书，宋代大儒朱熹不但编辑了"四书"，还对"四书"教学的次序和方法作出了说明。《朱子语类》卷第十四载"四书"学习次第："学问须以《大学》为先，次《论语》，次《孟子》，次《中庸》……先读《大学》，以定其规模；次读《论语》，以定其根本；次读《孟子》，以观其发越；次读《中庸》，以求古人之微妙处。"朱熹把《大学》列为"四书"之首。这也是朱熹亲身践履而得来的。

《大学》为中国文化开启了格物致知的路径——"格物、致知、诚意、正心、修身、齐家、治国、平天下"，史称"儒学八目"。这是说，只有首先了解了事物的发展规律，才能抵达真正"知道"的境界，然后充分展示个体生命的诚意，端正身心，好好修身进德，才会有规范家庭之功、治国安邦之力，做到如此，才可以具备令天下太平的能力。由此可见，"格物"是八目中后七目的根基，没有格物智慧的根基，则后七目皆为空中楼阁。清初大儒黄宗羲说："夫《大学》修身为本，而修身之法，到归于格致，则下手之在格致明矣。"（《明儒学案》）正是由于今人对格物之学了解和掌握得非常少，才导致了不能"学际天人"，以至于通经致用难以落实。而这也是传统文化传承、学习过程中的弊病所在。

宋代程颢说："读史须见圣贤所存治乱之机，贤人君子出处进退，便是格物。"（《二程遗书》卷十九）明代王阳明的"心学"更是受湛若水先生的启迪而依靠格物智慧来抵达圣境的。湛若水先生还专门著有《格物通》一书。而明清之际的陆世仪，在谈到生活和小物件之间的关系时，直接说道："凡有体验有得处，皆是悟。只是古人不唤作悟，唤作格物知至。"

及至清代，刘沅在其《豫诚常家训》中强调："私欲去而聪明始开，致知故先格物；念头好而是非明，实践乃为诚意。"

清代金衍宗（字岱峰）说得更是细致："万物无贵贱，见用则皆珍。一物适一用，致用则在人。望梅可蠲渴，呼枨能缓筋。格物得其理，取效疑于神。物理有相感，何况人心真。"（《木瓜·其二》）是说，万物并没有什么绝对的好与坏，只要有用，就是珍贵的。这就好比草药一样——药无贵贱，愈病者良。天下没有一物是废物，每个事物都有其用途；至于如何应用，关键在于人的能力。就像望梅可以止渴，呼喊木瓜之名可以缓筋急拘挛一样。人们通过格物来了解万物的内在势能，继而了知其变化规律，而践行的效果如何，则取决于你专注诚敬的程度。要知道，世间万物的势能皆可相感；何况，你若保有一颗真诚之心，又怎能觉察不到呢！

古代医家对"格物"之学亦尤为重视。"格物之学最为医家要务。凡物性之相制、相使、相宜、相忌，与其力量之刚柔长短，皆宜随时体验，然后用之无误。"（清代医家王秉衡《重庆堂随笔》）而清代医家祝登元更是强调："格物之学，盖性命道德之指归，而非神仙方术之余唾也。"（《心医集》）

出以上诸言者，皆为慧目之人！亦更知：今人读经典、学传统文化而未能证道，便是缺失在这个"格物"的功夫上了！

中国文化是从格物智慧来发越的，但格物绝非对事物常识的简单了解。关于"格物"二字，今人鲜有真鉴。清代陆陇其的《示大儿定征》说："读书做人，不是两件事。将所读之句，句句贴到自己身上来，便是做人的法，如此方叫得能读书人。"诚哉是言！

那么，什么是"格"？《说文解字》曰："枝长兒。"即林木之中某一长度突出的树枝，引申为甄别提炼事物的突出特质。知此"格"意，方可以理解人们常说的品格、人格、性格、出格等词语之意。

那么什么又是"物"呢？

周代关尹说："凡有貌、像、声、色者，皆物也。"

原文如下：

"列子问关尹曰：'至人潜行不空，蹈火不热，行乎万物之上而不栗。请问何以至于此？'关尹曰：'是纯气之守也，非智巧果敢之列。姬！吾语女。凡有貌像声色者，皆物也。物与物何以相远也？夫奚足以至乎先？是色而已。则物之造乎不形，而止乎无所化。夫得是而穷之者，焉得而止焉？彼将处乎不深之度，而藏乎无端之纪，游乎万物之所终始。壹其性，养其气，含其德，以通乎物之所造。夫若是者，其天守全，其神无郤，物奚自入焉？夫醉者之坠于车也，虽疾不死。骨节与人同，而犯害与人异，其神全也。乘亦弗知也，坠亦弗知也，死生惊惧不入乎其胸，是故遻物而不慑。彼得全于酒而犹若是，而况得全于天乎？圣人藏于天，故物莫之能伤也。'"（《列子·黄帝第二》）

关尹是谁？相传关尹就是与老子一并被庄子称为"古之博大真人"的函谷关关令尹喜，先秦时期天下十豪之一，字公度，名喜，周朝大夫，哲学家，老子的《道德经》五千言即是应其请而撰著。西汉刘向谓："喜著书凡九篇，名关尹子。"《汉书·艺文志》著录《关尹子》九篇，旧题周尹喜撰，此书即后世所谓之《文始真经》。

流传到海外的中国文化典籍译著，也没有人给出对这个"物"的正确认知，这种遗憾一直绵延至今。

那么，究竟什么是"格物"呢？

格物，就是探究万事万物势能发展变化规律的学问。它为人们提供先见之明、顺势而为、胜物而不伤的方法和智慧，使人能在生命的成长中具有各就各位、各自饱满的能力，这是抵达中国文化的功夫境界的路径。

先秦《商君书·更法》曰："愚者暗于成事，知者见于未萌。"愚人对于已成功之事弄不明白成功的原因，而智者在事情未发生之前就能预见其结局。此句虽言愚贤之人对事物不同的认知境界，但意在强调先见之明的重要性。

中国文化是以阴阳、五行、干支、八卦等建构的格物体系，对势能变化规律进行精细探究的方法，反映古人探究天人之学的路径，也是对《诗经》所言"有物有则"的践行。

值得一提的是，正因为格物是研究万物势能变化规律的学问，由此亦知，今之科学与医学亦属格物之学范畴，无出其界。

（二）格物的智慧

这世间，任何一件事物都可以从"显现"与"本性"两个层面来分析，每件事物都包含这两面，连你自己都不例外。其中，"显现"是外在呈现的象；"本性"是内在的势能，它超越一切显象而存在。若问二者什么关系，二者是一体两面。这是真理！

而格物之学，最重视的就是研究事物的"本性"，即"识势"。势，是诸子百家的共识，也是今天知识分子们智慧的短板。

《道德经》："道生之，德畜之，物形之，势成之。"

《庄子·秋水》："当尧舜之时而天下无穷人，非知得也；当桀纣之时而天下无通人，非知失也，时势适然。"

《吕氏春秋》："水出于山而走于海。水非恶山而欲海也，高下使之然也。稼生于野而藏于仓，稼非有欲也，人皆以之也。"这是自然之势。

《孙子兵法》："如转圆石于千仞之山者，势也！""择势而为，智也！"

《史记·孙子吴起列传》："善战者因其势而利导之。"

《韩非子·观行》："势有不可得，事有不可成。"

《六韬·文韬·兵道》："用之在于机，显之在于势。"

《孟子》："虽有智慧，不如乘势。"

《北史·于仲文传》："乘势击之，所以制胜。"

南朝刘宋范晔曰："神龙失势，与蚯蚓同。"

"势存则威无不加，势亡则不保一身，哀哉！"

《三国志·魏书·王卫二刘傅传》载："势可得而我勤之，此重得也；势不可得而我勤之，此重失也。"

宋代苏洵《六国论》云："夫六国与秦皆诸侯，其势弱于秦。"其《权书》曰："凡主将之道，知理而后可以举兵，知势而后可以加兵，知节而后可以用兵。"

宋代张商英《护法论》云："儒者尚势。"

明代吕坤《呻吟语》云："天地间，惟理与势为最尊！""势之所在，天地圣人不能违也。"

《六韬·龙韬·军势》："圣人征于天地之动，孰知其纪。循阴阳之道而从其候，当天地盈缩因以为常。物有死生，因天地之形。"

《大学》："物有本末，事有终始，知所先后，则近道矣。"

万物有象，表象即表法。有象必有势能，势能不会消失，它无问南北，莫曰古今，一直都在！人若无任何势能，死亡便是表象，这亦不过是势能转化为另一种显现而已。由此可见识势的重要性！

必须清楚的是，识势是建立于"正心"基础之上的。此外，人们耳熟能详的因果规律，既是势能使然，也是自然规律。

历史上相关典籍对势能因果关系的表述，非常丰富，如《大学》所言"言悖而出者，亦悖而入；货悖而入者，亦悖而出"，《吕氏春秋·用民》所言"种麦得麦，种稷得稷"，汉代刘向《新苑·谈丛》所言"好称人恶，人亦道其恶；好憎人者，亦为人所憎"，唐代魏征《群书治要·贾子》所言"爱出者爱返，福往者福来"，明代黄宗羲《宋元学案》所言"损人即自损也，爱人即自爱也"等，其理一也！它们都是在强调势能的因果关系。你若心中有道，就会清楚，出入聚散无非因果，你现在所收获的一切，都是曾经造作之果！而格物智慧，就是探究这种种因果势能规律的学问。

人亦是万物的组成部分。一个人真正的成熟，就是从认识自我开始的。格物虽然格的是物，但知的却是自己。有了真知之后，才能够不昧于事，欣然向前！

朱熹亦说："格物是梦觉关。格得来是觉，格不得只是梦。"（《朱子语类》）意思是说，格物就是迷梦和觉悟的关口，遇物能格者是觉者，而不能格者仍是迷梦中人。迷梦中人是无法领悟中国文化神韵的。朱熹还说："致知格物，十事格得九事通透，一事未通透，不妨；一事只格得九分，一分不透，最不可。"又说："物，谓事物也。"

宋代王义山在《和康节天意为人二吟》中说："透出梦关方是觉，要从心地自澄源。"这是说，任何一个时代，都需要有功夫的学者！而这个功夫就是真实无伪的格物智慧。

黄宗羲《明儒学案》的《侍郎许敬庵先生孚远》篇亦载："其订正格物，谓人有血气心知，便有声色，种种交害，虽未至目前，而病根尚在。是物也，故必常在根上看到方寸地，洒洒不挂一尘，方是格物。夫子江汉以濯，秋阳以暴，此乃格物榜样。"其大意是说，这个毫无滞碍、了了分明的通达境界，才是真正的格物功夫。

南北朝的颜之推在其《颜氏家训·勉学篇》中亦曰："古之学者为己，以补不足也；今之学者为人，但能说之也。古之学者为人，行道以利世也；今之学者为己，修身以求进也。"是说，真正的读书，是用来补己不足和行道利世的。但究竟能否做到，就取决于自己读书后的功夫了。

宋代杨万里说："学而不化，非学也。"（《庸言》）北京大学梁漱溟先生对此亦有振聋发聩之语："学问是什么？学问就是学着认识问题。真正的学问能解决自己的问题！"这就是南宋大儒陆九渊所说的："格物者，格此者也。伏羲仰象伏法，亦先于此尽力焉耳。不然，所谓格物，末而已矣。"（陆九渊《全集·语录》）其意是说，格物就是要能够解决每个当下的问题，即便是伏羲仰观天象、取法于地，也是最先发力于此的！否则，讨论"格物"就不着边际了。他还强调："公上殿，多好说格物，且如人主在上，便可就他身上理会，何必别言格物？"格物就是要从当下面对的事物来契入，这便是格物的应用，根本不必另外去讲什么格物。

时下，学问与学术是高频用语。而对于"学术"，梁启超解释得极为精辟，他说："什么是学术？学也者，观察事物而发明其真理者也；术也者，取所发明之真理而致诸用者也。"你看，真正的学术一定是要能够解决实际问题的，这是明智者的共识。而读书人若不能抵达这个境地，就只是未熟的瓜果，出来传道授业，往往是"毁人不倦"，出焦芽败种……

除上面所述外，以下几位大先生的慧引，更是令人对读书的核心要义清晰明了。

北宋五子之一的邵雍说："学不际天人，不足以谓之学！"

明代国师中峰明本禅师说："凡做工夫不灵验者，往往只是偷心未死！"

宋代宝觉禅师说得更是如木撞钟："你所要寻的安乐处，需要你死掉无量劫以来的偷心才可得到。"

功夫不灵，乃偷心仍炽，道心不固，见解不彻所致。其结果，必举身积伪！

可见，嘉师之言是一语见机，十方通透，更于旷志高怀处，透得生机勃勃！

人生最痛苦不堪的，就是没有能力与自己打交道。人不能与物相活，不能当自己的家、做自己的主，必然是欠缺了格物的能力。所以，格物之学是中国往圣先贤为中华民族所开出的抵达慧境的一个方便法门。

那些不谙格物而漫谈修身齐家、涉事接人，乃至讲经论典者皆为纸上谈兵，空中建楼，自溺溺人。而这些，早就被两千多年前的孟子看透了，他说，"天下之本在国，国之本在家，家之本在身"，"夫人必自侮，然后人侮之；家必自毁，而后人毁之；国必自伐，而后人伐之。"寥寥数语，可见慧目如炬！

对于孟子所说的"自侮"，明代大儒王阳明也有着精妙的见地，他说："若自己不能身体实践，而徒入耳出口，呶呶度日，是以身谤也，其谤深矣。"一个人，若自己不能身体力行，整天只是夸夸其谈，这就是在诽谤自己啊，这种情形对生命的毁损是很严重的。

说得多好呀！

明德与格物的大用，《大学》一书已阐其大义：学问之道唯在明德和格物！明德知大，格物知微；明德洗心，格物息乱。古往今来，借由此途而饱满生命者，缕缕不绝。例如，孔子达《易》，汉代"经神"郑玄谙熟《六壬》，明代袁了凡精通《六壬》，王阳明精通《奇门遁甲》。王阳明还有句名言："圣人之心如明镜，只是一个明，则随感而应，无物不照。故圣人只怕镜不明，不怕物来不能照。"这个能照的能力，就是格物的功夫。

对此，明代邓豁渠更是作如是之赞："心斋格物是权乘，阳明良知是神明。"（《南询录》）

对中国文化而言，内圣外王、比肩圣贤和见贤思齐，不仅仅是指出方向，而是强调要有抵达的方法。否则，由于法不归位，一辈子背离学问核心，无格物功夫，导致所学限于逻辑、概念、名相、权威、文化光环和既得利益的堆砌中，在歧路上狂奔，如盲行暗，把稀有的大好青春到处挥霍。生命陷溺于低品质的轮回，永不得见光风霁月。

试问：人是万物之灵，为什么就不灵了呢？

格物之学，其维度有三：格天、格地、格人。其中，格天是天文

（观天象），格地是卜居（堪舆、风水），格人是识鉴人。换言之，格物是东方的自然学科，涵盖了天文、地理、物理、人事、生物，等等，无所不包，是中国先贤用简洁的模型囊括一切的自然科学和社会人事。以下，对此三个维度略作介绍：

其一，格天。《诗经》中所载的农夫和戍边战士会观天象，与商汤的宰相伊尹一样，皆有"格天"之功。《尚书·周书·君奭》载："在昔成汤既受命，时则有若伊尹，格于皇天。"

三国时期的孙权亦评价诸葛亮："丞相受遗辅政，国富刑清，虽伊尹格于皇天，周公光于四表，无以远过。"

《宋史·列传》载："一曰谨始以正本，二曰敬德以格天……"

南宋大学者罗大经写有《格天阁》一文，以抨击秦桧任宰相后所造格天阁，文曰："方其在相位也，建一德格天之阁。"对此，明代蒋一葵《尧山堂外纪》亦载："一德格天阁，朝士有贺启曰：'在昔独伊尹格于皇天，到今微管仲吾其左衽。'"

明代徐祯卿《谈艺录》载："盖以之可以格天地，感鬼神，畅风教，通世情。"

明代嘉靖皇帝南巡时，听到著名的"二十四孝"之"孝圣"王祥和"友圣"王览的孝悌故事，深受感动，遂赐御匾一块，上书"孝友格天"。格天，乃因其精诚而致的感通上天之德。

明代袁黄《了凡四训》载："在家而奉侍父母，使深爱婉容，柔声下气，习以成性，便是和气格天之本。"

总之，"格天"一词是指古代由"观天象"而得来的格物功夫之一。古之"观象授时""占星""聊天"等功夫，均属于"格天"范畴。

古人认为有格天之功者为第一德，次德为格地（卜居），其下为格人（识鉴人）。

其二，格地。亦称为卜居，堪舆，风水。春秋时期的管子、清代的左宗棠等，都精于地理，故能安邦治国，功垂青史。

其三，格人。亦称识鉴，相人。从古至今往圣先贤精通识鉴者，诸如先秦诸子中的管子、孔子、孟子、荀子、庄子等，比比皆是，不计其数。

值得一提的是，格物亦包括中医的学问，例如，"仲尼有言，'通天地人曰儒'，而医亦有之。上知天文，下知地理，中知人事。天有九星，地有九州，人有九脏，故立九道脉以应天地阴阳之数，此医之三才也。"（明代倪士奇《两都医案》）"自《周易》《道德》《阴符》家言，以及天文、地理、音律、技击等无不通晓，尤精于医"的清代徐灵胎，亦说："不知天地人者，不可以为医。"（《医学源流论》）清代医家王秉衡在其《重庆堂随笔》中亦特别强调："格物之学，最为医家要务。凡物性之相制、相使、相宜、相忌，与其力量之刚柔长短，皆宜随时体验，然后用之无误。"

格物之学的三个维度涵括天地、充实生命、归于至简、直抵道源。《黄庭经》云"至道不繁"，孟子亦说"博学而详说之，将以反说约也"。两者都是在强调道法自然，大道至简，大道务实。其中的学问是"经世致用"的，而非"通经致庸"。

践行格物智慧须臾不可背离老子《道德经》"道法自然"之理。众所周知，大自然有天、地、人三个维度，而欲获得"道法自然"的能力，就需拥有"三只眼"的智慧：1.鹰眼，要有大局观，能够在一定的高度上看全局；2.鱼眼，通过潮流和趋势来洞察变化，并且不受时空的限制，时时保持自觉，昼夜尽道；3.虫眼，要能感受到周围的反应，关注细微的变化。这"三只眼"的智慧，不仅是突破自身局限的手段，更是对中国智慧"两参三视"（《逸周书》）的践行。

当你一旦拥有这"三只眼"，思维便会从固化中得以腾空而起，一个热气腾腾的生命旋即焕然而出。

第四节 格物智慧案例数则

格物是扎扎实实的"知几"功夫，须保有智慧的精细思辨能力。当你真正懂得格物并能够践行的时候，你就会看到很多真实的生命气象。

先知智慧

自古以来，能够"胜物而不伤""和光同尘"者，便是通人。

通人在先秦时期所遗留于世的见微知著的格物智慧，其案例数不胜数，从中亦无不彻见中国士人安身立命的功夫。而这些中国文化的翘楚，其精神安置处，是中国智慧不竭的源泉。

《诗经》曰："天生烝民，有物有则。"万物的发展变化都有迹可寻！古往今来，那些拥有透过种种迹象而见几知微的格物功夫者，皆属于先知。

先知是对重大事件的发展作出准确预言者。先知们在安邦治国、理事鉴人、预知未来等方面所建构的思想原则，塑造了世界的多元文化传统，影响至今，并成为诸多生命的路径和依赖。

历史上，很多先知都位列圣贤。犹太教、基督教和伊斯兰教等宗教都有先知的概念。例如,《古兰经》中即列先知 25 位,穆罕默德居其末,并且该经中还暗示有很多未名的先知。

公元前 800 年—前 200 年之间的"轴心时代"是人类文明精神的重大突破时期,每个文明都出现了伟大的精神导师——先知!

古希腊哲学家亚里士多德在其《政治学》中写道:"哲学家只要愿意,致富是很容易的事,只是他们的抱负并非在此而已。"是的,真正的哲学家便是真正意义上的先知者,他们不仅通达事理,还具备创造财富的能力,就看他们想不想去做!尤为激励我们的是,他们的人生,要么做第一,要么做唯一;大就大得波澜壮阔,小就小得锋利无比!并且能够达到"胜物而不伤"——内不伤己、外不伤人的恰宜之境。

古代的先知们皆依格物功夫而有先知之慧。西方哲学是以古希腊的泰勒斯为开端,而中国则以先秦诸子为楷模。

我爱泰勒斯

(一)哲学

哲学的本义是"爱智慧,爱奥秘"。也就是说,保有先见之明的功夫,知悉事物发展变化的规律,并且能够真实无伪地做到顺势而为,这才是哲学的功用。那些讲哲学道理却不能知行合一者,都不是真正的哲人。

任何一个真正的哲人,都有与自己见地相匹配的格物功夫。并且,这种功夫非常人所能及,因此被称为"绝学"。

北宋张载的《横渠四句》"为天地立心,为生民立命,为往圣继绝学,为万世开太平"成为自宋代以来中国知识分子共同的心声。但张载这首诗中的"绝学"二字,是无数读书人难以抵达的……

而邵雍作为身怀绝学的代表——无论世间如何变动不安,他都了然于心，坦荡如砥，纹丝不动，行事如入无人之境，胜物而不伤，这便是"绝学"的境界所在！

他活泼泼地展现在百姓日用之中的洞察力，在饱含温馨与柔情的同时，揭示了万物之理，使之自自然然地上升为哲学。

提起西方哲学，就不能不提到希腊哲学，提到希腊哲学就不能不提到泰勒斯。

他被誉为"古希腊数学、天文、哲学之父"，他创立了爱奥尼亚哲学学派。他摆脱了宗教，从自然现象中寻找真理，否认神是世界的主宰。他认为处处有生命和运动，并以水为万物的根源。他几乎涉猎了当时人类的全部思想和活动领域，获得了崇高的声誉，被尊为"希腊七贤"之首。

（二）先见之明

泰勒斯不仅是一个伟大的诠释世界者，而且是把认识世界视为己任的第一人。

他想得很多，所以会掉进大坑里，但他却可以对我们的问题给予简短、明确、实用的回答。这就是使泰勒斯成为历史巨人的品格。

有人问泰勒斯："什么最困难？"

他答："认识自己。"

"什么最容易呢？"

他答："给别人一个聪明的建议。"

"如何才能过最有道德的生活？"

他答："永远不去做我们谴责别人做的事情。"

……

他的回答，处处见证着智慧和人格的交相辉映！虽仅是听闻，亦叫人心向往之。

泰勒斯对天文十分着迷。有一天晚上，他在观察天文的时候，一边看着满天星斗的夜空，一边走路。根据观察，他预言第二天会下雨。正在他预言会下雨的时候，脚下踩到一个大坑，于是，他就掉进那个大坑里，摔了个半死。一个使女把他救起来，他说，谢谢你把我救起来，你知道吗，明天会下雨啊！使女嘲笑他说，你连地上的都还没看明白呢，还看什么天上的啊！

有人嘲笑泰勒斯虽以哲学见长，却穷得几乎难以自给，嘲笑哲学并非救贫的学问。

于是，当泰勒斯凭天文学预测到第二年夏天油橄榄树将获得大丰收时，他就提前以低租金租下了所有油坊的榨油设备。果不其然，当收获季节来临时，油橄榄获得了历史性的丰收。需要榨油的人纷纷来到油坊，谁都愿意按照他所要求的高价来支付设备的租金，否则油橄榄会大量烂掉。他因此包揽了当时榨油生意的三分之一，大赚了一笔。

泰勒斯不仅仅是论证数学的鼻祖，也算是应用数学的发起人。数学这个工具被他运用得炉火纯青，他所收获的不仅是物质财富那么简单。通过这件事，他向世人表明："哲学家只要愿意，致富是很容易的事情，只是他们的抱负并不在此而已。"

是的，君子藏财于天下，无须去取！

泰勒斯在赚钱的同时也在不断地放弃。他在间接地提醒着我们：当人们对物质等方面的追求超过了对精神信仰的渴望时，就会迷失方向。

这是他的伟大示现。

（三）志存高远

智莫大于知来。

哲学家是有大智慧的，是真正意义上的先知者，他们通达一切现象，有创造财富的能力，因而也不会为生活所困。这是泰勒斯的行为所传达给我们的精神动力。

泰勒斯是真正的哲学家。

我们需要像泰勒斯这样仰望天空的智者，需要发扬他这种积极探索、超越俗见、志存高远的精神。他们犹如世间的脊骨，撑起了人类文明的身躯。

如果我们每个人都只低头看路，不抬头仰望星空，只满足于眼前的点滴之事，没有高瞻远瞩的胸怀，那么国家和民族，乃至于人类又何来希望？！

（四）水生万物

众所周知，水是一切生命的基础，有水也是地球区别于太阳系其他行星的重要特征。

希腊七贤每人都有一句特别有名的格言，泰勒斯的格言就是："水是最好的。""水生万物，万物复归于水。"这是泰勒斯的哲学观点，他认为世界的本原是水。

值得注意的是，中国古代很多的史书，例如《礼记·月令》和《尚书·洪范》等，它们所给出的五行次第排序规律也告诉我们，地球上首先出现的就是水。

早在两千五百多年前，老子即用亲身体验，真实无伪地阐明了阴阳五行的宇宙自然之理：上善若水，水善利万物，是生命万物产生的基源。君子千里同风。天下之理，英雄所见略同。

（五）谁与争锋

魅力与实力来自自身。

商旅生活使泰勒斯了解了各地的人情风俗，眼界大为开阔。

他曾用骡子运盐。一次，一头驮着盐的骡子滑倒在溪中，盐被溶解之后骡子的负担减轻。结果，这头聪明的骡子每过溪水就打一个滚儿。于是，泰勒斯就让它驮海绵，海绵吸水之后重量倍增，骡子就再也不敢故技重施了。

万物有灵。

泰勒斯认为无生命的事物也有灵魂，并用琥珀和磁石来证明这一点（琥珀经过摩擦生电后可以吸引纸片，磁石可以吸引铁）。

从这一点来看，东西方的文化是无界的。

很少有人愿意一个人去实现抱负，但泰勒斯正好相反。以下是泰勒斯的科学成就片断：

1. 他应用相似三角形原理，在自己的影子与身高等长的时候，记下金字塔的影长，从而测量出金字塔的高度。这令埃及法老阿美西斯（古埃及二十六王朝法老）大为惊讶。

2. 他是第一个测定了太阳从冬至点到夏至点运行历程的人，继而确定将一年分为三百六十五天，一个月分为三十天。

3. 他准确预测了公元前 585 年 5 月 28 日的一次日食。

4. 他发现了许多几何学命题，提出了数条几何定理，并将其他许多基本原理揭示给后人。比如，圆周被直径等分；等腰三角形两底角相等；两直线相交而成的对顶角相等；如果两个三角形的一边和两邻角彼此相等，则这两个三角形全等；内接半圆周的三角形是直角三角形。

大爱无言。

世上的学问有两种，一种是基础性的学问，一种是实用学问。实用是建立在基础之上的，没有基础，实用不实。而泰勒斯所研究的，都是基础的学问。这些学问对于整个人类而言，是最彻底的给予！

管子辨水

管子"以人为本""依法治国"的思想，早已成为中国现阶段的核心执政理念。

管子在齐国执政41年，令齐国三年大治，让齐桓公成为春秋五霸之第一霸。管子对天人关系的了解和掌握远远超出现代人的想象。例如，他能够根据一个国家中河流的状况来掌握其国情民心。据《管子·水地》载：

> 水者何也？万物之本原也，诸生之宗室也，美恶、贤不肖、愚俊之所产也。何以知其然也？夫齐之水道躁而复，故其民贪粗而好勇；楚之水淖弱而清，故其民轻票而贼；越之水浊重而洎，故其民愚疾而垢；秦之水泔㝡而稽，淤滞而杂，故其民贪戾罔而好事；齐晋之水枯旱而运，淤滞而杂，故其民谄谀葆诈，巧佞而好利；燕之水萃下而弱，沈滞而杂，故其民愚戆而好贞，轻疾而易死；宋之水轻劲而清，故其民闲易而好正。是以圣人之化世也，其解在水。故水一则人心正，水清则民心易；一则欲不污，民心易则行无邪。是以圣人之治于世也，不人告也，不户说也，其枢在水。

这段话是说：水是什么呢？水是万物的本原，是一切生命的根基。美与丑，贤与不肖，愚蠢无知与才华出众，都是由它产生的。怎么知道水是如此的呢？试看齐国水迫急而流盛，故齐人贪婪，粗暴而好勇。楚国水柔弱而清白，故楚人轻捷、果断而敢为。越国水浊重而浸蚀土壤，故越人愚蠢、妒忌而污秽。秦国水浓聚而迟滞，淤浊而混杂，故秦人贪婪、残暴、狡猾而好杀伐。晋国水苦涩而浑浊，淤滞而混杂，故晋人谄谀而包藏伪诈，巧佞而好财利。燕国水深聚而柔弱，沉滞而混杂，故燕人愚憨而好讲艰贞，轻急而不怕死。宋国水轻强而清明，故宋人纯朴平易，喜欢公正。因此圣人若要改造世俗、教化民众，关键在水。水若纯洁则人心正，水若清明则人心平易。人心正就没有污浊的欲望，人心平易就没有邪恶的行为。因此，圣人治世，不去告诫每个人，不去劝说每一户，关键只在于掌握水的性质。

从以上论述中可见，管子对人与自然之间关系的了解何其精微！

水与我们的生命息息相关，须臾不可分离。根据管子的说法，从水质和水性就可以体知一个国家、一个地区民众的性情、风俗的好坏。这也是"一方水土养一方人""穷山恶水出刁民"思想源头之所在！

王安石辨水

古往今来，像管子这样了解水性的大有人在，比如北宋著名的政治家、经学家，尤精于《易经》的王安石。他因其易学之作《易象论解》、《易解》十四卷（《郡斋读书志》作"二十卷"）而名扬宋代文坛。当时北宋五子中的大儒程颐虽为王安石的政敌，但从学术角度也认可王安石易学著作的经典价值："若欲治《易》，先寻绎令熟，只看王弼、胡先生、王介甫三家文字，令通贯。"如果要学《易经》，首先要反复探索了解名家的思路，比如汉末的王弼、宋初的胡瑗、当时的王安石他们三人的著作，就可以贯通其理。这个评价还是很高的。

明代冯梦龙《警世通言·王安石三难苏学士》载有"王安石辨水"的故事。王安石晚年因痰火过盛而生疾，有太医开方子以阳羡茶代药，并强调要用长江瞿塘峡的中峡水煎服才能发挥疗效。王安石便将取水之事托付给刚好来看他的苏东坡。不久，苏东坡就亲自带水来见王安石，王安石马上就让童子取水煮阳羡茶。没想到"候汤如蟹眼，急取起倾入，其茶色半晌方见"。等到把水烧沸，沸水的气泡就像螃蟹的眼睛时，马上就把阳羡茶放了进去。可是，过了好久茶的颜色才透出来。看到这里，王安石生气地问苏东坡："你怎么骗我呢？！这明明是下峡水，为何告诉我是中峡水？"苏东坡大惊！只得据实以告：我一路舟车劳顿，加之天气炎热，坐在船上不知不觉竟睡着了，等醒来时，船已到了下峡。我忙让水手掉转船头往中峡去，无奈水急如瀑布，根本无法逆水行舟，再加上水手们对我说：三峡前后相连，并无阻隔，都是一样的水，你为何非要到中峡去取呢？我想想也是，于是我就让人就近取了下峡水带回。

令苏东坡很不解的是，王安石是怎么知道的。于是他反问王安石："三峡相连，一样是水，你怎么分辨呢？"三峡的流水是前后一脉相连的，你是怎么判定出来的呢？王安石说："读书人不可轻举妄动，必须细心观察，认真思考才对。这瞿塘峡的水性，在《水经补注》上有明确记载：上峡水，水性太急；下峡水，水性太缓；唯有中峡水是缓急相半、不激不徐。太医院的医官是名医，他知道老夫得病是由于中脘变症，所以必须用中峡水来做牵引，药性方可见效。刚才冲泡，茶色半晌才开始出现，故知是下峡水……"苏东坡听得目瞪口呆，惭愧至极，连忙离席认错。

王安石这种精通水文的能力，体现出他的"格物"本领，从中亦可观照出那个时代文人的智识缩影。

视日不瞬

史载宋神宗年间，深通《易经》的探花郎陈瓘："性闲雅，与物无竞。见人之短，未尝面讦，但微示意，俟之而已。"陈瓘秉性淡定，不喜与人争名夺利，见到别人有缺点，从不当面直斥让人难堪，而是巧妙婉转地点示，让人家自己觉悟而暗中改正，力图保全别人的脸面。

但在朝廷上，陈瓘则是秉公直言，不畏权势，不顾私情友谊，知无不言，言无不尽，是位响当当的直谏之臣。

当年，陈瓘凭一个细节就看出了拜《水浒传》所赐而成名的蔡京的奸邪本质——时为翰林承旨（正三品官）的蔡京，候朝期间很少与其他人交流，而是"视日不瞬"，就是直视太阳而不眨眼睛。陈瓘说："此人必大贵，然以区区精神敢抗太阳，他日得志，必为天下患。"（见《十八史略》）意思是，蔡京敢以一个人微不足道的精气元神对视太阳，这样的人得了志，必然目中无人，营私霸道，祸害天下。

陈瓘身为谏官，光明磊落，疾恶如仇。他立即上书极言蔡京之奸，蔡京于是被罢官。

未承想，蔡京在历史上是一个异数——他四次为相，执政十七年，如此四起四落也极为罕见——时隔不久，宋徽宗还是起用了蔡京，官至太师，位极人臣，后来果然祸乱宫廷，被时人称为"六贼之首"。以他为首的"六贼"把持着朝廷要害部门，整个国家被弄得乌烟瘴气，一时间出现了《水浒传》中的情形：英雄豪杰入江湖，奸佞小人上庙堂。

要知道，得了势的蔡京是绝对不会放过陈瓘的！陈瓘因此被捕入狱，遭受酷刑。最终，这位铁骨铮铮的老夫子死于流放之地。

但人心如镜，公道在天。对蔡京恨之入骨的宋钦宗即位后，即清算了蔡京的罪行，将其贬官至岭南。途中，蔡京虽携带无数银两，但沿途百姓竟无人肯卖东西给他。为此，蔡京还大为感慨："京失人心，何至于此？"最终，80岁的蔡京途中饿死于潭州（今湖南长沙）。

蔡京之死，大快人心，《宋史》载有歌谣曰："打了桶（童贯），泼了菜（蔡京），便是人间好世界。"康熙皇帝说："蔡京以庸劣之流，依附小人，以图登进，即当烛其奸回，决意屏黜，迨其误国而始逐之，已无及矣。用人之道，诚不可不慎之于始也。"这位皇帝还真是把话说到了根子上，尖锐地批评了宋徽宗的昏庸——当初既知蔡京之奸，又罢免过他，为何还要起用他误国误民？

可见，识人用人，发端之初即需谨慎！

鉴人先取奇

南朝宋刘义庆《世说新语》载：郗太傅在京口，遣门生与王丞相书，求女婿。丞相语郗信："君往东厢，任意选之。"门生归，白郗曰："王家诸郎，亦皆可嘉，闻来觅婿，咸自矜持。唯有一郎，在东床上坦腹卧，如不闻。"郗公云："正此好！"访之，乃是逸少（王羲之小字），因嫁女与焉……这就是"东床快婿"典故的来历。

在这个故事中，你会发现，那位郗太傅仅仅通过门生的回禀，就确定了女婿！这是何等的气魄和功夫啊！

我在十翼书院每每讲此故事遇人有不解时，便解释道：王家是绵延数百年的贵族人家，代代饱读诗书，教养深备，子女个个都是瞬间能够庄严起来的人。郗太傅认为，能够在相亲的大事上无动于衷者，必属于出奇的异类，故欢喜确定了王羲之这个人选。

在古代，鉴人取奇是常道。宋代的大文豪欧阳修，就曾点评北宋宰相章得象说："世言闽人多短小，而长大者必贵。郇公身既长大，语如洪钟，岂出其类者，是为异人乎？"欧阳修点评得极其到位！正是这个章得象，任职宰相期间，算得上是宋朝最安稳的四年。

这种"反其类"的思维方式，在汉代东方朔身上则有另外一种展示。

《诗经·郑风·有女同车》有"有女同车，颜如舜华""有女同车，颜如舜英"之句，其中的"舜华"和"舜英"即"舜花"。《说文》云："蕣，木堇，朝华暮落者，从草，舜声。""木堇"多写作"木槿"。实际上，"蕣"字草字头下面的"舜"不仅是声符，还是义符，因其花朝开暮谢，古人取其"仅荣一瞬之义"，故称之为"蕣"或"舜"。晋人潘尼云："其物向晨而结，建明而布，见阳而盛，终日而殒。"朝开暮谢是指木槿花的寿命，因其只有一天，古人形象地称之为"日及"。此外，木槿又名"王蒸""时客""庄客"，等等。

《诗经·郑风·有女同车》用蕣花来形容"同车女"之美，既喻其美艳绝伦、不可方物，又喻其美貌短暂、蕣颜易逝。木槿的朝开暮落，引起了历代文人骚客的关注，又因各人的际遇、修养、心境之差异，感悟也大不同。有人既欣赏其花姿，又感叹其"夭促"和"荣不终日"。比如，那个备受王安石赞誉的陆游祖父陆佃，在其《埤雅》中说："《诗》曰'颜如蕣华'，又曰'颜如蕣英'。'颜如蕣华'，则言不可与久也；'颜如蕣英'，则愈不可与久矣，盖荣而不实者谓之'英'。"乾隆皇帝便将自称"天下一人"的绘画天才宋徽宗所画《写生珍禽图卷》（图卷共十二段）中的第四段题名为"蕣花笑日"。晋人苏彦《舜华诗序》曰："其为花也，色甚鲜丽，迎晨而荣，日中则衰，至夕则零。庄周载朝菌不知晦朔，况此朝不及夕者乎！苟映采于一朝，耀颖于当时，焉识夭寿之所在哉。余既玩其葩，而叹其荣不终日。"李白也有同感："园花笑芳年，池草艳春色。犹不如槿花，婵娟玉阶侧。芬荣何夭促，零落在瞬息。岂若琼树枝，终岁长翕赩。"白居易见到槿花"荣落同一晨"，联想到人生的种种不如意之事："男儿老富贵，女子晚婚姻。头白始得志，色衰方事人。后时不获已，安得如青春。"槿花的朝开暮落也令明代"风流才子"唐伯虎感叹生命的短暂，在首任妻子病死、孩子夭折后，他悲痛地作诗一首："凄凄白露零，百卉谢芬芳。槿花易衰竭，桂花就消亡……抚景念畴昔，肝裂魂飘扬！"

唯有以滑稽多智著称的汉代东方朔见木槿朝荣夕死，不悲反喜。其《与公孙弘借车马书》曰："木槿夕死朝荣，士亦不长贫也。"从木槿花开花谢的短暂，他得出贫穷也不会长久的"结论"。他的这种逆向思维可谓另类。而事实，亦如其所判。

奇哉！

吕蒙正鉴人

当年，吕蒙正做宰相时，宋太宗让他在朝中推荐一人出使辽国，吕蒙正推荐了一名陈姓官员。宋太宗恰恰不喜欢此人，让他换一人。

次日，吕蒙正所递折子还是此人，太宗依然不允。

第三日，宋太宗问吕蒙正选好人了没有，吕蒙正所荐还是这位陈姓官员。

太宗大怒，将折子甩在地上，说："你怎么如此固执呢！"

满殿同僚们吓得鸦雀无声，但吕蒙正却神色自若地答道："哪里是我固执？分明是陛下对此人有偏见。我深思熟虑后，认为只有他最合适。臣不欲用媚道妄随圣意，以害国事！"

太宗无奈，只好说："好吧好吧，我拗不过你，就派他去吧。"

事实证明，吕蒙正识人很准，这位陈姓官员非常出色地完成了出使任务。

吕蒙正任职宰相期间，有一天，好友富言跟他说："我儿子富弼已经十几岁了，想让他入书院，事奉廷评、太祝。"吕蒙正答应先见一面。

见面后，吕蒙正惊叹说："此子将来名位与我相似，而功业远超于我。"于是，他让自己的几个儿子跟富弼做同学，并且供给很优厚。

后来，富弼竟然两次出任宰相！并且，范仲淹见到他后十分惊奇，赞其为"帝王的辅佐之才"，并将他所写的文章拿给王曾、晏殊看，这个以"无可奈何花落去，似曾相识燕归来"而闻名于世的宰相晏殊，竟将富弼招为女婿！

公元1011年，宋真宗西祀汾阴路过洛阳时，特意前去看望已退休的太子太师吕蒙正。赏赐之后，真宗问道："你的儿子哪个可以录用呢？"吕蒙正答道："臣之子皆猪狗而已，唯侄子吕夷简有宰相之才。"后来，吕夷简果然成为一代名相。

每当我想起吕蒙正这三段精彩绝伦的识人故事时，就深深赞叹他那饱满、有力、透彻的先见之明！可如今，究竟有多少人具有这种鉴人、识人的能力呢？

要知道，中国文化强调的是为己之学，是自证自验的智慧啊！

邵雍识乱

与王安石同一时期的北宋五子中的邵雍，其仰观天俯察地的水平，无人可出其右！他一个人，成为后世无数读书人追慕的精神高山。

朱熹的《宋名臣言行录》和明代文献《龙文鞭影》均载有"邵雍识乱"的故事。一日，邵雍与客散步于天津桥上，闻杜鹃声，惨然不乐。客问其故，雍曰："洛旧无杜鹃，今始至……不二年，上用南士为相，多引南人，专务变更。天下自此多事矣。"客问何以知之，雍曰："天下将治，地气自北而南；将乱，自南而北。今南方地气至矣。禽鸟飞类，得气之先者也。《春秋》书六鹢退飞，鸲鹆来巢，气使之也。自此南方草木皆可移，南方疾病瘴疟之类，北人皆苦之矣。"这段话是说，友人问他："先生在想什么？"他说："你知道吗？不久，我们国家将有大的变故，会有南方人到北方主政……"果不其然，熙宁三年（1070），江西抚州人王安石出任宰相，推行新法，天下骚动。这就是邵雍据杜鹃提前北来的现象，断言"南方地气至矣"，印证了不久之后来自南方的王安石上任宰相，及其推行变法的后续效应。时人对此皆叹玄奥，赞扬不已。

如此这般神奇的例子，在邵雍身上不胜枚举。譬如，他在村中散步时，突然听到老牛叫，便让同伴去找到这头牛，断言"此牛一周之内必被杀"……已而果然，令人啧啧称奇。

另据宋代朱济《曲洧旧闻》载：欧阳修的三子欧阳棐考上进士后，奉父命去拜见邵雍。开门的书童见他穿一身青衣，便说："我家先生早上就嘱咐过了，中午会来一个穿青衣者，要我及时周知他。"欧阳棐说："我正是来找先生的。"邵雍见到他后，问："你是谁啊？来我这里有何贵干？"欧阳棐答道："我是奉父亲欧阳修之命而来。"邵雍说："有何事情？"欧阳棐答道："只是来拜访而已。"邵雍说："好，那就听我介绍自己的平生经历。我出生在河北涿州，7岁时随父母迁居共城（今河南省卫辉县）。共城县令李之才见我聪颖，遂纳为门人。我随他学习经年后，根基牢固。及长，举家迁至洛阳。后得遇司马光为我购地、建宅、周济生活……"每讲完一段便问欧阳棐："记住了吗？"欧阳棐连声说："记住了，记住了。"要知道，那时的读书人都是背书长大的，记忆力都非常好。就这样，邵雍一直讲到临近夕食（申时），生平之事才全部讲完。欧阳棐见时间不早了，便起身告辞。临别时，邵雍又在门口问他："今日所讲一定要记住哦。"欧阳棐连声答道："放心，谨记在心。"话虽这么说，但欧阳棐并不知邵雍话里的深意。

这个深意是要与另外一个故事一同来观待的！

邵雍在洛阳时，当朝宰相富弼在家养腿伤而不得出，烦闷之际，嘱童子请邵雍来叙。邵雍来了后，指着富弼面前的座椅问道："今日请几个人来？"富弼说："一个。"邵雍说："不够。今日午时会有一位绿衣少年骑着白马来看您。您一定要见他。因为此人未来必定秉笔执书，载您入史。"富弼闻言，相当惊讶，但基于对邵雍的了解，却不得不信。待到中午，果有范梦得（范祖禹）来访，并且其衣着、马匹，均如邵雍所言。富弼跟范梦得说："你将来要给我写传。"范梦得哪里会信，以为是笑言！是啊，这种事儿哪里是常人的想象力能抵达的呢！

但富弼却跟范梦得指了指邵雍，告诉他："这是先生说的……"

先生说的，在当时，人人都信！

后来，在邵雍与富弼去世多年后，朝廷命国史院修撰范祖禹和太常博士欧阳棐负责为时贤作谥议。二人各自所抽中之人，正是富弼和邵雍！二人当即吓了一跳——作谥之事根本就不用查资料，简直就是提笔即来啊！多么不可思议！

而这件事，仅仅是邵雍屡见不鲜的神奇之一斑而已！

古往今来，人们对自身命运的关注是一个永久的话题。平时，人们最关心的就是自己何时能有好运气。对此，邵雍告诉人们："门户幽爽绝尘埃，必定出高才。"好好打扫卫生，就会有好运气。所处环境中，那些平时看不见的角落，都打扫得干干净净、了无尘埃，则必定会出高才！"扫除道"、"扫除力"和"断舍离"等生活方式，便是在这种指导思想下创造出来的。

要知道，往圣先贤留给后人的经典，没有一句是用来为难后世子孙的，都是在我们的生命不知所措时，给予回光返照的洞见。

在这个世上，并不是我们在守护着经典，而是经典在守护着我们！

那些以守护者自居的大言不惭之心，早该荡然而去了。

北宋五子中的张载有著名的"横渠四句"传世："为天地立心，为生民立命，为往圣继绝学，为万世开太平。"这首诗道出了自宋朝以来中国知识分子的共同心声。但诗中的"绝学"二字，却障碍了无数读书人……

什么是绝学呢？绝学就是随取一法，蕴于心中，便可安身立命的功夫！

邵雍就是身怀绝学的代表——无论世间如何不安，心中依然坦荡如砥。万事了然于心，纹丝不动，行事如入无人之境，这便是绝学的境界所在！

程颢说："尧夫易数甚精……一日因监试无事，以其说推算之，皆合。"程颢评价邵雍非常精通易道，还举了一个例子，有一次工作之余，按照邵雍所传授的方法推演诸事的结果，与实际情况都相符。而程颢的弟子谢良佐对邵雍的评价更细致，他说："尧夫精易之数，事物之成败始终，人之祸福修短，算得来，无毫发差错。如措此屋，便知起于何时，至某年月日而坏，无不如其言。"邵雍精通易道，可以完全知晓万物的成功与失败、开始与结束，包括人的吉凶祸福，都能表述得十分精准。就好比占卜这间屋子一样，能够知道何时建造、何时毁坏，完全如其所言。这些评语充分证明了邵雍学问功夫所达到的无人匹敌之境！

在历史上，孔子有"素王"之美誉。而在有宋一代，邵雍也堪称名副其实的"素王"！邵雍受到时人的极高推许，其中也包括北宋的几位"理学大咖"——张载、程颢、程颐等人。邵雍病重时，这几个人"晨夕候之"。其中，司马光终其一生都在无微不至地供养邵雍，二程亦然。足见邵雍受人尊崇的程度。

他们为什么这么善待邵雍呢？借用当代评书表演艺术家单田芳先生的话，就是："不服高人有罪！"

范蠡避祸

在这个世界上，一切事物的发展变化都有迹可循。至于如何捕捉到这个变化迹象，则取决于我们自身对万物、社会和自然的感知能力。

公元前473年，勾践登上了他人生的巅峰，完成了雪耻复国大业，成为春秋时期的最后一位霸主。而在此时，和文种同为勾践股肱之臣的范蠡写了一封信给文仲，信上说："狡兔尽，走狗烹；飞鸟尽，良弓藏。勾践颈项特别长而嘴像鹰嘴，这种人只可共患难不可共享乐，你最好尽快离开他。"范蠡劝文种和他一起功成名就之后激流勇退，明哲保身。可惜的是，文种却不以为然。后来范蠡化名为鸱夷子皮，变官服为一袭白衣，与西施西出姑苏，泛一叶扁舟于五湖之中，遨游于七十二峰之间。其间他三次经商成为巨富，又三散家财，赈济苍生。他自号陶朱公，被后世誉为中国儒商之鼻祖、华夏之财神。

由于范蠡既能治国用兵，又能齐家保身，是先秦时期罕见的智者，史书概括其平生"与时逐而不责于人"。

而那个继续在越国为官的文种，虽贵为相国，但好景不长，不久即被越王所戮，伏剑而死。临死前，他痛断肝肠，后悔没听范蠡之言。

这个在中国文化史上颇有影响的故事告诉人们：有先见之明是多么重要！

我不由得想起 100 多年前，光绪皇帝站在京师大学堂对千名入学学生的开学致辞："重名节而轻实务，这里面隐藏着的其实就是虚伪和虚弱……"

是的！时下的人们，不缺能力、不缺热情，缺的是具有先见之明的思维方式，换言之，缺的是智慧财产。因为放弃了先贤们诸多的智慧财产，才导致我们的精神落魄，生命不振。

仔细想想，人的一生，是做了很多半途而废的事情的。其实，很多事情真的不是废在半途，而是由于智慧不够，一开始就废了！

《尚书》说："思曰睿，睿作圣。"睿，通微也，能见他人之所不见，能察他人之所不察。可是，由于缺少智慧，众人皆以神为神，却不知不神所以神，故百姓日用而不知——只知道浪费财物和时间是浪费，却不知不能通微才是生命中最大的浪费。

格物就是通微的能力。自古以来，格物的方法很多，而《易经》是核心，也正因为如此，孔子才感慨"加我数年，五十以学《易》，可以无大过矣"（《论语·述而》），以至于在晚年花费大量精力研《易》，并有《易传》(《十翼》)传世。

很多人会说，我只相信科技和那些幻化的东西。但你应该清醒，只有文化才是最大的生产力，智慧是真正的不动产，是个体生命的传世源泉。那些房子、车子、票子都不是你的不动产。试想，当人们提到《论语》《道德经》《圣经》的时候，就自然会想到孔子、老子、耶稣，而这些著作和思想都是哲人们生生世世的不动产啊。要知道，人的一生，最该澎湃、最应光芒万丈的就是智慧和信仰！

中国的诸子百家有两大平台：西河之学和稷下学宫。稷下学宫持续了一百五十年左右。荀子是儒学的传承者，他三次被选为稷下学宫的祭酒（校长）。他在《荀子·性恶》中说"不知其子，视其友；不知其君，视其左右"。这就是物以类聚、同声相应、同气相求的道理。

格物之学，落实在情感的表现上，也有着立体的整体观。譬如子女婚姻不好，要看祖上是否亏了德行，因为出现这种重大事件，往往不是一两个人的原因，有的是因为祖上的余荫不够——"积不善之家必有余殃"。宋代雪窦禅师说："人无寿夭，禄尽则亡。"没有谁是一定长寿或者一定短命的，只要你身上如影随形的"禄"（如灯油一般）用光了，那生命也就结束了。

什么是孝顺？在家让父母心安，在外让集体心安，走到天地间任何一个地方，都让那里的人群心安，这才是天地间最大的孝顺。《礼记·祭义》载孔子门生曾子语："孝有三：大孝尊亲，其次弗辱，其下能养。"尊亲，就是要能够给父母以尊严，庄严自身的同时，也能庄严家族；弗辱，就是不能让父母受到侮辱，要让父母觉得养育了我们是安心而有尊严的，而不是羞愧；能养，是最下等的孝顺，仅能给父母养老，不至于流离失所、风餐露宿，不至于不堪于人前。对于这三点，今人基本能做到的往往是在"能养"的层面上；但即便如此，还时常伴随着"色难"的状况——态度不好，时常给父母脸色看！

对于交友，孔子说："益者三友，损者三友。友直，友谅，友多闻，益矣。友便辟，友善柔，友便佞，损矣。"（《论语·季氏》）我还加了两条——友为己辩，友共乐。"友为己辩"，当你不在场时，有人诋毁你，朋友会挺身而出，指出不当；"友共乐"，曾经与朋友一起创造美好回忆，这份甜蜜在心中绵延不已，挥之不去。

人与人之间的相处都不离因缘法则——因果自然法则是一个生物链，谁都跑不了，都是一条藤上的苦瓜，苦了你也甜不了他！

这个世上，没有任何事情是孤立存在的，都是因缘法则的呈现，都是众缘和合而来，因此要学会感恩！而这个道理，苏东坡在其《琴诗》中已经讲述得淋漓尽致了：

若言琴上有琴声，放在匣中何不鸣？
若言声在指头上，何不于君指上听？

一个人，若能时时存一颗感恩心，自然会获得天地的护持。

第五节　中国思想策源地——稷下学宫

天下第一卦

在先秦诸子百家的鼎盛时期，中国最一流的思想集中于战国时期的稷下学宫。当时，四方游士、各国学者纷至沓来，其中"邹衍、淳于髡、田骈、接子、慎到、环渊之徒七十六人，皆赐列第，为上大夫，不治而议论"（《史记·田敬仲完世家》）。

在位于齐国都城（今山东淄博）的稷下学宫，儒、道、名、法、墨、阴阳、小说、纵横、兵家、农家等各家学派林立，围绕天人之际、古今之变、礼法、王霸、义利等话题展开辩论，世称"百家争鸣"。宋代司马光在其《稷下赋》中亦说："致千里之奇士，总百家之伟说。"

稷下学宫中，最为著名的人物有曾任职稷下学宫的孟子与荀子（荀子曾三为"祭酒"）。后来，秦朝所设七十员博士官制度，即沿用稷下学宫的传统。

那么，稷下学宫是怎么建立起来的呢？

这里有一件鲜为人知的趣事。

"完生，周太史过陈。陈厉公使卜完，卦得《观》之《否》：是为观国之光，利用宾于王。此其代陈有国乎？不在此而在异国乎？非此其身也，在其子孙。若在异国，必姜姓。姜姓，四岳之后。物莫能两大，陈衰，此昌乎？"（《史记·田敬仲完世家》）

陈完是陈厉公（舜的后代）的儿子，刚生下来时，恰好周朝太史路过陈国，陈厉公拜求太史官为其子陈完占卜未来，得观卦变为否卦。周太史断言：你的后代有光宗耀祖的迹象，但不是在陈国做诸侯，而是在其他地区！说完，他还作了一个反问：那个时候还有陈国吗？真的是在异国吗？并进一步明确表达：昌盛之事不是应在陈完身上，而是他的后世子孙。如果子孙昌盛在其他国家，那一定是陈国衰微了；而昌盛之地，必定是大岳之地——当年齐国是周天子分封给姜太公的封地，姜太公又称姜岳。也就是说，陈厉公子孙会在姜姓的地方昌盛。陈厉公听了之后，颇觉不可思议！

数年后，陈国发生内乱，陈厉公被杀，子孙四散。陈完携家眷投奔齐桓公，齐桓公认为他很有才华，就拜他为卿（五爵之一）。陈完推辞不受，后来齐桓公就给他封了一块叫作"田"的地方，并让他做了百工之官——相当于现在主管后勤的一把手。《周礼》里面有春官、夏官、秋官、冬官，冬官就是《考工记》。

由于古人多以封地为姓，加之当时"陈"和"田"同音（即音韵学中所言"古无舌上音"），陈完就根据封地将"陈"姓改为"田"姓，陈完也由此变成了"田完"，成为田姓始祖（"陈田一家"亦由此而来）。

田完子嗣在第五代之后，已官至齐国宰相，开始"厚施买齐"。传至九世后，至田和时，委托魏文侯请示周天子同意，而取代齐康公——史称"田代齐姜"。开始了田齐时代！

当年周朝史官的一卦，一直算到了陈厉公的后世第十代人。后世誉称周太史此卦为天下第一卦！

这一卦，整整算到了二百年开外！

后来还有一个小插曲，当庄子听到田代齐姜这件事之后，大为不满，说"窃钩者诛，窃国者为诸侯"（《庄子·胠箧》）。

无独有偶，据《左传·闵公元年》记载：周文王曾孙毕万，其爷爷毕公高（周文王庶子）被封在毕国，不久被西戎所灭。没办法，毕万逃到晋国。其间，他请名师辛廖占卜，问在晋国当官是否有前途，得《屯》之《比》卦。

辛廖说："此乃公侯之卦也！公侯之子孙，必复其始。"你是公侯之子孙，虽然你现在很落魄，但你的子孙一定会重新恢复你的爵位！

后来，毕万成为晋献公的大夫，封地在魏，故以魏改姓。

二百年后，后代魏斯自成诸侯，建立了魏国，并联合韩、赵瓜分了晋国，史称"三家分晋"——魏国由此而成为战国七雄之一。历史真实地见证了辛廖之筮的神奇！

辛廖这一卦，持续时间也是二百多年，推算结果也是换了地方再做诸侯。

你看，那时候的史官有多厉害！

先秦时期，群星灿烂。就毕万这件事，晋国神算子卜偃也作了预言：毕万后代一定会昌盛。因为万是满数，魏是大名（古时"魏"写作"巍"，高大之意），以这里作为始封地，上天已示预兆。天子主天下，称兆民；诸侯主一国，称万民。如今封"魏"于他，他名中又有"万"这个满数，因此一定会得到民众的！

真是殊途同归。

稷下学宫

先秦诸子不是"彼岸",但他们却成了中华民族走向智慧彼岸的桥梁!

在田代齐姜之后,田齐桓公田午创立了稷下学宫,诸子百家最兴盛时期,一个伟大的中国思想集市就此开启!

稷下学宫的出现,为中国哲学思想基础的奠定,尤其是阴阳五行系统学说的建立,提供了黄金平台,成为中国智慧最重要的策源地。

精进的功夫

"书到今生读已迟",这是清代大才子《随园诗话》的作者袁枚在知道宋代黄庭坚找到自己前世的故事后的慨叹。我想借此表达的是:书到今生读已迟,今生不读就更迟!

《易经·系辞》曰:"书不尽言,言不尽意。"语言是一种工具,凡有工具,皆有所障。因此,要能将学问落到实处,也要能够自证自验。

朱熹在其《朱子语类·卷第一百·邵子之书》中记载:"康节学于李挺之,请曰:'愿先生微开其端,毋竟其说。'此意极好。学者当然须是自理会出来便好。"受邵雍影响极大的程颢也说:"吾学虽有所受,天理二字却是自家体贴出来的。"我的学问虽然是有老师教授,但是"天理"却是在涉世的过程中慢慢融会贯通于生命中的。要知道,明理是能解惑的前提,而欲想解惑,则首先要能去烦!大多数人在学习方面都表现得太急躁,多是自己的聪明和知识障碍了自己,以致一直活在寻师的路上。对这种现象,邵雍讲得极为精辟:"人误圣人人不少,圣人无误此间人。"(《弄笔吟》)

元朝末期,张士诚大授官爵,将那些民间匠人诸如磨工、卖茶、榨油的都封为"博士"……为什么？因为他们都是有真功夫的人啊。

一切的学习，若没有稳如磐石的体验去印证，都是离经叛道，学到最后依然不省人事！

一个人，能把心养好、把人做大，让智慧丰沛，让慧命长光，才是最应具备的精进功夫。而一旦有了智慧之后，就有了文化自信，就能够行走天下，到哪里都有饭吃，这才是真正意义上的"铁饭碗"——君子无须为稻粱谋，自有天养！

每个瞬间，都是开始！

庄子说，如果你用随侯之珠去射万仞之雀，世人定会取笑你，因为你付出了宝贵，而获取了轻贱！难道时间和生命没有珠宝珍贵？而如今，我们却在用比珠宝更珍贵的时间和生命争取什么呢？

"书中自有颜如玉，书中自有黄金屋。"书你可以不读，经典可以与你无关，但解决痛苦和烦恼是需要智慧的，因为在痛苦和烦恼面前，人人平等。

因此，在生活中，"你一定要找到那个能让你的心静下来的人，从此不再剑拔弩张、左右奔突。也一定要找到那个能让你的心精进起来的人，从此万水千山、生生世世"！（宗萨仁波切）"一切诸经，皆不过是敲门砖，是要敲开门，唤出其中的人来，此人即是你自己"。（山本玄绛禅师）对于学习经典之大用，此言相当精辟！

但经师好遇，人师难求。传经就是传心，要能心心相印，才能落实经典的智慧！

以孔子为代表的所有往圣先贤，都是我们生生世世的良师——

愿得一良师，白首不相离。
生生心相续，世世永相习！

第二章 《易经》指津

第一节　大易指源

《易经》在中国文化中被誉为"群经之首、大道之源"，其中的智慧穿越数千年的岁月风尘，令无数先贤鸿儒和达观之士为之书写、践行、震悟……这些从鲜活的生命中走出来的智慧，是对一部经典最朴实、最真挚的礼敬和吟唱，以至于今天依然"千年万里，不隔毫芒"，依然盛开如花，成为中国文化在世界文化体系中的智慧之代表！

古之《易》之方家，代有群雄，而今之通达者，稀寂寡然。

欲熟稔《易经》，需先知悉中国文脉及其生成土壤，与《易经》的关系：

1. 先秦思想与《易经》

先秦典籍《大学》的出现，让我们知道中国文化强调的是格物的智慧。《易经》属于儒学八目"格物、致知、诚意、正心、修身、齐家、治国、平天下"中的"格物"学范畴。格物包括天、地、人三个维度，即仰观天时、俯察地理、中通人事。讲儒家文化，必须清楚什么是儒。汉代大儒扬雄有着明确的定义："通天、地、人者，为儒。"也就是说，作为儒者，天文、地理与识鉴人，至少要精通其中一个向度。

除此之外，我们尤其要掌握生发出先秦思想、中国智慧的沃土是什么。

这一点，我们从先秦的教育制度，便可窥见端倪。周朝教育规定，读书先从字学开始，然后是小学和大学。周朝的字学，入手便是学习"六甲六书"。"六甲"是什么呢？就是六十甲子中"甲子、甲寅、甲辰、甲午、甲申、甲戌"，练字为什么要先写"六甲"呢？古人认为六十甲子代表天兵天将。古代天灾人祸连连，人们从小就希望天官赐福、天神护佑平安成长，因此对能够载道的文字的学习，就从"六甲"开始了。也正因如此，古代女子怀孕，被称为"身怀六甲"。这是由于当时医疗条件不济，怀孕的女子希望能得到天官赐福，天神护佑。

那时的小孩子写完六甲、六丁等，势必就会写六十甲子了。而懂得了天干地支之后，就会懂得时辰，懂得二十四节气，懂得七十二候，懂得二十八星宿……于是，生命就此跟天道连接在一起了！

《汉书·食货志》载："八岁入小学，学六甲五方书计之事，始知室家长幼之节。"《南史·隐逸传上·顾欢》亦载："年六七岁，知推六甲。"南朝陈沈炯还有《六甲诗》传世。唐代大诗人李白五岁开始发蒙读书，《上安州裴长史书》载其："五岁诵六甲。"这个传统一直延续科举结束（1905）为止。

而了解了这些，我们就会清楚一件事：因为天干地支都有阴阳五行的属性，因此，周朝的人们对阴阳五行是非常熟稔的！并且，周朝的典籍中，大量文献内容都或多或少受其影响。如，《管子》中就出现大量以阴阳、五行、干支内容来治国警世的方法。孔子专门拜精通五行的项橐为师。孟子说："天时不如地利，地利不如人和。"以注解《孟子》彰名的东汉经学家赵岐对此解释说："'天时'为'时日、支干、五行、王相、孤虚'之属也。"

除"六甲"之外，还有"六书"，它是汉字的六种来源方式，其中，汉字的生成、会意和象形占了很大比例。而正是这样的来源，使得当时的人们形成了中国特有的比类取象的形象思维传统。这也为阴阳、五行、《易经》、干支的学习，奠定了扎实的基础！

中国古代的小学包括文字学、训诂学和音韵学。其中，音韵学的核心离不开五音"宫商角徵羽"，这是一个单门的学科，很有趣，也是易学产生与发展的重要基础。《易经》中"圣人南面听天下"的"听"的功夫，就与其有着密切关系！（参见本书《声音与天地通》一章）

了解以上背景后，即会清楚，为什么中国文化"天人合一"思想在先秦时期会得到高度认同，而易学广为兴盛亦不足为奇了。就连孔子也感叹："加我数年，五十以学《易》，可以无大过矣。"（《论语·述而》）如果早一点的话，提前五年或者十年去学《易》，我就不会犯那些大的错误了。后来，明代的王阳明也有同感："盖昔者夫子尝韦编三绝焉。假我数十年以学《易》，其亦可以无大过已夫！"（《玩易窝记》）以前孔子曾经读《易》精进到把穿书的牛皮绳子都磨断了三次，如果多给我数十年来学《易》，我也可以避免那些大过错啊！可见，君子虽然相隔千年万里，但心有戚戚焉。

慨叹之外，孔子是身体力行，述而不作，有《易传》遗世。也正是因为《易传》的出现，《周易》被赋予了哲学化的意义，使得该典籍于汉末成为群经之首。

经典是民族智慧的精华所在，是每个民族的精神源头与安身立命的基础，更是这个民族的纯阳之物，也是学人精进的核心。采经可以补阳，读经典能补阳气，中国文化与中国智慧就是依靠这一部部经典生生不息地流传至今并影响世界的。

2. 两汉经学与《易经》

两汉是经学集大成时期。

有"经神"之美誉的郑玄（字康成），是汉代经学的代表性人物。

他十二三岁时，便能诵讲儒家"五经"（《诗》《书》《礼》《易》《春秋》）了。不仅如此，他还精通天文学，掌握"占候""风角""隐术"等以气象、风向变化进行占卜的方术。他曾入太学攻《京氏易》（后改从费直）、《公羊春秋》及《三统历》、《九章算术》，又从张恭祖学《古文尚书》《周礼》《左传》等，最后从马融学古文经学。学成后，"守节不仕"的郑玄被袁绍充军，但他是"徐庶进曹营——一言不发"。在被禁锢长达十四年的时光中，他"念述先圣之元意，思整百家之不齐"，著有《天文七政论》《中侯》等书，共百万余言，世称"郑学"，为汉代经学的集大成者。

建安五年（200）春，郑玄梦见孔子语其："起，起，今年岁在辰，来年岁在巳。"这句谶语让郑玄得知自己大限将至，不久他果然得了重病，后亡于从袁绍之军的途中，时年七十四岁。但他病重和临危之时，却仍在注释《周易》。

唐贞观年间，郑玄位列二十二"先师"，配享孔庙。清代顾炎武曾引用"读书不到康成，不敢轻议汉儒"之古语，足见郑玄在儒家地位之高。而尤为值得一提的是，郑玄对易学亦贡献巨大——他将孔子述而不作的《易传》分为十篇，谓为"十翼"，昭为学《易》的十个翅膀。我于2007年在北京创办的十翼书院，名字即得益于此。每每念此，便感先师光裕后人之恩，心中感念无尽！

3. 魏晋玄学与《易经》

魏晋时期，中国文化的显学是"三玄之学"，即以老、庄解《易》（以《道德经》和《庄子》来解读《易经》）。当年净土宗的开山祖师慧远大师就是这种文化特质的代表，他十三岁时便随舅父游学，精通儒学，旁通老庄，后于二十一岁舍俗出家。

三国时期，还有一位对中国文化有重要影响的人，他就是魏晋玄学的代表人物王弼，荆州刘表的曾外孙和"建安七子"之一王粲的继孙。由于王粲获得蔡邕赠书六千余卷，并自积至万余卷；及至王粲去世后，其藏书悉归于王弼之父王业，故王弼少时即得以"博览宏通，渊源授受，有自来矣"。

史载王弼年少即有文名，"幼而察慧，年十余，好老氏，通辩能言"。于官职，曾任尚书郎，后于24岁时以疠疾亡。王弼虽寿促，其学术成就却卓著非凡，其代表作有《老子注》《老子指略》《周易注》《周易略例》，《周易大衍论》三卷、《周易穷微论》一卷、《易辩》一卷、《论语释疑》等数种。其中，由于《道德经》的原文散佚已久，王弼的注本曾是本书的唯一留传，直到1973年马王堆发现帛书《道德经》的原文为止。

王弼的另一大贡献是易学。我们今天所读的《易经》版本就出自他——他将《周易》与《易传》合二为一，形成《易经》。《易经》逐渐取代《诗经》地位，成为群经之首。

他注《周易》，不用象数，而以老子思想解《易》，并阐发自己的哲学观点，在学术上开一代新风——"正始玄风"，史称"王弼扫象"。

据南齐陆澄《与王俭书》所载："元嘉建学之始，（郑）玄、（王）弼两立。逮颜延之为祭酒，黜郑（玄）置王（弼），意在贵玄（学），事成败儒。"（《南齐书·陆澄传》）是说，在南北朝时期，王弼的玄学曾一度取代了郑玄的经学，不可谓不盛矣！

而王弼扫象，使得研《易》之学风更趋严谨，深惠后世。

此外，在魏晋时期，中国文化中的"三教合一"观念已经萌生——南北朝的梁武帝有一天召见佛教著名居士傅大士。只见傅大士头戴道帽、身穿袈裟、脚踏儒生方鞋上殿，梁武帝见了很奇怪，便问道："你是道士？"人士摇了摇头。梁武帝又问："那你是和尚吗？"人士还是摇头。梁武帝又问："那你是儒生？"大士又摇了摇头。梁武帝不解，傅大士便说，一个人，要有道家的境界、佛家的胸怀和儒家的入世精神。

这个典故便是最早见诸记载的"三教合一"之发端。后来，南宋孝宗皇帝更是直接讲到要"以佛治心，以道治身，以儒治世"。

及至明代，内丹学著作《性命圭旨》更是强调："故三教圣人，以性命学开方便门，教人熏修，以脱生死。儒家之教，教人顺性命以还造化，其道公；禅宗之教，教人幻性命以超大觉，其义高；老氏之教，教人修性命而得长生，其旨切。教虽分三，其道一也。"

可见，在究竟层面而言，智慧是路路不相左、法法不相违，是无二无别的，只是向度与方法的差别而已。

4. 宋明理学与《易经》

中国文化在经历了前面三个时期的铺垫之后，在宋明时期借由理学的出现而达到了巅峰。"华夏民族之文化，历数千载之演进，造极于赵宋之世。"（陈寅恪语）这段时期，不仅仅是文化，就连经济也是有史以来最富裕的。此时的宋人嘲笑唐人为"贫眼"——"唐人作富贵诗，多纪其奉养器服之盛，乃贫眼所惊耳。"（宋代沈括《梦溪笔谈·艺文一》）

宋明理学是以北宋五子（周敦颐、程颢、程颐、邵雍和张载）以及南宋的朱熹、陆九渊，明代的王阳明等人为代表的。

其中，朱熹所著的《周易本义》在元明清三代被立为官学，对后世影响极其深远。

明代王阳明的"阳明心学"，是宋明理学的末章。王阳明曾直言自己的"心学"是上承孟子，而且他也是孟子之后最关注"良知"的学人。孟子曰："人之所不学而能者，其良能也；所不虑而知者，其良知也。"（《孟子·尽心》）王阳明说："良知即是易，'其为道也屡迁，变动不居，周流六虚，上下无常，刚柔相易，不可为典要，惟变所适'。此知如何捉摸得？见的透时便是圣人。"（《传习录》）一个概念的提出，由本人来阐释是最接近本质的。由此可见，王阳明是从《易》而抵达良知之境的！

以上中国文化发展的四个重要坐标时期，是中国文化的经脉主线，从中可把握文化整体之变迁规律，掌握格物之学的核心——易学。历史上诸多学者，都是易学领域的中流砥柱，并且《易》也是他们安身立命最重要的引擎。只有了解了这一点，才能得悉中国文化、中国智慧的路径之所在。

真谛在行间！

第二节　大易文脉

在中国文化中，《易经》有群经之首、大道之源之美誉。时至今日，仍有很多人对《易经》充满了学习的向往和努力，足见该书影响之巨！

先秦，是奠定中国文脉基础的策源时期，孔子作《易传》，老子、孟子、庄子、荀子等诸子百家几乎人人都熟悉《易》。《易经》贯穿在这些中国文化代表人物的精神生命主线之中。

当年，蔡元培创立北大哲学系时，请来一位陈老先生授课。据其学生冯友兰讲："上了一年课，才讲到周公。"后来，金克木问冯友兰："周朝以前哪有那么多的内容可讲呢？"冯友兰说："陈老先生是从伏羲八卦开始讲起的……"金克木闻言，恍然大悟：原来中国哲学史是从《易》开始的！

天人驰道

"人更三圣，世历三古"的中国易学文化，在中国文化发展史上具有独特而重要的地位。中国易学系统中的诸多典籍，作为中国古代文典经籍，上起殷周之际，下迄清季近代，其渊源之流长，数量之浩繁，意蕴之深邃，在世界文明的长河中，无与伦比，成为中华民族最为绮丽辉煌的精蕴所在。

《易经》以其磅礴精深的"天人合一"理论体系被儒家尊为"群经之首"，被道家崇为"三玄之一"，数千年来，备受推崇，趋之若鹜者不计其数，不论国家治乱兴衰，抑或个人生死得失，均求诸《易》，视之为学究天人、趋吉避凶的圣典，堪称千古之绝响。

从远古伏羲至有清一代，历史上各个时期的易学人物比肩接踵，各彰其雄；细细究来，灿若繁星，浩浩汤汤而生成我国文化之精蕴。

伏羲画卦、文王演《易》，创造了中国文化"以虚致实"道统的源头活水。

周公精通卜法，呈周朝之兴盛，功亦在其身。

孔子述而不作，留下光辉灿烂之《易传》，具永恒之魅力。

商瞿、子贡得传孔门之易，至有清一代连绵不断，其间数度得以饱满绽放。

荀子一句"善易者不占"，有效化解了易学精义的高贵藩篱，将它还原为如在邻左。

"能因能循，为天地守神"的一代宗师鬼谷子，因精通易学，其捭阖之道天下莫测。

战国李冰运用易学两仪分化原理治水，使蜀地一跃而为"天府"数千年至今。

战国晚期邹衍，高举五行学说，精通天文、历法、地理，推而远之，以至窈冥不可考之事，时贤共推为诸子之首，不可不敬。

汉代董仲舒之于"天人合一"学说的夯实，亦得益于易学，令中国传统哲学得以定型。

汉代"阴阳之宗"张衡，精阴阳，擅星占，尤其发明了耀世之具——浑天地动仪，闻名天下。

晋代郭璞，非但笔下有神，且以文人身份精于易道，别树中国堪舆之标向。

唐代僧一行，于历象、阴阳、五行之学无所不精，其所撰《开元大衍历经》为古代历法之翘楚。

唐代大医孙思邈一句"不知易，不足以言太医"，遂成中医悬壶之纲领。

宋代邵雍、周敦颐、张载、王安石等人之生命，更是格外明亮！邵雍更是因其易学之高深，成为后世无数人的生命高标。

元初名相刘秉忠与"治天下匠"耶律楚材，治国安邦建功于民，无不托于《易》。

明代大儒娄一斋，因"静久而明"之易学照鉴，乃致阳明心学之"命自天降"。

清代之江永，究《易》通微，人神接对，手笔灿然。

晚清重臣曾国藩感叹："各朝学者，无不读《易》者，无不悉医者。医者，易也。医则调身，易则调神。"

民国大儒尚秉和，再探春秋古法，重现易学之铿锵。

……

从上述种种大易人文之沿革，可部分窥见易学端倪。

中国易学古老历史及其涵括的道德与人文，自伏羲至今，一路婉转淋漓、井然有序，时至今日，其万般活力与事功，亦活色不绝。

唯向苍天求易道

历史与今天的对话，依靠的是文字及其背后那缕缕不绝的暗香。对商周之前的历史，史书记载甚少。司马迁说："夫神农以前，吾不知已。"（《史记·货殖列传》）因而，对商周之前的历史文态，我们恐怕只能想象当时人们粗粝的生活状态，旁及其他，则为思意阑珊。

先人在早期生产和社会实践中，完全是凭借尚未清晰的直觉和本能，伴随求知之向往，在与自然的小小对抗中，不断获得张力的。人们在其中获取对客观世界的认知，并不断延伸相关经验，实为追求幸福人生的质朴、天然之倾向，亦为了解世界、认识物我的提升之路。

在这种大规模、集体性前进过程中对物象的感知行为，多是以占卜的形式来实现的——令生命得以灵明的最重要方式就是唯向苍天求一卜！

我们无法想象，三千多年前的先人曾以怎样的热情、活力和想象力享受他们短暂的一生，又曾以怎样的虔诚之心敬奉他们的信仰！先知们关乎生死大事的预言对今人有着多元的警示意义——在时代的巨变里把握自己，看清命运。

而这个意义，是人类智慧的核心向度。

这个逢事则"求一卜"的过程，就是"以虚致实"格物智慧的展现，即在一个虚无的、未知的前提下，通过各种占卜的形式来了知事物未来发展的结果。此举尽管看起来荒诞无序，但却有迹可寻——支撑中华民族最深重情怀和最质朴愿望的命脉，经年累月地隐藏在这几个字中——"以虚致实"的格物智慧！

不管是道家"唯道集虚"（《庄子》）和"有生于无"（《老子》）的立基，还是佛家强调的"心动法生"、医家实践的"观于冥冥"……这些文化衍生和演进的核心精义，几乎每个民族的起源都与占卜有关。

而这个占卜的主体，便是"巫"（女）和"觋"（男），他们被统称为"贞人"。甲骨文中的贞辞，便是贞人占卜后所得出的结论。

这个能文善画的贞人，于社会之属性，则归于儒生之流，归类于古代知识分子。

儒，在古代是"术士之别解"（《说文》），这说明了一个重要问题：在古代，儒生是懂得占卜的！

由于在占卜实践中，常常触动内心极为相似的诧异与经验，以至于随时间之推移，人们便将原有的模糊认知提升为灼见！

而伏羲，便是使这个灼见得以实现的代表。

伏羲和女娲为中国文化中的天神和始祖，伏羲教导人们从事生产，女娲教导人们婚姻伦理。他们手持规矩，既是生产工具，也是社会秩序的象征。

联合国教科文组织杂志《国际社会科学》1983年试刊号的首页插图就是一幅吐鲁番地区出土的伏羲女娲画像（1965年新疆阿斯塔那出土，新疆博物馆藏），因其与人类生物遗传结构——脱氧核糖核酸分子的双螺旋线结构非常相似，故题名为"化生万物"。

这个唐代绢画所绘，伏羲在左，左手执矩，女娲在右，右手执规，人首蛇身，蛇尾交缠，头上绘日，尾间绘月，周围绘满星辰。构图奇特，寓意深刻，富于艺术魅力和神秘色彩。

伏羲成为中华人文之祖，且数千年来，已形成共识：《易》有四圣，首在伏羲。

"伏羲王天下，龙马出河，遂则其文以画八卦。"（《尚书·顾命》）

"伏羲德合上下，天应以鸟兽文章，地应以河图洛书，则而象之，乃作八卦。"（《礼纬·含文嘉》）

类似记载，不胜枚举。

正是这种记载的相续，令后人逐渐突破了蒙昧的藩篱。

至此，人们认识问题的方式，在干支与八卦的普及中，由最初的粗浅、片段、幼稚、零散和朴素的思维，逐步过渡到辩证的思想形态，完成从单一思维到形象和抽象思维的过渡，破蒙而得光，遂有后来诸子百家的智慧遍照华夏。

三生万物是真理

（一）老子的生成论

老子曰："道生一，一生二，二生三，三生万物。"

从单一思维到形象思维的过渡，导致了多元认知的集结。最初的文化发轫，更是"三江并流"：1. 八卦系统的建立；2. 干支作为认知事物的基础要素在各个维度的广泛使用；3. 除去前两者之外的未能演进为文化主流的巫文化。

由于时人尚处于形象思维的启蒙阶段，虽对八卦之形象有体认，但不能够精细把握，从而使得干支之使用尽占主流。其要因，大抵是作为六十甲子的干支组合，其内在所含维度更具骨感；反之，八卦系统所承载的象形认知体系，在具体应用中虽丰满，但其张力却缺乏有效的基础支撑——这个支撑便是由干支系统长期、大量运用所获致的思维想象力和概括力所担负，并且这种担负也确实具备了早期文化发展所必需的免疫和滋生功能。

在干支流行之时，八卦之使用和演进也未有丝毫的停歇，它们与干支同步趋移，翻云覆雨、花样百出地推进着那个时代，例如史料有记载的夏、商时期的"连山易"和"归藏易"的存在。虽然"它们"在不停地自力更生，但其中的烽火离乱仍难以指陈——至今史料尚未发现其具备相对完整的解释系统！

彼岸在哪里？何时并怎样抵达？没有人知道！完全是摸着石头过河。

这种情形的改变直至文王被囚，"拘而演周易"，六十四卦方具有了系统解释的雏形，使得后人直接受其哺育与影响，并在历史长河中，逐渐生发出更为宽阔深厚的中华文脉——从文王开始，中国易学史相对端正而良好的开端，格外鲜亮地出现了！

周文王被拘于商朝国家监狱"羑里"长达七年之久。此后，六十四卦在文化长廊中再也不是变幻多姿的琳琅摆设——她开始生机盎然，大兴于庙堂——"盖西伯（文王）拘而演《周易》"（司马迁《报任安书》）。

但应清楚的是，六十四卦早在文王之前业已形成，"文王演易"是在展演六十四卦之盛德的同时，重新构述其义，即赋予卦辞，令其具有普世的参究意义。

司马迁措辞中所用"演"字非常精妙，近代大学者严复翻译英国生物学家赫胥黎的著作，题名为《天演论》，也有异曲同工之妙。东汉末年刘熙在其训诂著作《释名·释言语》中曰："演，延也，言蔓延而广也。"由此可见演化与进化之异。

（二）中国古代的巫文化

先秦的中国是祭政合一的体制，而祭祀是巫文化的主要表现方式。当年，孔子一句"吾与史巫同途而殊归也"，强调了相同行为后的落脚点不同，但恰恰说明了其行为相同。"史巫"的主要行为是祭祀，属于形象思维范畴，这种特征也是中国文化的思维特征。比如中国文化代表作中的《易经》《道德经》《庄子》《诗经》《乐经》等，都是形象思维的产物。

形象思维是通过体验来生发智慧的，即中国文化是体验的智慧，它无法用语言来究竟地形容。对此，古圣先贤和典籍均有共论——《易经》强调"书不尽言，言不尽意"。《道德经》曰，"道可道，非常道，名可名，非常名""大音希声，大象无形"；《黄帝内经》强调要能"观于冥冥"方可成为上医；而庄子体验的结果是"视乎冥冥，听乎无声。冥冥之中，独见晓焉；无声之中，独闻和焉"……这些都是在强调如何去除形骸残缺的观念，主张崇尚自然，反对人为，听任天性的延展，与自然合而为一。为此，庄子还列举了"呆若木鸡""梓人做镰""右师之介""泽雉不薪畜樊""秦失吊老聃"等事例来开宗明义。

这些以无为有、以不言来行教的独特思维方式是中国文化的精髓。它们经年累月地行之于日用，便有了诗之"趣味"（即"言外之旨"），画之"气韵"（即"象外之意"），茶之"禅味"（即"物我玄会"），武之"安逸"（即"以无胜有"），乐之"希声"（即"听于无声"）……对中国文化来讲，一切文化之精髓，都要在羚羊挂角、无迹可求中去体验其高妙之义。

总而言之，那个道境，你必须亲自参与，才能抵达。

（三）中国文化的哲学概念

中国文化在此之前尚无"哲学"的概念。"哲学"是西方的概念，为近代日本所译。

依据这个概念，我们没法儿在渺然阔大的虚灵境界中补充自己的情感和想象，更没法儿体验中国画留白之"咫尺之间，夺千里之趣"的无以言传的神韵，也更无法理解诗之"言有尽而意无穷者，天下之至言也"的意境融彻的真味！

你想想，单单一首传世之曲，在那悠慢简约却并不单调的乐曲声中，听众要补入多少自己的人生体验啊！

可见，虚心能融才会有真实的智慧。

西方哲学的主流是基于"有"，故而崇奉理性和科学，殊不知科学的主要功能是证伪。因此，以西方哲学之方式来研究中国文化，实为"隔着泰山看庐山"，它连"走近"都不算，更遑论"走进"了！试想，一个人进都没进来，还要表达，那怎么办？只能捕风捉影！这种"打粉底霜"的行为，必定会失去本来面目！

中国文化的精髓是"形而上"之智慧，它"为无为，事无事，味无味"，它以无为有，它鲜明地告诉你：人越无私，就越有智慧，越有先见之明！

所以，《易》曰："易无思也，无为也，寂然不动，感而遂通天下之故。"一切都在形而上的无思观照中得以完成。

中国历史上那些真正的大师，哪个不是在这种精神内证中产生的？哪个不是纳百代"有无之法"来照亮这个世界的？

他们哪怕仅仅安坐于一隅，都光芒万丈！

第三节　儒门易家简史

先秦

在易学的应用方面，孔子的自我评价颇值得玩味："吾百占而七十当。"（《孔子家语》）

而《论语·子罕》载："子曰：凤鸟不至，河不出图，吾已矣夫！"凤鸟、河图都代表祥瑞。这是孔子卜得旅卦后的言语及心态。旅卦之意为：虽光明却静止不动，集大道于一身却不能推行于天下。这与孔子当时的状况完全相符。

孔子之后，易学的义理、象数分流。象数蕴含着义理，义理脱胎于象数。以子贡、商瞿和子夏为代表的孔门易学磅礴流衍。

两汉魏晋

最早表述天人合一思想的典籍是《庄子》，《庄子·齐物论》曰："天地与我并生，而万物与我为一。"《黄帝阴符经》亦曰："观天之道，执天之行。"这种天人合一的思想观念自先秦开始，便得到了极大的生发。

汉代是奠定中国传统思想的基础时期，之后的任何文化变迁都是在这个基础上所增加的一些看法而已。汉代大儒董仲舒在其《春秋繁露》一书中将易学的"天人合一"思想汇为哲学思想体系，由此构建了中华传统文化的主体。中华民族几千年来充满生机与活力地发展到现在，与这种深刻的认识是分不开的。宋代伟大的哲人邵雍在其《观物外篇》中也说："学不际天人，不足以谓之学。"司马迁在《史记》中表述的"究天人之际，通古今之变，成一家之言"的思想即来自天人相应。

司马迁在《史记·日者列传》中载有贾谊和司马季主的一段精彩的对话——贾谊说："吾闻古之圣人，不居朝廷，也必在卜医之中。"然后问司马季主为什么卖卜？司马季主答道："述而不作，君子之义也。今夫卜者，必法天地，象四时，顺于仁义。"这说明"顺于仁义"是易学应用的首要前提。

东汉经学家郑玄于《十三经》中注有《周礼》《礼记》等。南朝宋刘义庆《世说新语》中载有"郑玄拜师"一文：郑玄师从马融，三年不得相见，高足弟子传授而已，等郑玄学成辞归之时，马融便有"'礼乐皆东'之叹"——儒家的学问都传到东方去了（指的是洛阳）——"恐玄擅名而心忌焉"，害怕郑玄的名声超过他而心生嫉妒。郑玄在归途中用式盘占验，知道马融派人追杀他，于是便按式盘兆象，脚穿木屐，立于桥下，水涨脚淹。追者果然未发现郑玄，回去禀告马融。马融亦用式盘占验，并告左右曰"玄在土下水上而据木，此必死矣"，遂罢。于是，郑玄得以免难。

这个记载至少说明了两个问题：1.式盘在汉代已为学者常用；2.郑玄易道胜于马融。

汉代易学研究出现极盛现象。以孟喜、京房为代表的官方易学（系董仲舒所倡导的今文经学系统）虽然影响最大，但最后，仍为以费直私学为代表的古文经学系统的"费氏学"所淹没。费直治《易》颇似孔子。据《汉书·儒林传》载：费直易学，"长与卦筮，亡章句，徒以《彖》《象》《系辞》十篇文言解说上下经"，开训诂学史上以传附经的先河。费直虽擅长卜筮，但"述而不作"，无章句，只以《易传》文意疏通《易》之经文，不加任何发挥。今人究《易》，费直著作（《费氏易》《费氏易林》《周易分野》）不可忽略。

晋代大文学家、训诂学家郭璞是一位奇才。他在中国古代文学史上地位显赫，其集《尔雅》学之大成，有《尔雅注》《尔雅音》《穆天子传注》《周易注》《山海经注》等传世之作。《游仙诗》是其文学代表作，后来启发了我国古代两大文豪——陶渊明和李白。其《山海经注》中的风物记叙是世界上最早的有关文献之一。除上述成就之外，他又精通堪舆，其《葬书》《玉照定真经》等著作亦是中国卜居学的经典著作。史载郭璞曾受河东郭公《青囊经》九卷，由是洞之五行、天文、卜筮之术，所占多奇验，因此被推崇为东晋以后的中国风水学鼻祖。

据《世说新语》"委罪于木"的故事记载：丞相王导让郭璞卜卦。卦成之后，郭璞脸色非常难看，说"公有震厄"——有雷击之灾。王导问他是否有避灾的方法，郭璞"命驾西山数里，得一柏树，截断如公长，至床上常寝处，灾可消矣"。后来王导就听了他的话，照做无误。"数日中，果震柏粉碎，子弟皆称庆。"大将军王敦（王导堂兄）却说"君乃复委罪于树木"，你的灾倒是消了，却把罪推给了树木。

《晋书·郭璞传》载其传奇故事颇多。

隋唐

以《赞易》等著作光耀后世的隋末大儒文中子王通，一句"知命则申之以《易》，于是乎可与尽性"令其名声大噪，求学者自远而至，为唐代培养了以魏征、李靖、杜如晦等为代表的大批各类人才。

唐太宗重臣虞世南留下"不读《易》，不可为将相"的千古名句。

以"赵蕤术数，李白文章"冠绝一时的师徒美誉，也印证了唐玄宗时期的易道之昌。

药王孙思邈的"不知《易》者，不足以言太医"成为后世医家的向往。孙思邈精通阴阳、推步和医药，著有《备急千金要方》和《千金翼方》，集唐以前医方之大成，于针灸创奇穴和阿是穴，度百岁而去。

唐代音韵学的发展也十分鼎盛，出现五音宅相之法。

唐代僧家精通《易经》者不计其数，以六祖慧能弟子慧忠国师为代表。

宋代

宋代是易学发展的巅峰时期，以北宋五子之一的邵雍之易学为代表。其《皇极经世》《邵子神数》《观物洞玄歌》等著作前无古人，后无来者。仅仅在其《观物外篇》中影响后世的观点就有"能循天理动者，造化在我也。学不通天人，不足谓之学"；"得天理者不独润身，亦能润心，不独润心，至于性命亦润"；"先天学，心法也，故图皆自中起，万化万事生乎心也"；"知《易》者，不必引用讲解，始为知《易》。孟子之言未尝及《易》，其间《易》道存焉，但人见之者鲜耳。人能用《易》，是为知《易》，孟子可谓善用《易》者也"；"天主用，地主体。圣人主用，百姓主体，故日用而不知"；等等。至于诗句中所泛显者，更是洋洋可观。

此外，北宋五子中，周敦颐的《通书》不可不读，而张载的《张子正蒙》亦在中国文化史上首次将"天人合一"四个字昭明于世。他还是《四库全书》中所载最早提及《葬书》中"风水"概念者，而其成长，则得益于其人生中最大的贵人范仲淹。

《宋史》载范仲淹"泛通六经，尤长于《易》"，是宋代《易》之义理学的先驱者之一。其于易学传世之作有《易义》（见《范文正公集》），该书以人事说经，将经义归结为具体的人事和史事，而这恰为义理派之特点。

苏轼的《东坡易传》从儒释道三家全面展开解《易》，以"道""德"连言，侧重以老子《道德经》解易。

及后，朱熹的《周易本义》成为后世科举必考之书。史载朱熹之葬所用为悬棺法，术家云："斯文不坠。"（丁传靖《宋人轶事汇编》卷十七引《韦居听舆》）即朱熹死后，下葬采用悬棺法，预示在朱熹身上所体现并发扬光大的儒家文化命脉将千秋万代流传下去，永不坠落。

又据史载，朱熹父亲曾请人为其选择佳地以为日后落葬之用。选好后，问及将来子孙是否富贵，术家答："富贵不会太大，但将来生个儿，好似孔夫子。"（丁传靖《宋人轶事汇编》卷十七引《坚瓠集》）后来果如所言！

与朱熹亦师亦友的蔡沈，为易学应用提出了基本原则："《易》为君子谋，不为小人谋。"

南宋洪迈所著《容斋随笔》中有诸多易理和应用方法，不可不读。

宋代是中国易学发展的最鼎盛时期，百舸争流。宋易分为义理、象数两派。宋易象数学派继承了汉易系统以象数解《易》的风气，注重探求天道，使象数学走向哲理化。其中，以陈抟、周敦颐、邵雍等人的易学最有影响。宋易中的象数派又以提出各种图式解释易理为特点，故其易学又称图书学。图书学于北宋十分流行，形成了影响甚大的图书学派。周敦颐与邵雍是图书学产生的渊源之一。

宋代的陈抟、邵雍、司马光（著有《温公易说》，创四爻占法《潜虚占》）、周敦颐等为象数派代表人物；而范仲淹、欧阳修、张载

（《横渠易说》）、王安石等则为义理派的标杆。其中，邵雍的易学，造极于有宋之巅。

当年，宋代文坛领袖欧阳修读了王安石的文章后，激赏道："翰林风月三千首，吏部文章二百年。老去自怜心尚在，后来谁与子争先?"他对王安石的评价是极高的！但是，在此还应清楚的是，在宋神宗之前，人们公认的奸臣只有宋真宗一朝的丁谓；而宋神宗之后，吕惠卿、蔡京、蔡卞等无不被视为奸臣，这些人均直接或间接地依靠王安石举荐而起家。王安石不善鉴人，由此可见一斑。我认为，王安石的变法失败，与其在易学研究中，义理与象数的脱节不无干系，值得今人鉴照。

宋代以后，易学发展逐渐下行。因为它违背了《易》的精神，落于技术而失于教化。以至于明代大儒来知德一语振聋发聩："易道已亡，二千年如长夜。"

明代心学代表人物王阳明，就其心学思想中的核心——什么是良知——作了明确表述："良知就是易。"（《传习录》）后世脱离易道基础，而枉费心机探究"心学"，皆作网自缚。实为可叹！

王阳明《玩易窝记》——

阳明子之居夷也，穴山麓之窝而读《易》其间。

始其未得也，仰而思焉，俯而疑焉。函六合，入无微，茫乎其无所指，孑乎其若株。其或得之也，沛乎其若决，了乎其若彻，蓙淤出焉，精华入焉，若有相者，而莫知其所以然。其得而玩之也，优然其休焉，充然其喜焉，油然其春生焉。精粗一，外内翕，视险若夷，而不知其夷之为阨也。

于是，阳明子抚几而叹曰："嗟乎，此古之君子所以甘囚奴，忘拘幽，而不知其老之将至也。夫吾知所以终吾身矣。"名其窝曰"玩易"，而为之说。

曰：夫《易》，三才之道备焉。古之君子，居则观其象而玩其辞，动则观其变而玩其占。观象玩辞，三才之体立矣；观变玩占，三才之用行矣。体立故存而神，用行故动而化。神故知周万物而无方，化故范围天地而无迹。无方则象辞基焉，无迹则变占生焉。是故君子洗心而退藏于密，斋戒以神明其德也。盖昔者夫子尝韦编三绝焉。

呜呼，假我数十年以学《易》，其亦可以无大过已夫。

王阳明上文所言内容多摘引《易传·系辞》之言以表其意，而其文末之叹，是借《论说·述而》所言"加我数年，五十以学《易》，可以无大过矣"（假如再早一些年，比如提前五年或者十年研《易》的话，就不会犯大过错了），以表与孔子心有戚戚焉，亦慨叹学《易》之迟。

然而，倘若两位先贤神灵有知的话，可能也会慨叹之后更迟滞的子孙吧！

清代以降

清代嘉庆年间的端木国瑚，是子贡的后代，更是一位国师级人物，著有《周易指》。端木国瑚在当时的至高威望并非体现于其易学著述，而是其皇家堪舆师的特殊身份（道光年间官至内阁中书，专为朝廷相吉地）。清代有数位皇帝的陵址均由其选定。

清代江永（字慎修）的《河洛精蕴》、胡煦的《周易函书》以及焦循的《易图略》等著作，均具极高学术价值。

民国初年易家的代表为尚秉和先生，传世有《周易尚氏学》《周易古筮考通解》等著作。其"未学易，先学筮"的训导，至今仍为学易不二之正脉。

第四节 《易经》概要

大易开蒙

中国文化格物智慧的传习，其脉络如下：《诗经》立论，《大学》夯基，《易经》细化。

《易经》是探究事物势能变化规律的经典，属于格物学范畴。《易经》所倡的"天人合一"思想，遵循"同声相应，同气相求；事事相关，物物相应；近取诸身，远取诸物；其大无外，其小无内"的应用原则，而这都是建立在"洁、静、精、微，易教也"（《礼记·经解》）和"易，无思也，无为也，寂然不动，感而遂通天下之故"（《易经·系辞》）的基础之上的。中国文化中最具格物智慧的北宋五子之一的邵雍，其对自身实践的总结就是："妄意动时难照物，俗情私处莫知人"（《毛头吟》），也是在强调只有心如明镜才可以饱具格物鉴人的功夫，并且，保有这个功夫还要恪守"易为君子谋，不为小人谋"（张载《张子正蒙·大易十四》）的原则。因为你若给不义之人输血，就等于给这个世界增加黑暗与不堪，实为共孽。

若要学好《易经》，对以上这些基础要求，必须清晰把握。

老子说，万物是"道生之，德畜之，物形之，势成之"。

可见，天地间万事万物都有其势能，圣人伏羲将世间万物的势能归纳为天、地、风、雷、水、火、山、泽八种符号，将其归类，逐渐演化为六十四卦，即六十四种势能状态的表述。后来，以周文王、周公、孔子等为代表的先贤将其经典化，成为中华民族有别于世界上其他民族文化的重要标识之一。

《易经》六十四卦囊括一切变化法则，是圆满表述世界的六十四种维度和方式，提供了识鉴世界的多元视角，极大丰富了人们的精神世界，可令人达致"圆而神"之境——滤事浑圆，出神入化，胜物而不伤。在此过程中，逐渐完成君子人格的塑造——与先贤并肩！由此可见，易学不仅是安身立命之学，更是改过之学！

中国文化和中国智慧，在这个基础视域下，落实到百姓日用之中，得到了极为开阔的发扬与绵延。小至每一个表情、动作、数字、花草，大至每一个人、企业、建筑、城市等，都有其相应的势能属性。在清代，邮差都精通六十四卦——每个投递的城市场所都用六十四卦中的某一卦来展现势能状态。如果我们能够继承老祖宗留给我们的绝学精华，能明白"同声相应，同气相求；事事相关，物物相应；近取诸身，远取诸物；其大无外，其小无内"的大智慧，透过身边事物感知当下时空的势能属性，与时偕行，顺势而为，各就各位，生活必定趋向昂扬和饱满。

先秦典籍《周礼·春宜》载："太卜掌三易之法，一曰《连山》，二曰《归藏》，三曰《周易》。其经卦皆八，其别皆六十有四。"分别对应夏、商、周三代的易学，并且排序也不同，《连山》以艮卦为首，《归藏》以坤卦为首，《周易》以乾卦为首。这是文献最早关于《易》的种类有三的记载。

《汉书》说"易道深矣，人更三圣，世历三古"，此处所言《易》

亦有三：伏羲之《易》，文王之《易》，孔子之《易》。由此可见，上述三《易》与《周礼》所载三《易》说，显然有所不同。

虽然先秦文献中均未得见"三《易》"具体内容及其思想特征之说明，但两汉以来，却不断有人对"三《易》"作出种种解释，也不断有"三《易》"文献出现和相关记载。据清代《四库全书》载，易学史中专论"三《易》"并以"三《易》"为书名的易学著作至少有两部，一是南宋朱元升所著的《三易备遗》，二是明末黄道周所著的《三易洞玑》。朱元升的"三《易》"说在形式上仍延续了《周礼》所载《连山》《归藏》《周易》的说法，而黄道周的"三《易》"是指伏羲《易》、文王《易》、孔子《易》。

古人就在这两种易说的框架下，建构天地人三才的思维模式，融身践行"天人合一"思想于其中，体验其内在关联性，并在获得天人感知的同时，生发出传统天文历算、气象、农耕、乐律、中医、卜居等多元面向中的智慧，不断地丰富和深化着中国文化，也光耀着后世。

除三《易》的结构外，其内容之发展，学界亦有共识——《易》有四圣：伏羲画八卦，文王作卦辞，周公作爻辞，孔子作《十翼》。

《十翼》是《易传》之别称，乃孔子赞《易》之文，为汉代郑玄所名。旧以《上彖》《下彖》《上象》《下象》《上系》《下系》《文言》《说卦》《序卦》《杂卦》为《十翼》。《十翼》赋予了《周易》哲学化的理论特质，也使其成为传世巨著。

当年孔子删诗书、定礼乐，于"有物有则"（《诗经·大雅·烝民》）的格物基础上作《易传》。三国王弼将《周易》与《易传》合二为一，遂有今日之《易经》。

在此尤要说明的是：中国文化的核心经典为六经"《诗》《书》《礼》《乐》《易》《春秋》"（《庄子·天运》），从中可见，《诗经》居首。因当时之《易》为《周易》，而非《易经》。《易经》出现于汉末魏初，并随着"三玄之学"的盛行，逐渐取代《诗经》地位而成为群经之首。至于时有谓先秦即有《易经》者，显然谬矣！

《易》在先秦时期已相当流行，先秦典籍和诸子对此记载颇多。北宋五子中的邵雍说："老子得《易》之体，孟子得《易》之用。"清代大学者焦循也夸赞孟子是真正懂《易》者！

但先秦诸子中，研《易》最为精详的，还是孔子。

东汉班固说，自孔子传《易》给鲁商瞿，瞿传给子庸。子庸传给子弓。子弓传给周丑子家。子家传给孙虞子乘。子乘传给齐田何子裴。到了秦代焚书坑儒，因为《易》为筮卜之书，故而不禁，因此传授者络绎不绝……（参见《汉书·儒林传》）

司马迁和班固二人的说法略有差异，但基本可信。他说，"孔子传《易》于瞿，瞿传楚人馯臂子弘，弘传江东人矫子庸疵，疵传燕人周子家竖，竖传淳于人光子乘羽，羽传齐人田子庄何，何传东武人王子中同，同传菑川人杨何。何元朔中以治《易》为汉中大夫"（《史记·仲尼弟子列传》）。

孔子传易给商瞿，瞿传子夏门人楚人馯子弘，子弘传鲁人矫疵（字子然，鲁庄公族也），矫疵传燕人周子家竖，周子家竖传淳于人光子乘羽，光子乘羽传齐人田子庄何，田子庄何传东武人王子中同，王子中同传菑川人杨何，商瞿至杨何凡八代相传。杨何凭借易学学识，于汉武帝元光元年征进宫中，官至中大夫。他的弟子门人：齐人即墨人成以易学官至城阳相，广川人孟则为太子门大夫，鲁人周霸，莒人衡胡，临菑人主父偃，皆以易学之能受禄二千石。

今之《易》为齐田何所传本子。但在楚国还有另一系统，就是帛书本。1973年长沙马王堆发现的帛书《易传》六篇共包括《二三子问》《系辞》《衷》《要》《昭力》《穆和》。《要》篇记载了孔子"老而好易，居之在席，行之在橐"，且"读《易》，韦编三绝"（《史记·孔子世家》），还总结自己"加我数年，五十以学易，可以无大过矣"。（《论语·述而》）也正因如此，"孔子晚而喜《易》，序《彖》《系》《象》《说卦》《文言》。读《易》韦编三绝。曰：'假我数年，若是，我于《易》则彬彬矣。'"又《周易乾凿度》云："孔子占《易》，得《旅》，息志停读，五十究《易》作《十翼》。"（《史记·孔子世家》）

孔子最大的贡献就是从学术上与占卜的《周易》分道了。帛书《要》篇载孔子与占卜的"史巫"是同途而殊归。

后来，稷下学宫三为祭酒的荀子，进一步细化落实了孔子"不占而已矣"的观点，提出了"善为易者不占"的最高要求，成为历代易者的终极目标。

荀子精于《易》，其学源于楚人子弓。后来，由于他久居于楚，其学又传于楚人陆贾、穆生等。荀子在其书中有四处言《易》，如《荀子·大略》曰："善为易者不占。"他不把《周易》看作纯粹的卜筮之书。同篇他还引《小畜》初九爻辞曰："复自道，何其咎？"说明秦穆公是个能悔过自新的人，故《春秋》谓为贤。此外，《荀子·非相》还引《坤》六四爻辞"括囊，无咎无誉"，以刺"腐儒"。《荀子·大略》又言："咸，感也。以高下下，以男下女，柔上而刚下。聘士之义，亲迎之道，重始也。"指出咸卦体现夫妇之道。这些都与孔子《易传》的观点一致，即解《易》注重义理，核心在于教民向义，成为万法之玄宗，诸经之要旨，格物之真模，入圣之正路。

先秦之后，易学薪火相传。

易有三义

唐代孔颖达《周易正义》载："夫《易》者，变化之总名，改换之殊称。"

汉代《周易乾凿度》云："易一名而含三义，所谓易也，变易也，不易也。"汉末"经神"郑玄依此义，于其《易赞》《易论》中云："易一名而含三义：易简一也，变易二也，不易三也。"这句话总括了易道思想的三种大义，即"简易"、"变化"和"恒常不变"之理。

其一，易简。

《易》是归纳法。将大道变化至易至简的本性，称为易简。如：人面皆有五官。《易》"以简御繁"，以六十四卦将宇宙间一切变化抽象成简单的阴阳二爻，故说"易简"。玄之又玄的东西很简单，但把简单的东西做得不简单就是高手。《万物简史》的作者比尔·布莱森说："物理学的任务就是探索最终的简洁性。"此即所谓"至道不繁"，其理皆同《易简》。

《易·系辞》云："乾知大始，坤作成物。乾以易知，坤以简能；易则易知，简则易从；易知则有亲，易从则有功；有亲则可久，有功则可大；可久则贤人之德，可大则贤人之业。易简，而天下之理得矣；天下之理得，而成位乎其中矣。"又云："夫乾，确然示人，易矣。夫坤，隤然示人，简矣。"明代王夫之《张子正蒙注》曰："动易简者，唯阳健阴顺而已。"此言易简之法则，即"大易至简"是也。

其二，变易。

"变易"，是指宇宙万物时刻都在变化，万物没有不变的。如：人面虽有五官，但相貌各有不同。因此，司马迁在《史记·太史公自序》中总结说："《易》著天地、阴阳、四时、五行，故长于变。"但这个变，是渐变而不是突变。《易》否定突变，因为一切突变，其内部变化之因早已由来已久——"积善之家，必有余庆；积不善之家，必有余殃。臣弑其君，子弑其父，非一朝一夕之故，其所由来者渐矣。由辨之不早辨也。"（《易经》）卦爻的变化就是充分反映宇宙这种态势的，而且《易》用于卜筮，全在于卦爻之变化，故言"变易"。

《易·系辞》云:"为道也屡迁,变动不居,周流六虚,上下无常,刚柔相易,不可为典要,唯变所适。"又云:"极数知来之谓占,通变之谓事。"汉代司马迁曰:"《易》著天地、阴阳、四时、五行,故长于变。"南朝梁刘勰《文心雕龙·通变》亦强调:"变则可久,通则不乏。趋时必果,乘机无怯。"

北宋五子之一的程颐论"变易"曰:"《易》,变易也,随时变易以从道也。""六十四卦,三百八十四爻,皆所以顺性命之理,尽变化之道也。"(《程氏易传序》)还说:"自天地幽明,至于昆虫草木之微,无一而不合。"(《遗书》)上至天地宇宙之大,下至昆虫草木之微,乃至幽明世界,无一物不变,无一时不变。万物从生到灭,过程变化多端。

司马光《温公易说》曰:"圣人守道不守法,故能通变。"

朱熹认为:"《易》是阴阳屈伸,随时变易……为古今,乃是此道理。"(《周易折中》卷首)而宋代郑樵是这样表达"变易"之理的,他说:"《易》不可以形拘,不可以迹求。"(郑樵《易经奥论》)强调易道只能唯变所适,应机证法,即:应当下机,辨当下证,享当下福,安当下心!

君子千里同风。古希腊哲学家赫拉克利特亦认为"人不可能两次踏入同一条河流",古今中外,理无二致。

其三,不易。

"不易",是指《易》所反映的宇宙道理是永恒不变的。如:人的五官的功能属性永恒不变。《易·系辞》曰:"天尊地卑,乾坤定矣;卑高以陈,贵贱位矣;动静有常,刚柔断矣。"郑玄在《易赞》《易论》中,言此句即为"不易"。

佛家认为,万物的规律是"成住坏空",道家认为世间万物"唯道集虚",其中"不易"之见皆同。

这世界，唯一不变的就是变！但这变中有简，变中有恒。借用唐代龙牙居遁禅师的表达就是：

朝看花开满树红，暮看花落树还空；

若将花比人间事，花与人间事一同。

这世界，生生不已，"易简""变易""不易"三者互显互用，以至于宇宙大化流行，动而不乱，有其恒常。医易同源，万法归宗！

三义之中的"变易"与"不易"告诉人们：人间有成毁，历史有兴亡，社会有盛衰，万物有住灭。可见，成住坏灭、生老病死的规律是不变的，皆在一切的必变之中。除此之外，还有一种绝对不变的本体在，那就是"形而上"的道理。西方宗教呼之为上帝，佛教称之为佛，老子称它为道，也有人叫它为"一团漆黑"。不论其名如何，所代表的都是不变的本体。俗语说：你的命真好，一直能活到死。人们这个能活到死的规律是永恒不变的，此即为"不易"。

这世界：天在上，地在下；本性不变，仁义不变。

以上三义总旨，一如庄子所言："以道观之，物无贵贱；以物观之，自贵而相贱；以俗观之，贵贱不在己。"（《庄子·秋水》）

可见，《易》道摄天地，千古意分明。

易道核心

《易经》虽然庞奥，但其核心可用三个字来概括：时、位、德。只要抓住这三个字，必透得机要。

（一）时

清代李光地《御纂周易折中》曰："卦者时也，爻者位也，此圣经之明文，而历代诸儒所据以为说者，不可易也。然沿袭之久，每局于见之拘，遂流为说之误。何则？其所曰为时者，一时也；其所指为位者，一时之位也。"可见，时、位乃易道之要。

上述所言，其理源于"凡益之道，与时偕行"（《周易》），这句话便是中国文化"天人合一"智慧的指引，并落实在了百姓日用之中——在天气变化时，人们会穿着对应时令的衣服，农耕时人们会栽种相应的作物，中医也强调顺时采药，孔子亦强调要"食其时"……

晚唐著名诗人罗隐有一首诗，名为《筹笔驿》：

> 抛掷南阳为主忧，北征东讨尽良筹。
> 时来天地皆同力，运去英雄不自由。
> 千里山河轻孺子，两朝冠剑恨谯周。
> 唯馀岩下多情水，犹解年年傍驿流。

这是罗隐在四川广元途经"筹笔驿"小亭，遥想当年诸葛亮在此地的情景时，所写的一首诗。诗意是说，当年诸葛亮抛却了南阳卧龙岗，为主公刘备忧国忧天下，南征北战，奉献了最好的聪明才智。当时运来的时候，天地都给他力量，比如"空城计"，比如"草船借箭"；但时运走的时候，再大的英雄都没有用武之地！比如他火烧司马懿时，本来计划很完美，但没想到老天却在关键时刻下雨了，让"冢虎"司马懿得以逃生。并且，千里山河并没有把他当作自己的主人，未能令其抱负得以施展。而"两朝冠剑恨谯周"，当年的诸葛亮可是威风到可以在刘备和刘禅两朝直接佩剑上朝的；"恨谯周"是说，假若诸葛亮九泉之下知道是谯周劝降了刘禅，定会悔恨不已的！因为当年是诸葛亮向刘禅推荐了谯周（《三国志》作者陈寿和刘禅之师）。为什么呢？这还要从谯周的功夫说起——谯周精通天文，当年刘璋欲投降刘备时，群臣无语，只有谯周观测星象，劝刘璋投降，而刘璋也听取了谯周的意见，投降了刘备。这一年，谯周仅二十岁。后来，刘禅继位后，诸葛亮执意北伐，谯周观天象认为时机未成熟，但劝阻无效，结果诸葛亮首次北伐以失败告终。后来姜维继承诸葛亮的遗志，连年北伐，谯周再次劝阻无望后，写下一封表文《仇国论》斥责姜维的过失。此外，谯周的天文水平亦相当高超——文立在回蜀地任职时路过汉中，顺便去拜访谯周。此时谯周已经病重，言语吃力，便在纸上写下"典午忽兮，月酉没兮"八个字。其中，"典午"是指司马，"月酉"是指八月，其意是说，司马昭到了八月就会死去。果不其然，到了八月，司马昭就死了。还有，陈寿在辞官后向老师谯周告别时，谯周说："孔子活了七十二岁，刘向和扬雄都活了七十一岁，我不敢和孔子相比较，但是可以和刘向比一比。"当时谯周已经七十岁了，话语中预示了自己明年将会死去，后来果然于次年冬天逝世。因谯周类似的案例甚多，人们一度认为其水平高于诸葛亮，但由于谯周说服刘禅投降之事导致了蜀汉灭亡，以致其受到了后世的口诛笔伐。

其实，若仔细了解历史便会发现，谯周之言完全是出于公心和对天道的认知，如此建言更是使得百姓免遭诸多涂炭之苦。

诗末说"唯馀岩下多情水，犹解年年傍驿流"，现在只剩下这山岩下的流水，年年来来去去，好像了解这些史实一样，长久地陪伴着这个小亭子。

这首诗的诗眼就是"时来天地皆同力，运去英雄不自由"，得时者为上上，失时者不堪入目。

在我心中，诸葛亮一直是个悲剧人物。若说当时更有智慧者，还属他的老师——三国时期的超级牛人"水镜先生"司马徽。他观天下大势如明镜在心，任凭各路人等如何去请，他都深知真君子能助人亦能救己之道，因而"穷则独善其身"，从不出山，活得相当明白，令后世眺仰至今，饱具老子所言的"知人者智"的智慧！

《易》曰："凡益之道，与时偕行。"顺时施宜是百姓日用之道的大智慧。可惜，时下就穿衣而言，遍地是罔顾时色，胡乱穿衣者。很多人连变色龙都不如，不仅色彩与法度失调，且随处可见穿着漏洞衣装者，其内质多与精神落魄并蒂，这就是古语所言的"天下无礼乱穿衣"。

关于时色相关的智慧，《汉书》《吕氏春秋》等文献早已记载得清清楚楚——要顺时施宜，以人为本，与时偕行……（参见本书《中国色彩智慧》一章）

世事无不因时势而动，皆有规律。人生各有循环，好坏只在一念之间，四季相约而立，八方因时而明……总之，"尊时"是人们最基本的生活智慧；并且，能很好地"尊时"，才会有"守位"的功夫。

当年，商圣范蠡既能治国用兵，又能齐家保身，是先秦时期罕见的智者，史书言其"与时逐而不责于人"。这个能够顺时施宜而不责人的人，真是有大智慧啊！

历史上，孟子也评价孔子是"圣之时者"，说孔子是圣人之中最懂得时令，最能展示与时偕行，最能做到顺时安命的人。

足见，时间是世上最有效的药。

（二）位

北宋大儒周敦颐《易通》曰："圣人之精，画卦以示；圣人之蕴，因卦以发。"

而《易》曰，"存其位""圣人之大宝曰位"，能尊时守位是人们最应具备的基本智慧，就像鱼儿不能离开水、鸟儿不能离开天空、人类不能离开大地一样，圣人最大的法宝，就是能令人各就各位。那些不该属于你的，就不要逾越攫取，否则只会添乱。要清楚，帮人时，只帮忙，别添乱，这才会有功而无乱。

日本在建立天皇系统时，便是按《易经》理论来定名的。比如人们较为熟悉的明治天皇，其名字就源于《易经》中的"圣人南面听天下，向明而治"之句。

而这个"向明而治"，便是中国数千年传统建筑所恪守的最基本规制。在后天八卦的方位中，南面的五行为火，对应离卦，主神明和光明，因而要开阔，要有光明。离卦在人身体上表征为心和前额，所以人心要光明，前额要开阔光润。先秦时期"明堂"一词的意义即源于此。

这些都是《易经》万变不离其宗的类象思维所展示出来的智慧——格物智慧象为先，识势识因妙难言，但得能做主中主，便是世间活神仙！

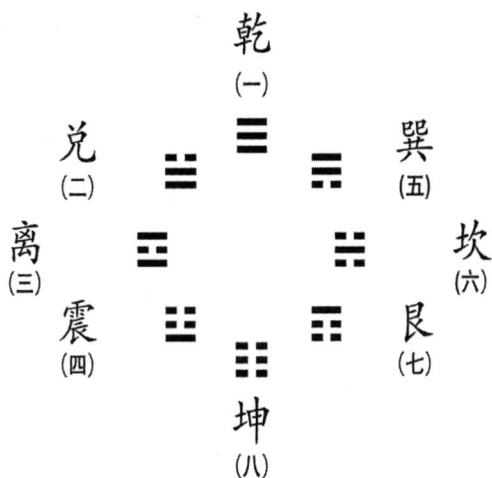

先天八卦图

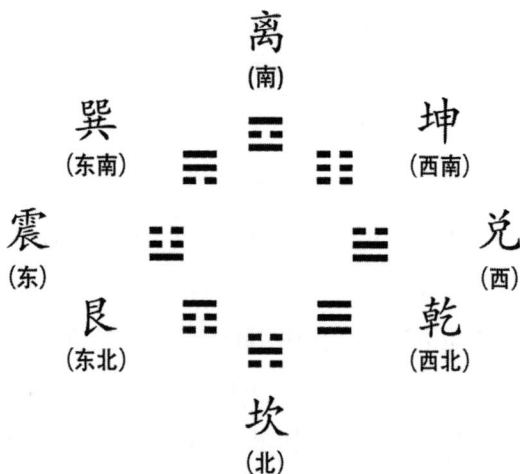

离
(南)

巽
(东南)

坤
(西南)

震
(东)

兑
(西)

艮
(东北)

乾
(西北)

坎
(北)

后天八卦图

　　八卦之应用，先天为体，后天为用。在后天卦中，后天之位序，如人之五官，需各就各位，不可错位。凡错位者，则有患应。

　　如，在后天八卦中，艮卦位居东北，其象为山。因山代表高，故东北方要高越，不可低洼、见水、空旷及短缺。而对应的西南方最需要低洼、见水、空旷及短缺。宋徽宗上任后，连续数年无子，众太医亦无解。无奈之中，廷上召议。有道士说："京城东北隅，地协堪舆，倘形势加以少高，当有多男之祥。"意思是说，京城的东北角本应高起，但却地势低洼，如能建高，便可补不足，男丁便会兴旺。宋徽宗于是恍然，不顾劳民伤财，遂命户部侍郎孟揆在京城的东北部仿杭州凤凰山，造山及建行宫。六年后，孟揆完成任务，又因"岳"乃帝居之山，宋徽宗遂名之为"艮岳"，并亲自写有《御制艮岳记》。入住不久，夫人王氏即怀孕，后生下一儿赵恒，就是后来的宋钦宗。此后，宋徽宗子孙运大旺。据文献记载，宋徽宗被俘前后，生38子、42女，共计80个孩子。其中被俘后又生有6子8女。（《靖康稗史笺证·宋俘记》）真是令人瞠目。

世间事，"一阴一阳之谓道"，福祸相依——一些人的灾难，也许是另一些人的福气！也正因为宋徽宗大动干戈建造"艮岳"，后世才有了四大名著之《水浒传》！《水浒传》中的"智取生辰纲"便与此有关。而对此，元代大儒郝经在诗中是这样感喟的："万岁山来穷九州，汴堤犹有万人愁。中原自古多亡国，亡宋谁知是石头？"（《陵川集》卷十五）明代刘伯温对此事亦深有感慨："艮岳销王气，坤灵肇帝图。两宫千里恨，九子一身孤。"（《钱塘怀古得吴字》）足见这"艮岳"的影响之大。

自古以来，理通法自明，且"其大无外，其小无内"。从宋徽宗"艮岳"一例可见：人们所在环境，若东北角有不足之处，即代表子孙不旺，人员流失，以及学习、工作、成绩等正向势能之有限。因此，无论环境的内外，东北方都以高起为宜，尤不可单独见水，比如室内东北角缺角或为水池、洗手间、鱼缸等。古人以路为水，在环境外部的东北角不宜有交汇的大路、电梯等。很多人迁新居之后，孩子学习下降明显，建议从这个角度思考一下，也许是诱因之一。

这就是《易经》强调"存其位"的原因。

五官无论如何生长，都不会错位，这是自然规律，无须推算，而《易经》就是探究自然规律的学问。

此外，位置的不同也会导致物象的显现不同，因而对应的卦也就不同。而每种物象所属之卦，与方位之卦、所形成的新的别卦，都昭示着其势能所在。如，西北为乾卦，有水塘在，就对应着天水讼卦。讼卦主多忧，非疾即讼，严重者二者并存。

人们耳熟能详的"群龙无首"，今人通常认为是贬义词，往往被喻指为混乱。其实不然！《易》中的原句为："群龙无首，吉。"看到这句，各位可能会奇怪，"群龙无首"为什么还会是吉呢？那是因为你没有读懂这句话！

首先，龙在古代是君子之喻；其次，真君子明白自己是谁，该做什么，怎么做。就像当年的范蠡，能助越王勾践复国，也救得了自己，功成挂印而去。《易经》所言"群龙无首，吉"，就是君子们人人知道自己的方向和目标，不需要人去硬性管理。《禅林宝训》中载圆通居讷禅师之言："上古之世，虽巢居穴处，人人自律；大智之后，虽高堂广厦，人人自废。故曰：安危德也，兴亡数也。苟德可将，何必丛林？苟数可凭，曷用规矩？"是说，上古时期的人没有丛林依托，夏则居巢，冬则居穴，人人严格自律。而自唐代百丈禅师立下百丈清规之后，修行者虽住高堂广厦，却时有作奸犯科者。因此说，有道德丛林日安，没有道德丛林日危。住持没有道德，丛林逐渐衰落；住持纵有道德，假若时运不济，也不能勉强。这样看来，能持守道德，何必需要丛林呢？如果时运可凭，哪里又需要什么规矩呢？

美国知名智囊机构贝尔实验室在这一点上就践行得特别突出：该机构在门楣上写有"无为"一词，下面用英文做了阐释："让被管理者，在管理者的管理下没有感觉到被管理。"说得多么精辟啊！！

触类即道、全在任心！这就是中国先贤所创的《易经》为世界带来的大智慧！

（三）德

先"考德"后"论业"是中国古代教育的核心。

孔子在《论语·述而篇》中专门讲了他的忧患——子曰："德之不修，学之不讲，闻义不能徙，不善不能改，是吾忧也。"孔子说，不培养品德，不讲习学问，听闻到道义之事却不去追随，有缺点而不能改正，这些都是我所忧虑的。对此，清代被誉为"最贤者"的陈弘谋在其《养正遗规》中便强调："每日工夫，先考德，次背书诵书，次习礼，或作课仿，次复诵书讲书，次歌诗。凡习礼歌诗之类，皆所以常存童子之心，使其乐习不倦，而无暇及于邪僻。教者知此，则知所施矣。"

从中可见，"考德"位居每日功夫之首。

明代王阳明《王守仁文集》亦载："考德问业，毋令一暴十寒。"又云："率领师生，朝夕考德问业，务去旧染卑污之习，以求圣贤身。"（《王文成全书》卷三）明代高僧莲池大师《云栖法汇》中的《结社会》亦提及"考德论业"……对人而言，为什么要先"考德"呢？

这是因为："人的灾难本质上是人性的灾难。好的人性不需要什么怡养，能懂得坚守，便是最体面的胜利。"（马德《与这个世界庄重相待》）坚守什么呢？坚守道义，展现慈悲、善良等美德。由此足见"考德"之重要！

1914年，梁启超在清华大学作了一场题为《君子》的演讲，其中引用《易经》中"天行健，君子以自强不息；地势坤，君子以厚德载物"。随后，这两句话就成了清华大学的校训。

对于"自强不息"，人们很好理解；那么，什么是"厚德载物"呢？譬如，天冷时水面会结冰，当冰很薄的时候，上面只能落一只小鸟或行走一只小动物，而人在上面走是不行的，会掉下去。但到了冰很厚时，冰的"德"就稳固了，此时不仅走人没问题，就连走汽车和大型动物也没问题，这就叫"厚德载物"。那么我们可以延伸一下，想一想今天为什么有的人仅仅赚了一点钱就会出问题，而那些赚了很多钱的却毫发无损。就是德行大小的原因呀。《易经》还说："积善之家，必有余庆；积不善之家，必有余殃。臣弑其君，子弑其父，非一朝一夕之故，其由来者渐矣，由辨之不早辨也。"水结为冰，不是一两天形成的，而是长时间形成。"积不善之家，必有余殃"，就是德不配位，必有灾殃。察古观今，可为人生打开一扇窗，那些以满门抄斩作为代价者，我们不要轻易地付诸笑谈。善有善报，恶有恶报，这是人世间最准的一卦！谁都跑不了。即使你跑了，还有子子孙孙，他们不也是你的家族财富吗？！

《易传·系辞》曰："天尊地卑，乾坤定矣。"天空令人尊崇，大地令人亲切，乾坤之道由此而确定。于是，便有了后来的"男尊女卑"——卑，是谦恭之意——湖南长沙岳麓山脚下专门有清代的"自卑亭"。这句话的意思是说：男人要令人尊敬，女人要亲和包容，谦恭有礼。若男人不受尊崇，女子对人不亲切，则其家可想而知！因此，无论个体生命如何恣意张扬，但人间正道是沧桑，仍要各司其职，各安其分。这便是德！

坤成中学是马来西亚一所逾110年之久的著名中文学校，其名取自"坤道成女"（《易传·系辞上》）。该校历任校长皆为女性，足见人们对坤德的重视。

先秦诸子百家，曾经历过三次大的辩论，后世名为"王霸之辩"、"义利之辩"和"天人之辩"。其中"义利之辩"是关于"以义取利谓之义"的。你做这件事情，为社会着想，为天下百姓着想，赚的钱都是干净的，天下老百姓不仅推崇你，而且会更加支持你。而"以利取利"，譬如我给当权者送钱，他批给我一个项目，赚了钱之后，我再送他钱答谢，也就是循环行贿，这就叫"以利取利谓之利"，这种事情都是势利小人做的。古人已把这些教育理念讲得很清楚。对此，于右任有一句话讲得非常精妙："计利当计天下利，求名当求万世名！"是的，文化是最大的生产力，智慧是最大的不动产；我们不清楚老子、孔子、孟子、庄子他们有多少钱，多少财产。但是我们知道，他们思想的光辉会永放光芒，他们的智慧是其生生世世的不动产。这就是"死而不亡者寿"（《道德经》）。

中国文化中的真正财富观，是：德大，资产才大！而这个资产，除了财富、物质、声名、健康之外，还包括了尊严和智慧。

《司马光家训》曰："积金以遗子孙，子孙未必守；积书遗子孙，子孙未必读；积阴德于冥冥中，以为子孙长久之计！"你给子孙钱，他未必能守得住；你爱看的书，子孙未必爱看；不如积阴德于冥冥之中，子孙必有受其报者，一定会有人承继福荫的。

孔子也强调要"以德代占"，并且案例还不少。比如，当年赵襄子正欲吃饭，手下来报：攻打翟国非常顺利，一天连下两城，取尤人、终人。对于这个大好消息，赵襄子听完不但没笑，反而忧虑。侍臣不解，问为何。赵襄子说：长江黄河洪水暴涨，声势骇人，至多三天就退了；狂风暴雨折腾不了一整天；正午烈日一会儿就会偏西。现在我赵氏积德还远远没够，一天连下两城，衰亡恐怕就要接踵而至了吧。

这事情不知怎的就传到了孔子耳中。孔子赞叹道：赵氏就要昌盛了！

不久，赵襄子便在晋阳大败智伯，还拿智伯头盖骨做了酒具。智伯被杀，导致"三家分晋"，开启了战国时代！

这个故事告诉了人们德行的重要性，也让人们知道，原来道德败坏便是灾难之源。

诚如明代洪应明在《菜根谭》中所言："为善不见其益，如草里冬瓜，自应暗长；为恶不见其损，如庭前春雪，势必潜消。"

《易经》曰："天地之大德曰生。"天地最大的厚德就是能给人以生机和活力，做事要守住这个底线。自古以来，"君子以德发身，小人以财发身"，讲的就是这个道理。

生命是宏大的，你没有理由辜负当下生命的新鲜！要有能力消解阴阳的对立，让其流转起来，呈现生命的亲和感，这就是大德。否则的话，德不配位，暴来暴走。

有人说，卜者泄露天机，后果多不祥。可是，明代王阳明亦师亦友的尊者湛若水，直到九十多岁临终前一天仍在讲《易》不止。那么，湛若水先生为什么能长寿无殃呢？因为：谋者，阴之道也；德者，阳之道也。能阴阳合德者，乃可大、可久、可安、可裕人！

宋代大儒张载亦说："《易》为君子谋，不为小人谋。"(《张子正蒙·大易十四》)

《易经》是一本教民向义的书。其以崇德为核心，以卜筮为践行天道之法。

清代纪晓岚在《四库全书总目提要·易类》中说："易之为书，推天道以明人事也。"

明代万民英说："《易》以道阴阳，是卜筮之书也，圣人作之，以教人趋吉避凶。而一言以蔽之，曰天下之动，贞夫一者也。若曰吉者吾趋之，非趋夫吉，趋夫所以获吉之理，视履、考祥之类是也；凶者吾避之，非避夫凶，避夫所以致凶之故，复即命、渝安贞之类是也。"(《星学大成》)

清代敕修《协纪辨方书·序》亦有同理之表述："天以日月行四时，人奉天而时。若向明而治，向晦而息，后王君公所以奉若天道也。"

中国文化中的天道践行是"以人为本"的。《易经》是中国文化中的群经之首，其中的智慧，令无数人深受其益。《易经》中有一句名言，是有史以来对"事业"一词最早的定义："举而措之天下之民，谓之事业。"你所做的事情，令天下百姓受益的同时，你也受益了，这才是事业。可是，对于事业，世人往往只知有事，不知有业，更不知业之善恶。要知道，人世间，有一事便有一业！假若你所从事的事情，令环境受到污染和破坏，百姓亦遭其害，但你却利己而损人了，这种事情就不能称作事业，它顶多叫"产业"。那么因"产业"而赚到的钱算是什么呢？至少在唐代就已有定义，谓之"浊富"。

清代张潮在其《幽梦影》中便写道："为浊富不若为清贫。"如此一说，究竟"浊富"有什么势能呢？浊富的后果很严重：浊富损三代人！

你从那些"坑爹""坑爷爷"的富二代、富三代身上，便可知道他们是"浊富"受殃的花果了。

而对于"事业"如何能开展得更好，《易经》则给出了"进德修业"的指引，强调做有德之事是事业广大之良基。这是为什么呢？是因为"德大资产才大"！当然，这个资产也不仅仅包括财富，还包含声名、健康、寿命等内容。

当年，庄子说："事若不成，则必有人道之患；事若成，则必有阴阳之患。若成若不成，而无后患者，唯有德者能之。"（《庄子·人间世》）是说，别人交代的事情如果没办成，恐怕就会有"人道之患"，会影响人际关系；但如果事情办成了，可能就会有"阴阳之患"，因为有违规违纪之处，心里担惊受怕，怕将来不知何时会暴露；无论事情做没做成，都不会有后患，什么样的人才能够做到呢？回答是：只有真正有德的人才能做到！足见"进德"的重要性。其理古今一如。而除了《庄子》外，另一部古代文献《左传》中亦记载了世间的三件不朽之事："太上有立德，其次有立功，其次有立言，虽久不废，此之谓不朽。"其中，立德位居首位，因为"德者，人之所得，使万物各得其所欲"（汉代黄石公）。古德亦说："道高龙虎敬，德重鬼神钦。"如此一来，也就难怪古人常常会追慕"福德圆满"了。而在这种长期的向往之中，中国文化便产生了"德星"文化，如唐代白居易《旅次华州赠袁右丞》载："才与世会合，物随诚感通。德星降人福，时雨助岁功。"清代董诰《全唐文》载："天有德星，所临者福。"清代林朝崧《奉赠维新元老板垣伯爵阁下》更是写有"德星照处物皆春"之句。足见有"德"之重要。宋代的刘克庄还专门写有《进德》诗一首："进德功夫有浅深，一毫间断即差参。醉无谬误明持敬，怒亦中和见养心。为善岂须朋友责，积勤常若父师临。向来岁月悠悠过，垂老方知痛自箴。"文字之中满溢作者劝善蓄德的殷切之心。

可见，人生的任何投资，都要朝向增德的方向行进，这样才会进而无忧、富而无患。

值得一提的是，无论是"进德修业"还是"阴阳之患"，其实都是在强调"因果"的重要性。但需要清楚的是，因果是自然规律，非为宗教所属。《大学》之"言悖而出者，亦悖而入；货悖而入者，亦悖而出"；《吕氏春秋·用民》之"种麦得麦，种稷得稷"；汉代刘向《新苑·谈丛》"好称人恶，人亦道其恶；好憎人者，亦为人所憎"；明代黄宗羲《宋元学案》"损人即自损也，爱人即自爱也"；以及"种瓜得瓜，种豆得豆，种爱得爱"……其理一也！讲的都是因果规律，无须推算。

因果乃自然规律，看似与人无关，实则其应如响。一个善良的苏格兰农夫从粪池中救出一个小男孩，男孩的绅士父亲要酬谢，却被农夫谢绝。绅士说，让我们签个协议，我带走你的孩子，给他最好的教育，农夫允诺。农夫的孩子后来发明了青霉素，获得了诺贝尔奖。数年后，绅士的儿子得了肺炎，青霉素治好了他。这两个孩子分别是弗莱明和丘吉尔！

可见，善是人间福禄的根。无私地帮助周遭的一切，就是在为自己种福田，而最终受益的还是你自己，此实乃世人添远禄之大经方也。

人们在日本、新加坡、中国台湾等地区的寺院功德箱、洗手池外面，常能看到写有"净财"二字，言外之意就是提醒人们：不要给我"浊富"！希望你所布施的钱财，是干干净净赚来的！你看，提醒得多清楚呀。

人生，"宁可清贫自乐，不可浊富多忧"（宋代释道原《景德传灯录》）。

我从小深受外公教诲，至今仍受益无穷："不要想着自己有钱，要想着让自己值钱！"音犹在耳，无以为报。而它亦成了我生命最重要的行动源泉。

今天，很多人读了书之后，遇事却不省人事，足见当年所读之书并未能解决自己的实际问题。要知道，读书应该是越读越明白，越读信心越坚固，随之而来的欢喜也是越来越滂沛。可如果读成了"碎片化"，烦恼越来越多，信心越来越匮乏，那就一定是读错了。这就需要好好反思：经典是美好的，但你有何德何能让这美好继续美好呢？

不管过去怎样，未来我们都应不遗余力地向经典讨要智慧——参天之木，必有其根；怀山之水，必有其源；不知祖，不足以为道；不知古，不足以开来！

清代学者张潮说："少年读书，如隙中窥月；中年读书，如庭中望月；老年读书，如台上玩月。皆以阅历之浅深，为所得之浅深耳……古今至文，皆血泪所成。"

是的，书到今生读已迟，今生不读就更迟！

第五节 《易传》宗义

自古讲经之道，若能标举大义，阐发无滞，叙述精丽，意气洒脱，且与时并明，则可见其畅达自如。最忌讳拘守经文，泥于辞章文句，自造樊笼，以至于虽皓首穷经，亦不得自拔。须知，路是人走，业是自造，向谁叹乎？

《易传》价值

前文有述，《易经》系由三国时期学者王弼将《周易》与孔子述而不作的赞《易》之文《易传》合二为一所成。此后，汉代经学之首郑玄又将《易传》分为十篇：《系辞》（上下）、《彖传》（上下）、《象传》（上下）、《文言》、《说卦》、《序卦》、《杂卦》，谓为"十翼"，意为学习《易经》的十个翅膀——没有翅膀，无法翱翔——也正是十翼的出现，赋予了《周易》哲学化的理论色彩，得以超越《诗经》，成为"群经之首"，更令《易传》成为中国哲学的必读之书。也正因为《易传》中有"天人合一"思想的具体表述，进而奠定了中国文化和中国智慧的思想核心，于是，中国哲学才可以表达为"究天人之际，通古今之变"，后世也才有了"国学之大在经学，经学之首在《易经》，《易》之门庭在十翼"之表述。

《易传》之"传",属于古籍注释体例之一,是替经书作注的著作。《易传》是学习《易经》的钥匙。今人观《易经》,上篇是"经"的部分,即《周易》;下篇是"传"的部分,即《易传》。因为"传"是用来解"经"的,所以读《易经》要先从《易传》开始。由于没有精通的老师讲出这个方法,人们学习《易经》一书,往往是从前面往后看,导致没有钥匙,淹溺经年而不得出头,实为可惜!因此,读《易经》首先要精读《易传》,别无他途。

宋元之际的大学者胡一桂对"十翼"赞叹有加,他说:"《易》之有十翼,犹天之有日月,人之有耳目,轻重之有权衡,长短之有尺度,诚《易》之门庭,象数之机括也。十翼之作,其有功于万世,故如此哉!""十翼"之功,难道不是这样吗?这是多么伟大的一本书呀!

无数人因其而得以安身立命。

自孔子后,有关《易传》的著述颇多,如孔子高足子夏,传世有《子夏易传》,即《汉书·艺文志》所载的《韩氏易传》;东汉末年经学家荀爽(名士荀淑第六子)著有《易传》传世;被誉为唐代"蜀中二杰"、"赵蕤术数,李白文章"中的赵蕤(李白的老师),其传世名作为《关朗易传》和《长短经》;北宋五子之一的程颐有《伊川易传》传世;湖南岳麓书院首任山长,宋代张栻的父亲张浚著有《紫岩易传》传世;苏轼则有《东坡易传》传世……

苏轼读《易》非常着迷——"遥知读易东窗下,车马敲门定不应",还寄诗给弟弟苏辙,劝其读《易》——"策曾忤世人嫌汝,《易》可忘忧家有师"。真是苦口婆心。

尤为值得一提的是,古往今来的智者皆有自知之明。以苏东坡为例,他于晚年对自己的一生有着振聋发聩的总结:"某凡百如昨,但抚视《易》《书》《论语》三书,即觉此生不虚过。如来书所谕,其他何足道！"(《答苏伯固书》）这里的《易》，是指其所著《东坡易传》。苏东坡在这里强调自己因为有了《东坡易传》《书传》《论语》这三本书，才觉得此生没有虚度，而这三本书也是其生命的精神安放之所！至于他所写的那些诗词歌赋，根本不足道！孔子说，要真正了解人，则要"视其所以，观其所由，察其所安"。你想想，这世上还有比苏东坡更懂自己的人吗？

可见，不少热爱东坡先生乃至以贩东坡为业者，并无真修实证，只是走近了东坡，探研其文学向度而已，并未真正走进东坡的生命。要知道，走近和走进有着本质区别。若是望文生义，以东坡附丽，惑众迷人，则是害莫大焉！泛滥的"东坡鸡汤"把那么多人浇得劈头盖脸的，不仅斯文扫地，更是贻笑天下。

苏轼解《易》，是以"时""位"为主线，而同时代以《易解》雄文被宋神宗赏识继而出任宰相的王安石，则注重义理的阐述，强调"权""时""才""心"。

《宋史》载范仲淹"泛通六经，尤长于《易》"，他最擅长的是《易经》。范仲淹是常胜将军，善用《易经》智慧作战。"庆历新政"后，范仲淹被免。韩琦带兵被西夏国打得落花流水，没办法，只有重新起用范仲淹。西夏国王李元昊听说范仲淹被起用，旋即退兵，并且先前亏欠宋朝的进贡马匹等物品全部主动补齐。后来，范仲淹死时，西夏国还全国罢市举哀，朝着范仲淹所在方向为其举行国葬。有人问西夏国王李元昊："为什么这样做？"他说："我们尊重的是一个英雄。"在那时，文化已经超越了国界。这就是范仲淹的伟大所在。

南宋大儒朱熹著有《周易本义》(上下经二卷，十翼十卷），该书兼采两汉、魏晋、隋唐易说，融占筮、象数、义理于一体，又卓然有所创立。影响元、明、清三代官学六百余年，成为科举考试标准用书，在易学史和中国思想史上产生了重要影响。

朱熹学《易》，颇有心得："半亩方塘一鉴开，天光云影共徘徊。问渠那得清如许？为有源头活水来。"（《观书有感》）如果说经典是精神生命的源头活水，那么《易经》就是中国智慧的源头活水。

国学之大在经学，经学之首在《易经》，《易》之门庭在"十翼"。

让我们一起拾级而上吧！

《易传》贞观

南北朝著名诗人谢灵运在其《入道至人赋》中写道：

> 推天地于一物，横四海于寸心。
> 超尘埃以贞观，何落落此胸襟。

是说，在大智者的眼中，"一即一切，一切即一"，天地之大皆如一物，无边世界皆化于心，即便是微于尘埃之物，亦能有正知正见充溢于胸。你看，这不就是世人所追慕的第一等境界吗？！

君子千里通风。北宋五子之一的大儒邵雍亦曰："欲出第一等言，须有第一等意。欲为第一等人，须做第一等事。"（《一等吟》）

什么是"第一等事"呢？就是拥有那个与万物打成一片、通身是眼的格物智慧。古人亦将此称为"贞观"之道。

"贞观"二字出自《易经·系辞下》："天地之道，贞观者也。"朱熹释曰："贞，正也；观，示也。""贞观"即以正示人也。唐太宗曾取年号"贞观"，即为此意。而历史上的"贞观之治"，也成了盛世的表达。

由此足见《易传》影响之巨。

《系辞》是《易传》的重要组成部分，集中反映了先秦时期我国哲学思想的发展情况，是研究中国哲学史和易学史必读之书。《系辞》之系，为系属之义，指系于《易经》之后，故名《系辞》。《系辞》分为上下二篇，上篇十二章，下篇九章。通论《易经》之大义、原理、功用、起源及筮法，选释爻辞十九条。其中，上篇论述创立八卦系统的原因，下篇论述如何掌握和使用《易经》哲理并举例说明。文中还说明了古代以蓍求卦的法则，成为象数学最早的依据之一。

朱熹的《周易本义》依程颐之见，将《系辞》上下篇各分为十二章。

《彖传》亦称《彖辞》，随《易经》经文分上下两篇，解释六十四之卦名、卦义及卦辞（未释爻辞）。唐代孔颖达依汉魏以来的注释，训"彖"为"断"，为断定一卦之义。相传彖为古代一种能够咬断金属的猛兽，在此为断定一卦之义。

《象传》，亦称《象辞》，随《易经》经文分上下两篇，解释六十四卦卦象、卦辞及爻辞。一般将总的解释一卦之卦象和卦义的称为"大象"，将分别解释每卦各爻的爻象和爻辞的称为"小象"，因对卦象和卦义的解释采用取象说，故称之为"象传"。

《文言》解析阴阳的内在品德，并对乾坤两卦卦辞和爻辞作专门的解释，其实是解析六十四卦的阴阳本性。《文言》中，解释乾卦卦爻辞的称为"乾文言"，解释坤卦卦爻辞的称为"坤文言"。

《说卦》具体解释介绍三爻卦（经卦）的意义，陈说八卦的形成、性质、卦象和卦义。其解释是对春秋以来筮法中取象和取义说的总结，其中"乾为天，坤为地，震为雷，巽为风，坎为水，离为火，艮为山，兑为泽"是八卦的基本卦象，是《易传》解《易》的基本观点，也是易卦应用的入门基础。并且，《说卦》中所提出的八卦方位：震东、巽东南、离南、坤西南、兑西、乾西北、坎北、艮东北，成为后天八卦方位确定的渊源。

《序卦》是对《易经》六十四卦序理的解析，阐述了六十四卦排列顺序的意义。长沙马王堆汉墓出土的帛书《易经》中的八经卦与六十四别卦的排列顺序，与现行版本不同。现有《序卦》的解说，是针对现行版本而言的。

《杂卦》是以相反相成的观点，通过反对之象，打乱六十四卦的排列顺序，把六十四卦分为三十二对，杂错而述之，以最简练的语言来描述和解释每卦卦义和相互间的关系。晋代韩康伯说："杂卦者，杂糅众卦，错综其义，或以同相类，或以异相明也。"杂卦是经中之源，是六十四卦启蒙的发端。五六岁左右的健康儿童，通常一周内即可流利背诵下来。

《序卦》是从时间的层叠上着眼，《杂卦》是从空间的关系上进行观察。二者合起来，就是综合表征具体世界的辩证现象。

以上是对"十翼"的简要解读。

《易》之门庭在"十翼"。欲入《易经》之门者，需反复精读《系辞传》和《文言传》，背下《杂卦传》，谙熟《说卦传》，然后在具体实践应用中体会"天人合一"思想，此为研《易》之正脉！

《易传》中有很多思想大义，需要我们熟悉，以下分八个方面进行解说。

（一）言易之性质

孔子在《系辞传》开篇就讲清楚了《易经》是讨论世间万物势能变化规律的："天尊地卑，乾坤定矣。卑高以陈，贵贱位矣。动静有常，刚柔断矣。方以类聚，物以群分，吉凶生矣。在天成象，在地成形，变化见矣。"

（二）言易之大用

《易·系辞》曰："《易》与天地准，故能弥纶天地之道。仰以观于天文，俯以察于地理，是故知幽明之故。"说明《易经》智慧涵盖了一切，又说"一阴一阳之谓道"，阐明了儒家对道的认知。

"道"有正道与大道之词，正大为道之本。"正大"一词出自《易经·大壮》象曰："正大，而天地之情可见矣。"汉末王弼注："弘正极大，则天地之情可见矣。"历史上使用"正大"一词者颇多，如宋代苏轼《张文定公墓志铭》："世远道散，虽志士仁人或少贬以求用。公独以迈往之气，行正大之言，曰：用之则行，舍之则藏。"明代谢榛在《四溟诗话》中说："《徐师录》曰：'文不可无者有四：曰体，曰志，曰气，曰韵。'作诗亦然。体贵正大，志贵高远，气贵雄浑，韵贵隽永。四者之本，非养无以发其真，非悟无以入其妙。"清代曾国藩《致刘孟容书》："孟氏而下，唯周子之《通书》，张子之《正蒙》，醇厚正大，邈焉寡俦。"等等。

"立正"一词，众所周知是用于描述身体姿势的，但其本义则是立其正大之意。而且，"立正"一词落实到身体上，亦有其内在大义——被中国学术界尊为"一代宗师"的近代大学者钱穆先生，对老师非常怀念和敬重，在其《八十忆双亲师友杂记》中，专门记载了其印象颇深的中学体育老师刘伯能先生对学生"立正"的训话，至今读来，仍荡气回肠！他说："须白刃交于前，泰山崩于后，亦凛然不动，始得为立正。遇烈日强风或阵雨，即曰：汝辈非糖人，何怕日；非纸人，何怕风；非泥人，何怕雨？怕这怕那，何时能立！"世人皆知，糖人怕日照，日照即化；纸人怕风吹，风吹即散；泥人怕雨打，雨打则融。倘若做人做事形如糖人、纸人和泥人，望日寻凉，见风躲风，逢雨避雨，恐难"立"于世矣！

你看，这位体育老师，多么了不起！他通过一个普普通通的"立正"，就把古代君子豪杰气概灌输到青少年身上——不要以为站直了就算立正，内心要充实强大！人往那儿一站，精神要能顶天立地，才是真正的立其正大！如此浩然的生命，简直是豪气干云！

这位体育老师所讲的"立正"，带给我三个启示：首先，人生无论遇到什么问题，都不应该影响你思想的饱满和意志的丰沛。其次，自己不要放弃成就自己的权利！再次，行有不得，反求诸己，才是真善人！

从究竟意义上而言，立正是为立志打基础的——人心正大，志向才能大义磅礴。正如明代袁黄于《了凡四训》中所言："人之有志，如树之有根，立定此志，须念念谦虚，尘尘方便，自然感动天地，而造福由我。"

值得一提的是，在日本私立大学中，历史最悠久的是创立于1924年的立正大学，原为佛教系大学，校名即取自"立正大"之义。

可惜的是，现今"立正"一词，仅见于人体姿势之表述，少有人知原始词义。

（三）言应用之道

《易·系辞》曰"《易》无思也，无为也，寂然不动，感而遂通天下之故。"唐代孔颖达解释说："'易无思也，无为也'者，任运自然，不关心虑，是无思也；任运自动，不须营造，是无为也。'寂然不动，感而遂通天下之故'者，既无思无为，故'寂然不动'。有感必应，万事皆通，是'感而遂通天下之故'也。"（《周易正义》）

这句话是在告诉人们，学《易》就要将心安住在空空如也处，要能够色空弗拘，物我无恋，身心湛然，随机应变，不要像凡夫心那样饱受各种习性的羁绊。我们所接触到的一切，都是法侣！当身处同一空间，一起呼吸时，我们就该彼此了解，外面群机毕现，熏染着众生……你听到的声音，是你自己的声音；你看到的光芒，也是你自己的光芒。十方世界，是你的眼睛，是你的身体，更是你的光辉！

这不就是对圣化之道的熏习吗？

（四）言《易》之德义

《易》曰："积善之家，必有余庆；积不善之家，必有余殃。臣弑其君，子弑其父，非一朝一夕之故，其所由来者渐矣，由辨之不早辨也。《易》曰：'履霜，坚冰至。'盖言顺也。"告诉人们因果是自然规律，人们的一切起心动念，都是有因果的，并且每件事情都不是一蹴而就的。人世间最准的一卦就是"善有善报，恶有恶报"。同时也在告诉人们，这个世界没有偶然和意外，偶然和意外是给无知者准备的。

（五）言应用之法

《易·系辞》教授我们要恪守格物智慧"同声相应，同气相求；事事相关，物物相应；远取诸身，近取诸物；其大无外，其小无内"的三十二字窍诀。脱离这个方法，则法外无法。

记住了吗？特别重要！

（六）言入门基础

《易·说卦》告诉我们，除了"乾为天，坤为地，震为雷，巽为风，坎为水，离为火，艮为山，兑为泽"八卦的基本卦象之外，对此还有更为多元的理解。比如，乾为玉，兑为羊，离为鸟，巽为绳直、为股，等等。那么，巽卦为什么为"股"呢？还是要从取象的角度来解析——巽为风，风为气体，为细长状，而屁股的功能主要体现在排泄，无论是排大便或小便，其形状通常都是细长状，即绳直状，而若排屁，则屁为风状，都是入了巽卦的取象范畴，故言"巽为股"。你看，这些都是从现实生活中取象而来的。因为《易》道本身就是"百姓日用"之道。

（七）言含括范围

《易·序卦》中六十四卦的有序轮转，彰明了《易经》看待世界的六十四种维度和事物的变化轨迹，从中可见世间所有成住坏灭、喜怒哀乐之象，见证这个世界此消彼长的状态，并能从这点点滴滴的势能变化中明心见性。

（八）言具体卦义

《易·杂卦》曰："《谦》轻而《豫》怠也。"

谦是什么？就是看轻自己，融于当下，不要太拿自己当回事儿，不要囿于自我的习气当中。古语说"满招损，谦受益"，谦则万物互养，满则万类相击，若能"谦轻"，则人人皆可朗耀。要知道，这世上多些星光朗耀的君子，世界才会更文明。

豫，怠也。有豫才有怠。《礼记·中庸》曰："凡事豫则立，不豫则废；言前定，则不跲；事前定，则不困；行前定，则不疚；道前定，则不穷。"而《淮南子·缪称训》亦曰："患生于多欲，害生于弗备。"祸患多产生于欲多，灾害多产生于没有准备。豫卦是提醒人们，凡事要早做好预案，就不会出现灾难。

山西省阳城县东 21 公里有郭峪村，该村建于唐代，城郭建于明代，并且迄今仍保存有全国罕见的蜂窝城墙——用于防御的郭峪城墙，建于明崇祯十一年，高 20 米，宽 5 米，长 1400 余米。位于城内中央的"豫楼"即是按《易·豫卦》的卦义命名的，有防御、居安思危之意。荀子说："先患虑患谓之豫，豫则祸不生。"豫楼之"豫"，除此义外，还有"顺以动，故天地如之"，顺应民情、动不违众之义。此与北宋五子之一的程颐所说的"顺理则裕"异曲同工。（《二程文集·动箴》曰："哲人知几，诚之于思，志士励行，守之于为。顺理则裕，从欲惟危。造次克念，战兢自持，习与性成，圣贤同归。"）

豫卦有土木之争之象（"雷地豫"），喻指防范口舌是非。据《宋史·地理志》"西京"条载：西京宫城有六门，"南面三门，正中曰五凤楼，东曰兴教门，西曰光政门。东面一门，曰苍龙门（隋之重光门）。西面一门，曰金虎门（隋之宝城门，唐之嘉豫门）。北面一门，曰拱宸门（隋唐之玄武门，大中祥符改）"。《河南志·宋城阙古迹》也有同样的记载。西门为白虎门，白虎主兵戈；嘉豫门，就是能够很好地防御之义，合于豫卦之义。

宋代《禅林宝训》载："圆通谓大觉曰：'古圣治心于未萌，防情于未乱，盖备则无感，所以重门击柝，以待暴客，而取诸《豫》也。事豫为之则易，卒为之固难。古之贤哲，有终身之忧，而无一朝之患者，诚在于斯。'"圆通居讷禅师曾告诫大觉禅师说："从前，圣贤在心念与仁义没有产生之前，进行修治；在事情没有出乱之前，进行提防；这是因事先有准备。公路修好以后，车匪路霸随之而生，不能不事先防御。因此设重门以守卫，夜敲木梆以震慑，使盗贼无从而入。这些都是取《豫》卦之理啊。凡事事先有准备，做起来就很容易，否则仓促而行则很难成功。古代的圣贤们，始终心怀终身之忧，因而无有一朝之灾难，就是保有这个预先防备的缘故啊。"

又如，《易·杂卦传》曰："《噬嗑》，食也。"

噬嗑卦的卦象为上火下雷，雷火相激之象，表示不安。其象喻人进食如鱼鲠喉，比喻做事不顺利，多有后患。古语说"上下之不能相合者，中必有物间之，啮而去其间，则合而通矣。"此乃"噬嗑"之义大矣哉！

这大千世界，天网恢恢，成住坏空，聚散离合，一切都在有序地进行中，无一"乱"字可言。有一次，与友人一起晚餐，酒店生意很好，需要拿号排队。我们是第34号，对应火雷噬嗑卦。当时我心想，噬嗑卦，对用餐而言是如鱼鲠喉之象，但我俩都不吃肉，会有什么鲠喉之验呢？于是虚心以应。酒店的服务还是蛮不错的，排队等待期间，服务生送来水、水果和小食品。水果是枣子，我喜欢吃。友人难得见面，不停地跟我交流和咨询。我从枣盘中数出12个枣子放在桌边，边吃边聊，吃剩的枣核放在桌边的方纸上。渐渐地，话题开始趋入动脑，边思考，边回答，而枣子也很好吃，没停着吃，12个一会儿就吃完了。吃完后，我又伸手去枣盘中取枣，放在面前桌上后，低头下意识地数了数吃完的枣核。真的是有点儿蒙：9个！并且怎么数都是9个！突然醒悟过来，有3个枣核被我在说话当中不由自主地吞下去了……这就是我的"火雷噬嗑"呀！真是"遭劫的在数，在数的难逃"。

道向己求——人要能做到心中有数，才能活到"自知者不怨人，知命者不怨天"（《荀子·荣辱》）的境界呀！

可见，《易经》虽是占筮典籍，但"上古之时，民心昧然不知吉凶之所在，故圣人作《易》教之卜筮，使吉则行之，凶则避之，此是开物成务之道"（朱熹《易学启蒙》"论卜筮"）。圣人作《易》的意图，就是教人通过卜筮解除疑惑，以使民心向义而已。

又如，《易·杂卦》曰："讼，不亲也。"

讼卦全名为"天水讼"卦，卦象为上天下水之象，为老天下雨之描绘。老子说"人法地，地法天，天法道，道法自然"，天下雨时，天心无厚薄和亲昵，所呈皆公平之天道，但世人对下雨和旱涝却有喜有忧、有讼有誉，引起争议和不安。此为天象生讼。

而人间有讼者，必不亲也！那些打官司、对簿公堂者，有多少是当初的亲朋好友，其心早就超越亲情了，却因一朝的讼事而反目，变得全是相击。

朱熹说："读书者当观圣人所以作经之意，与圣人所以用心。"又说："须见圣人本意，方可学《易》。"他还强调要能够化《易》之道为自身之道："须是以身体之。且如六十四卦，须做六十四人身上看；三百八十四爻，又做三百八十四人身上小底事看。"

用《易·系辞》的话来表达就是："引而伸之，触类而长之，天下之能事毕矣！"这个见微知著、触类旁通的功夫，才是真智慧。

"汉时贤俊，皆以一经弘圣人之道，上明天时，下该人事，用此致卿相者多矣！"（《颜氏家训·勉学第八》）南北朝时期的颜之推说，在汉代，凭一部经典就可以成为卿和相的人，实在是太多了！日本山本玄绛禅师亦说："一切诸经，皆不过是敲门砖，是要敲开门，唤出其中的人来，你会发现，此人即是你自己。"是的，读经典的目的就是要能找到自己！这就是经典开人慧命的力量所在！

无上甚深微妙法，百千万劫难遭遇。

我今见闻得受持，愿解儒来真十翼！

（改唐代武则天《开经偈》以自勉）

无论做何事，向上一着，都以直取本源为是。《易经》是群经之首、大道之源，在此愿各位能微开其端，并能够付诸有益的行动，法喜充满！

第六节　大易法窍

明代洪应明说："善读书者，要读到手舞足蹈处，方不落筌蹄；善观物者，要观到心融神洽时，方不泥迹象。"（《菜根谭》）其中的"善"字，强调的就是好方法。

可知，得真善法者，方可得真欢喜。

学易指津

学《易》方法有六：

第一，追根溯源，从源溯流。

我们在研究易学历史人物和易学方法时，有很多问题要追根溯源，首先需要了解其产生的土壤，以及《易》的特质和要义。

关于其特质，汉代司马迁讲得最为精粹，他在《太史公自序》中说："《易》著天地、阴阳、四时、五行，故长于变。"《易》这本书，主要言及的是天文地理、昼夜阴阳、四季时节、万物生用（金木水火土的循环）的势能变化规律。

关于《易》的要义，可以参见以下著作，如郑玄《周易注》、王弼

《周易注》、荀爽《九家易》、虞翻《易注》、李鼎祚《周易集解》、焦循《易通释》，以及《梅花易数》《周易古筮考通解》等，几乎每本都不可或缺。

除此之外，相关的易学人物也要了解，比如，《周易集解》就涉及一个重要人物：虞翻。虞翻是三国时人，曾经当过军事将领，跟随孙策、孙权出征。他秉性刚毅，不拘小节，精通《周易》，曾经对孙权说：本郡人陈豪梦见我与一个道士相遇，道士排出易卦六爻，取出其中三爻让我吞下。我当时要求把六爻全吞了，但道士不准，说："易道在天，三爻足矣。"虞翻根据此梦，认为自己是受命于天，理应精通易道。他写的《易注》在当时引起了朝野轰动。蜀国将领关羽打了败仗，孙权令虞翻占卜吉凶。他起了一卦是节卦，变卦为离卦。虞翻断言，不出两日，关羽必掉头！两天之后果验。孙权赞他是可以与东方朔媲美的人才。后来，虞翻献宅为寺，唐代六祖慧能在该寺中说法，有了"风吹幡动"的公案，更有了今日众人皆知的广州光孝寺。对于研究象数易学而言，虞翻的翻卦法是必学的。虞翻和同时期创立"卦变说"的荀爽，被尊为汉代象数易学的代表人物。

这种从人物到方法再回溯源头的学习思路，可以作为有效的入门方法。

学习《易经》离不开适当的古文训诂基础。比如，《易·乾卦》"上九，亢龙有悔"这句话，人们对其误解最多。很多人解释为：人不要太亢奋，如同龙飞到过高的地方，必将会后悔，劝勉居高位者要戒骄，否则会因失败而后悔。实则不然，亢，训为"颈"，龙亢即为龙颈，与亢奋无关。乾卦各爻，以龙为喻，每卦从下面初爻往上发展，到上九爻最上之爻时，已经发展到头了。因此，"亢龙有悔"之意就是，事物从下往上发展，已经走到了脖子处，再往上去马上就要到头了，所以要警惕，要防微杜渐。

又如，《易·杂卦》曰："需者，待也。"这个"需"字在甲骨文中与"儒"是同一个字，读音同"乳"。乳汁是人们婴儿时期所必需之物，而在周代金文中，"需"字为上"雨"下"天"，与水天需卦的卦象相同，是天降雨的形象，说明在农耕社会，雨水一直都被需要，但又不能制造，只能等待。在这里，如果不了解"需"字最早出现的金文写法，就会减弱对需卦的理解。有了雨水，天下就不愁没有食物，人们也就可以开开心心饮食宴乐。而等待和饮食宴乐，便是《易经》中"需卦"的本义。这便是中国文化"道法自然"的大智慧。

因此，在学习经文时，要能够适当查阅文字训诂资料。（工具书推荐《故训汇纂》和《说文解字》）

第二，以传解经，以象解《易》，以象明理，理数并重。

必须熟练掌握《易传》精髓，与《易传》思想相应，让《易传》思想成为践道的法基。

那么，为什么要以象明理呢？因为，世间万物"表象即表法"。《易·系辞》曰："易者，象也；象也者，像也。"数中藏象，象中藏数，数象并存，以象解《易》，理数并重，是易学应用的纲领。

古今智慧，皆应机证法，易学"以象解易"之法，便是应机智慧——应当下机，辨当下证，享当下福，安当下心！

第三，精研古例，旁及考古资料与现代科技。

宋初三先生孙复、石介、胡瑗都特别重视学习《易》《春秋》《左传》，因为这些书中都有展现抵达圣境的方法。古代典籍如《左传》《周易古筮考通解》《周易尚氏学》《梅花易数》等书中有大量古例，不可不读。在此亦推荐余世存兄对《左传》别样解读的著作——《先知中国》，能令人更好地管窥"天人合一"的思想脉络，襄助研究的深入。

他山之石，可以攻玉。现代考古技术日新月异，对文化的精研功不可没，值得重视。并且，学问可以互相印证，要重视多学科、多元化的跨学科比较。量子纠缠理论的出现，也为传统文化的学习和以多元维度了解世界打开了一扇天窗。

第四，经天纬地，必作于细。

《资治通鉴·周纪·周纪一》："君子能勤小物，故无大患。"人生涉事，未聆细微，故有窒碍。

老子《道德经》说："上士闻道，勤而行之；中士闻道，若存若亡；下士闻道，大笑之，不笑不足以为道。"要想达到上士水平，须时时勤而习之。须知，谋远者，必验于近；务大者，必谨于微。人生做事，就要一门深入，深养定力。须知，有定才有慧，有慧才有无畏之安！

学习需要明师指路。近代易学大家尚秉和先生为他人卜筮，无不奇中。然而，他却感叹："古人所炫为神奇者，乃无一不本于易理，甚平易也。"易理，就是天地自然变化之道，人能沉潜其心，辩证把握，即可熟悉。

任何学问之道，皆不离当下之机。当年，唐太宗国师袁天罡、李淳风师兄弟二人，某日随唐太宗出游，在河边看见一红一黑两匹马下水。唐太宗就问："你们说说，哪匹马先从水中起来？"袁天罡起了一卦，是离卦，离为火，火是红色的，所以他断言红马先起来。但李淳风却说："是黑马先起来。"结果果然是黑马先起来。唐太宗很疑惑，李淳风解释说："火未起，烟先发，起火之前要先冒烟，烟是黑色的，所以是黑马先起来。"你看，易理就是自然变化之道，掌握方法，辩证审视，就不神秘了。

尚秉和先生还说："《易》本用于卜筮，不娴筮法九六之义即不知其从何来也，而《系辞》大衍一章尤难索解，《春秋》所传某卦之某卦亦莫名其故，故学《易》者宜先明筮法。"该句宗旨即是"未学易，先学筮"。筮法，即古代最初用蓍草及龟甲卜占的方法。

"能读无字之书，方可得惊人妙句；能会难通之解，方可参最上禅机。"（清代张潮《幽梦影》）只有懂了筮法，才可能对《易经》有真正的了解，才会抵达师迹、师心、师造化的境地。换言之，纸上谈兵和坐而论道者终究是门外汉；遇事就人事不省，绝非真学问。

《尚书·洪范》曰："思曰睿，睿作圣。"睿，通微也，见他人之不见，察他人之不察。众人皆以神为神，却不知不神所以神，故百姓日用而不知。只知浪费钱财是浪费，却不知不能通微才是生命中最大的浪费！读书是为己之学，要自己去精勤践悟。最终你能展示给外界的，仅仅是你个体的经验，因为无人可以重复！

在我的字典里，文盲是指那些只依赖学校、依赖老师，却从不依赖自己的人。凡事不身体力行，则如旱地行船，水中行车，劳而无功。天下之事，知规矩而后守规矩，守规矩而后脱规矩，知行合一，行解相应，功到自然成。

点滴即可积渊，久之必能惊天动地！

第五，意诚履大。

孔子说："君子有三畏：畏天命，畏大人，畏圣人之言。"君子要敬畏天命，敬畏尊长，敬畏圣人的教导。而孙思邈也说，人有"五畏"，心思才会清明，它们是"畏道，畏天，畏物，畏人，畏身"。是的，人只有常怀敬畏之心，切实做事，才会有真正的意诚存身，才能够成为智者。

意诚之道，便是对自己守信！

通过下面这则故事，可加深对守信之理解——宋太祖许诺提拔张融，但很长时间都没兑现。一天，张融骑着一匹瘦骨嶙峋的马，跑到宋太祖面前晃悠。太祖问：这马这么瘦，你饲料喂少了吧？张融说：一天喂一石呢！太祖惊讶道：怎么可能？张融回答：我口头上是这么许诺的，实际上当然舍不得真给那么多……第二天，提拔张融的文书就下来了。（《太平广记》）

那具体如何"履大"呢？

老子《道德经》曰："以身观身，以家观家，以乡观乡，以邦观邦，以天下观天下。"我们之所以没有掌握好格物的方法，就是因为自己没有摆脱利害关系，因而无法超然于物外。如果我们能就事物本身来观照事物，那物我之间还有什么区别呢？如果我们能就古今来观古今，那古今之间又有什么区别呢？须知：古今情一也！

当年明代大儒娄一斋于赴试途中而返，却得以避祸，人问其故，曰："其心虚明，故能知之。"虚其心，方能宽于行，方能融于物，方能与物同体，物我同舟。

因而，北宋邵雍说："所行之路，不可不宽，宽则少碍。""面前路径须令宽，路窄则自无着身处，况能使人行也？"这个宽窄，完全取决于个体精神生命的饱满程度。要知道，不管外境如何窘困，都不应该影响你意志的滂沛呀！

因此，要能够与天地打成一片才好！若能"得此大者，则万事由我，无有不定"！（邵雍）这便是"履大"！

难怪北宋大儒程颢盛赞邵雍："尧夫，内圣外王之道也！"

一个人，能意诚又能履大，则必能步入"内圣外王"之大门。

值得一提的是，《中庸》云："至诚之道，可以前知。国家将兴，必有祯祥；国家将亡，必有妖孽。见乎蓍龟，动乎四体。祸福将至，善必先知之；不善，必先知之。故至诚如神。"因而，世有"至人不占"之说。至人乃至真君子，均可前知。

第六，进德修业。

古语说，无德不足以养慧命。张载亦说："易为君子谋，不为小人谋。"（张载《正蒙·大易篇第十四》）

蔡沈是大儒朱熹的弟子，朱熹亦视其为讲友。蔡沈的家教极好。其父蔡元定很了不起，他定的蔡家家训是："独行不愧影，独寝不愧衾。"一个人独行的时候要对得起自己的影子，一个人睡觉时要对得起自己的被子。境界多高呀！我们每个家庭都太需要家训了，我们需要成为精神大国，这样才能成为更文明和智慧的国度。

自强才能不息，自力才能更生，自畏才能得天护佑。掌握以上六种方法，学习易学乃至其他格物之学，才能抓住根本——可令坐驰得息，颠沛得禁，以至于学问与功夫的高境指日可待。

何心入道

《礼记·经解》曰："洁、静、精、微，易教也。"易道便从这四字中来。行事若能做到洁、静、精、微，则禄在其中矣！智慧也会因此而得以固化，生命更会因此而落在实处，可与万物并一，可为天地守神！

要知道，传道乃传心！由于生命没有被智慧渗透，即使遇到了智者，也会糟蹋了好运。这世上，你信什么，它的智慧就会成为你的智慧，它的法就会成为你的法，它的净土就会成为你的净土。

今天的人，对创业有着狂热的激情，但是，你可曾想过：你究竟创的是什么业呢？是善业，还是恶业？南辕北辙的生命岂不是更惨？！

社会上，那些表面上看起来避世潜居、打坐用功、静己自雅、私安示人者，其实都是更深层的沉沦与执着！甚至有的人还拿自己的知见和感受来言语导众，这就是邪见妄成、罪己浊人了。

要知道，表面上执着与精进相同，但其实根本不是！因为二者有着本质的区别：执着是染污的，精进是清净的！

可见，很多人的见地是接不得地的，如同冬天落下的雪花，一下来，不久就化了。"人须在事上磨炼做功夫乃有益。若只好静，遇事便乱，终无长进。那静时功夫亦差似收敛，而实放溺也。"王阳明的意思是说，人必须在事上磨炼，才会对生命有助益。若只是爱静，遇事就会慌乱，始终也不会有进步。那些静时的功夫，表面看是收敛，实际上却是执着，是放纵，是沉沦！朗朗乾坤之下，轻思嫩想，好似无中生有，但绿映须眉，香侵衣袂，皆需自净其意。

须知，善恶正邪，跳不出法海洋洋。

唐代韩愈说："欲事立，须是心立。"并且，立了心还不算，还要"于事无心，于心无事"。

这就要问问自己：每个当下，你的心在哪里？

有照见的功夫吗？又有什么需要照见？！

从容的了知和莽撞的巧合，你究竟需要哪种生命状态？

从《八卦取象歌》入手

学习《易经》须从宋代朱熹入官学之作《周易本义·八卦取象歌》契入。其歌云："乾三连，坤六断，震仰盂，艮覆碗，离中虚，坎中满，兑上缺，巽下断。"

八卦由阴阳爻所组成，阴爻代表柔软、分散、消极等象，阳爻代表坚实、圆满、积极等象，于是，在这个基础上所产生的八卦，就具有了每个形象的势能基础特征，从而便有了《八卦取象歌》之总结，非常利于掌握《易经》的基本思想。

《八卦取象歌》
（宋代朱熹）

乾三连 ━━━　　坤六断 ━ ━

离中虚 ━ ━　　坎中满 ━━━

震仰盂 ━ ━　　艮覆碗 ━ ━

兑上缺 ━━━　　巽下断 ━━━

下面略作讲解：

乾三连，凡是圆形的、连贯的物象，都可以取乾卦。如，足球、太阳、手在空中画了一个圆圈的动作、旋转的时针等。

坤六断，断，就是散开。因此，但凡沙子、面粉、土、破碎物、零件、拆开的物品、分散物，等等，皆可取坤卦。

震仰盂，盂是古代盛液体之器皿，比喻势能为向上的物品之貌像。因此，但凡往上运动发展的物象以及在空中的动态物象等，皆可取震卦。如，跳高、向上的抛物、空中的雷、喇叭声，等等。

艮覆碗，凡是入倒扣碗状的不动之物象，均可取艮卦。如，山、馒头、静坐者、桌子，等等。

离中虚，凡是中间空、外强中干的物象，皆可取离卦。如，空房子、空容器、螃蟹、虾、乌龟、核桃，等等。

坎中满，凡是中间充实或中间坚硬的物象，皆可取坎卦。如，鱼、枣子、坐满人的房间、满员的车辆，等等。

兑上缺，凡是人或物品，在上有缺损者，皆可取兑卦。如，无盖的容器、上面被咬了一口的食物、头有伤疤者、骂人者，等等。

巽下断，凡是物品下有缺损者，皆可取巽卦。如，下衣有漏洞者、坏了的桌腿、脱下鞋的脚，等等。

这些加上《说卦传》中每个卦的基本取象内容，就已经足够应用了。

从朱熹《八卦取象歌》入手，继而熟记六十四卦，不断精读《易传》(尤其是《系辞传》)，熟练掌握《杂卦传》和《说卦传》的内容，假以时日，学《易》必可大成。

《杂卦传》仅有二百多个字，一定要背下来。在十翼书院寒暑假的"养正智慧营"中，八九岁的孩子们最多两天即可完成背诵。

起卦方法

经不离道，道不离经，以法见道。

掌握了卦象，再了解八卦对应的数字和颜色，则随时可训练起卦。(未有八卦之前，先有数字卦。所以取数和取象是易学应用的核心)

路路不相左，法法不相违。《易经》原典中载有揲蓍法的起卦应用方法，并且朱熹在《周易本义》中还专门阐述了揲蓍的方法及其仪式。但这种方法，在汉代之前就已很少使用了。由于社会的发展和方式的改良，汉代时期即以取数、取象为主。汉代流行的射覆法，便是很好的佐证。

射覆不仅趣味性很强且寓教于乐，马上即可验证卦象，无论射中与否，都能加深对易象的思考理解和启发，因而也成为古今易家的高难度实践活动。

《易·系辞》曰："君子居则观其象而玩其辞，动则观其变而玩其占。"北宋五子之一的邵雍说："观物戏验者，虽云无益于世，学者以此验数，而知圣人作《易》之灵耳。物之于世，必有数焉。故天圆地方，物之形也；天玄地黄，物之色也；天动地静，物之性也；天上地下，物之位也。"（《梅花易数·观物玄妙歌诀》）可见，这个能"观变玩占"的易学，就是把玩命运之学，人们耳熟能详的"玩命"之义，亦从此出。

学习卦象要经常训练，才可以熟能生巧。巧能生妙，妙能生慧，慧能生玄。

易道不离百姓日用之道。古代小孩子通常在十二至十五岁，就学完了《易经》，优秀者亦能经世致用，比如汉代的郑玄。并且，他们对《易经》的学习，都是在玩乐之中完成的。今人之所以理明法昧、不堪道用者众，多因未能找到合适方法所致。

第七节 良知即是《易》

什么是良知

一种观点的提出，由出论者亲自阐释，才是标准答案。他人阐释若与论者意旨在心识上不能等同，则必生曲解。因为你说的是出自你的心，他说是出自他的心，二者若不同心，则必无印心之解。

"致良知"是明代大儒王阳明心学的核心理念。若未达"致良知"之境，便不能真正践行"知行合一"。那么，什么是"良知"呢？对此，王阳明先生在其代表作《传习录》中作了明确解答："良知即是易，其为道也屡迁，变动不居，周流六虚，上下无常，刚柔相易，不可为典要，惟变所适。此知如何捉摸得？见得透时便是圣人。"

但凡如理如法熏习过经典者，都不难看出，文中阳明先生对"良知"的解读，完全来自《易经·系辞》，告诉人们：他所倡导的良知，其发动均契于易道之变；而易道变动之窍要，在于"易无思也，无为也，寂然不动，感而遂通天下之故"。后来，王阳明还用自己的语言做了更为简练的表达："此心不动，随机而动。"而这，正是阳明心学的精要所在。

不久，阳明先生对此继续阐述说："心之本体即是天理，天理只是一个，更有何可思虑得？天理原自寂然不动，原自感而遂通，学者用功虽千思万虑，只是要复他本来体用而已，不是以私意去安排思索出来；故明道云：'君子之学莫若廓然而大公，物来而顺应。'"

北宋五子之一程明道先生（程颢）的"物来则顺应"，深深启迪了王阳明——以至于阳明感悟到："圣人之心如明镜，只是一个明，则随感而应，无物不照。故圣人只怕镜不明，不怕物来不能照。讲求事变，亦是照时事，然学者却须先有个明的工夫。"这个能"明"的功夫，便是阳明先生为往圣所承继的绝学，他也因此而能为后世树有"开太平"之功。

因玩《易》而"龙场悟道"

研究阳明心学，须明了一事：阳明先生的龙场大悟，是如何证得的？对此，只要循及阳明先生的悟《易》历程便可知晓。

1. 被宦官刘瑾追杀，逃命途中遇到无为道长这段因缘，对他悟《易》影响至巨。

当时，天灾人祸连续打击，迷茫中的王阳明遇到无为道长，便想拜道长为师，就此遁世。但无为道长阻止了他的念头，说：你不能如此隐匿，如果刘瑾知道你既没死又没有去龙场，这便是欺君大罪，会殃及你全家。现在，我来给你占一卦。得"明夷卦"，卦辞为："明夷，利坚贞。"光明掩在地下，虽不见天日，但只要正视艰难，光明便必会显现。亦如孔子所言，要像周文王和箕子那样，在困境中隐忍下去，则必见光明。

无为道长这一卦，当下提振了王阳明的信心，使他从六神无主、隐遁避世之念中迅速抽离出来,让他在人生最倒霉的时刻能够昂然而立,奔赴龙场。此后,才有了著名的"龙场悟道"和他生命的辉煌。

关于这段经历对王阳明的重要影响,我们从无为道长和王阳明当时的诗对中亦可窥见端倪——无为道长说:"二十年前曾见君,近来消息我先闻。"王阳明续:"移家便住烟霞壑,绿水青山长对吟。"

任何时代,送人散碎银子都不是最值钱的;最值钱的,是你送给他一个远大前程。这次与无为道长的对话,令王阳明的心性廓然大开!

2. 到了贵州龙场后,王阳明因从早到晚读《易》而"龙场大悟"。

王阳明被贬谪龙场之初,因条件不具足,便暂居山洞,王阳明谓此洞为"玩易窝"。其后,他在戊辰年(1508)作《玩易窝记》,抚几而叹曰:"嗟乎!此古之君子所以甘囚奴,忘拘幽,而不知其老之将至也。夫吾知所以终吾身矣。"好一个"吾知所以终吾身矣"!这个被梁启超先生称颂为千古大师的王阳明,就此而悟!他一生的学问大旨亦随之而立,一代圣贤就此破茧而出!

不知《易》,不足以证心学

《易》曰:"同声相应,同气相求。"

与王阳明同一时期的大学者湛若水和塾师许璋,对王阳明的一生影响甚巨。其中,塾师许璋精通兵法和象数易学。清代大儒黄宗羲在《明儒学案》中载"先生于天文、地理、壬遁、孙吴之术,靡不究心"。

王阳明为了潜心跟许璋学习,毅然解散了自己创办的当时如火如荼的龙泉诗社，令众人颇为费解。但王阳明心中很清楚，他要学的就是能"为往圣继绝学，为万世开太平"的本事。当然，这位许璋也真没有让他失望。

遇事能断，方是真君子。中国智慧中的"格物"功夫，在许璋身上体现得淋漓尽致。而王阳明得力于许璋的案例也很多，比如，许璋在宁王造反之前，便派其子给王阳明送去异礼——枣子、梨子、豇豆、西瓜。王阳明一看，当下大悟，此隐语为："早离江西！"他知道，这是老师在暗中救他……这件事，为王阳明平定宁王之乱使朝廷转危为安提供了先机，也成为王阳明一生最大的军事功绩，更为日后阳明心学的建构奠定了基础！

在古代，题写墓碑通常是由墓主及其亲人非常认可的人执笔的。据史料记载：许璋、湛若水二人与王阳明感情至笃。许璋去世，王阳明以文哭之，并为之题写墓碑；湛若水母亲去世，王阳明为其题《湛贤母陈太孺人墓碑》；而王阳明去世，其墓碑则是由湛若水亲题。

王阳明与他们的深情厚义，由此可见一斑！

君子千里同风。较之于塾师许璋，在学问建构方面，大学者湛若水对王阳明的影响可谓无出其右——他们曾结誓共学，并在学问上各有建树，尤其在心学圣境上，虽异曲但同工。湛若水在其《示学六言赠六安潘汝中黄门》中写道："随处体认天理，六字千圣同行；万里一心感应，虚灵中正观生。"诗中"随处体认天理"心旨与王阳明"致良知"心学，时称"王湛之学"，一同构成了那个时代的学问中坚！而湛若水"随处体认天理"的为学宗旨，更是极大促进了王阳明对"致良知"观点的不断修正与完善，因此才有王阳明"良知是天理之昭明灵觉处，故良知即天理""吾心即天理"的传世醒句。

王、湛二人心旨之得，与悉心读《易》密不可分！

中国文化之道统，普依儒学八目"格物、致知、诚意、正心、修身、齐家、治国、平天下"渐进展开。八目之中，格物为先，没有格物之基，则难以抵达后七目之境；而不精通易道，则不懂如何格物。古语曰：君子所见略同。对于格物，王阳明与湛若水曾展开过无数次激辩，彼此认知见地亦在激荡中砥砺升华。

尤为难得的是，湛若水虽高寿逾九十五岁，但在临终前仍在为门人讲授《易经》，由此足以窥见其学问宗基所在。而王阳明在龙场悟道之后的诗作中也多处言《易》，如"瞑坐玩羲易""玩易探玄微""相携玩羲易""灯窗玩古易""由来康节是人豪气"，等等。

除诗文外，王阳明还抒发了与《易》有关的诸多体悟文辞，如"《易》也，志吾心之阴阳消息者也。""《易》者，吾心之阴阳动静也；动静不失其时，《易》在我矣。"……

综上所述，不难看出阳明心学的境界，其实便是易道所述的圣境。

良知就是《易》

欲知上山路，试问下山人。

当年洪州双岭玄真禅师问道吾禅师："那些有神通的菩萨我们看不见也就罢了，但那些没有神通的菩萨，为什么也足迹难寻呢？"道吾禅师说："只有同道者方知！"（宋代《景德传灯录》卷十）

什么是良知？王阳明说："良知就是《易》。"我们由此可知：第一，研究阳明心学，若不精通易道，则难以抵达王阳明所言"致良知"和"知行合一"之境；第二，若不通易道而讲阳明心学，或如雾里看花，或属自说自话，或是齐东野语，皆不入阳明心学之命脉。

关于这种认知，国际著名阳明学学者也相与翼从。年逾七秩的日本福冈大学教授难波征男先生，不仅是蜚声四海的日本大儒、国际阳明学大师冈田武彦先生的亲传弟子，也是当代日本阳明学的翘楚。在与其交流阳明学过程中，他亦向笔者专门提及其师冈田武彦先生和他本人对"不懂《易》则难以精通阳明学"的认同。并且，难波征男先生为研习传播阳明学，还创立了咸生书院，院名便取自《易经·咸卦》的"天地感而万物化生"之旨。

人们对烟花并不陌生，都喜欢烟花绽放时的璀璨。但仔细想想，若没有黑夜，又何来烟花的璀璨呢？所以，这个不需要人为努力和制造的黑夜，对烟花而言，尤为珍贵。众所周知，王阳明生活在科举时代，他在27岁时高中进士。在科举制度背景下，四书五经是少年开蒙之书，其中便包含了被誉为群经之首的《易经》。

毋庸置疑，易道之于阳明，之于后世，皆为省身进学之窍要、扶翼身心之铨衡。今人不可不知，不可不悉！否则，你不知"良知"真旨为何，而广作宣教，则必自溺溺人。退而求其次，你可以祸害自己，但不要祸害别人，因为人心已经够苦了。

什么是良知？王阳明一言以蔽之："良知即是易。"《易》曰："积善之家必有余庆，积不善之家必有余殃。"真善之中有良知，有智慧，有威智并举、益人益己的能量。而这个威能服物、智能动众的一匡天地之力，方是阳明真精神！

第八节　象数之分

易学分为义理和象数两大类。

义理是易道的大义和道理。同为北宋五子之一的程颐曾问邵雍："知易数为知天，知易理为知天？"邵雍答："须还知易理为知天。"是说，第一流的哲学家须懂义理，因为它是中国哲学的母体和源头。

象数，是通过观象和取数的方法来对义理之学进行更深入的考察和实用，继而以术证道。《易》曰："圣人设卦观象。"《左传·僖公十五年》载韩简之言："龟，象也；筮，数也。物生而后有象，象而后有滋，滋而后有数。"有数，就有定数，就有规律可循。宋代大儒周敦颐著《通书》云："筮，叩神也。"甲骨、龟卜为卜；筮为用《易》(《连山》《归藏》《周易》)。研究义理若不精通象数，则难以"推天道以明人事"，亦不能明"天人之学"。

简而言之，义理和象数两大类，前者为思想理论，后者为应用实践。

古人在对待象与数的先后关系以及象数与理气的关系等问题上，由于认知的多元性，形成了象学与数学两个流派。象学派主张"象在数先"，以"象"为易学乃至宇宙之本原者，注重卦象分析；数学派主张"数在象先"，以"数"为易学乃至宇宙之本原，注重易数分析。象学派与数学派的真正形成是在两宋。并且，在易学哲学中，象学派提出了象气合一的象本论，数学派提出了理数合一的数本论。

《黄帝内经·素问·五运行大论》载，黄帝向岐伯请教阴阳与数之间的关系时，岐伯说了一句非常重要的话："天地阴阳者，不以数推，以象之谓也。"阴阳这个问题是可以运算的，阴阳的运算是根据象来进行的，但它不是西方自然科学逻辑体系的运算。

在易学史上，汉代象数易学独领风骚。以费直、焦赣、孟喜、京房、郑玄等人为代表的学者，对前人在象数领域的诸多创见进行了系统整理和总结，力求将"象""数"的推衍之术结构化、模式化，从而以象数之学提炼出一个系统而精致的天人关系规则，并试图将这些规则的实践脉络进行共识化和概念化，完成对万物的探究。就此意义而言，汉代的《易纬》，就是继《周易》的《经》《传》之后，对象数易学思想的又一次具有里程碑意义的理论建构。由于其中融合了汉代天文、气象等方面的知识成果，从而进一步拓展了人们天人合一思想的视域，丰富了"象"和"数"的内涵。

及至清代，出生于四世传《易》之家的大思想家方以智，主张以象数为核心，统摄义理，提出了"倚数穷理"的象数论。其中，象数是基础，穷理是目的，倡导"虚空皆象数"的观点。方以智曰："理与象，气与形，虚与实，有无两端而一者也。气发为声，形托为文，象即有数，数则可记……因象有数，有数记之，而万理始可析合。""天地间之万理万事毕于象数。"凡不可见之理皆隐于象。象数是沟通物理的环节，理是象数之理，离开象数无所谓理，体现了象数与义理高度统一的整体观。其所发之言论，宗于张衡、祖冲之、一行、邵雍、蔡元定等历代象数大家。

研究象数易学，笔者则秉持直承汉代费直、宋代邵雍、清代方以智的原则，以羽翼他们为己任，唱为同鸣。

第九节　应用易学概述

象数穷天地，造化天机泄未然。象数体系的流派，总称为应用易学。

象数中又以术数为世人所多知。如，《黄帝内经·上古天真论》曰："上古之人，其知道者，法于阴阳，和于术数。"《史记·律书》曰："数始于一，终于十，成于三。气始于冬至，周而复生。"《汉书·艺文志》曰："数术者，皆明堂、羲和、史、卜之职也。"《后汉书·方士列传》曰："极数知变而不诡俗，斯深于数术者也。"道家所谓之五术——"山、医、命、卜、相"中的后四者，亦不出以上系统。

《易》以开源，象数、五行分流，万化而不过，千变而不越。象数成为独立系统的要素有二：一、取象；二、干支系统的引入。因此，可据干支与五行将象数流派分为五行系统和干支、五行系统。

其一，五行系统。是以五行为基本应用元素，采用不同的方式进行应用。该系统兴于汉代以前，其应用实践原理是"以象测藏"，大无不包，细无不化。主要流派有河图、洛书、汉易筮占、相学、卜居等。

其二，干支、五行系统。以天干地支和五行为基本应用元素，采用不同的方式进行应用。主要流派有三式（奇门、太乙、六壬）、四柱、六爻、卜居、斗数神数系列等。

在此，对象数系统流派作一概述：

1. 相学

相学分为道相、德相、体相、言相、面相、手相、音相等，通常实践于人与动物，至于古云地相之言，实指卜居之法。

相学的思想与实践，最早见诸《左传》《荀子·非相》《孟子·离娄》《战国策》等典籍。迄今为止，相关著作及案例数不胜数。后世多以《麻衣神相》《柳庄相法》《人物志》《长短经》《观人学》等专著为蓝本。

2. 三式

奇门、太乙、六壬，三者称为三式。三式贯通天人道，为术数之正脉，传自上古。其中，奇门占兵机，太乙推国运，六壬尽人事。

三式皆有盘，盘古开天辟地，以成周天也。三式盛行于南北朝以后，史载"郑玄拜师"一文，即可见式盘之应用。

其中，奇门遁甲的基础是《洛书》，可占四千三百二十条。原名为《遁甲天书》，相传为黄帝所创，其上卷为"天遁"，能通太虚；中卷为"地遁"，能穿山；下卷"人遁"，能藏形游四海。奇门、遁甲二者分立，奇门为术数，遁甲为法术。奇门用天干来统御地支，以断万事。

太乙即太乙神数，为先天气数，神运之道。以数而托天地万物，以应万事，乃推国运。

六壬则注重河洛五行，以水为首。壬为阳水，癸为阴水，故壬水有含阴取阳之意，数量为六。壬，《说文》曰："象人裹妊之形。"《史记·律书》："壬之为言，任也，言阳气任养万物于下也。"故壬有生养孕育万物于水的含义。壬居北方之始，通地支之子，位于北方阴极阳生之地。壬的这种生养万物的功能与坤卦的德行一致，坤卦在后天八卦图中对应坎卦，其五行亦为水。

六壬为阴阳合人、精致之道，以地支承天干，以识人事，传为九天玄女所传。上古之时，蚩尤大作风雨，黄帝从天上请来一女，名"魃"（见《山海经·大荒北经》）。魃至，风雨即止。魃即九天玄女，其"主北方万物之始"（《太白阴经》卷十）。

六壬神课金口诀简称"金口诀"，古有"袖中金""百步穿杨断"之美誉。它融奇门、太乙、六壬三式之精华，涵盖天地人神，有"断言既出，无以改易"之称，世谓鬼谷子所传。

在干支系统中，"金口诀"对干支的理解和运用与四柱共通，可展示干支、五行系统的最高水平。

3. 四柱

四柱，原为"三柱"（六字），无时辰，世谓鬼谷子所传。鬼谷先师一师开两门——"四柱"与"金口诀"。

由于人口原因，宋代徐子平"与时偕行"，在原来的"三柱"（年、月、日）中加入了时辰，遂为"四柱"（亦称八字），使其应用更加精细。

四柱的经典书籍为《渊海子平》，发端于汉初司马季主（唐代学者吕才尤倡），参学者不可逾越。《永乐大典》载有四柱的集大成者——唐代李虚中的《命书·自序》一篇，称："司马季主于壶山之阳遇鬼谷子，出遗文九篇，论幽微之理。虚中为掇拾诸家，注释成集。"

关于司马季主，司马迁于《史记》中单独为其作《日者列传》。这是司马迁的一处大手笔。司马季主是西汉人，以卜筮为业。时人多轻此业，认为"夫卜者多言夸严以得人情，虚高人禄命以说人志，擅言祸灾以伤人心，矫言鬼神以尽人财，厚求拜谢以求私于己"。但司马迁却不同意世人对卜者的评价。他认为司马季主是一位圣人，并引用贾谊之语说："吾闻古之圣人，不居朝廷，必在卜医之中。"其中的卜，就是司马季主这类人！

该列传中提及，中大夫宋忠和博士贾谊有一天同去洗澡，洗完后到街上游逛，谈及司马季主。两人都认为司马季主是一个有真学问的人，遂同去拜谒，听其指点。司马季主"语数千言，莫不顺理"，使听者大受启发。

其中谈到当代的贤者："今公所谓贤者，皆可为羞矣。卑疵而前，媥趋而言；相引以势，相导以利；比周宾正，以求尊誉，以受公奉；事私利，枉王法，猎农民；以官为威，以法为机，求利逆暴。譬无异于操白刃劫人者也。初试官时，倍力为巧诈，饰虚功，执空文，以罔主上，用居上为右。试官不让贤陈功，见伪增实，以无为有，以少为多，以求便势尊位。食饮驱驰，从姬歌儿，不顾于亲，犯法害民，虚公家。此夫为盗不操矛弧者也，攻而不用弦刃者也，欺父母未有罪而弑君未伐者也，何以为高贤才乎？"

司马季主指出，时谓之"贤才"，名义上皆是当朝"尊官"，实为官场蠹虫，是一批吸老百姓血的贪官污吏。他们虽然出将入相，却是一群窃位的小人，一伙"不操矛弧"的江洋大盗。司马季主两千多年前的这番高论，至今仍闪烁着人类良知和智慧的光辉！

名列唐宋八大家之首的韩愈在其《殿中侍御史李君墓志铭》称："以人之始生年、月、日、所值日辰支干相生，胜衰死王相斟酌，推人寿夭、贵贱、利不利，辄先处其年时，百不失一二……"这个能够"百不失一二"的功夫，是建立在天地人三位一体的理论基础上的。今人论四柱，则多论时间而不懂参考空间，失却了"人法地"的立地之本，导致"歧路狂奔"。

值得一提的是，四柱之学习，有两点需要明晰：

其一，四柱中的命宫、胎元、身宫，极为重要！相关传世典籍皆有此内容，参学时应并举，否则便会抱椟遗珠。

其二，任何事物都有生息，运用四柱之法时，人、物均需灵活对待。

古人对此有鲜活昭示。据清代韩泰华《无事为福斋随笔》载，被清代程春海侍郎誉为"横览八千卷，独精算通天人"的乾隆年间刑部尚书戴敦元，"数理最精，满屋列小泥人，暇则为之推算，云其成毁亦如人生死也"。乾隆皇帝闲暇时，亦请戴敦元用泥人推算，最后的结论是："个个准！"

4. 六爻

"六爻"占断为汉代京房所创。京房原名李君明，后以音改姓。

京房在《火珠林占法》中正式用了"掷钱法"，在六十四卦中加入卦气，并创纳甲筮法，沿用至今。其师焦延寿曾云："得我道以亡身者，京生也。"（《汉书·京房传》）此后，京房以易干政，果亡于石显等人之手。

《四库全书总目提要》："汉儒言象数，去古未远也。一变而为京焦，入于机祥。"因而，研究象数当以汉易为宗。

5. 梅花易数

这是最为普及、最合于易道的易学入门方法，又谓"心易""飘飘易"等，系因《梅花易数》一书而得名。该书为宋代象数易学在应用方面影响最广的著作。书中载有北宋五子之一邵雍的诸多案例，从中可窥汉代易学之方法。该书题为邵雍所著，但据我考证，其实不然——书中疑伪之处为：出现朱熹《周易本义》卷首所载《八卦取象歌》，而邵雍（1011—1077）与朱熹（1130—1200）于生卒年岁上并无交集，不存在前人著作有后人作品内容的情况。故该书系后人托名之作。

6. 斗数、神数系列

以"紫微斗数""铁板神数""邵子神数"等为代表，均以二十八星宿立基，兴于六朝时期。

7. 卜居

卜居，又名堪舆、风水，历来为世人所重，其影响靡所不在。

8. 杂占

《汉书·艺文志》云："杂占者，纪百事之象，候善恶之征。"杂占包括择日、历忌、测字、抽签等方式，见仁见智，雅俗共赏。

以上诸类，皆以潜心为要，以立品为先，兼及多元视野和文化之贯通。

第三章　中国哲学的基础——阴阳

第一节　阴阳观念

阴阳是中国哲学的基础，中国智慧从其策源。

《易经·系辞》"一阴一阳之谓道"中的"道"是中国人对智慧的另一种表达。这种阴阳思想对中国文化影响巨大并蕴含于中国文化的方方面面。

明代瞿汝稷《指月录·卷一》载：往昔有七贤女游尸陀林，帝释天问她们有何所需，愿意供给。七贤女说她们什么也不缺，唯要三般物：无根树子一株、无阴阳地一片、叫不响山谷一所。帝释天曰："一切所须我悉有之。若三般物，我实无有。"

帝释天所言极是，这三般物件：

无根树——古往今来，实无人见天下有"无根之树"。

无阴阳地一片——天下任一土地皆有阴有阳，根本没有"无阴阳地"。

叫不响谷一所——人在山谷，叫一声，一定有回音，并无所谓"叫不响谷"。

其中的"无阴阳地"，涉及地理的阴阳现象。关于其应用与记载，中国诸典籍中非常普遍。

《诗经·大雅·公刘》载："既景乃冈，相其阴阳，观其流泉。"记载周后稷的曾孙公刘由北豳迁豳开疆时，用日影丈量平原和山丘。测其山南山北，再勘明水源与水流的描写。

《史记·天官书》曰："行南北河，以阴阳言，旱水兵丧。"（张守节正义："南河三星，北河三星，若月行北河以阴，则水、兵；南河以阳，则旱、丧也。"）

汉末虞翻《上易注二奏》曰："臣闻六经之始莫大阴阳，是以伏羲仰天县象，而建八卦，观变动六爻为六十四，以通神明，以类万物。"

《新唐书》载："阴阳不和，五谷踊贵。"

罗璧《识遗》载："丙吉为宰相，不问横道死人，但以镇国家、理阴阳、亲诸侯、附百姓为事……皆识其大者也。"

宋代叶适《醉乐亭记》："永嘉多大山……阴阳附从，向背以情。"

宋代朱熹《经筵讲义》："天道流行，发育万物，人物之生，莫不得其所以生者以为一身之主。但其所以为此生者，则又不能。无所资乎阴阳五形之气。"

明代袁了凡结合人事所论，别开生面言道："凡为善而人知之，则为阳善。为善而人不知，则为阴德。阴德天报之，阳善享世名。名亦福也，名者造物所忌。世之享盛名而实不副者，多有奇祸。人之无过咎而横被恶名者，子孙往往骤发。阴阳之际微矣哉！"（《了凡四训》）

……

可知，中国古代哲学认为阴阳是存在于宇宙间一切事物中的两大对立面，是理解万物势能规律及其变化的基础。

这种阴阳思想观念普及于殷周之际，史上典籍记载颇多：

《管子·四时》："阴阳者，天地之大理也。"

《黄帝内经·素问·上古天真论》说："上古之人，其知道者，法于阴阳，和于术数。……故能形与神俱，而尽终其天年，度百岁乃去。"

《黄帝内经·素问》："阴阳者，万物之能始也。""天地之道也。""血气之男女也。"

《大戴礼记·文王官人》："阴阳，谓身之动静。"

上古时，凡记事之书，俱可名为《春秋》，孔子所作即为《鲁春秋》。为什么史书称"春秋"呢？唐代徐彦作《公羊传疏》时引用西汉《三统历》之语做了解释："春为阳中，万物以生；秋为阴中，万物以成，故名《春秋》。"

庄子曰："《易》以道阴阳。"易道源于天地，核心是阴阳。天地之道不外乎阴阳，圣人作《易》以尽阴阳之能事。

《黄帝内经·灵枢·阴阳系日月》曰："且夫阴阳者，有名而无形。"是说，阴阳没有固定的形体，它是对物质性质的概括和抽象；它所关心的只是事物之间的功能关系，不是事物的形质和实体。

《黄帝内经·素问·宝命全形论》谓："人生有形，不离阴阳。"

《黄帝内经·素问·四气调神大论》说："故阴阳四时者，万物之终始也，死生之本也。"阴阳关系同事物发展过程相始相终，无时无刻不在起作用。

西汉陆贾《新语》载："圣人王世，贤者建功，汤举伊尹，周任吕望，行合天地，德配阴阳。"

明代袁黄《了凡四训》称，凡夫因为不能无心，所以被阴阳气数所束缚。一个人如果诚心竭力，为善不倦，数就拘他不得。反过来，如果肆无忌惮，怙恶不悛，数也保他不住。

清代李光地《周易通论·论幽明之故》曰："天文之大者三光而已，地理之大者五行而已，而皆不离乎阴阳。"自然界的幽明转换，事物的变化，皆是阴阳所为。阴阳既是万物生长的基础，也是构成万物的基本因素及动力。

……

可见，阴阳思想观念是无处不在的，并且一直伴随着中华民族的历史流传至今。

随着时间的推移和交流的深入，这种得到了国人广泛认同的哲学观念也逐渐传到了日本、韩国、马来西亚、新加坡等国家和地区，并且影响深远。以日本为例，《大唐阴阳书》是日本保存的重要唐代典籍之一。现存日本的《大唐阴阳书》是手抄自唐代的《阴阳书》，现藏于日本京都大学人文科学研究所，馆藏编号"子部63-1"。唐代编纂的《阴阳书》最迟在日本天平十八年（746）已经传到日本。《日本国见在书目录》明确记载"《大唐阴阳书》五十一卷、《新撰阴阳书》五十，吕才撰"。这本《阴阳书》在唐初很流行，唐太宗曾命吕才与学者十余人共加勘正，削其浅俗，存其可用者，勒成五十三卷，并旧书四十七卷，十五年书成，诏颁行之（《旧唐书·吕才传》）。据《旧唐书·经籍志》载，吕才撰《阴阳书》五十卷（《新唐书·艺文志》作五十三卷）和王粲撰《阴阳书》三十卷，及至宋代则仅剩下"吕才《阴阳书》一卷"。而日本手抄本的《大唐阴阳书》保存到现在有七个本子，分别藏在京都大学图书馆、东北大学图书馆、国立天文台、国立公文书馆（旧内阁文库）、静嘉堂文库、天理图书馆内吉田文库以及茨城县的六地藏寺。

阴与阳

"阴"字最早出现在西周金文中，原义为山之阴面或云遮住阳光。

史料典籍中对"阴"的注释有很多，《说文》曰："水之南，山之北也。"《太玄经》谓："幽无形，深不测之谓阴也。"《管子·心术》："阴者静。"《礼记·曲礼》孔疏："阴，卑也。"《战国策·秦策》高注："阴，小。"王逸注《楚辞》："阴，臣也。"《左传·僖公十五年》："内为阴。"《素问·阴阳应象大论》："阴者，真藏也。"《春秋繁露·基义》：

"阴者，阳之合也。"颜师古注《汉书·郊祀志》："阴为柔。"王肃注《孔子家语·本命》："阴，偶数。"等等。

落实在生活中，阴为：地、柔软、隐藏、卑、低、消极、邪恶、凹陷、苦恼、哭、水、女、黑暗等。

"阳"字最早出现在甲骨文中，原义表示高明。

典籍中对"阳"的注释也有很多，《说文》曰："阳，高明也。"《禹贡》："山南为阳，水北为阳。"《周礼·考工记·轮人》贾公彦疏："向日为阳。"《礼记·曲礼》注："阳，尊也。"《礼记·曾子问》郑玄注："明者曰阳。"《左传·僖公十五年》："外为阳。"《庄子·达生》成玄英疏："阳，显也。"《南华真经注疏》："阳，刚猛也。"《太玄经·玄告》："阳动吐，阴静翕。"《玉篇·阜部》："阳，清也。"颜师古注《汉书·郊祀志》："阳为刚。"等等。

落实在生活中，阳为：天、刚硬、显现、尊、高、积极、善良、凸出、快乐、笑、山、男、光明等。

阴阳顺序

古人对文字、文化的总结和传承都慎之又慎，很多重要词组之排序也是顺应自然规律来定义的。老子《道德经》曰："天下万物生于有，有生于无。""无中生有"这个成语就是出自此。有和无，分别对应着阳和阴，有生于无，说明阴先阳后。因而老子又说："万物负阴而抱阳。"

我们常说"阴阳"而不说阳阴，其实也彰明了其先后顺序——阴先阳后，阳自阴出。对这个顺序，其实很容易理解：女人为阴，男人为阳，阳自阴出。这个世界上，再伟大的男人都是女人所生。并且，即便是那些孤雌生殖的生命体，也遵循这个"万物负阴而抱阳"原则。

我们常说的"苦乐年华"四个字，不能把它说成为"乐苦年华"，因为人人出生时都是一副"苦"字相来到这个世界的，所有的笑，都是建立在这个苦相之上的。这就是阴先阳后。

这就是字以载道。

何为阴阳

阴阳二字并现，首见于《诗经》。《诗经·公刘》云："相其阴阳。"即是指向日光的地方为阳，背日光的地方为阴。这是从自然环境的角度对阴阳思想的践行。

《荀子·礼论》曰："天地合而万物生，阴阳接而变化起。"天地间变化之所起，在于阴阳。那么，阴阳究竟是什么呢？

《庄子·则阳》："阴阳者，气之大者也。"可见，阴阳就是气！

春秋末年，黄老新道家的代表人物文子（又名计然）曾受业于老子，为范蠡之师。其《文子·九守》中将"道"描述为："窈窈冥冥，浑而为一……重浊之气为地，精微之气为天，精气为人，清气为虫。"《文子·下德》又说："阴阳陶冶万物，皆乘一气而生。"

当年，岐伯在黄帝的追问下，也不得不说"阴阳就是气"，并且阳化气，阴成形。气本无形，故天地之间无形之阴阳都是本于天气；质则有形，故天地之间有形之阴阳都是本于地气。

北宋五子之一的大儒程颐说："一阴一阳之谓道，道非阴阳也，所以一阴一阳，道也。阴阳，气也。气是形而下者，道是形而上者。"

从文献记载看，最迟至西周末年，阴阳就已被视为宇宙间两种最原始的力量。周幽王二年（前780）有地震，当时伯阳父说："周将亡矣。夫天地之气不失其序，若过其序，民乱之也。阳伏而不能出，阴迫而不能蒸，于是有地震。"（《国语·周语上》）人们已经认为，阴阳是"天地之气"，有其内在秩序及其特质。

在《黄帝内经·宝命全形论》中，黄帝说"余闻气合而有形"，并问岐伯：人是怎么产生的？岐伯答道："夫人生于地，悬命于天，天地合气，命之曰人。"什么是悬命于天？就是各有各的天命！可见，"天人合一"是从初始就早已确定，具体是指其内在无形之气的势能的相互作用。

老子讲得更详细，他说："人法地，地法天，天法道，道法自然。"这个"法"，就是顺应那个看不见的地气、天气、阴阳变化之气的势能的过程。人有生气，神气自足；地有生气，灵气自聚。人要了解天地之气的变化，并能够顺势而为，才能够做到顺时施宜。

《易·咸·象传》云："二气感应以相与。""天地感而万物化生。"程颐说："人与天地、鬼神、万物，一气也。"明末清初大儒方以智说："气凝为形，发为光、声，犹有未凝形之空气与之摩荡嘘吸。故形之用，止于其分；而光、声之用，常溢于其余；气无空隙，互相转应也。"（《物理小识》卷一）地有地气，人有人气，无气则死。天不死，故《易》曰："天行健。"

唐代柳宗元为屈原《天问》而作的《天对》中，亦称宇宙最终的本体为"惟元气存"。

《红楼梦》第三十一回载有史湘云和翠缕由于看见贾府大观园中一棵石榴树而引发的关于阴阳的讨论。翠缕道："他们那边有棵石榴，接连四五枝，真是楼子上起楼子，这也难为他长。"湘云道："花草也是和人一样，气脉充足，长得就好。"翠缕把脸一扭，说道："我不信这话。要说和人一样，我怎么没见过头上又长出一个头来的人呢？"湘云听了，由不得一笑，说道："我说你不用说话，你偏爱说。这叫人怎么答言呢？天地间都赋阴阳二气所生，或正或邪，或奇或怪，千变万化，都是阴阳顺逆；就是一生出来人人罕见的，究竟道理还是一样。"翠缕道："这么说起来，从古至今，开天辟地，都是些阴阳了？"湘云笑道："糊涂东西，越说越放屁。什么'都是些阴阳'！况且'阴''阳'两个字，还只是一个字：阳尽了就是阴，阴尽了就是阳。不是阴尽了又有一个阳生出来，阳尽了又有个阴生出来。"

好一个"天地间都赋阴阳二气所生"，不仅说明来路，更知阴阳观念之深入人心。

关于阴阳就是气，还是朱熹说得最为透彻："阴阳虽是两个字，然却是一字之消息，一进一退，一消一长，进处便是阳，退处便是阴，长处便是阳，消处便是阴。只是这一气之消长，作出古今天地间无限事来。"朱熹直接告诉我们：这世界的本体就是气！

气有四个特性：

1. 气有名无形

阴阳是气，有名无形，变化无穷。气无形，但所有的有形物质都是气化而来，"气合而有形""在天为气，在地成形，形气相感而化万物矣"。(《黄帝内经·素问》)

人秉阴阳二气所生，其生命规律也受气的制约——低头需要勇气，抬头需要底气。靠骨气挺直脊梁，靠正气树立形象，靠朝气迎来希望，靠勇气增添力量，靠志气实现理想，靠才气书写文章，靠人气团结兴旺。

2. 气是介于物质和精神之间的，亦可在二者间互相转化

做事要讲道理，从道上讲理，因为道不可解，而理可解，故说理解。

在中国的传统哲学概念中，气是构成宇宙天地以及天地万物的最基本元素。气，既不是物质（有），也不是精神（无），但它可以在

物质和精神之间转化。这个转化需要第三方的存在，需要中间体。这个中间体，我们可以称之为"有无"，即中医所说的"炁"（简体字为"气"）。可见，气是介于物质和精神（有、无）之间而存在的。

物质、气、精神三者的并立存在，涵盖了宇宙间的一切事象。气与物质和精神并存。

气，非物质，也非精神，但也可为物质，也可为精神！天地之气互为交合，就是天地的气数。中国的传统观念是：始于天气，终止于地气。上半年是天气，下半年是地气。

唐代活了一百多岁的药王孙思邈说，对天道变化了如指掌的人，必然可以参政于人事；对人体疾病了解透彻的人，也必须根源于天道变化的规律。天候有四季，有五行，相互更替，犹似轮转。如何运转呢？天道之气和顺而为雨，愤怒而化为风，凝结而成霜雾，张扬发散可以是彩虹，这是天道规律。

人身之气，流注周身而成营气、卫气，彰显于志则显现于气色精神，发于外则为音声，这就是人身的自然规律。

3. 气具有运动性

人离不开呼吸，离不开气，即所谓息息相关是也。可见，气具有运动的属性，是事物发展变化的源泉。气和形以及两者的相互转化是物质世界和精神世界存在和运动的基本形式，是道的展示。也就是说，道虽合于阴阳之气，但阴阳不是道！道，是阴阳流转变化过程的规律体现。

通过以下案例，可深化对气的理解。

1. 邵雍识乱。邵雍根据鸟叫而知天气转热，将有"南人北相"，天下始乱。不久，王安石从南方赴任宰相，在变法过程中，几乎所有朝廷元老和重臣都反对，朝野一片哗然。足见邵雍之高妙。亦可见，天象之变化非无缘无故，乃天人相应。人在天阴时，心情不好，也是天人相应的结果。位于北欧的一些国家和地区，很多时候见不到太阳，因此抑郁症的患病率就高。这也是一方水土养一方人。

2. 国士李陵。汉武帝时期，名将李陵（李广之孙）出战失败。皇帝希望李陵战死，以存名节，遂招其母亲及妻儿至朝廷，让诸相士轮番察验，以卜李陵存活与否。相士们观诸亲人面上并无死丧之气，断言李陵未死，不久即传来李陵投降消息（实为讹传）。汉武帝大怒不已，夷其三族，母弟妻子皆被诛杀，致使李陵彻底与汉朝断绝关系。

李陵之事同时导致了一个震惊历史的重要事件——司马迁受宫刑！这种令人备受污辱的刑罚，并未摧毁他的钢铁意志，反而促成了他发奋撰写《太史公书》（《史记》），从此名传千古！

3. 观于冥冥。中医通过人的气色变化诊病，称为"望气"。《史记·扁鹊仓公列传》载，战国名医扁鹊"过齐，齐桓侯客之，入朝见，曰：君有之疾在腠理……后五日，扁鹊复见，曰：君有疾在血脉……后五日，扁鹊复见，曰：君有疾在肠胃间……后五日，扁鹊复见，望见桓侯（病入骨髓）而退走"。五日后，桓侯觉有疾，不久遂亡。扁鹊以人体表面气的变化作为疾病判断的依据，这种方法就是以气具有运动性作为前提的。

4. 气具有势能。

①气是有力量的。人的初始力、能量级、身弱身强、承担财富的大小等，都与元气有着密切关系。由于初始元气的势能不同，导致了"万物由来自不齐"的结果。

北京故宫，其内在法度严格按照易理建造。阴阳五行之气在其中有很神奇的体现。据故宫的老专家讲，下大雪时，故宫里的雪并没有外面的大，下大雨时亦然。故宫专家的解释是：这种现象体现了故宫内在阴阳之气的聚敛，对外来作用产生了无形的约制力。

②气有生杀之象。天地万物时时都在效法阴阳之道。每年秋季，树木枝叶凋零，即是被金气所伤。气象之于人，有的是一团和气，散发润扶之象，有的则是一脸怒气，呈现萧杀之象，不一而足。

第二节　阴阳之用

在中国文化中，《易经》是公认的群经之首、大道之源。《易经·系辞》所言的"一阴一阳之谓道"，就是中国文化对人与自然、人与社会、人与人之间的关系的深刻认识与辩证的处理方法，涵盖医学、建筑、军事、艺术、水利、农业、政治等方方面面的领域。

下面我来微开其端。

山水阴阳

《易》曰"一阴一阳之谓道"，《道德经》曰"道法自然"。就自然而言，山为阳，水为阴。就自身而言，山水的本身也分阴阳。山的南面、东面为阳，山的西面、北面为阴。《史记·货殖列传》即载："泰山，其阳则鲁，其阴则齐。"清代学者姚鼐《登泰山记》曰："泰山之阳，汶水西流；其阴，济水东流。阳谷皆入汶，阴谷皆入济。"

水与山正好相反，水的北面、西面为阳，水的南面、东面为阴。古往今来，很多生养我们的城市，都与这种阴阳观念有着密切的关系。五岳为群山之尊，五岳中的南岳衡山所在城市为衡阳，因其坐落于衡山之南而得名。辽宁的省会是沈阳，因其坐落于沈水之北而得名。与沈阳相毗邻的城市是辽阳，因其坐落于辽河之北而得名。

中国的城市名字跟阴阳有关的，几乎都是从这个山水阴阳观念而来的，如安阳、信阳、襄阳、岳阳、贵阳、南阳、浏阳、莱阳、华阴、湘阴、江阴、汤阴，等等。

当年书圣王羲之的《兰亭序》是在山阴之地完成的，那座山叫会稽山。凭借一句"山阴之地"，我们就知道当时的雅集地点，一定是在山的西面或北面。

那么，古人为什么要用这样的指导思想来给不同地方命名呢？原因是"阴阳是天地之大理也""一阴一阳之谓道"，要想阴阳调和，就要各就各位，这就是天地有信！

中国古代的许多建筑与工程，都以天地自然为师，暗合"阴阳之道"。水利工程都江堰就是一例。战国时期，秦国李冰父子为遏制岷江水患，便按照"一阴一阳之谓道"的原则修建了都江堰。其中最重要的是起到泄洪、排沙与调节水量作用的飞沙堰，通过涡流旋转又将水"一分为二"，一为浊（即阴），一为清（即阳），浊水流于外江，清水入内江引以灌溉，暗合太极旋转而生两仪（阴阳）的最基本模式。堰既成，"水旱从人，不知饥馑，时无荒年，天下谓之天府也"（《华阳国志》）。都江堰是世界水利工程史上的奇迹，也是中华文明智慧的硕果，更被联合国世界遗产中心誉为"人与自然完美结合的典范"。

2004 年左右，我去长沙时，一友人带我去了湘江东边的一个小楼。停车时，他跟我介绍这是湘江东边唯一的一栋建筑，喝咖啡的地方，生意还不错，在当地颇有名气。我当时第一句话就说，"这个地方是女主人"。还没等他回答，同行的另一个人说："是的，是三位女士合伙。"朋友当即问我："你来过？"我答道："没有。"他说："那你是怎么知道的？"我说："跟这条河有关系。"他说："不明白。"我说："第一，湘江北去，在水之东，其性为阴；第二，你们说生意很好；第三，还是湘江边上唯一的建筑。综合三种因素判定，一定是发阴人，即女主人。"听我讲完，两人匪夷所思……

这世界，很多时候，人在道中不知道，鱼在水中不知水。

人物阴阳

在人物中，男为阳，女为阴，但男人亦有女相者，女人亦有男相者。阴阳互所伏倚，在各个层面不断地交替展现。

阴阳有虚实两种，人的念头即为虚，但念头自身也分阴阳，善念为阳，恶念为阴。表面看起来，你的起心动念别人不知道，但是《易经》曰："积善之家必有余庆，积不善之家必有余殃。"这个"余"是什么呢？就是你算计不到的。为什么会有余庆呢？因为你前面积累了善业，这叫"有阴德者，必有阳报"（《淮南子·人间训》）。而"积不善之家必有余殃"，是告诉你：做了恶业，就必有后患，这是自然规律。从古到今，那些搞"阴谋"的人，都不会有好下场，庄子称之为"阴阳之患"。纵观古今，凡盗贼之家、邪恶之政，其富与暴，皆不过三代；而但凡经由抄袭、假冒、欺诈、损公肥私等获取的不义之财（古称"浊富"），最长都延续不过三代人！这是自然规律。

"夫损人自益，身之不祥；弃老而取幼，家之不祥；择贤而任不肖，国之不祥；老者不教，幼者不学，俗之不祥；圣人伏匿，愚者擅权，天下不祥。"（《孔子家语》）任何真正的文明，都没有与自然背道而驰的！

对于阴阳，明代袁了凡先生则有一番别辟慧径的高论，他说："何谓阴阳？凡为善而人知之，则为阳善。为善而人不知，则为阴德。阴德天报之，阳善享世名。名亦福也。名者，造物所忌。世之享盛名而实不副者，多有奇祸。人之无过咎而横被恶名者，子孙往往骤发。阴

阳之际微矣哉！"（《了凡四训》）

《周易·坤·文言》曰："积善之家必有余庆，积不善之家必有余殃。臣弑其君，子弑其父，非一朝一夕之故，其所由来者渐矣，由辩之不早辩也。"这个所积的善与不善，其报未必就一定报在自身，也可能会报在子孙身上，且时间有长有短，也许你能看到，也许你看不到，这便是天道。

《易经通注》曰："立天之道，曰阴与阳。"这个阴阳，就是我们理解天道的基础。

那么，如何从阴阳理解天道呢？

众所周知的太极图，其"阴阳鱼"是阴中含阳、阳中含阴。这些都可从天象来解释。

天明为阳，天暗为阴。在白天，亦常有阴天之现象，这就是阳中含阴之显象；在夜里，阴中之明者唯有星星，星星就是阴中之阳。这与太极图浑然一体。太极图就是来源于天象并比拟天象悬象示义的。

"不知道风云雨雪雹和霜，瞪着两眼说阴阳"，这是时下研究阴阳及其体系者的弊病。要知道，风云雨雪等天气变化皆来自阴阳之气的变化，只有真正懂得阴阳才能了解事物的变化规律。《三国演义》载诸葛亮施计草船借箭时曾说："为将而不通天文，不知奇门，不晓阴阳，不看阵图，不明兵势，是庸才也！亮于三日前已算定今日有大雾，因此敢任三日之限。"

阴阳不是孤立存在的，阴阳并立。物理学家兹威基是第一个认知到宇宙中存在暗物质的人——任何物质都有反物质。这个现代科研成果与中国哲学的阴阳理论不谋而合。

周朝时，启蒙教育规定从"六甲六书"开始。也就是说，天干地支系统的内容须从小就熟知，而人们也是从小就掌握节气规律的，看问题的视野更具有时空观。众所周知，天为阳，地为阴；对天干地支而言，天干为阳，地支为阴。在天干和地支内部之中分别又有阴阳之分，即阳干和阴干、阳支和阴支，这就形成了阴中含阳、阳中含阴，你中有我、我中有你的交混状态。这就是相对论，这就是太极的思想。正是在这种认知基础上，才有了儒家"祸福相依，善恶共存"的思想。

《黄帝阴符经注》说："生者，死之根；死者，生之根。恩生于害，害生于恩。"当阴来临时，阳的成分一定涵在阴之内；当阳来临时，阴的成分也一定涵在阳之中。这说明天地间的人情、事理、物象，没有绝对固定不变的。《格言联璧》说："天欲福人，必先以微祸儆之；天欲祸人，必先以微福骄之。"比如，人在春风得意时就很容易忘形，这时失败的种子就已经种下去了；而当人遭遇失败时，失败是成功之母，未来的成功种子已在失败中萌芽了。这就是"福兮祸所倚，祸兮福所伏"。大自然中一切事物都被安排得井然有序。猫喜欢吃鱼，但猫却不会游泳；鱼喜欢吃蚯蚓，但鱼儿却不能上岸……万物相生、相扶、相克、相制，人生没有十全十美的，关键在于能不能把握住当下的时机与形势，即"阴阳相推而变化顺矣"。

可见，对于阴阳的理解，不能空洞，一定要能够落实在日用之中。

因着"一阴一阳之谓道"的思想，中国文化有"刚日读经，柔日读史"的学训。所谓刚日，即为阳日；所谓柔日，即为阴日。今人理解起来有些吃力，但在周朝时，阴阳五行天干地支都是蒙学基础，启蒙即先学"六甲六书"，所以，人们都知道阴阳与每日干支一一对应的关系。比如甲子日，甲为阳，子为阳，因此甲子日就是阳日，而下一日是乙丑日，乙为阴，丑也为阴，这一日就是阴日。阳为刚，阴为柔。"刚日读经，柔日读史"，就是每逢干支为阳的日子，最适合读经书；干支为阴日时，最宜读历史。一阴一阳，顺天理而行，读书最易得髓！

这叫借天地之力，顺势而为，与时偕行，顺时施宜。

北宋邵雍说："不知阴阳，不知天地，不知人情，不知物理，强为人师，宁不自愧？"（《不知吟》）是的，了知阴阳规律和现象，是古代人师的基本功。因为即便是日常生活中的举手投足，也都饱含着阴阳变化的规律。你看，人走路时，两脚虚虚实实，落地者为阳为实，离地者为阴为虚。过实则不足以行事，太虚则不足以服人。对人而言，身体的左侧为阳，右侧为阴。有的人习惯性地头往左偏，就是"阳"过犹不及的表现。相反，有的人习惯性地头往右偏，就是"阴"过犹不及的表现。众所周知，过犹不及当然不会有好结果，"过载者沈其舟，欲胜者杀其生"。（东晋葛洪《抱朴子·微旨》）如何"杀其身"呢？通常"阳"过者，与父亲的缘分薄；"阴"过者，与母亲的缘分薄。所以古人强调行走坐卧要中正，不偏不倚，这也是你尽孝道、报父母恩的方法之一。一定要牢记南宋辛弃疾的名言："物无美恶，过则为灾。"

前面讲了头左右偏的问题，但现实生活中，还有前倾后仰的问题。比如，有的人习惯性地头往前倾，有的人则是头往后仰。那么，请问各位：动静皆有阴阳，表象即表法，这种现象又对应着什么规律呢？

阴阳不调

辩证是见道的根基。中医尤其强调辨证，其理与《易》同源。

古代皇家有一传统：宫中生了孩子之后，往往生母奶水不够，就会去请奶妈。如果生的是皇子，就要找生了女孩的奶妈；如果是公主，就要找生了男孩的奶妈。这是为什么呢？这就是阴阳调和，合道而行，希望从小就能给这个生命奠定更安稳的健康基础。否则的话，就是阴阳不调！可惜，这种智慧的见地，今人知之甚少。出丁碎片化的内容充斥生命，导致"人天"思想体系没有建立，岁月中伴随着无数看不清的缭乱不堪……要知道，天欲福人，必先福慧呀！

《史记·扁鹊仓公列传》载，扁鹊曰："故病有六不治……阴阳并，藏气不定，四不治也。"扁鹊所说的"阴阳并"是什么意思呢？就是晚上不睡觉，白天不起床！这种阴阳错乱、阴阳不调者，大有人在！扁鹊说，这种人的病我是不治的。为什么不治？扁鹊的解释是：阴阳颠倒，用药很难有效。这种人不顺天时、地利、时空，仅靠草药的那一点点力量是非常有限的！

可见，人要顺时、随时、按时、应时、配合四时才行，因为时空的力量是最大的！只有能做到与时偕行，才会"自天佑之，吉无不利"。

阴阳的"两参三视"

中国文化是用阴阳来表述这个世界状态的。阴阳虽文字为二，但落实于日用，则为"两参三视"，即阴阳之展示有三种维度：纯阴、纯阳、阴阳中和。《管子》曰："凡万物，阴阳两生而参视，先王因其参而慎所入所出。"《逸周书·武顺解》曰："人有中曰参，无中曰两，两争曰弱，三和曰疆。"老子《道德经》亦说："道生一，一生二，二生三，三生万物。"可见，中国文化对这个浩瀚无穷的世界有着"一分为三"的理性认知。

一个客体，从其属性上来说它是"两"，而它表现出来的却是"三"。关于这一道理，《关尹子·三极》甚至还专以蜈蚣、蛇和青蛙三种动物为例，来说明事物之间的关系：蛇吃青蛙，青蛙吃蜈蚣，而蜈蚣却能制服蛇。这三者之间的自然存在关系，展现了大自然平衡妙理。

而对"阴阳中和"的表征，植物中有双性，比如猕猴桃；而人类也有双性人，这些都是自然存在，无可厚非。

在谈及人性时，孟子认为人性本善；荀子认为人性本恶；告子认为人性像一张白纸，无善无恶。所以你看，中国文化看事物有几个维度？三个！

这是中国文化看世界的角度和智慧，要铭记和熟谙！

孤阳不生，孤阴不长

《周易》曰："一阴一阳之谓道，继之者善也，成之者性也。仁者见之谓之仁，知者见之谓之知，百姓日用而不知，故君子之道鲜矣。"天天都把道放在嘴上，不放在心上，就会导致习而不察，日用而不知。

"一阴一阳之谓道"，阴阳的循环流转才是道。同时，这句话也告诉我们一个道理：孤阳不生，孤阴不长。

这个世界，日升月落，寒来暑往，生老病死等规律是永恒不变的。如果只有晴天或阴天、夏季或冬季，万物就不会生长，即孤阳不生、孤阴不长。因此，阴阳一定要在动态中保持平衡，小至营建和睦家庭，大至创造和谐社会，都要符合阴阳之道。

《春秋榖梁传》曰："独阴不生，独阳不生，独天不生，三合然后生。"宋代的刘牧在其《易数钩隐图遗论九事》中说："孤阴不生，独阳不发。"及后，宋代邵雍亦曰："阳不能独立，必得阴而后立，故阳以阴为基。阴不能自见，以必待阳而后见，故阴以阳为唱。阳知其始，而享其成，阴效其法，而终其用。"又说："人得中和之气则刚柔均，阳多则偏刚，阴多则偏柔。"这些都是在强调阴阳和合为至道之理。

中国人的智慧是从天人关系来观待这个世界的。就天道而言，白天为阳，黑夜为阴，如果年年岁岁都是白天或者黑夜，这个世界受得了吗？如果地球上全是山或水，或只有夏季或冬季，人类还会存在吗？万物还会生长吗？如果都是春天，没有秋天，那我们吃什么？

就人和动物而言，如果世上动物都是同性，那还能繁衍延续吗？当然不会！有的人会说，现代科技可以解决单细胞生育问题。但你有没有想到，未来究竟会怎样，会持续吗？符合天道吗？老天会同意吗？

就地理环境而言，若一个地区都是平房或小高层，某日突然拔地而起一幢高楼，形成鹤立鸡群之象，在这个环境中，这幢高楼就属于孤阳。反之，一个地区周围都是超高层建筑，只有一栋矮房，这个矮房就属于孤阴。人居其中，事业、健康、感情、财富等总会受到负面影响。要知道，无论是孤阳还是孤阴，都是落在一个"孤"字上，其字释义为"孤，像没有根的瓜（即"滚瓜"）一般的孩子""孤，独也""孤，负也"……你想想，感情和婚姻会不会受到影响？还有，时下高楼大厦越来越多，离婚率越来越高，生育率越来越低，它们之间是否有联系呢？

世间道理，其大无外，其小无内，落实到具体住宅，道理亦同。时下卧室均在一侧的房子很普遍，若朝向全阳，就属于纯阳；若朝向全阴，就属于纯阴。这种格局，都犯了"孤阳不生，孤阴不长"之忌，无论感官上多好，都称不上是吉宅。可见，千万不要被概念和逻辑以及噱头蒙蔽了生命，要记住孔子的箴言："大节是也，小节是也，上君也。大节是也，小节非也，一出焉，一入焉，中君也。谓一得一失也。大节非也，小节虽是也，吾无观其余矣。"（《荀子》）如果大方向不正确，即便小细节做得再好，那也是南辕北辙！

要知道，世间事"知其要者，触类旁通，一言而终；不知其要者，头上安头，流散无穷"。

第四章　中国文化的基本结构——五行

第一节　五行是中国文化的基本结构

阴阳是中国哲学的基础，五行是中国文化的基本结构，天人合一是中国智慧的核心精蕴。

《诗经》曰："有物有则。"天地变化均有其内在规律。阴阳五行之道，顺于天道而源于自然，践行天人合一的智慧。人与万物是顺于阴阳、妙合五行，交感化生而成；圣人据阴阳、五行之性，确定世界的基本法则。

五行是中国传统文化的核心价值理念，最早源于"五行历"，是用木火土金水的循环运行来表达一年气候的天道运转之意。

五行思想贯穿在中国文化的格物智慧之中，是中国格物之学管窥自然规律的重要基础，也是中国人认知万物规律的必备基本功。换言之，若不能精通五行而欲谙格物之学，则如磨砖成镜、掘地看天、缘木求鱼，无有是处。

论阴阳以穷易道，识五行再通玄机。

五行应用在周朝时已非常普及，是蒙学必备的基础。对此，近年来的考古发现亦有实证。

2008 年，有近 2500 枚战国竹简入藏清华大学。当年 8 月，清华大学成立出土文献研究与保护中心，专门研究这批竹简，由著名学者李学勤担任中心主任。自 2011 年初发布第一辑研究成果以来，2018 年 11 月《清华大学藏战国竹简（捌）》又在北京发布，新整理出的 8 篇失传了两千年的文献面世。8 篇战国佚籍分别为：《摄命》《邦家之政》《邦家处位》《治邦之道》《心是谓中》《天下之道》《八气五味五祀五行之属》《虞夏殷周之治》。其中，《八气五味五祀五行之属》反映了东周时期的五行思想。

考据"五行"一词，最早见于《尚书》。《尚书》至秦始皇焚书坑儒时已亡佚，后东汉章帝（76—88）时，鲁王坏孔子旧居，于壁中得简《尚书》，皆科斗文（周代古文，号为古文《尚书》），是为世界最古之史记，而《甘誓》又是《尚书》中公认最早的一篇。可见，阴阳五行在周代前已有，这一点已然确凿不疑。而今人熟知的《三字经》，有载"昔仲尼，师项橐"，指的就是当年孔子拜项橐为师一事。有人问孔子为什么要这么做？他回答："因为项橐精通五行！"足见五行在周代之普及。

五行在古代是治国的大法之一。商朝末年，商纣王暴虐无道，引发社会不满。公元前 1046 年，周武王姬发灭商，建立了周朝。姬发在治理国家之时，曾求教于商旧臣箕子，箕子便将治国安邦的"洪范九畴"告之武王，而九畴中的第一大法便是五行（见《尚书·洪范》）。无独有偶，《淮南子·本经训》亦云："圣人节五行，则治不荒。"是说，圣人善于调节运用五行来治理国家，而不致其荒废。可见，圣人是知道如何协调五行规律合于时势并善于应对变化的。

南宋大儒陆九渊亦强调："塞宇宙之间，何往而非五行？水火金木土谷，谓之六府。土稼穑，谷即土也，以其民命可系，别为一府，总之则五行也。"他认为一切事物都可以归类于五行之中！

对于五行，古人除了具有认知上的统一，还有实践的指导。如，"五行者，金木水火土，五常之形气者也。在天为五星，在人为五藏，在目为五色，在耳为五音，在口为五味，在鼻为五臭。在上则出气施变，在下则养人不倦。故《传》曰'天生五材，废一不可'，是以圣人推其终始，以通神明之变，为卜筮以考其吉凶，占百事以观于来物，睹形法以辨其贵贱"。这是《隋书·经籍志》对五行功用所作的详细总结。

孔子很佩服管子。《管子》云："五行以正天时，五官以正人位。人与天调，然后天地之美生。"强调了五行经国序民的大用。众所周知，当年孔子一再申明其理想是"吾从周"，其中便包含了周朝治国理政的方法，而五行便是其一。

孔子精通五行。孔子的五行思想见于《礼记·礼运》篇，其中记载了孔子向子游传授礼的运转之道。郑玄《三礼目录》云："名曰《礼运》者，以其记五帝三王相变易，阴阳转旋之道。"《礼记·礼运》篇的"礼义学仁乐"，便是孔子依"木火土金水"而创立的五德。其后的子思和孟子亦受孔子影响而"略法先王，造说五行"，形成了"仁义礼智圣"五行之五德。其中，《荀子·非十二子》亦明确指出子思和孟子的五行思想源于孔子和子游，也说明子游衔接了孔子和思孟之间五行思想的传承。

孔子所倡导的天地人三者合一的思想，在其五行观中有着具体体现。他用具有季节特点的治田作喻，将礼、义、学、仁、乐五种抽象元素分别比作耕、种、耨、聚、安的具象表达，其特点如同农事一样，年年循环不已，与《礼运》所言"播五行于四时，和而后月生也"其理无二。

值得一提的是，马王堆帛书《五行》与郭店竹简《五行》中的五行排序有所不同，帛书《五行》为仁—知—义—礼—圣；简本《五行》为仁—义—礼—智—圣。后者的"仁义礼智"顺序约在孟子提出四端（礼、义、廉、耻）之后才固定下来。

汉代经学集大成者郑玄继承了先人的五行观念，并在这个基础上作了多元的运用。《礼记》曰："天命之谓性，率性之谓道，修道之谓教。"郑玄注云："天命，谓天所命生人者也，是谓性命。木神则仁，金神则义，火神则礼，水神则信，土神则知。"这是郑玄用五行架构来解读性命之义。而汉代大儒贾谊又提出了六行"人有仁、义、礼、智、圣之行，行和则乐，与乐则六，此之谓六行"。他将孔子五行之"乐"与思孟五行之"圣"并存，加上"仁义礼智"四端，为六行。汉代另一位大儒董仲舒则在其《春秋繁露》中提出了"仁、谊、礼、知、信"五常，去"乐、圣"，加"信"，由此便形成了我们熟知的中国文化中"仁、义、礼、智、信"五常之德，从此固用至今。

关于五行之阐述，最为详备的典籍，当属隋代萧吉的《五行大义》了。《五行大义·释五行名》据先秦两汉典籍如《尸子》《管子》《礼记》《尚书大传》《纬书》《说文》《释名》《白虎通》等有解说。引之如下：

五行为万物之先，形用资于造化，岂不先立其名，然后明其体用。

1. 木说

《春秋元命苞》曰："木者，触也，触地而生。"

许慎曰："木者，冒也，言冒地而出，字从于中，下象其根也。"

其时春。《礼记》曰："春之为言蠢也，产万物者圣也。"

其位东方。《尸子》云："东者，动也，震气故动。"

2. 火说

《白虎通德论》云："火之为言化也，阳气用事，万物变化也。"

许慎曰："火者，炎上也，其字炎而上，象形者也。"

其时夏。《尚书大传》云："何以谓之夏？夏者，假也。吁荼万物，养之外者也。"《释名》曰："夏，假者，宽假万物使生长也。"

其位南方。《尚书大传》云："南方者何也？任方也。任方者，物之方任。"

3. 土说

《元命苞》云："土之为言吐也，含土气精，以生于物。"

许慎曰："土者，吐生者也。"

王肃云："土者，地之别号，以为五行也。"

许慎曰："其字，二以象地之下，与地之中，以一直画，象物初出地也。"

其时季夏。季，老也，万物于此成就方老，王于四时之季，故曰老也。其位处内。内，通也。

《礼斗威仪》云："得皇极之正气，含黄中之德，能苞万物。"

4. 金说

许慎曰："金者，禁也，阴气起始，万物禁止也。土生于金，字从土，左右注，象金在土中之形也。"

其时秋也。《礼记》云："秋之为言愁也，愁之以时察，守义者也。"《尸子》云："秋，肃也，万物莫不肃敬恭庄，礼之主也。"《说文》曰："天地反物为秋。"

其位西方。《尚书大传》云："西，鲜也。鲜，讯也。讯者，始人之貌也。"

5. 水说

《释名》《广雅》《白虎通》皆曰："水，准也，平准万物。"

《元命苞》曰："水之为言演也，阴化淖濡，流施潜行也。故立字，两人交，一以中出者为水。一者，数之始。两人譬男女，言阴阳交物以起一也。"

《管子》云："水者，地之血气，筋脉之通流者，故曰水。"

许慎曰："其字象泉并流，中有微阳之气。"

其时冬。《尸子》云："冬，终也，万物至此终藏也。"《礼记》云："冬之为言中也。中者，藏也。"

其位北方。《尸子》云："北，伏也。万物至冬皆伏，贵贱若一也。"

以上所述，涉及五行的方位、德义、对应季节、内在势能等，简明扼要。

清代钱泳《履园丛话》载："人身似一小天地，阴阳五行，四时八节，一身之中皆能运用。"

关于五行的应用，古往今来，案例代出不穷。

例一，戴震先生是有清一代最著名的学者之一。乾隆年间，戴震师从高师江永学习。一日，江永问戴震："书读得怎么样了？"戴震答："已烂熟于胸！"江永又问："会用吗？"戴震说："还未尝试。"谈话间，恰好田垄旁一头黄牛跟一头黑牛在打架，江永遂问："这两头牛，哪头牛会胜？"戴震答："黄为土，黑为水，土克水，应是黄牛胜。"江永却说："非也，现为初冬，今日干支又是壬子，五行水旺土衰，当是黑牛获胜。"静待片刻，果然是黑牛获胜。江永说："学《易》贵在融会与变通，如此才能通达自然造化之玄机。"是的，真正的学问一定是要能解决问题的，是要能够落得地儿、能融会贯通而不离百姓日用之道的。

例二，四大名著中的《西游记》里，唐僧师徒正式出场的顺序即是按照五行相生的排序而来——第一回孙悟空出场（红色），第十一回唐僧出场（黄色），第十五回白龙马出场（白色），第十八回猪悟能出场（黑色），第二十二回沙悟净出场（青色）。红色五行属火，黄色五行属土，白色五行属金，黑色五行属水，青色五行属木。唐僧师徒出场顺序依次是火生土、土生金、金生水、水生木的递进相生关系。足见作者吴承恩是深谙阴阳五行之道的。

例三，蒙学著作《幼学琼林》中有"挽歌始于田横，墓志创于傅奕"之句。其中的傅奕，《西游记》亦有提及。傅奕是唐初的太史令，其天文历数水平之高，就连李淳风亦差之甚远。

据《旧唐书》卷79《傅奕传》载，隋文帝开皇年间（581—600），傅奕在汉王杨谅属下任仪曹。杨谅欲起兵反叛朝廷时，问傅奕："今兹荧惑入井，是何祥也？"傅奕诡对曰："天上东井，黄道经其中，正是荧惑行路所涉，不为怪异；若荧惑入地上井，是为灾也。"杨谅听后很不满意。不久杨谅果然兵败。

又载，唐武德九年（626）五月，傅奕密奏唐高祖："太白见秦分，秦王当有天下。"唐高祖以状授李世民。玄武门之变后，秦王得位，是为唐太宗，召奕赐之食，谓曰："汝前所奏，几累于我，然今后但须尽言，无以前事为虑也。"傅奕密奏唐高祖："太白金星出现在秦地上空，秦王李世民当有天下。"高祖把密奏转交给了秦王李世民。到了唐太宗李世民即位后，召见傅奕赏赐他美食，还对他说："你上一次的密奏几乎连累到我，然而今后你还要遇事直言，不要因为上次的事而有所顾虑。"

例四，《新唐书·列传》载，公元756年，太子李亨擅自称帝，是为唐肃宗。当年十月丙申日，宰相韦见素夜观星象，发现有星侵犯昴宿。韦见素告诉李亨说："天上的昴宿在地上对应着胡人地区。天道的惩罚已经出现了，是由对应的人承受，看来安禄山快要死了。"

唐肃宗问："你知道安禄山的死期吗？"

韦见素答："昴金忌火，明年正月甲寅，安禄山或许就死了！"

唐肃宗问："贼人怎样的死法？"

韦见素答："按五行生克，昴宿在丙申日被侵犯，安禄山会被儿子与其他带头作乱的人谋杀！"

果不其然，第二年正月，安禄山被儿子安庆绪和军师严庄合谋杀死，且日月均验！

这个神奇的精通天文与五行的宰相与唐肃宗的故事，被载入史册，使我们更加了解五行的多元大用。

有人会问，韦见素究竟是如何判断出这个结果的呢？

是因为，在先秦时期即盛行的天文学传到唐代时，一度仍为科举考试内容之一，并且还沿袭历代制度设有掌管天时星历的太史局（之前为"钦天监"），内有天文学博士。当年日本就是根据唐代《永徽令》制定出《养老令》，规定中务省下设阴阳寮，掌管占卜、天文、时刻、历法的观察与判断及相关的教育等事宜。其中的阴阳寮，就是以阴阳头为堂官，品级是从五位下。之下再设阴阳师六人、阴阳博士（掌占卜）一人、历博士（掌历法）一人、天文博士（掌天文）一人、漏剋博士（掌报时，亦称"鸡人"）二人，皆从七位下。由此可见，阴阳寮就是仿照中国的钦天监或太史局而设。日本《今昔物语》卷二十四所载的"有阴阳师天文博士安倍晴明者"，就是日本平安中期（相当于中国宋代早期）的"阴阳师"安倍晴明，至今家喻户晓。在日本江户时代就流传有"不知源义经，但知晴明公"的名言，足见其影响之隆。虽然他一般被人们称为"阴阳师"，但他的职业其实是天文博士。古代所有的天文博士除了熟悉天文历法外，都精通阴阳五行乃至堪舆之道。日本的晴明神纹被称作晴明桔梗，就是安倍晴明所创的象征宇宙万物的天地五行的无灾无邪之印，在日本朝野广泛流传，并且日本陆军将校的帽子上也镶有此纹。此外，安倍晴明唯一的传世著作《占事略决》就是脱胎于中国的六壬之学。足见中国阴阳五行文化的影响之深远！

在唐代，二十八星宿、阴阳五行、干支八卦等基础内容风行天下，天文学的水平更是远远走在了世界前端，出现了诸多精通天文的人。人们耳熟能详的唐代一行禅师和李淳风就是著名的天文学家，尤其是供职于太史局的李淳风，史载其观天象测吉凶的能力如同符节与契约的符合那样准确，当时研究律历者都认为他有鬼神相助，高深莫测。举一个例子，据《太平广记·方士》载："唐太史李淳风，校新历，太阳合朔，当蚀既，于占不吉。太宗不悦曰：'日或不食，卿将何以自处？'曰：'如有不蚀，臣请死之。'及期，帝候于庭，谓淳风曰：'吾放汝与妻子别之。'对曰：'尚早。'刻日指影于壁：'至此则蚀。'如言而蚀，不差毫发。"某日，李淳风推算出某一天会发生日食。在古代，日食的出现就代表着王朝的统治者德行有亏，政治黑暗。因而唐太宗龙颜不悦，对李淳风说："爱卿，你确定会发生日食吗？"李淳风回答："确定，那一天一定会发生日食。"唐太宗高声说："如果那一天没有日食，爱卿将如何自处呢？"李淳风答道："如若没有，臣愿以死谢罪。"唐太宗无言以对，但心中暗暗较劲儿。到了那日，唐太宗早早就在院子里面等着，官员们也都紧张地望着光芒灿烂、越升越高的太阳，完全看不出一丁点儿日食迹象，都替李淳风捏了一把汗。唐太宗看着太阳，对李淳风说："爱卿，朕看这太阳光芒万丈，根本不可能有日食。你还是回家和妻儿见上最后一面吧。"李淳风非常从容，走到日晷前，划了一道刻痕，说："时候未到，待日影行到此处，日食才会开始。"众人真没想到，后来果然如其所言，丝毫不爽！由此可见李淳风的天文历算水平之缜密妙绝，以至于当时的星象家们对其《乙巳占》、《麟德历》（代替《戊寅历》）等传世之作都推崇得不得了。尤为值得一提的是，李淳风还是世界上第一个给风定级的人。后来，其子李该、其孙李仙宗，也因其所授而一同升为太史令。

《奉和月夜·唐诗纪事》还记载了这么一件事："李淳风已死，各占候者的占卜都不灵验，于是诏聘精通天文卜相之术的严善思为著作郎兼太史令。圣历二年（699），火星窜入舆鬼五星之间，武后问他吉凶，他答道：'大臣承当此凶。'这年王及善去世。长安年间荧惑星入月，土星冲犯天关星。严善思说：'天象主乱臣伏罪，但有下臣谋犯上的征兆。'一年多后，张柬之等起兵诛杀张易之二人。"从中可见唐代天文应用之神奇。

但神奇归神奇，毕竟精通者还是极少数人。其中的晦涩难明，就连唐代名臣虞世南也慨叹："天文岂易述，徒知仰北辰。"

话又说回来，虽然精通天文历算者寥寥，但天文常识的普及率却很高，唐代的文学作品中时常可以见到天文内容。比如，王勃著名的《滕王阁序》中有一句为"物华天宝，龙光射牛斗之墟"，这个"牛斗"指的就是二十八星宿中北方玄武的第二宿牛宿。在这种文化背景下，作为宰相的韦见素能精通天文就不足为奇了。

上述韦见素的观星结论是：昴宿为西方白虎七宿的第四宿，五行属金。按照中国古代干支哲学理论，丙申的纳音五行为山下火，为自病之火，甲寅的纳音五行为大溪水，水能克火；再加上金绝于寅木，丙申遇到甲寅，甲能吃丙（吃，为"灭"意），寅木绝金——故断安禄山死于第二年正月（甲寅）。

例五，五行之用，在建筑方面也有着多元的呈现。明朝嘉靖年间卸任官员范钦所建的我国现存最古老的私人藏书楼——天一阁，其名字是取自河图中"天一生水"之意。盖因图书最怕火焚，因此其布局均是按照水克火之旨来建造的。

这种观念非常普及，很多古建筑都是大木作，其中，悬鱼和角楼都是取水克火之意。角楼对应二十八星宿中东方角宿，指代龙头，引喻为龙，主降火之用。北京天坛中还有专门供奉五行的配殿。日本京都著名的世界文化遗产清水寺坐落在音羽山——就是五音为羽音（属水）的山……

　　真正研究中国文化的学问时，一定要能契入这些格物智慧领域，否则不管取得了什么头衔，获得了什么荣誉，打了多少"粉底霜"，都是无限"走近"而没有"走进"的门外汉。近代大学者王国维在临终前一天，还在问他清华大学的学生们：你们的干支研究到哪里了？日本人的五行研究进展到哪里了？（见《刘节日记》）可见，对待学问之道，他是个明白人。

　　关于五行的记载与运用，刊例最多、文辞最为丰富的是《汉书·五行志》。先秦诸子对五行不仅熟悉，还能通过眼耳鼻舌身意，将其得心应手地运用于生活的方方面面……北宋邵雍之子邵伯温曰："金木水火土，致用也，以其致用，故谓之五行，行乎天地之间者也。"而精通五行之用的邵雍则在其《击壤集》中写道："眼能识得，耳能听得，口能道得，手能做得，身能行得，心能放得，六者尽能，与天同德。"邵雍此言是对中国文化高妙功夫的概括，而他本人更是"六得"境界的抵达者！

第二节　五行旨归

源清者其流必远，本浊者所作无成。

天地聚合之气为阴阳，阴阳会合之气为四季，四季消散之气为万物。聚阳之炎气而成火，火之精气化而成日；聚阴之寒气以成水，水之精气化而为月。日月的过甚之气生成了星辰。阴阳二气混化，五行之气乃出；日月星辰以定，大千世界乃成。

五行是阴阳（气）的具体展现方式，是自然界中"气"的五种不同势能的运行形式。（《白虎通义》云："言行者，欲言为天行气之义也。"）董仲舒在其《春秋繁露》中说"天地之气，合二为一，分为阴阳，判为四时，列为五行。行者，行也，其行不同，故谓之五行。"可见，五行指的就是天地之气运行势能的展示方式和类别。

五行之气一出，阴阳功能即得到落实——阴阳之气处在生的状态为木，处在长的状态为火，处在收的状态为金，处在藏的状态为水，其生长收藏的转化过程则为土。由此，五行由具体的"器"上升至"道"。阴阳者，天地之道也，"万物之纲纪，变化之父母，生杀之本始，神明之府也"。虽不能尽释其果，但亦可见象知源。

清代刘一明说："五行不到处，父母未生时，一点真灵物，凡人未易知。"

五行之谓，始见于春秋时期。《左传》载蔡墨之语："有五行之官，是谓五官……木正曰句芒，火正曰祝融，金正曰蓐收，水正曰玄冥，土正曰后土。"《尚书·洪范》记载箕子对武王解说五行："五行：一曰水，二曰火，三曰木，四曰金，五曰土。"而荀子却认为子思和孟子是五行的创始者，其实不然！《尚书·甘誓》"有扈氏威侮五行怠弃三正"条下注："五行之德，王者相承。"可见五行在殷周交替时期，已作为文字被记录下来，并划定其内容为水、火、木、金、土五种物质。《尚书大传》亦载："水火者，百姓之求饮食也；金木者，百姓之所兴作也；土者，万物之所资生也，是为人用。"这里的五行，指的是五种具体的物质或材料，即五材。对此，《左传》亦载有"天生五材，民并用之，废一不可"的说法。

古代早期的典籍中，关于五行记载的还有：

《国语·郑语》："以土与金、木、水、火杂，以成百物。"

《白虎通义·五行》谓："言行者，欲为天行气之义也。"

《史记·夏本纪》谓："五行，四时盛德所行之政也。"

《春秋繁露·五行相生》谓："五行者，五官也。"

《元包经传》谓："五行者，阴阳之精气，造化之本源。"

周代关尹子《文始真经》对五行讲述得更为精辟："精神，水火也。五行互生灭之，其来无首，其往无尾，则吾之精一滴无存亡尔，吾之神一欻无起灭尔，惟无我无人，无首无尾，所以与天地冥。"

又曰："精者水，魄者金，神者火，魂者木。精主水，魄主金，金生水，故精者魄藏之。神主火，魂主木，木生火，故神者魂藏之。惟水之为物，能藏金而息之，能滋木而荣之，所以析魂魄。惟火之为物，能镕金而销之，能燔木而烧之，所以冥魂魄。惟精，在天为寒，在地为水，在人为精。神，在天为热，在地为火，在人为神。魄，在天为燥，在地为金，在人为魄。魂，在天为风，在地为木，在人为魂。"

又曰："五行之运，因精有魂，因魂有神，因神有意，因意有魄，因魄有精。五行回环不已，所以我之伪心流转造化，几亿万岁，未有穷极，然核芽相生，不知其几万株，天地虽大，不能芽空中之核。雌卵相生，不知其几万禽，阴阳虽妙，不能卵无雄之雌。惟其来于我者，皆摄之以一息，则变物为我，无物非我，所谓五行者，孰能变之？"

在《国语·鲁语》《孟子·公孙丑》《左传·昭公二十五年》《淮南子·原道》等古籍的记载中，释义几同。

据史载，阴阳五行二说之合流，在战国中期已初备，此在《管子》一书中的《五行》《四时》《幼官图》诸篇中皆有体现。

五行中的"五"是数词，"行"有四种读音——（1）行（héng），指代能量。（2）行（xíng），指流动发展方向，《说文解字》释"行，人之步趋也"，就是迈步行走的意思，进而可引申为行动、运行、运动。类似的说明有很多，如"天地动静，五行迁复"（《黄帝内经》），明代大儒来知德亦言阴阳是"二气交感，生成万物者，流行也"。因此，行而不止、循环往复为五行。（3）行（háng），指成行的内容，如行业。（4）行（hàng），指紧张的状态。如《论语·子路》载孔子形容子路"行行如也"。

五行是动态的，五行是流行、是随时应变。如，五行对应季节——春天木旺行令，夏天火旺行令，秋天金旺行令，冬天水旺行令。每年立秋后，秋高气爽，植物开始凋零。可是，是什么使植物凋零了呢？答案是：金气！金气可以行萧杀之功于无形！宋代窦材《扁鹊心书》载扁鹊所用的诊病法就是望气之法。

值得注意的是，五行亦有内外之分。外五行为形、相、声，内五行为音、气、德。

外在五行为流浪生死，内在五行是造化之核心。有形有相为假，无形无相为真。五行之内外，以德为重。内不伤己，外不伤人，便是真仁德。

此外，还有"清五行"之论：木清则不发枝芽，水清则无鱼虾，土清则不生草木，金清则不可成器，火清则不可熟食。故人之品行亦不可太清、太倔，否则过犹不及，人易伤损。

阴阳五行是格物之学的基础，若能悟出一句话，就能受用终生，更何况多悟出两句三句呢？

第三节　五行次第

　　揆诸史书，对五行排序的记载有多种，如《尚书·洪范》谓"水火木金土"，《易数钩隐图》谓"木火土金水"，《尚书详解》谓"木土水火金"，《越绝书》谓"金木水火土"……五行排序在史上共有八种。

　　我们现在常说的"金木水火土"的排序，是依照战国晚期的阴阳家邹衍之说而来的（与《史记·孟子荀卿列传》所取排序相同）；同时，邹衍也是历史记载中最早用阴阳、五行为说者（详见《汉书·艺文志》）。邹衍著有《邹子》四十九篇、《邹子终始》五十六篇等。儒家阴阳五行的合一理论是汉代董仲舒建立的，他把阴阳五行学说合流并用，使其具有了哲学意义。而诸多易典亦多在汉代成书。因此，汉易是易用的宗地，研《易》需从汉易入手。

　　史上第一次申明五行之间生克关系的著作是《国语·郑语》，其言"以土与金木水火杂，以成百物"，从而表明五行已糅合在一起，并发生内在的生克关系。

　　值得探讨与求证的是，五行的定义与使用在《易经》中却没有任何体现——《易经》只言阴阳不言五行。而五行、五音、五味、五臭等的具体分类最早见于汉代刘安的《淮南子》中。

上述五行的应用排序和它们的自然生成顺序不尽相同。马王堆汉墓帛书整理小组公布的帛书《周易》(包括两件帛书，称作上下两卷，上卷为经文《二三子问》上下篇；下卷为《系辞》《易之义》《要》《缪合》《昭力》)，其中《要》篇中的五行次序仍保持着早期的形式。但《左传·昭公二十九年》却记蔡墨语，作木、火、金、水、土。

　　然而，《礼记·月令》和《尚书·洪范》所给出的五行次第排列顺序与《河图》相同。《尚书·洪范》载箕子答周武王所问，说："初一曰五行……一曰水，二曰火，三曰木，四曰金，五曰土。水曰润下，火曰炎上，木曰曲直，金曰从革，土爰稼穑。润下作咸，炎上作苦，曲直作酸，从革作辛，稼穑作甘。"

　　《礼记·月令》谓："五行自水始，火次之，木次之，金次之，土为后。"

　　《河图》云："天一生水，地以六成之；地二生火，天以七成之；天三生木，地以八成之；地四生金，天以九成之；天五生土，地以十成之。"

　　五行为什么如此排序呢？为什么是一曰水、二曰火、三曰木、四曰金、五曰土，而不是其他的次第排序呢？这个问题非常关键！因为，五行的这个次第排序，向我们揭示了地球上诸物质的起源次第和地球上诸物种的生起次第。这对于我们研究自然、研究人类、研究阴阳，是一条很重要的线索——五行次第排序规律告诉我们：地球上首先出现的是水！

　　众所周知，水是一切生命的基础，也是地球区别于太阳系其他行星的重要特征。

　　古希腊著名的哲学家泰勒斯有一句名言："万物源于水。"这句话使他成为古希腊米利都学派的创始人，成为西方科学和哲学的鼻祖。而早于他的中国春秋时期的管子，亦在其《管子·水地》中强调"水者何也？万物之本原也，诸生之宗室也……"。水是什么呢？水是万物本原，是一切生命的植根之处呀！两位哲人对水的认知，异曲同工！

在湖北荆门出土的郭店楚简中，有"太一生水"的著名论断。当代学者李学勤还明确解释说："太一生水，是道生一。"将"水"和老子认为的绝对真理的"道"联系起来。太一为道，水为一，由一而生万物也就是由水而生出万物，这也与管子和泰勒斯"万物源于水"的论断高度统一。

古代典籍中还有不少相似的论述。现存的《灵枢经》佚文云："太一者，水尊号。先天地之母，后万物之源。"在这里，说太一即水，比"太一生水"的说法把水的位置抬高一步。《春秋元命苞》曰："水者，天地之包幕，五行之始焉，万物之所由生，元气之腠液也。"这句话是对水生万物的发挥。

《水经注》强调："《易》称天以一生水，故气微（萌生）于北方，而为物之先也。"

魏晋时期，杨泉作《物理论》亦云："所以立天地者，水也；成天地者，气也……夫水，地之本也，吐元气，发日月，经星辰，皆由水而兴。"

而明代章潢《图书编》卷一"图书一致"一节中也强调："凡物之初生，其形皆水，而水为万物之源，乃有生之最先也。"

李时珍《本草纲目》亦说"水为百药之首""水为万化之源"。

以上诸说，皆倡水为天地之本、万物之源，居五行之首。

五行次第中，水之后，便是火。那么问题来了：为什么水、火会首先出现呢？

经典中早有解释。《黄帝内经》云："水火者，阴阳之征兆也。"而《素问·天元纪大论》亦有此论。邵雍《皇极经世书·观物外篇》云："水火，地之阴阳……阳生阴，故水先成；阴生阳，故火后成。"故水火作为阴阳的征兆首先出现，而"阴阳者，天地之道也，万物之纲纪，变化之父母，生杀之本始"。

火之后是谁呢？

水在江河湖海，其性本静，故水本不能滋润万物，必须借助其他的中介。而这个最重要的中介就是木，故五行在水火之后便是木，最后才是土。

为什么最后才是土呢？

我们从每年的四季由土而终便知：四季运转中依次外现的是木、火、金、水四种五行，而唯独不见土。那土在哪儿呢？关于这个问题，宋代大儒朱熹早已讲清楚了：土对于五行中另外四行来说，是始终跟它们在一起的，但是却含藏其后，存在于每个季节的季末，是它们的库、它们的运化之所。

金木水火离不开土。水无土，不可以成江河井泉；木无土，不可以成苍植翠绿；金无土，不可以衍生从革；火无土，不可以萌发蓄积。土对其他四种五行的包藏含融，就是土"厚德载物"的德行所在。也正是由于土的这种宽大无私的包容性，孔子才发出了"德合无疆"的感慨！

在木之后出现的五行便是金。

木不可以无制，水不可以无根；而金能制木，金又能生水，故金由此而生。

地球上的生命是在水火之后渐次诞生，然后渐渐发展为水陆两栖生物，最后才是陆生。现代科学所研究出来的结论与五行排序始于水而终于土的次第，是完全一致的！

第四节　五行关系

　　五行中的每一"行"都与其他"四行"有着生、克、和的三种关系。

　　生克关系包含"我生"、"我克"、"生我"、"克我"和"相和"。五行就是通过这种生、克、和的关系来反映万事万物间的普遍联系。这种生克关系是从自然界抽象出来的，是"类象"的结果。

　　五行生、克、和关系的原理表述如下：

　　五行相生，是指一事物对另一事物具有促进、助长和资生的作用。如：水生木，木生火，火生土，土生金，金生水。相生的关系在《难经》中被比喻成"母子"关系："生我"者母也，"我生"者子也。《淮南子·天文训》的描述更为精到："水生木，木生火，火生土，土生金，金生水。子生母曰义，母生子曰保，子母相得曰专，母胜子曰制，子胜母曰困。以胜击杀，胜而无报；以专从事而有功；以义行理，名立而不堕；以保畜养，万物蕃昌；以困举事，破灭死亡。"

　　五行相克，是指一事物对另一事物的生长和功能具有抑制和制约作用。如：水克火，火克金，金克木，木克土，土克水。能克者，必旺；旺而无制，则乖。

　　"克我"和"我克"的相克关系，在《黄帝内经》中称作"所不胜"和"所胜"。

五行生克关系中，还有制化的现象。制是制约，化是化生。生中有克，克中有生；制中有化，化中有制，如此，事物的自然调控机制才得以完善。五行就是凭借其生克制化的功能，来保持系统动态平衡的。《西游记》第十九回中孙悟空擒得猪八戒回高老庄时，作者吴承恩就以诗写道："金性刚强能克木，心猿降得木龙归。金从木顺皆为一，木恋金仁总发挥。"说的就是金木相克的势能。

此外，清代名士刘元明在阐释《黄帝阴符经》中"天有五贼，见之者昌"时，说道："五贼者，金木水火土也。天以阴阳五行化生万物，气以成形，而人即受此气以生以长，但自阳极生阴，先天入于后天，五行不能和合，自相贼害，各一其性。木以金为贼，金以火为贼，火以水为贼，水以土为贼，土以木为贼，是谓天之五贼也。惟此五贼，百姓日用而不知，顺行其气，以故生而死，死而生，生死不已。若有见之者，逆施造化，颠倒五行，金本克木，木反因之而成器；木本克土，土反因之而生荣；土本克水，水反因之而不泛；水本克火，火反因之而不燥；火本克金，金反因之而生明。克中有生，五贼转而为五宝，一气混然，还元返本，岂不昌乎！"又阐释"五贼在心，施行于天，宇宙在乎手，万化生乎身"曰："人秉五行之气而生身，身中即具五行之气。然心者身之主，身者心之室，五贼在身，实在心也。但心有人心、道心之分。人心用事，则五贼发而为喜怒哀乐欲之五物；道心用事，则五贼变而为仁义礼智信之五德。若能观天而明五行之消息，以道心为运用，一步一趋，尽出于天而不由人，宇宙虽大，如在手掌之中；万化虽多，不出一身之内。攒五行而合四象，以了性命，可不难矣。"

可见，生克之间，杀伐之际，皆有生机！

五行相和，是指五行间的组合——金金、木木、火火等相同五行的类聚。

"和"作为一个古字，最早见于金文和简文。在古汉语中，"和"作为动词，表示协调不同的人和事，使之均衡（非为融合于一体）。如《尚书·尧典》："百姓昭明，协和万邦"（这里强调的是"万邦"，而不是融为"一邦"，"一邦"为"同"）。古"和"字还有"顺其道而行之"、不过分、得其中道的意思。在"和，顺也，谐也，不坚不柔也"（《广韵》）和"刚柔得道谓之和，反和为乖"（《新书》）里，"和"都是和谐适度之意。而基于"和"的本义，庄子把"太和万物"作为他的最高理想。

但是，有"和"就有"不同"。

周朝时期，中国文化有一个非常著名的辩论，即是"和同之辨"。

据《左传》和《国语》载，齐国大臣晏婴有一次拜见齐侯，齐侯对他说："唯据与我和。"（"据"指的是齐侯侍臣梁丘据）晏婴说："梁丘据不过是求'同'而已，哪里谈得上'和'呢？"齐侯问："'和'与'同'难道还有什么不一样吗？"晏婴说："像梁丘据那样的人，你说对，他也说对；你说不对，他也说不对。这对您治理国家什么用呢？"晏子认为"不同"是事物组成和发展的根本条件，这引出晏婴的一大篇议论，尤其是以煮鱼为例——单纯地在鱼锅中加水加水再加水，就是同；而在鱼锅中加水，再适时加各种调料就是和，这样煮鱼才会成为一道菜，才会好吃。

此后，"和而不同"成了中国传统文化的核心观念之一。

后来，不受晏子待见的孔子也吸收了晏婴的思想，强调"君子和而不同，小人同而不和"（《论语·子路》）。

"和"的观念是由西周太史伯阳父（史伯）首次提出的。他同郑桓公谈论西周末年政局时，第一次提出了"和实生物，同则不继"（《国语·郑语》）的思想，区别了"和"与"同"的概念。他说："以它平它谓之和，故能丰长而物归之。若以同裨同，尽乃弃矣。"以它平它"，是以相异和相关为前提的，相异的事物相互协调并进，就能发展；"以同裨同"则是以相同的事物叠加为前提的，其结果只会制约发展。史伯这种观念成为中国文化最高理想"万物并育而不相害，道并行而不相悖"的体现——"万物并育"和"道并行"是"不同"；而"不相害""不相悖"则是"和"。

可以看出，史伯所言"和"与"同"是两种截然不同的概念，"同"是单一物类，"和"是互相弥补、君臣纠偏、多样性的和谐统一，其结果是促进发展。因此，"和"才是一切事物生存发展的本质；而"同"就是"投同"，都是单一品类在一起，就不会有发展。

"和"的主要精神就是要协调"不同"，"和"的作用就是要探讨诸多"不同"之间如何共处，这一思想也体现在"五行学说"里。五行学说是中国哲学之始，它是以觉醒的理性方式来探索阴阳五行之"和"，并视之为自然万物都在其中运作的宇宙唯一和谐的整体。

孔子强调，知道"和"，便是常道，即"知和曰常"。一首乐曲，如果只用五音中的一个音就不会好听，这就是"同则不继"；反之，有"短长疾徐""哀乐刚柔"等五音交错运用之"不同"，才能"相济相成"，美妙悦耳，这就是"和实相生"。

"知和而和，不以礼节之，亦不可行也。"（《论语·学而》）因为不能无序，还是要以中和为原则。

五行中，五种皆备就比较调和，若仅有一种便是偏废。

《易经》中也有"和"的观念，用"比（和）"来表达——"亲比"为和，"敌比"为同。五行相同的亦称为"比"，五行相同但阴阳不同的称为"亲比"（相互能融合），五行相同而阴阳相同的称为"敌比"（互相之间无帮助，亦有对立）。明白了这一点，我们才会更加明白《论语·为政》中"君子周而不比，小人比而不周"（周，包容、和谐）的深刻含义。

人与人的关系是儒家立论的基础，是追求在不同领域内的和谐共处。而五行学说的具体运用，也是将"和"——"万物各得以生"的目的作为最高理想来追求实现的。

"文化"二字，就是以人见文、以文化人，这也是中国文化重要的特质之一，因而"化"字对中国文化影响很大。古往今来，与"化"有关的词语比比皆是，如变化、风化、文化、消化、幻化、化解、出神入化，等等。对于加入某国国籍，则称"归化"，为融入之意。万物出生除了胎生之外，还有卵生、湿生和化生。如"茧化蝶"，就是虫茧化为蝴蝶，完全脱离了母体的藩篱。人体中的肝脏也与茧化蝶类似——肝脏从胆中长出后脱离出去而成形。

在五行生克制化的动能转换过程中，最令人费解的便是"化"字。

古语曰：天高地下，万物散殊，合同而化。万物的生长发展到极端就叫作"变"，变而无碍便是"化"。变化的不可揣测，就是"神"；神的作用变化无穷，就是"圣"。神明变化的作用，在天是深不可测的宇宙，在人就是深刻的道理，在地就是万物的化生。

在中国古代文献中，涉及对"化"的阐述内容当以唐末五代谭峭的《化书》为最。书中载有"六化"，即"道化""术化""德化""仁化""食化""俭化"。

《易》曰："在天成象，在地成形。"在天，为无形的六气；在地，为有形的五行。书中在讲到变化之理时，"德化"之"五常"载："儒有讲五常之道者，分之为五事，属之为五行，散之为五色，化之为五声，俯之为五岳，仰之为五星，物之为五金，族之为五灵，配之为五味，感之为五情……于是乎变之为万象，化之为万生，通之为阴阳，虚之为神明。"这种"一月普现一切水，一切水月一月摄"（唐代永嘉玄觉禅师）的"一即一切，一切即一"之境，就是范围天地的化境。

"化"境落实到人时，书中"仁化"之"知人"载："观其文章，则知其人之贵贱焉；观其书篆，则知其人之情性焉；闻其琴瑟，则知其人之道德焉；闻其教令，则知其人之吉凶焉。小人由是知唐尧之容淳淳然，虞舜之容熙熙然，伯禹之容荡荡然，殷汤之容堂堂然，文王之容巍巍然，武王之容谔谔然，仲尼之容皇皇然。则天下之人，可以自知其愚与贤。"这种触类旁通、了了无碍的功夫，即是世人所追慕的出神入化之境。

　　"化"境落实在生活中，书中"食化"载："庚氏穴池，构竹为凭槛，登之者其声策策焉。辛氏穴池，构木为凭槛，登之者其声堂堂焉。二氏俱牧鱼于池中，每凭槛投饵，鱼必踊跃而出。他日但闻策策、堂堂之声，不投饵亦踊跃而出，则是庚氏之鱼可名策策，辛氏之鱼可名堂堂，食之化也。"文中描述的鱼儿下意识地应声而至，也是一种生命的"化"境。

　　该书理意高旻，言简例浅，若非得臻化境者，如何能有此通透之文呢？真是令人赞叹！

第五节　五行势能

江山易改，本性难移。南北朝时期北齐刘昼曰："丹可磨而不可夺其色，兰可燔而不可灭其馨，玉可碎而不可改其白，金可销而不可易其刚。"（《刘子·大质》）诚哉是言！

五行，就是天地间五种势能的形象概括。这五种势能亦称为五德，分别为：土曰稼穑，水曰润下，火曰炎上，金曰从革，木曰曲直。史家对十二地支金木水火四种合局的功用，也是这样定义的：火曰炎上，水曰润下，金曰从革，木曰曲直。

五德之说，出自战国晚期的邹衍。《史记·孟子荀卿列传》提及邹衍曾"作《主运》"，惜已失传，幸《史记》引有如淳注曰："今其书有《五德始终》，五德各以所胜为行。"又《天中记》引《七略》曰："邹子有终始五德，言土德不胜，木德继之，金德次之，火德次之，水德次之。"对此，现代学者顾颉刚先生认为，五德学说是"按照五行相胜的原理规定的"（《古史辨自序》）。

下面来具体了解一下五行的势能，即其德势。

土曰稼穑

"稼穑",《毛诗外传》释曰："种之曰稼,敛之曰穑。"即种植为"稼",收割为"穑"。稼穑之意就是指种植与收割,泛指农业劳动。"土曰稼穑",盖因土能生禾苗、养万物,故土有稼穑之功。成语有"不事稼穑",指不从事农业劳动,出自《诗经》:"不稼不穑,胡取禾三百廛兮?"明代的冯梦龙《东周列国志》载有:"再吩咐家人,勤力稼穑,勿致荒芜。"

土有耕种收成的稼穑之功,主要体现在土能够含藏生发万物。万物无论如何流转,最终皆入土库。在五行中,能成为库的只有土,土是其他四行的库——收纳场所。

火之库为土,土中藏火,火无土不安,如大地中藏石油,地里藏炭,这些均为可燃物,均具火性,均含藏在土中。木之库为土,木土合德,木无土不生。金之库为土,土中藏金,金无土不化。水之库为土,土中藏水,水自地而出,水无土不蓄。

五行的水木火金,若无土则不能成其所用。阴阳若想从水的收藏状态进入到木的生发状态,就必须依靠土来运化。《易经》中坤卦的五行属土,坤之德为"厚德载物",故土德能含藏万物。土的藏性可将火的烧炎灼烈之性转变成持续的温煦作用。火经土的作用后,既能温物、熟物,又不会焦物、炎物,将火的作用落实到了实处,其间的交替、承接、转换皆靠土来施行完成。阴阳要变化、要流转、要周而复始,都必须落实到土上。从木到火,从火到金,从金到水,从水到木,每个过程都离不开土,都要受到它的灌溉,如果失养,就会动摇生命的根基,这便是土的稼穑之功。

土的稼穑之功,核心体现于其含藏生发万物的力量,代表了生化、承载、受纳。"医易同源"是中国文化的特质之一,中医认为,"肾

（水）为先天之源，脾胃（土）为后天之本""有胃则生，无胃则死"（《景岳全书》）。李时珍《本草纲目》亦说："土为万化之母。"这些文献记载，都说明了土的藏性无处不在，既能包含万物，又能长养万物，故曰"德合无疆"！且在现实生活中，土地更是国民生存的根本。因而，古圣先贤如此厚待"土"是不无道理的！

中国古代将天下按方位分为东、西、南、北、中，依次对应五行为木、金、火、水、土的势能特质。古代天下分九州，河南居中州豫州，五行属土，说明土的势能力量大。而中州的土，确实很厚。厚到什么程度呢？考古学界都知道，河南开封，城下还有三座城。足见其土之厚！此外，河南在中国地图中位于雄鸡的心脏。若有人问"行不行"，通常我们会回答"行"或"不行"，而河南人的回答则不同，他们会说"中"——这个口头语的习俗，就源于其位居中土而传承下来，足见这个"中"的观念已由来至久。有了"中"的思想之后，就有了"中心"的概念。汉代董仲舒在《春秋繁露》中便称"土，五行之中也"，毋庸置疑，土在五行中起到的就是中心作用！

老子在《道德经》中强调："人法地，地法天，天法道，道法自然。"人首先要效法地，那效法的是什么呢？效法大地谦卑、含容的品德。众所周知，谦受益。这个谦德，更是中华民族世世代代的核心品德。

《易》曰，"同声相应，同气相求"，事事相关，物物相应。世间事，聪慧者知此即知彼，知彼亦知此，遥相呼应。君子千里同风，只要一动念，信息就散发出去了，然后同气相求。

中国文化认为，表象即表法。天人相应，土的含藏之德的衰减，势必也在自然界中有所体现——土的含藏之德减弱，藏性就降低，土藏水的功能就大大减弱，导致出现水土流失严重的现象。

足见，德行对于人、对于社会、对于自然界是何等重要——德是养身立命的根本！"德事业之基"，德大资产才大！古语说："天雨虽宽，不润无根之草；佛法虽精，不传无德之人。"万事万物，无德不立，无德就无根。《易经》说"进德修业"，告诉人们：没有厚培福德、广种善因的稼穑之功，就不会有未来生命的高越。

荀子曰："善为易者不占。"我们通过对土的稼穑之性的了解，对与之相关联的一些自然现象、社会现象的思考，势必会引而申之，别开生面地观待世界，生命会因此而更加饱满。

金木水火土，五行论气；阴阳雌雄事，万法归宗。能体物，便能察其微，而后便能通人情、明世故，心开意解。

火日炎上

在五常（仁义礼智信）中，火主礼；在五藏中，则对应心——"心者，形之君也，而神明之主也"（《荀子·解蔽》）。人的思维清晰、智慧增长、辨别力强，才能称为明。火炎上是火燃烧时的本性，我们从"道法自然"的角度去看五行就非常容易理解。

火主礼，史家关于礼的注释非常全面。《说文解字》曰："礼，履也，所以事神致福也。"这与"礼在于祭祀""祭者，缝也，入天之缝也"之义合。"礼义取势，通神明，气度也"，礼在于祭天、祭地、祭万物、祭神明。这个神明又回到心的范畴、火的炎上功用上来了。

孔子提倡礼治，荀子赋予礼以法治的含义，古人"以礼制法"，以礼制规矩；事礼而传子孙，以成社会道德、家庭伦理。有规矩才有方圆，社会才能进步，才能体现火主礼、火有炎上之德的功用。入俗则远天；天人合一方成礼节、礼仪，以此名天人之要道也。礼是人与天地万物交往之通道。礼之要用，在于"经国家、序人民"，如同四季之序，不能混乱一样。

关于礼的"经国序民"的要用，史载颇多。

《左传·昭公二十五年》："夫礼，天之经也，地之义也，民之行也。""礼，上下之纪，天地之经纬也，民之所以生也。"

《白虎通义》："夫礼者，阴阳之际也，百事之会也，所以尊天地、傧鬼神，序上下，正人道也。"

《礼记·乐记》："礼者，天地之序也。"

《荀子·礼论》："礼者，人道之极也。"

《春秋繁露》："礼者，继天地，体阴阳，而慎主客，序尊卑、贵贱、大小之位，而差外内、远近、新故之级者也。""夫礼，体情而防乱者也。"

礼被认为是"天人之规范，性命之法则"。国有礼才可得到很好的发展规范，人民生活才会有序。没有规矩不成方圆，历朝历代正是由于礼的这个"经国序民"的作用，才使得国家朝着一个积极向上的方向发展，才走到社会进步的今天。

孔子在世时，也曾专门问礼于老子，而非向老子问道。因为孔子心里明白"依礼制律"是"天地之大则也"。所以，礼为火之主，作为火的炎上之德的最高体现，在历史发展的每个阶段，它的展现都是淋漓尽致的。因为，礼性是"体天地，法四时，则阴阳，顺人情"，礼之德无处不在！

道不远人而人自远。火的炎上之德为道统，依道才可以统天下。以礼制法，依法而治天下。

古代送礼是为了礼待对方，达到"用外之物，以饰内情"的目的。而送礼的初衷，外现尊上敬上之含义，内透炎上之情性，多发自内心。不像现在的送礼，炎上之情极少，多是为谋求一己私利、权力寻租之劣情，炎上之德渺茫矣。

《荀子》曰："礼有三本。天地者，性之本也；先祖者，类之本也；

君师者，治之本也。""君师者，治之本也"，强调"师"的特殊重要性，无师不足以治天下也。可是现在的老师，多以"利益"为本，有的连最起码的治身都达不到，这样的师表怎能去治学、治人、治天下呢？所以，我们看到的都是师表的狼藉。

讲经典却不能通经致用，教知识却不能以此安身立命，这种没有实证体验的传授，古人谓之师德无存！要知道，天道乘除，虽不能尽测，但善恶之报，其应如响，疏而不漏。浊人慧命者，亦不劳人遣送，皆自得本途啊！这是因果。

由于春秋时期开始"礼崩乐坏"，孔子删诗书、定礼乐，整理六经《诗》《书》《礼》《乐》《易》《春秋》。但自从秦始皇焚书坑儒，项羽又于咸阳火烧阿房宫，《乐》遂告失传，六经遗为五经。"千载而下，最可恨者乐之无传，士大夫视为迂阔无用之物，而不知其有切于身心性命也！"这是明代著名思想家吕坤因感喟《乐》失传所发出的"狮子吼"声！

孔子提倡礼治，荀子赋予礼以法治含义。《礼记·祭义》云："乐也者，动于内者也；礼也者，动于外者也。乐极和，礼极顺，内和而外顺。"这说明礼、乐之间是唇齿相依的关系。《乐》失传了，崩坏了，就说明礼也随之相应地崩溃了。晚世风气习俗渐败，人心贪欲无穷，礼仪废弃，人与人互相欺骗，少不肯事长，幼不肯事亲，愚不肯事贤，哪里还有成规模的具足的诚意和敬畏呢？

西方的教育是两堂制——孩子们出了学堂进教堂，而中国古代的教育是三堂制——孩子们出了学堂进祠堂和中堂。祠堂是祭祖的，中堂是感恩的，即感恩荀子所倡导的"天地君亲师"——没有天地，就没有人类社会的存在，所以要感恩天地；没有君，社会和个体生命就会无序，所以要感恩君；没有父母双亲，就没有我们的肉体生命，所以要感恩父母双亲；没有老师，就没有我们的精神生命，所以要感恩这世界上一切令我们长智慧的师长！

"礼之于世大矣哉！"这既是明代吕坤对礼德的评价，也是火的炎上之德的大义之所在！

火代表温热、向上，在人体则代表心和小肠。火的炎上之性可以使物成器——金经火炼，方可成器，趋于尊贵，高于原有价值。土经火历，方可成瓷成具。水经火激，方可形成蒸汽，聚云成雨，再行润下之功。火主温，木无温则不得生发成长。

管子说"以人为本"。那，火形人有什么特点呢？

老子《道德经》曰："道法自然。"火最常见的自然状态是，在燃烧时，若无风，则下宽上尖，若有风则为侧尖；因此，但凡面部为下宽上尖或者侧视面尖者（嘴、鼻突出）者，都具有火形特质。尖是火的各种状态都具备的特点，所以面带尖者，皆具火质。比如，喉结尖、耳朵尖、美人尖，等等。

有一个耳熟能详的词叫"拔尖"。一个人，若头尖、鼻尖、耳尖、嘴尖、喉结尖……只要具备了其中三种，就可归于"拔尖"人才一类，仔细观察，必定有其出类拔萃的造化所在。

此外，火在燃烧时，既速度快也无稳定静态形状，因此，那些语速快、言语表达时肢体动作多者，也都具备火性的特质，备有火性的势能。

其他四行的特点，诸君可仿此举一反三。

水曰润下

"道法自然"，水性润下是水的本质和美德，具有滋润、下行、寒凉、闭藏的特质。

南朝陶弘景在《真诰》中说："镜以照面，智以照心，镜明则尘垢不染，智明则邪恶不生。"在五常中，水主智，为启蒙、教育、增长智慧之意。现实社会中，喜欢无私地去做恩泽青少年的事情者，往往以水形人（肥胖、重颔者）居多。智以解惑，以去无明。人们用智慧来滋哺后人，令其开悟生明，就是水性润下的体现。而人类的发明、创造、科技进步等智慧之果，也都是展现润下之功。所谓"前人栽树，后人乘凉"，便是对润下之德的最朴素的表述。

悬象示义，表象即表法。现在的道路，硬化普及，路面多不能渗水，下雨时，雨水已不能润下，这便对应了一个事实：今人大多不会教育后代，润下之功衰微，此与水德下降有着微妙的联系。

众所周知，望闻问切是中医的看家本领，可惜时下已支离破碎。中医常言"气色"，无气就无色，色是靠气的聚集所形成的。时下中医多会问诊观色，而像战国时期扁鹊那样会望气的中医，用望远镜都难觅！如今中医基本是靠着西医走路，更有甚者仅仅是打着中医的幌子立足而已，实在不足挂齿。

《易经》的精神是"事事相关，物物相应"，万物之理，异曲同工。个中奥妙，静心细品，会更加震撼到良知的。

金曰从革

"金曰从革"，"从革"就是从而革之，先一并收入，然后再萃取。其中，革为改革、革换、革命、洗练之意，因此金具有沉降、肃杀、收敛的特质。

众所周知，金是五行中质地最重的。为什么它的质地最重呢？就因为它的聚敛沉降之性，这个聚敛沉降之性可以使阳气沉敛而不蒸发，使水下行而不上散。

在五行与五藏的对应关系中，金在人体对应肺和大肠。中医认为，肺主治节（控制节奏）、治气、呼吸。天之四时、四季不断地循环转换是天地运行的规律，而人要与之相应，也要与外界进行转换、承接。如何完成呢？要靠肺。肺是人的体内气体与体外气体的交换之处。肺将口鼻吸入的气体进行分类处理，将氧气等有用的气体纳入体内，由氧生血，由血生身；其余废气和体内产生的二氧化碳等气体则一并排出。肺器官在不断地进行呼吸等切换枢纽工作，如同交易场所，各取所需，各征其用，这便是"从革"的作用，有移星换斗之功！

此外，四季中的秋季五行属金，金主肃杀，秋季金气旺盛当令，顺应天地阴阳四时之变化，行使着"从而革之"的生杀大权，具有革命性。君令臣使，上令下行，不可违之，故曰从革。从革具有改换门庭之功。

贾探春是《红楼梦》中的主要人物之一。她是故事主人公贾宝玉的庶出妹妹，为贾政与姜赵姨娘所生，与贾环同母，排行为贾府三小姐。她也是海棠诗社的发起者，别号"蕉下客"，居于大观园中的"秋爽斋"。她为人精明能干，有心机且能决断，有"玫瑰花"之诨名。从其所居之"秋爽斋"可知其内在势能所向与秋势对应，而秋为金，金又主心机和决断，故应之。一部《红楼梦》，便是中国文化的写照。书中所描述的王熙凤的三角眼（几何学中，三角形最稳定，平衡能力强，代表平衡和执法的能量）以及大观园的具体建筑格局，处处可窥中国文化的神韵。

《吕氏春秋》曰："凡物之然也，必有故。而不知其故，虽当，与不知同，其卒必困。"是说，任何一个事物和现象的存在，都有其必然规律。你若不知道，虽然做起来很像回事儿，但却跟不了解是一样的，到最后必定作茧自缚，为其所困。

老子说："知常曰明。"如何才能在寻常生活中保有"知常为明"的功夫呢？

在生活中，皱眉是很常见的现象，很多人的脸上都有因长期皱眉所镌刻下来的纹理。那么，问题就来了：皱眉对应什么五行呢？还有，那些说话时喜欢扬眉或眉飞色舞者，其五行势能又对应着什么呢？

请诸君广开心扉。

木曰曲直

《尚书·洪范》曰："木曰曲直。"木具有生长、生发、舒畅的特质。

曲直是木的特性，木的成长具有先曲后直、曲直相间的特性。凡是植物（木）都有此曲直之性。而其他如土、金之类，则不具此性。

医易同源。《黄帝内经》云："东方生风，风生木，木生酸，酸生肝，肝生筋。"又云："神在天为风，在地为木，在体为筋，在藏为肝。"可见，五行中的木，在人体是由筋来表征的，在脏腑则对应肝胆。由于筋具有曲直之性，所以就对人体各个关节能否灵活运动有着至关重要的作用。筋主要聚集于关节的周围，而膝关节则是聚集筋最多的地方，故膝在《内经》中又称为"筋之府"。《素问》中提到"宗筋"一词，是指男性的阴茎。

风为天地之使，有促成繁衍生殖之功用（详见"风为天地之使"一节）。风在体为筋，宗筋可曲可直，也正是这个曲直的功能，才使它得以完成生殖的大用。这些实际表现情况，又使《礼记》的话得到了印证——《礼记·月令疏》云："春则为生，天之生育盛德在于木位。"说得真是太妙了！天所赋予我们的生育盛德在哪里呢？就在木位上。木主宗筋，主曲直，而宗筋要发挥其作用，很关键的就是要能曲直。曲而不直为病态，即医学所言之阳痿。阳痿就会影响上天所赋予的生育的盛德。

由于交通发达，现代人出行常以车代步，走的路少了，四肢运动量大不如前，四肢懒散，木的曲直功效也随之减弱。木主筋，也主肝，木性减弱之后，肝就会出问题。

此外，在性格上，木性为耿直，那些宁折不弯、不能屈伸的倔强者，是肝气太盛的表现，即木性太旺。孔子说"过犹不及"，南宋辛弃疾说得更为精辟："物无美恶，过则为灾。"是的，氧气能养我们，也能氧化我们。这世上没有单独的利益存在，一切都是"和为贵"！"彩色所以养目，亦所以病目。声音所以养耳，亦所以病耳。耳目之视听以养心，亦所以病心。中则养，过则病。"（明代祝允明《读书笔记》）可见，"致中和"才是保任之道。

当年，日本京都有一座知名禅园。禅园建成后，建筑师把天皇请来御览。天皇在禅园里边走边赞叹："这里真美，真是日本最漂亮的庭园。"说着，天皇指着园里池塘边的一块石头说："这块石头是整个庭园里最美的石头。"站在一旁的建筑师听后，马上吩咐人搬走这块最美的石头。天皇诧异地问道："为什么要这样做？"建筑师恭敬地回答："陛下，如果庭园里有一样东西特别显眼，就会破坏周围的和谐；我把它移走，这里就完美无瑕了。"可见，这个建筑师践行的就是"致中和"之道，这是大智慧。

《易经》提出了"事事相关，物物相应"的方法原则，此起彼伏，顺逆相推，皆有其理，这就是同气相求！当你真正领会了这个道理，就离"一窍通、窍窍通""举一反三"的慧境不远了。

五行之德

性命性命，不了解本性，就不了解命运。那，这个"性"是从哪儿来的呢？是从理上来的——"穷理尽性以至于命"（《易传》）。

这世界能量守恒。一切事物的发展变化都是能量的变化所致。

《道德经》曰"知常曰明",这四字非常重要。因为常道是智慧策源之所。五行是五种能量的分类表达,五行不动为五常,亦称五德,即"仁义礼智信",分别对应着木金火水土。(注:德行规范为五,并固定在仁义礼智信上,则是董仲舒以后的事。汉初并非这样,先秦更不如此。——庞朴《竹帛五行篇与思孟五行说》)

三国时期的思想家、文学家刘劭著有《人物志》,是世界上第一本人力资源著作。该书中对五德有着更详细的论述:"夫仁者,德之基也,载德而行。义者,德之节也,制德之所宜也。礼者,德之文也。信者,德之固也。固,德之所执也。智者,德之帅也。""是故温直而扰毅,木之德也。刚塞而弘毅,金之德也。愿恭而理敬,水之德也。宽栗而柔立,土之德也。简畅而明砭,火之德也。虽体变无穷,犹依乎五质。故其刚、柔、明、畅、贞固之征,著乎形容,见乎声色,发乎情味,各如其象。"(《人物志·九征》)

由此可知,人的形体容貌、声音表情、情感气味等,在五德方面的体现均有表征。

关于"仁、义、礼、智、信"之五德,细而论之:

木主仁。五脏中肝胆属木,木病者好怒。仁能养肝,若以仁德存心,对人对物爱心常存,并能戒杀,则可愈肝胆之疾。

金主义。五脏中肺肠属金,金病者好恼。义能养肺,若以义气存心,多思人好处,心量宽大,并能戒贪盗,则可愈肺肠之疾。

火主礼。五脏中心脏属火,火病者好恨。礼能养心,若以礼存心,多敬多慎,去动去躁,能戒邪淫,则可愈心疾。

水主智。五脏中肾脏属水,水病者好烦。智能养精,若性格柔和,通情达理,多长智慧,并能戒酒,可愈肾、齿、血液及生殖系统之疾。

土主信。五脏中脾胃属土,土病者好怨。信能养气,若为人忠厚守信，能戒妄语，则可愈脾胃之疾。

对于五德，明代张三丰在其《天口篇》之五《五德篇》中讲得颇为精到："人生有五德，吾尝以譬天地之五行。人身之五经，仁属木也，肝也；义属金也，肺也；礼属火也，心也；智属水也，肾也；信属土也，脾也。是知五德之不可少一，犹如五经之不可绝一，即如五行之不可缺一。人皆曰木不可少也，而何以无仁也？无仁者，必无养育之念，其肝已绝，而木为之槁枯矣！人皆曰金不可少也，而何以无义也？无义者，必无权宜之思，其肺已绝，而金为之朽钝矣！人皆曰火不可少也，而何以无礼也？无礼者，必无光明之色，其心已绝，而火为之衰熄矣！人皆曰水不可少也，而何以无智也？无智者，必无清澄之意，其肾已绝，而水为之昏涸矣！人皆曰土不可少也，而何以无信也？无信者，必无交孚之情，其脾已绝，而土为之分崩矣。是知为人者，必先有心之五德，而后有身之五经。仁不绝肝气生，义不绝肺气平，礼不绝心气明，智不绝肾气灵，信不绝脾气醒。德包乎身，身包乎心，身为心用，心以德明。是身即心，是心即身，是五德即五经。德失经失，德成身成，身成经成，而后可以参赞天地之五行。"

因五行之德，皆能养性，故讲自身五行本性，要以反躬自问来化性培德。

木行人要自问：是否有仁德之心？是否存我见？是否好争斗？是否爱挑毛病？好争斗者，皆见他人不足，故易动怒气，动怒就伤肝。

火行人要自问：自己是否明理？是否有贪争之心？是否易着急？是否常上火？人虚荣内急，就爱上火，不可避免地就会产生愤恨，愤恨就伤心。

金行人要自问：是否有义气？是否喜欢计较？是否好说假话？对人爱计较、好虚伪，笑在面上，恼在心里，恼人就伤肺。

水行人要自问：是否有智慧？能否知错就改？是否常烦人烦物？多

烦就伤肾。

土行人要自问：是否有忠信？是否多疑？度量大不大？量小就多怨，多怨就伤脾。

五行所缺，可用五德来补——如，五行少金，则缺义，多行担当仗义之善业，即有补益之功。这种五行之间相互制约、生扶的体现，就是合德。

合德有金木合德、水火合德、木土合德、火金合德、土水合德。以木土合德为例：木旺之地，即植物郁郁葱葱之地，土质通常都很好。因为土具有藏水、纳水的功能，而木有涵水、吸水的功能。所以，只有木旺才能更好地吸水，从而使土也具有滂沛的汲水力，更好地保持其含藏之性德，否则就会造成水土流失。这就是合德之质。

用五行之德，养五脏中和之气，去五毒之病根。经常自我反省，修正内心，就是命随性转，就是"率性之谓道"，更是君子进德修业、改运之宗法。明白五行本性之理，以积极的态度去善待事物，自然阳长阴消，拨阴取阳。"应如是住，如是降伏其心"（《金刚经》），若能时时减除私心，透见良知，便能自度度人。

要记得：知性好相处，化性是真方！

五行之形

学习是快乐的！当你的所学、所知，不是一个枯萎的约定，而是一个活体时，就必定能见到种种解脱的风光，并能真正还给自己一片晶莹！

所有的学问都是人学，都离不开日用，如果你所拥有的知识令你的烦恼越来越多，那一定是学错了！阴阳、五行这些概念要能落到实处，不能空洞。空洞就是不诚实，就是自欺欺人。五行的具体落实要以人为本。人离不开五行，人就在五行中，吃喝玩乐均莫逃乎此。《西游记》中的孙悟空，时时都希望自己能够"跳出三界外，不在五行中"。然而，我们首先要先谦认自己是凡夫，这样才能正视自己，才能"自知者明"。

德国哲学家黑格尔有一句名言："熟知并非真知。"很多看似熟悉的人，其实我们却不知其本性、不知其内心。古语说得好："知性好相处。"不知本性，只凭感觉判断，是很难知人善用的。可是，你不能知人，就是在耗费彼此的生命，这不就是"无知者无畏"吗？

话顺着理走，水顺着沟流。人自身的五行属性，主要从形状、气色、声音、行态、行业等角度来分辨。如果五行都相和，那么所处状态就和谐；反之，则天地不配、活着受罪。

每个人的骨骼及其相关比例、行为状态等，于数十年中，已不知不觉产生了稳定习性，形成了"常"态。老子在《道德经》中说"知常曰明"，提醒人们要时时寻找到"常态"，发现其内在的轨迹和规律，这样才能成为一个明白人。因此，中国文化中就有了百姓日用的"寻常"之谓。

三国刘劭《人物志》载："凡有血气者，莫不含元一以为质，禀阴阳以立性，体五行而著形。苟有形质，犹可即而求之。"

是说，大凡有血气之人，无不含容元气太极而成其资质，秉承阴阳而确立其本性，体现金木水火土五行属性而显现其形体。一旦具备了形与质，便可以就此而探求。事实完全如此。

生活之中五行的体现无处不在，人们每时每刻都与五行打着交道，例如饮水、用火，使用金属器具和木材制品，行走在大地上，看到不同的人和物体（具备不同的五行属性），土地上的盛产等，都对应着五行的势能。

"人在三界内，便在五行中"的观点，在《西游记》等古代文学作品中经常出现，说明这种观念已经得到了较为普遍的认同。而在现实生活中，古人早已将人的相貌依五行来进行分类了，并且在现实生活中的应用也炉火纯青。

比如，《晋书》这样描述竹林七贤之一的嵇康："康早孤，有奇才，远迈不群。身长七尺八寸，美词气，有风仪，而土木形骸，不自藻饰，人以为龙章凤姿，天质自然……康善谈理，又能属文，其高情远趣，率然玄远。"这里的"土木形骸"，就是对其身形"长直而方"的描述。而这种自身"土木形骸"（木土相克制，终遭自毁）的"形相"，也与其人生的节律吻合——魏元帝景元三年（262 年），性格耿直、临事敢言的嵇康为司马昭所杀，这个被当世奉上神坛的人，成了时代的祭品。

唐代宰相郝处俊，《新唐书·郝处俊传》亦载其相貌为"土木形骸"，后因言获罪，为武则天所掘坟。

从以上二例中可以看出：人们的五行属性并非孤立的一种，通常都是多元存在。比如，一个人，头可能为金形，但身却为水形，身体上的动作又体现为火形，声音又是土音……不一而足。而下面案例，则更能证明这一点。

北宋苏轼《东坡志林》载："欧阳文忠公尝言：'少时有僧相我，耳白于面，名满天下；唇不著（遮）齿，无事得谤。其言颇验。'"这句话中的"唇不著齿"，即为"龅牙"，按五行来下结论就是典型的"火金形"。苏东坡这段记载的大意是：欧阳修跟苏东坡说，我小的时候，家里长辈请来一位善相的僧人，给晚辈们看看未来如何，他看到我时说我：耳朵肤色比面色还白，会早年名满天下；但是，由于我嘴唇遮不住牙齿，会导致因无关自身之事而生讼非。现在回想起来，这位僧人当年说的可真是非常应验啊！

苏东坡记载这件事情的初衷我们不得而知，但至少我们可以看出"以人为本"的思想是一直贯穿于中国文化中的。很多古人对人与生俱来的特质进行分类识别，是从小就开始的。这是他们契入先见之明智慧的具体实践方法，并因此而得出无数的真诠传世，实为代代心血所凝聚而来的结晶所在。

唐宋八大家之一的欧阳修是公认的一代文豪——他 24 岁时中进士，这个年龄中进士的人算是很少的了。要知道，我们熟知的唐代白居易、宋代范仲淹、明代王阳明等人，也都是 27 岁才中进士。当年，白居易还为自己这么年轻就中了进士作诗一首，赞颂自己是进士中的"最少年"。而历史上绝大部分中进士者，普遍在 30—40 岁之间。欧阳修这么早中进士应了其"耳白于面，名满天下"。但另一方面，欧阳修 4 岁丧父，妹妹尚幼；母亲时年 29 岁，投靠叔叔欧阳晔门下。欧阳修及长，婚姻又不顺利，头妻为其师翰林学士胥偃之女。可惜生子之后，胥氏染病去世，时年 17 岁。一年之后，欧阳修续娶集贤院学士杨大雅之女，10 个月之后杨氏亦因病去世，时年 18 岁。景祐四年，欧阳修又娶户部侍郎薛奎之女，后被薛氏内弟薛宗孺诬告，导致被直接降职，从此仕途黯淡，且饱受非议。而这便是"唇不着齿，无事得谤"之验。

在这里，"谤"字的势能有"两院之患"的指向，即是非净讼与疾患之殃。欧阳修遭受的诬告与非议，便是前者之应；而其三个爱妻都年纪轻轻就染病身亡，便是后者之应。

对于欧阳修的性格，自古知子莫若母——其母郑氏就曾说："我家儿子性格刚硬，喜欢得罪人，总有一天会遇祸，老身我早就做好思想准备了。"年轻时的欧阳修，看到不平的事就沉不住气，总是上奏折，"极陈弊事"，并且言辞还很激烈。你说，这种性格怎么能不得谤呢！以至于他连自己的老师宰相晏殊都得罪了！真是人形之势所使然啊！

从这个故事里可以看出僧家的论据有二：耳白于面与唇不遮齿。我们耳熟能详的"笑不露齿"的古语，便是从"唇不遮齿"而得来。

其实，"唇不遮齿，无事得谤"的观点在唐代就已经很流行了——

唐宋八大家之中的韩愈，赴任江西宜春刺史后，曾问下属，城中有什么高人。下属说："您名扬天下，这里没什么人可以称得上高人了。"韩愈反问道："难道这附近就没有高人了吗？"下属答道："城里没有，但城外有一寺院，方丈蜚声当地。"韩愈说："请他来城中，我跟他聊聊。"下属传话过去，没料想，方丈回复说："我不进城，但邀韩愈到寺院做客。"韩愈闻言，心中不爽，但为了礼贤下士，只好屈就。到了寺院山门，方丈率人恭迎。韩愈一边往寺中走，方丈一边介绍情况。行至中庭，韩愈突然问道："您听说过'唇不遮齿，无事得谤'吗？"方丈说："鄙人才疏学浅，尚未听说。请赐教。"韩愈说："唇不遮齿，会导致无中生有而致是非净讼。寺庙是清净之地，方丈唇不遮齿，会为寺院带来是非，产生不利。"方丈闻言，转过身去，走到旁处，拾一石头，当着韩愈的面，几下便将自己的门牙敲掉了！然后，还将地上沾有灰土和血水的门牙，捧在手中，让韩愈看，问道："寺院的是非是不是没有了？"韩愈大惊，连说："没有了，没有了！"

后来，二人成了莫逆之交。

在现实生活中，"唇不遮齿"的现象不仅男性有，女性亦存在。那么，这对于女性会有怎样的影响呢？

清代沈复便说其妻陈芸并非美人："其形削，肩长项，瘦不露骨，眉弯目秀，顾盼神飞。惟两齿微露，似非佳相。"（《浮生六记》）其结论"似非佳相"的重要论点便是"惟两齿微露"。可见，在古代，女子嘴唇是否遮齿是判定"佳相"的标志之一。

值得一提的是，这个有着是非净讼的"两院之患"（法院和医院）势能指向的"唇不遮齿"，成了很多人的疑惑：它有调和的方法吗？对此，宋代郑樵在其《月波洞中记》中专门写道："世人只知齿露，不贵；露齿贵者，何也？必是人中深长，齿白唇红。"原来，当"唇不遮齿"遇到"人中深长，齿白唇红"，便是贵相！从中亦可见古人对人生的了解之深。

那么，问题又来了，如果"唇不遮齿"没有遇到"人中深长，齿白唇红"的组合，又该如何化解这种不利因素呢？

方法当然有！

明代高濂在其《遵生八笺》"人事诸忌"中写道："勿搔首，披发覆面。"头发遮住额头（比如"刘海"）就属于"披发覆面"，这是为人所忌讳之举。但是，天下无有一物是废物——凡遇"唇不遮齿"，则可将前额头发留出"刘海"——用头发遮住前额，以此来婉转通关，调和不利势能，使之负负得正，裨益人我。

其实，除了"唇不遮齿"之外，古代还强调"笑不至矧，怒不至詈"（《礼记·曲礼上》）。笑不露齿龈，露齿龈则坏颜；再怒也不要骂人，一骂人就丢了修养。而关于"笑不至矧"，明代释智旭《四书蕅益解》还专门载有："袁了凡曰：'礼云：笑不至矧。矧，与哂同，露龈大笑也。居丧，则笑不至矧。'"这句话后来就成了礼数而传承下来，这也是古人在笑时掩面或遮口的缘起所在。

明代王阳明说："圣人之心如明镜，只是一个明，则随感而应，无物不照。故圣人只怕镜不明，不怕物来不能照。"一切都有迹可寻，所以圣人有能照的格物功夫。

五行是中国文化的基本结构，是中国智慧的重要引擎，更是载道的舟筏。就文化而言，人最常见的文象是什么呢？就是"人面皆苦"！

《道德经》曰"知常曰明"，能知道万物常态知识的人，是明白人。就人而言，每个未经装饰的面部，一眼望去，都可以直观看到眉毛、眼睛、鼻子、嘴巴，而耳朵有可以看到的，还有被不同发型的头发遮住而看不到的，故此忽略。因而，人面最常见的就是眉、眼、鼻、口。前面讲到，毛发对应大自然中的草木，故而两眉就是"艹"，然后下面再加上两眼为一横，鼻子为一竖，再下面又是一个口，这样就组成了一个

"苦"字。所以人们说乐的时候，都用"快乐"一词，就是乐很快就结束了，很短暂；而绝大多数时间都是被种种焦虑、烦恼、劳作、疾病、虚荣、悭吝、自私、所求不得等"苦"占据着生命，不得解脱。

清代王永彬在《围炉夜话》中作如是载："人面合眉眼鼻口，以成一字，曰苦（两眉为草，眼横鼻直而下承口，乃'苦'字也），知终身无安逸之时。"

看问题的角度有很多，上面之例是从五行的"形相"角度来谈的。春秋时期的孙子说："知己知彼，百战不殆；不知彼而知己，一胜一负；不知彼，不知己，每战必殆。"（《孙子兵法》）这个知己知彼的功夫，在那个时代，很多人都具备，也都是从五行建立基础的。可惜，今人只是把文字挂在嘴边，写在纸上，故纸上谈兵者必败矣！

古人对五行势能的认知非常丰富和细腻，也有很多经验总结流传后世。例如，古语曰："人走木运，穷困潦倒。"人的体貌一旦入了木局（面部细而长）且脾气倔强者，多是经济萧瑟者，感情也多蹇。这是其五行内在势能之展现。

"木形人"——章太炎先生

清末民初的章太炎，和夫人的晚年生活过得很艰难，常常交不起房租。有时被房东逼急了，章太炎就写一幅字，让夫人拿到市场上去卖。可他打心底里觉得这样做有失尊严，写字卖钱的次数少之又少。某次，有位好友来访，提出愿意出20块银圆请章太炎写两幅字。当时章太炎正苦于没钱交房租，于是爽快地答应了。这事很快流传开来，一时间众多仰慕者纷纷上门要出钱买字，可清高的章太炎却怎么也不肯再写。画家钱化佛听说此事，笑着对那些讨字者说："你们出高价办不成的事，我只需花几文钱就行。"众人都不相信，钱化佛便亲自去市场上买了几个黑乎乎的臭咸蛋，然后用牛皮纸包好，神秘地说："有了它，我就能让章公乖乖地写字。"他找到章太炎，指着那包臭咸蛋说："如果章公同意给我写幅字，这包东西就是您的了。"章太炎不屑地说："就是稀世珍宝，我也不会心动。"钱化佛摊开臭咸蛋，章太炎看到后一把将它们抢了过去："你要写什么，只管讲！"那之后，钱化佛又多次带臭苋菜、臭花生等来讨字，章太炎从未拒绝。有人追问原因，章太炎笑笑说："为钱财折腰是穷光蛋所为，为食物动心则是真性情流露。我宁愿吃臭东西，也不愿贪臭钱！"

真是"表象即表法"，外有所征，内有其质。

章先生十足的木性，其呈现出的势能特质还是很多元的。比如，他早年在日本时，东京警视厅让他填写一份户口调查表，原本是例行公事，可章太炎却十分不满，所填各项为："职业——圣人；出身——私生子（当时日本私生子很多）；年龄——万寿无疆。"

你看，这个倔强的表现，还充满了幽默呢！而幽默和拥有艺术性，也是木形人内在的特质之一。

当年的梁启超也是木形人，其耿直的性格也是令人刮目。徐志摩的父亲徐申如坚决不同意儿子娶陆小曼，一是他不喜欢陆小曼，认为这样的女人品行轻薄；二是觉得儿子离婚已属大逆不道，再娶一个有夫之妇更是有辱门风。后经胡适、刘海粟等人斡旋，徐父才勉强同意儿子再婚。但他提出：婚礼必须由胡适做介绍人，梁启超证婚！1926年8月14日（农历七月初七），中国的"情人节"，徐志摩与陆小曼在北京北海公园举行了盛大的婚礼。婚礼上，梁启超霍然站起，宣讲了有史以来"最坦诚""最直率""最另类"的证婚词："我来是为了讲几句不中听的话，好让社会上知道这样的恶例不足取法，更不值得鼓励！徐志摩，你这个人性情浮躁，以至于学无所成，做学问不成，做人更是失败！你离婚再娶就是用情不专的证明！陆小曼，你和徐志摩都是过来人。我希望从今以后你能恪遵妇道，检讨自己的个性和行为，离婚再婚都是你们性格的过失所造成的，希望你们不要一错再错自误误人。不要以自私自利作为行事的准则，不要以荒唐和享乐作为人生追求的目的，不要再把婚姻当作儿戏，以为高兴可以结婚，不高兴可以离婚，让父母汗颜，让朋友不齿，让社会看笑话！总之，我希望这是你们两个人这一辈子最后一次结婚！这就是我对你们的祝贺！我说完了！"

这番"证婚词"字字千钧，掷地有声，听得"新人及满堂宴客无一不失色"！证婚词紧戳两位新人"软肋"，评人论事入木三分，不仅彰显了梁启超刚耿直率的性格，也表明了这位近代大儒对婚姻生活的态度！

至今读来，令人击掌相赞！

"盖世人读书，第一要有志，第二要有识，第三要有恒。"晚清重臣曾国藩的话在梁启超先生身上皆备！曾国藩还说，"凡办大事，以识为主，以才为辅"，阐明了读书人成大事的要件——"识"的重要性。并且，他在鉴人方面也是尤为精善——他依据宋代麻衣道者的识人歌诀总结道："木瘦金方水主肥，土形敦厚背如龟。上尖下阔名为火，五样人行仔细推。"他用百姓日用而不知的超越时空的识人、用人法则，抵达了老子所言"知人者智，自知者明"的慧境，为后世留下诸多令人啧啧称奇的案例。

木形为直，史上更有"笔直之头"相者。

南北朝时期，北魏太武帝拓跋焘每次与"忠慎质直"的属下将领古弼见面，都忍不住发笑。原因就是古弼的脑袋长得像一支毛笔，故赐其名曰笔，取其直而有用，并戏称"笔头"。

一次，古弼进宫想向拓跋焘请示工作，而拓跋焘正好在和中书监穆寿下棋。古弼旁候许久，拓跋焘仍无与其讨论之意。未料，古弼突然起身，冲上去拽着穆寿的头发把他拉下床炕，然后，揪住穆寿之耳朵狠狠揍他，并大声呵斥其："朝廷不治，实尔之罪！"这一举动，可把拓跋焘吓坏了，他忙说："不听奏事，朕之过也！穆寿有什么罪，赶紧放开他。"

这古弼的犟脾气表现得还很丰富。有一次，拓跋焘准备出去打猎游玩，让古弼准备马匹，结果古弼备了一些劣马。拓跋焘大怒说："笔头奴敢裁量朕！朕还台，先斩此奴！"消息传到古弼的官衙中，官衙中的下属们都胆战心惊，怕被牵连。古弼说："作为国家的官员，让主子无法玩得尽兴，这种罪不至于牵连你们。我把良马用在军事上，把劣马用在打猎这种事情上，正是为国家考虑，虽死无憾。"拓跋焘听到后不由得感叹："有臣如此，国之宝也。"

木之德，有参天之势，可动天子及太上之威，心中亦存天下和苍生，以至于自然能放得下一时荣辱！相反，那些只喜欢听歌功颂德者，感召的自然都是些谄媚的戏子。

中国文化强调"以人为本"。人禀五行所生，顺天地之和，食天地之禄，故人体之身性皆取乎五行。欲辨五行之形，须识五行之性。没有五行，天地不能成其变化；没有五行，人体不能成其形骸。人身自为一个小天地，天地间的阳舒阴惨，犹如人心的喜怒哀乐，都是五行的不同形式的化现。人们食五谷，内纳五行之气，外展五行之性，混杂纳受，性格纷呈异彩，习气与身相随，遮掩了人们的真如自性。一旦你降服了所有习气，不再由五行所使，自身所受五行已然解脱，五行效用自然随之消失——这便是人们梦寐以求的"跳出三界外，不在五行中"的境地。

五行中，木形人瘦长而清秀，其上见者以火为光焰，相佐者以金为琢磨，相生者以水为渡液，相成者以土为栽培。以此推及土形、金形等，则一一可知。当你真正懂得了阴阳五行，就会懂得因材而用，显其艺、透其锋、利其荣、展其茂，各征其用，各就各位，无所偏废。

论形时，五行还要分阴阳，但更强调的是其内在的"神"。清代曾国藩说："功名看器宇，事业看精神！"有的人看起来形态风范具备，但实际能力眼高手低，这多是"形有余而神不足"所致。好的"形"相是"形神兼备"！孔子与阳货长相类似，因此在匡地被困"拘焉五日"（《史记·孔子世家》《庄子·秋水》）。但是，两人命运不同，原因即为内在的"精气神"不同，因而外化出来的富贵也不同。对此，清代曾国藩总结为："端庄厚重是贵相，谦卑含容是贵相。事有归着是富相，心存济物是富相。"

用人，千万不能只看简历，要看修养，看能力！山高风易起，海深水难量！能传法脉者，必有勤恒之助；能拓疆土者，必得灵明之佑；能明旁心者，必备忧人之德；能接盛名者，必承谤非之扰；能进慧命者，必遇天人之师；能入芳华者，必存贞观之志……

中国格物之学源流千里，渊深千仞，高崇而广大。

是的，古人所传，大道至简，大易至简，但却"百姓日用而不知，故君子之道鲜矣"（《易传·系辞》）！

每天，新闻如潮涌，人物和事件层出不穷，我们天天可以从中得窥蛛丝马迹，践炼慧眼，直至游刃有余。终有一天，你会发现，一切都有迹可循。这就是格物的功夫。

　　顺便说一下，人们常说的因果，是自然属性，非为宗教专属。你不种葡萄就不会长出葡萄，你不种花生就不会长出花生。没有前面的因，就没有后面的果，这就是因果。只不过人们以内心作为投影，只是因为灵明暗昧没有投射出来而已。为什么会这样呢？《管子》说："虚其欲，神将入舍。"说白了，就是灵明不安住在脏的地方！

　　中国文化强调的是格物功夫和明德境界，二者缺一不可。若不精通格物，对中国文化而言，都是"走近者"，没有"走进来"！走近和走进，是有本质区别的。只有"走进来"，才会有功夫可言。

　　可惜，这世上打粉底霜的人太多了，人们难分真伪杂纯。

　　但即便如此，也应清楚："记问之学，不足以为人师。"（《学记》）没有格物功夫的人，绝非真学问者。

　　人生，最怕的就是，你读了很多书，积累了很多知识，可遇事时却人事不省。这叫荒废！

　　试问：人为什么会有那么多无能为力呢？

　　用古人的话说就是："君之除患之术浅矣！"（《庄子》）

　　人人都知道，为人要处世有方，要有解决问题的方法，而这个方法的最高境界就是在不动声色中"胜物而不伤"。

附文一 《管子·四时》

管子·四时

管子曰：令有时。无时则必视，顺天之所以来，五漫漫，六惛惛，孰知之哉？唯圣人知四时。不知四时，乃失国之基。不知五谷之故，国家乃路。故天曰信明，地曰信圣，四时曰正。其王信明圣，其臣乃正。何以知其王之信明信圣也？曰：慎使能而善听信之。使能之谓明，听信之谓圣。信明圣者，皆受天赏。使不能为惛，惛而忘也者，皆受天祸。是故上见成事而贵功，则民事接劳而不谋。上见功而贱，则为人下者直，为人上者骄。是故阴阳者，天地之大理也；四时者，阴阳之大经也；刑德者，四时之合也。刑德合于时则生福，诡则生祸。

然则，春夏秋冬将何行？东方曰星，其时曰春，其气曰风，风生木与骨。其德喜赢，而发出节时。其事：号令修除神位，谨祷弊梗，宗正阳，治堤防，耕芸树艺，正津梁，修沟渎，甿屋行水，解怨赦罪，通四方。然则柔风甘雨乃至，百姓乃寿，百虫乃蕃，此谓星德。星者掌发，为风。是故春行冬政则雕，行秋政则霜，行夏政则欲。是故春三月以甲乙之日发五政。一政曰：论幼孤，舍有罪；二政曰：赋爵列，授禄位；三政曰：冻解修沟渎，复亡人；四政曰：端险阻，修封疆，正千伯；五政曰：无杀麇夭，毋塞华绝芋。五政苟时，春雨乃来。

南方曰日，其时曰夏，其气曰阳，阳生火与气。其德施舍修乐。其事：号令赏赐赋爵，受禄顺乡，谨修神祀，量功赏贤，以动阳气。九暑乃至，时雨乃降，五谷百果乃登，此谓日德。日掌赏，赏为暑，夏行春政则风，行秋政则水，行冬政则落。是故夏三月以丙丁之日发五政。一政曰：求有功发劳力者而举之；二政曰：开久坟，发故屋，辟故卯以假贷；三政曰：令禁扇去笠，毋扱免，除急漏田庐；四政曰：求有德赐布施于民者而赏之；五政曰：令禁置设禽兽，毋杀飞鸟。五政苟时，夏雨乃至也。

中央曰土，土德实辅四时入出，以风雨节，土益力。土生皮肌肤。其德和平用均，中正无私，实辅四时：春赢育，夏养长，秋聚收，冬闭藏。大寒乃极，国家乃昌，四方乃服，此谓岁德。岁掌和，和为雨。

西方曰辰，其时曰秋，其气曰阴，阴生金与甲。其德忧哀、静正、严顺，居不敢淫佚。其事：号令毋使民淫暴，顺旅聚收，量民资以畜聚。赏彼群干，聚彼群材，百物乃收，使民毋怠。所恶其察，所欲必得，我信则克。此谓辰德。辰掌收，收为阴。秋行春政则荣，行夏政则水，行冬政则耗。是故秋三月以庚辛之日发五政。一政曰：禁博塞，围小辩，斗译踞。二政曰：毋见五兵之刃；三政曰：慎旅农，趣聚收；四政曰：补缺塞坏；五政曰：修墙垣，周门间。五政苟时，五谷皆入。

北方曰月，其时曰冬，其气曰寒，寒生水与血。其德淳越、温怒、周密。其事，号令修禁徙民，令静止，地乃不泄，断刑致罚，无赦有罪，以符阴气。大寒乃至，甲兵乃强，五谷乃熟，国家乃昌，四方乃备，此谓月德。月掌罚，罚为寒。冬行春政则泄，行夏政则雷，行秋政则旱。是故冬三月以壬癸之日发五政。一政曰：论孤独，恤长老；

二政曰：善顺阴，修神祀，赋爵禄，授备位；三政曰：效肢计，毋发山川之藏；四政曰：捕奸遁，得盗贼者有赏；五政曰：禁迁徙，止流民，圉分异。五政苟时，冬事不过，所求必得，所恶必伏。

是故春凋、秋荣、冬雷、夏有霜雪，此皆气之贼也。刑德易节失次，则贼气逖至；贼气逖至，则国多灾殃。是故圣王务时而寄政焉，作教而寄武，作祀而寄德焉。此三者圣王所以合于天地之行也。日掌阳，月掌阴，星掌和。阳为德，阴为刑，和为事。是故日食，则失德之国恶之；月食，则失刑之国恶之；彗星见，则失和之国恶之；风与日争明，则失生之国恶之。是故，圣王日食则修德，月食则修刑，彗星见则修和，风与日争明则修生。此四者，圣王所以免于天地之诛也。信能行之，五谷蕃息，六畜殖，而甲兵强。治积则昌，暴虐积则亡。

道生天地，德出贤人。道生德，德生正，正生事。是以圣王治天下，穷则反，终则始。德始于春，长于夏；刑始于秋，流于冬。刑德不失，四时如一。刑德离乡，时乃逆行。作事不成，必有大殃。月有三政，王事必理，以为久长。不中者死，失理者亡。国有四时，固执王事，四守有所，三政执辅。

附文二 五行归类表

（一）天象

五行	木	火	土	金	水
五星	木星	火星	土星	金星	水星
五方	东	南	中	西	北
五灵	青龙	朱雀	麒麟	白虎	玄武
五季	春	夏	季末	秋	冬
六气	风	热、火	湿	燥	寒
五促	生	长	化	收	藏
五时	日旦	日中	日夕	日入	午夜
八卦	震巽	离	坤艮	乾兑	坎
天干	甲乙	丙丁	戊己	庚辛	壬癸
地支	寅卯	巳午	辰戌丑未	申酉	子亥

（二）地象

五色	青	赤	黄	白	黑
五臭	臊（膻）	焦	香	腥	腐（朽）
五味	酸	苦	甘	辛	咸
五性（食物、药物）	温	热	平	凉	寒
五谷	麦	黍	稷	稻	豆
五果	李	杏	枣	桃	栗
五菜	韭	薤	葵	葱	藿
五实	核	络	肉	壳	濡
五畜	犬	羊	牛	鸡	猪
五虫	毛	羽	倮	介	鳞

（三）人象

五脏	肝	心、心包	脾	肺	肾
五体	筋	血、脉	肉	皮	骨、髓
五藏	血	脉	营	气	精
五志	怒	喜	思	忧、悲	恐、惊
五液	泪	汗	涎	涕	唾
五窍	目	舌	口、唇	鼻	耳
五声	呼	笑	歌	哭	呻
五音	角	徵	宫	商	羽
五智	魂	神	意	魄	志
五指	食指	中指	大拇指	无名指	小指
五性	曲直	炎上	稼穑	从革	润下
五变动	握	忧	哕	咳	栗
五腧	井(出)	荥(溜)	俞(注)	经(行)	合(入)

（四）《黄帝内经》五行系统

五脏	肝	心	脾	肺	肾
五脏之官	将军之官（谋虑出焉）	君主之官（神明出焉）	仓廪之官（五味出焉）	相傅之官（治节出焉）	作强之官（伎巧出焉）
五腑	胆	小肠	胃	大肠	膀胱
五腑之官	中正之官（决断出焉）	受盛之官（化物出焉）	仓廪之官（五味出焉）	传道之官（变化出焉）	州都之官（津液藏焉）
三焦	三焦者，决渎之官，水道出焉				
心包络	膻中者，臣使之官，喜乐出焉（膻中即心包络）				
脏象	肝	心	脾、胃、大肠、小肠、三焦、膀胱	肺	肾
	罢极之本	生之本	仓廪之本	气之本	封藏之本
	魄之居也	神之变也	营之居也	魄之处也	精之处也
	其华在爪	其华在面	其华在唇四白	其华在毛	其华在发
	其充在筋	其充在血脉	其充在肌	其充在皮	其充在骨
	阳中之少阳	阳中之太阳	至阴之类	阳中之太阴	阴中之少阴
	通于春气	通于夏气	通于土气	通于秋气	通于冬气
	凡十一脏，取决之力在胆也				
五脏生成	肝之合筋也	心之合脉也	脾之合肉也	肺之合皮也	肾之合骨也
	其荣爪也	其荣色也	其荣唇也	其荣毛也	其荣发也
五脏所主	筋	脉	肉	皮	骨、髓
五充（体）					
五华	爪	面	唇四白	毛	发
五窍	目	舌	口	鼻	耳
五脏化液	泪	汗	涎	涕	唾

	魂	神	意	魄	志
五脏所藏	肝藏血	心藏脉	脾藏营	肺藏气	肾藏精
	血舍魂	脉舍神	营舍意	气舍魄	精舍志
五志	怒	喜	思	忧、悲	恐、惊
关节分布	两腋	两肘	两髀（髋）	两肘	两腘
脏热分布	左颊红	颜面全部红	鼻红	右颊红	两颧红
气血筋脉注入处	诸筋者皆属于节	诸脉者皆属于目		诸气者皆属于肺	诸髓者皆属于脑
	睡觉时血归于肝	诸血者皆属于心			
五精所并	精气并于肝则忧	精气并于心则喜	精气并于脾则畏	精气并于肺则悲	精气并于肾则恐
精气注入	五脏六腑之精气，皆上注于目而为之精。精之窠为眼，骨之精为瞳子，筋之精为黑眼，血之精为络，其窠气之精为白眼，肌肉之精为约束，裹撷筋骨血气之精而与脉并为系，上属于脑，后出于项中				
五轮	肝	心	脾	肺	肾
	黑睛	内眦	眼睑	白睛	瞳孔
	风轮	血轮	肉轮	气轮	水轮
五色	青	赤	黄	白	黑
五色之见死	色见青如草兹者死	色见赤如衃血者死	色见黄如枳实者死	色见白如枯骨者死	色见黑如炲者死
五色之见生	青如翠羽者生	赤如鸡冠者生	黄如蟹腹者生	白如豕膏者生	黑如乌羽者生
五藏所生之外荣	生于肝，如以缟裹绀	生于心，如以缟裹朱	生于脾，如以缟裹栝楼实	生于肺，如以缟裹红	生于肾，如以缟裹紫
色味当五脏	青当肝	赤当心	黄当脾	白当肺	黑当肾
	酸	苦	甘	辛	咸
	青当筋	赤当脉	黄当肉	白当皮	黑当骨
生死面相	凡相五色，面黄目青、面黄目赤、面黄目白、面黄目黑，皆不死也；面青目赤、面赤目白、面黑目白、面赤目青，皆死也				

五味	酸	苦	甘	辛	咸
五味所入	酸入肝	苦入心	甘入脾	辛入肺	咸入肾
五味所合	肝欲酸	心欲苦	脾欲甘	肺欲辛	肾欲咸
五味所走	酸走筋	苦走骨	甘走肉	辛走气	咸走血
	多食之,令人癃	多食之,令人变呕	多食之,令人悗心	多食之,令人洞心	多食之,令人渴
	手足不灵活	呕吐	烦恼	心中空虚	口渴
五味所禁	酸走筋,筋病无多食酸	苦走骨,骨病无多食苦	甘走肉,肉病无多食甘	辛走气,气病无多食辛	咸走血,血病无多食咸
五禁	肝病禁辛	心病禁咸	脾病禁酸	肺病禁苦	肾病禁甘
五味所伤	多食酸,则肉胝绉而唇揭(味过于酸,肝气以津,脾气乃绝)	多食苦,则皮槁而毛拔(味过于苦,脾气不濡,胃气乃厚)	多食甘,则骨痛而发落(味过于甘,心气喘满,色黑,肾气不衡)	多食辛,则筋急而爪枯(味过于辛,筋脉沮弛,精神乃央)	多食咸,则脉凝泣而变色(味过于咸,大骨气劳,短肌,心气抑)
五宜	肝色青,宜食甘	心色赤,宜食酸	脾色黄,宜食咸	肺色白,宜食苦	肾色黑,宜食辛
五病宜食	肝病者宜食梗米饭、牛肉、枣、葵	心病者宜食麻、犬肉、李、韭	脾病者宜食大豆、猪肉、栗、藿	肺病者宜食麦、羊肉、杏、薤	肾病者宜食黄黍、鸡肉、桃、葱
五脏所苦	肝苦急,急食甘以缓之	心苦缓,急食酸以收之	脾苦湿,急食苦以燥之	肺苦气上逆,急食苦以泻之	肾苦燥,急食辛以润之
五脏所欲	肝欲散,急食辛以散之	心欲软,急食咸以软之	脾欲缓,急食甘以缓之	肺欲收,急食酸以收之	肾欲坚,急食苦以坚之
补	用辛补之	用咸补之	用甘补之	用酸补之	用苦补之
泻	酸泻之	甘泻之	苦泻之	辛泻之	咸泻之

（五）五行系统

五行	木	火	土	金	水
五数	八	七	五	九	六
五方	东	南	中	西	北
五季	春	夏	四季末	秋	冬
五气	风	热	湿	燥	寒
五色	青	赤	黄	白	黑
五音	角	徵	宫	商	羽
五味	酸	苦	甘	辛	咸
五臭	臊	焦	香	腥	腐
五谷	麦	黍	稷	稻	豆
五畜	鸡	羊	牛	马	彘
五脏	肝	心	脾	肺	肾
五腑	胆	小肠	胃	大肠	膀胱
五神	魂	神	意	魄	志
五液	泪	汗	涎	涕	唾
五体	筋	脉	肉	皮	骨
五俞	颈项	胸胁	脊	肩背	腰股
五声	呼	笑	歌	哭	呻
五志	怒	喜	思	悲	恐
五毒	怒	恨	怨	恼	烦

第五章　中国色彩智慧

第一节　中国色彩简史

　　什么是国色？什么是时色？什么是起色？什么是活色？什么是幸运色？这些耳熟能详的词语，其本源究竟是何意？恐怕真正了解的人寥寥无几。

　　讲到色彩，就离不开服饰。中国华服的源头可以追溯到新石器时代晚期，当时已有丝绸和麻的纺织品出现，典籍记载"黄帝、尧、舜垂衣裳而天下治"（《易传·系辞传》），可见至少在新石器时代晚期的黄帝、尧、舜时代，就已经出现了"衣裳"。及至汉代，华服逐渐固化为交领右衽、上衣下裳的特征，并成为服饰制度的重要法则之一，同时也深远地影响了周边国家和民族的服装形制。日本奈良时代是"衣冠唐制度，礼乐汉君臣"，举国穿唐衣冠；而朝鲜半岛的新罗真德王时期亦"始服中朝衣冠"（《三国史记》），高丽时期服装"遵我宋之制度"（《宣和奉使高丽图经》），朝鲜李朝坚持"大明衣冠"。包括越南、菲律宾、琉球等在内的国家亦或多或少地接受汉服的服装特质。足见中国服装早已成为东亚各国普遍认同的服制公序。

　　除了上述服饰的款式法则之外，其色彩体系也有自己独特的运用法则。先秦著作《诗经》，其《大雅·烝民》曰："天生烝民，有物有则。"是说，上天生化万物，万物都有其内在的规律性。当然，颜色也不例外。

对于颜色体系而言，中国早在先秦时期就有了成熟而独特的色彩体系，并且这个有着四千多年历史的中国古代色彩智慧。从朝代到具体年景和季节都有着明确的实践法则，涵括祭祀、政治、文学、绘画、医药、养生、艺术、心理学等诸多方面，其背后的应用法脉及其实践规律对人们的生活产生了持续而深远的影响，以至于中国古代的《诗经》《尚书》《庄子》《左传》《史记》《淮南子》等典籍，以及老子、孔子、孟子、庄子、荀子、韩非子、列子、扁鹊等耳熟能详的历史人物，都在为中国色彩系统"作注"。

《史记·周本记》载："太妊之性，端一诚庄，惟德能行。及其妊娠，目不视恶色，耳不听淫声，口不出敖言，生文王而明圣，太妊教之，以一识百。卒为周宗，君子谓，太妊为能胎教。"可见，颜色是周文王之母太妊端心正意的一个重要标准，不好的颜色坚决不看，更不会穿。后来孔子说的"非礼勿视"，其中就包含了色彩，即颜色不符合礼制规定的事物不看。

至少在周朝时期，色彩体系业已完善，并成为政治系统中的礼制之一。《周礼·春官·大宗伯》载："以玉作六器，以礼天地四方：以苍璧礼天，以黄琮礼地，以青圭礼东方，以赤璋礼南方，以白琥礼西方，以玄璜礼北方。皆有牲币，各放其器之色。"祭祀时，对器物、方位、颜色，都做了相应规范。而《汉书·艺文志》亦云："故圣王必正历数，以定三统服色之制。"

中国古代服色制度详细规范了天子每年每月居于明堂何处、何室，驾何种颜色的马，车上插何种颜色的旗，穿何种颜色的衣服、冠饰及所佩之玉，等等。

据《吕氏春秋》载："孟春之月（一月）……天子居青阳左个，乘鸾路，驾仓龙，载青旂，衣青衣，服仓玉，食麦与羊，其器疏以达。"

是说，天子正月居住于明堂东部的青阳北室，乘有鸾铃车子，驾青色大马，车上插青色绘有龙纹的旗，穿青色衣服，冠饰和所佩之玉均为青色，食品是麦和羊，所用器物、镂刻的花纹粗疏，而且是由直线组成的图案。

仲春（二月），天子居于明堂东部青阳的中室；季春（三月），天子居于明堂东部的南室。其他衣、食、住、行、用及用色均与孟春相同。

夏季，天子衣、食、住、行、用作如下改变："孟夏之月（四月）……天子居明堂左个，乘朱路，驾赤骝，载赤旂，衣朱衣，服赤玉，食菽与鸡，其器高以粗。"是说，初夏（四月），天子居住在明堂南部的东侧室，乘朱红色车子，驾赤色马，车上插着挂有铃铛的赤色龙纹旗帜，穿朱红色衣服，冠饰和佩玉均为赤色，食品为豆类和鸡，所用器物高而粗大。

仲夏（五月），天子居于明堂南部的中室大庙；季夏（六月），天子居于明堂南部的西室。其他衣、食、住、行、用及用色，均与孟夏同。

秋季，天子衣、食、住、行、用作如下改变："孟秋（七月）……天子居总章左个，乘戎路，驾白骆，载白旂，衣白衣，服白玉，食麻与犬，其器廉以深。"是说，孟秋（七月）时，天子居住在明堂西部总章的南室，乘兵车，驾白马，车上插白色龙纹旗，穿白衣，冠饰和所佩玉均为白色，食品是麻籽和狗肉，所用器物有棱角而且深。

仲秋（八月），天子居于明堂西部总章的中部；季秋（九月），天子居于明堂西部总章的北室。其衣、食、住、行、用及用色均与孟秋同。

冬季，天子衣、食、住、行、用作如下改变："孟冬（十月）……天子居玄堂左个，乘玄路，驾铁骊，载玄旂，衣黑衣，服玄玉，食黍与彘，其器闳以奄。"是说，孟冬（十月），天子居住在明堂北部玄堂的西室，乘黑车，驾黑马，车上插黑色龙纹旗，穿黑衣，冠饰和佩玉均为黑色，食品是黍米和猪肉，所用器具中间大而口小。

仲冬（十一月），天子居于明堂北部总章的中部；季冬（十二月），天子居于明堂西部总章的右室。其衣、食、住、行、用及用色均与孟冬同。

你看，一年四季的用色都记载得清清楚楚，为后世建立了传承脉络。

色彩在政治制度中，亦用于惩罚：

《尚书·舜典》载："象以典刑。"

《周礼》司圜疏引云："画象者，上罪墨冢赭衣杂履；中罪赭衣杂履，下罪杂履而已。"

《白虎通疏证》曰："犯墨者蒙巾，犯劓者以赭著其衣，犯膑者以墨蒙其膑处而画之，犯宫者履杂扉，犯大辟者布衣无领。"

《春秋繁露·王道》曰："画衣裳而民不犯。"即"画衣冠、别章服"，在服装上画下某种象征惩罚的图案以达到惩罚的目的。

三国时期，曹操初为郎官，差事为宫禁守卫。在守卫宫门的过程中，曹操发明了五色棒，将其悬于大门左右。进出宫门的人中如有犯禁者，无论是谁，背景多大，一律大棒伺候。

除此之外，色彩还与朝代对应。

战国时期被誉为"诸子之首"的邹衍说："五德从所不胜，虞土、夏木、殷金、周火。"（《文选》李善注引）《史记·秦始皇本纪》载："方今水德之始，改年始，朝贺皆自十月朔，衣服旄旌节旗皆上黑。""今皇帝并有天下，别黑白而定一尊。"崇尚水，对应黑色，故秦代服色以黑为尊，龙袍亦黑。

明朝对应火德，其色为红，因此我们会看到明代画像中的朱元璋、董其昌等人的服饰，都是特别鲜明、宏大的红色。这些皆为呼应其朝代德色的结果。

说到颜色与科举之间的关系，在宋代仁宗天圣五年（1027），亦有一件趣事：当年的科举考试，榜眼的风头压倒了状元——那年科举排名揭晓后，皇宫东华门下，朝廷君臣云集，举行新科进士唱名仪式。礼官正喊到第二名韩琦，忽有司天监官员匆匆赶来，向皇帝禀报，此刻太阳下出现了奇异的五色祥云。闻毕，左右官员一起恭贺皇帝，说这是国家得到人才的征兆。随后，春风满面的君臣们，一起把视线投向了韩琦。此人二十来岁，风骨清秀，能够与五色祥云同时大放异彩，假以时日，定非池中之物，他日定为国之栋梁。而事实竟然真的印证了此五色祥云的征兆——韩琦一生历经北宋仁宗、英宗和神宗三朝，亲身经历抵御西夏、庆历新政等重要事件，乃是北宋中期的一位著名的贤相。他"历事三朝，辅策二朝，功存社稷，天下后世，儿童走卒，感慕其名"（《韩魏公集·序》）。又，"琦相三朝，立二帝，厥功大矣。当治平危疑之际，两宫几成嫌隙，琦处之裕如，卒安社稷，人服其量"（《宋史》）。

由此可见，韩琦果然英明一世！难怪苏东坡都赞道："韩（琦）、范（仲淹）、富（弼）、欧阳（修），此四人者，人杰也。"

就季节而言，每个季节都有每个季节的时令色，并且古往今来万变不离其宗——春绿，夏红，秋金，冬墨，季末为黄、棕、灰。以春天为例。在古代，春天要穿符合春天颜色和款式的衣服——春服。对此，古书中有着诸多明确记载，如《论语·先进》曰："暮春者，春服既成。"晋代陶潜在其《时运》诗中说："袭我春服，薄言东郊。"宋代梅尧臣在其《湖州寒食陪太守南园宴》诗中说："游人春服靓妆出，笑踏俚歌相与嘲。"明代张羽在其《三月三日期黄许二山人游览不至因寄》诗中写道："济济少长集，鲜鲜春服明。"就连苏东坡也在其《望江南·暮春》写道："春已老，春服几时成……"可见，对应季节的顺时应色已是一个常识。

五色图

与季节对应的时色称为正色，对应着五行"青赤黄白黑"。除了以上政治、礼制、祭祀、游玩之外，五色在其他方面的应用也极其广泛。

在开蒙方面，《三字经》曰："青赤黄，及白黑，此五色，目所识。"

在绘事方面，唐代张彦远《历代名画记》曰："运墨而五色具，谓之得意。"清代阎镇珩在《六典通考》中亦载："画缋之事，杂五色……杂四时五色之位以章之，谓之巧。"章，明也。缋绣皆用五采祥明之，是为巧。

在饮食方面，《隋书·安国传》载炀帝即位之后，"遣司隶从事杜行满使于西域，至其国，得五色盐而返"。

在气韵方面，《麻衣神相·论气色》载："天道周岁二十四节气，人面一年气色，亦二十四变。以五行配之，无不验者……春要青，夏要红，秋要白，冬要黑，四季月要黄，此天时气色也。""木形人要青，火形人要红，金形人要白，水形人要黑，土形人要黄，此人身之气色也。木形色青，要带黑忌白；火形色红，要带青忌黑；金形色白，要带黄忌红；水形色黑，要带白忌黄；土形色黄，要带红忌青。此五形生克之气色也。"

在生活方面，《孟子》曰："斧斤以时入山林，材木不可胜用也。"南朝梁皇侃《论语集解义疏》云："改火之木，随五行之色而变也。"一年之中，钻火要随时而异木，故曰："改火。"

而在大力继承中国文化的日本，其每年立春的前一天，都要举行隆重的"节分祭"（亦名"节分星祭"）活动，"五色豆"（炒熟的黄豆）是该活动必用的物品之一。

在教化方面，《左传·昭公十二年》载，鲁国南蒯准备叛乱，占得《坤》之《比》卦，以为大吉。子服惠伯却认为，黄是中之色，裳是下饰，应讲忠信，以下奉上；以下犯上是不忠不信，则必败。后来果然，南蒯叛乱失败，流亡齐国。但惠伯的一番话以颜色所对之德强调做事要以守正为前提，的确是真知灼见！

在医用方面，观色是重要的诊病方法。《黄帝内经·灵枢·脉度》强调"肝气通于目，肝和则目能辨五色矣"。并且，《黄帝内经·素问》还进一步表述人体五色的详细相状："五色者，气之华也。赤欲如白裹朱，不欲如赭；白欲如鹅羽，不欲如盐；青欲如苍璧之泽，不欲如蓝；黄欲如罗裹雄黄，不欲如黄土；黑欲如黑漆色，不欲如地苍。五色之欲者，皆取其润泽。五色之不欲者，皆恶枯槁色也。"其经又云："又五色精微象见矣，其寿不久也。言五色固不宜枯槁，若五色之精华尽发越于外，而中无所蓄，亦非宜也。大抵五色之中，须以明润为主也；而明润之中，须有蕴蓄。若一概发华于外，亦凶兆也。察色之妙不过是矣。"

唐代药王孙思邈也强调，察色为医者基本功之一："夫为医者，虽善于脉候，而不知察于气色者，终为未尽要妙也。故曰：上医察色，次医听声，下医脉候。是知人有盛衰，其色先见于面部。所以善为医者，必须明于五色，乃可决生死、定狐疑。"足见医家对五色研究之久之深之精微！

除了诊法外，中医在医药方面也重视五色的应用，如晋代葛洪《抱朴子·仙药》云："云母有五种……五色并具而多青者名云英，宜以春服之。"除了医人之外，"女娲炼五色石以补苍天，断鳌足以立四极"（《淮南子·览里》）。

在服饰方面，《荀子·正论》曰："衣被则服五采，杂间色，重文绣，加饰之以珠玉。"《礼记·玉藻》曰："衣正色，裳间色。"宋代苏东坡《赠朱逊之》亦载："黄花候秋节，远自夏小正。坤裳有正色，鞠衣亦令名……改颜随所令。"宋代邵雍弟子张岷在诗中亦写道："平生自是爱花人，到处寻芳不遇真。只道人间无正色，今朝初见洛阳春。"而《庄子·田子方》载庄子与鲁哀公的对话时，庄子说："周闻之，儒者冠圜冠者，知天时；履句屦者，知地形；缓佩玦者，事至而断。"我听说，儒者中头戴圆帽者，懂得天时；脚穿方鞋者，精通地理；用五色丝带系玉玦者，遇事有决断。

明代陶宗仪亦有"作五色藤筌台皆一时之精绝者"之句（《说孚》卷六十三上），足见五色观念应用之普及。

此外，颇为有趣的是，即便是梦境，古籍中亦有与五色相关的记载，如《南史》卷五十九所载的《江淹列传》中云："淹少以文章显……尝宿于冶亭，梦一丈夫自称郭璞，谓淹曰：'吾有笔在卿处多年，可以见还。'淹乃探怀中得五色笔一以授之。尔后为诗绝无美句，时人谓之才尽。"是说，才华横溢的江淹，曾经在冶亭住宿时，梦到一人自称是晋代的大学者郭璞，对他说："我有一只笔在你那里很多年，该还给我了。"于是，江淹果然从怀中摸出了一只五色笔，还给了郭璞。但从此以后，江淹的诗作就再无美妙之句出现。以至于当时的人评价他为"才尽"了。而这个记载，也是成语"江郎才尽"的来历。

关于五色的文献记载，实在是数不胜数，百姓日用亦屡见不鲜。

先秦时期确定的"五色"，是以野鸡羽毛（雉）的特征来界定"五正色"的色相。今人对比先秦时期丝绸染色方法和染色结果，亦证实了先秦时期"五正色"系野鸡羽毛的主要色块。

五正色之外的色彩，称为"间色"、"奸色"或"闲色"。

孔子曰："恶紫之夺朱也，恶郑声之乱雅乐也。"朱是正色，同赤；紫是间色。按孔子所言，正色和雅乐一样，间色和郑声一样，郑声淫，不为君子所取。正色是正统高雅的色彩。

间，训为"隙"、"厕"、"闲"或"奸"，在五行系统中训为"隙"，即"间隙"，在礼的规范中训为"厕"，有卑下杂厕、不登大雅之意。南朝梁著名经学家皇侃说："不正，谓五方间色也，绿、红、碧、紫、骝黄是也。"明代杨慎《丹铅余录》载："行之理有相生者，有相克者。相生为正色，相克为间色。正色，青赤黄白黑；间色，绿红碧紫流黄也。木色青，故青者东方也。木生火，其色赤，故赤者南方也。火生土，其色黄，故黄者中央也。土生金，其色白，故白者西方也。金生水，其色黑，故黑者北方也。此五行之正色也。甲巳合而为绿，则绿者青黄之杂，以木克土故也。乙庚合而为碧，则碧者青白之杂，以金克木故也。丁壬合而为紫，则紫者赤黑之杂，以水克火故也。戊癸合而为流黄，则流黄者黄黑之杂，以水克土故也。此五行之间色也、流黄一作骝黄。又汉人经注'间色'作'奸色'，《礼记》'间声'作'奸声'。"

宋代程大昌《演繁露》亦载正色间色："环济要略曰：正色五，谓青、赤、黄、白、黑也。间色五，谓绀、红、缥、紫、流黄（《太平御览》卷八百十四）。孟子曰：恶紫恐其乱朱。盖以正色为尚，间色

为卑也。"并且"衣服间色茶褐、黑绿诸品间色，本皆北服，自开燕山始有至东都者"。(《攻媿夫人行状》)

除此之外，还有另外一种五行系统的正色与间色——《礼书》云："青、赤、玄、黄、白、黑，正色也。绿、红、碧、紫、纁、緅、缁，间色也。五行之理有相生者，有相克者。相生为正色，相克为间色。"后者所言以生克方法来确定正色与间色，是对传统五色色彩体系的补充。但在应用中，色彩一定要首选正色，这样才能美美与共，益人裕己！并且，《管子·水地》还专门写道："素也者，五色之质也。"干净的素色，是选择五色的核心本质。正色是载道之色，可以"一正匡天下"，可佑身心清明、生命焕然。

你看，衣装颜色既然可以自己做主，何乐而不为呢?

在具体应用上，古人还认为，色正则正气足，色杂则杂事多。正色一定要以素色为主，这样会导致做事干净、利落、运气好。但凡色杂，做事也会杂乱。因为，色杂主诉讼是非，也包括他讼、自讼、自我纠结等势能指向。这叫"表象即表法"！

古语说，"天下无礼乱穿衣"，汉末开始流行的胡服（又称"服妖"）就是代表。北宋沈括在其《梦溪笔谈》中曰："中国衣冠，自北齐以来，乃全用故服。窄袖绯绿、短衣、长靴，皆胡服也。"南宋朱熹亦曰："盖自唐初己亲五服之服矣。""今世之服，大抵皆胡服，如上领衫、靴鞋之类，先王冠服扫地尽矣。中国衣冠之乱，自禁五胡，后来遂相承袭，唐接隋，隋接周，周接元魏，大抵皆胡服。"

而服装一乱，就意味着共同体的失序和礼仪的缺失。唐代大学者孔颖达在《春秋左传正义》中说："中国有礼仪之大，故称夏；有服章之美谓之华。"可见，服装失去了章法，人伦礼法就会出现对应的乱象，更有滑向蛮夷的危险。就此而言，时下很多设计师设计出来的衣服，便是无形之中的乱法者。换言之，就是给时代添乱。这叫"无知者无畏"！

因此，了解中国色彩智慧，可以纠正诸多无序的色彩认知，如：着装不符合礼法、悖时用色。不懂得季节的时运色，穿着与其相悖的颜色服饰，从而影响生命状态，但自己却不得而知。《淮南子》曰："夫圣人者，不能生时，时至而弗失也。"就连圣人都不能产生出时运，只是时运来临时而不失去机会罢了。因此，中国文化一直强调要顺时施宜，人生要走时运，否则的话："天不得时，日月无光；地不得时，草木不长；水不得时，风浪不平；人不得时，利运不通。满腹经纶，白发不第；才疏学浅，少年登科。蛟龙未遇，潜身于鱼虾之间；君子失时，拱手于小人之下。"这是宋代宰相吕蒙正晚年人生感悟的结晶。时运色会令人的生命活色生香，益人平安与喜乐，增上吉祥！

值得一提的是，古代还有能给人带来好运的"福色"之谓——清代大学者俞樾在其《茶香室丛钞》中记载："国朝李斗《扬州画舫录》云：'扬郡着衣尚新样，近用膏粱红、樱桃红，谓之福色，以福大将军征台匪时过扬着此色也。按福色之名今犹沿之，莫知其由福大将军得名矣。'"这里专门提及了"福色"的具体颜色所指和来由，而被谓为"福色"的膏粱红和樱桃红，从那时开始，亦渐渐成为人们在喜庆活动中首选的颜色之一。

此外，现实生活中，常有人以生肖来确定颜色势能对人的影响，是非常不当的理解，诸君仔细研究一下先秦传统色彩体系便知谬误所在。

还有，干支应色是色彩智慧中更精密的窍诀所在。人们常说的起色、活色、幸运色等，均与其有密切关联。（具体请参见拙作《中国色彩智慧》）

八卦对应的颜色与方位

八卦	颜色	方位	季节
乾	金色、橙色、大赤	西北	秋天
兑	白色、银色	正西	秋天
离	红色、花色、粉色	正南	夏季
震	青色、绿色	正东	春季
巽	蓝色	东南	春季
坎	黑色、紫色	正北	冬季
艮	棕色、褐色	东北	四季末
坤	黄色、灰色	西南	四季末

第二节　顺时施宜的色彩智慧

中国文化的智慧告诉我们：一切都是与时偕行的——"顺时施宜"。（《汉书》）

作为群经之首的《易经》，虽然道理庞奥，但核心却可用三个字来概括：时、位、德。只要抓住这三个字，定可透得机要。

清代李光地《御纂周易折中》曰："卦者时也，爻者位也，此圣经之明文，而历代诸儒所据以为说者，不可易也。"

上述所言，其理源于"凡益之道，与时偕行"（《易·益》），这句话便是中国文化"天人合一"智慧的指引，并落实在了百姓日用之中——在天气变化时，人们会穿着对应时令的衣服，农耕时人们会栽种相应的作物，中医也强调顺时采药，孔子亦强调要"食其时"……

晚唐著名诗人罗隐在《筹笔驿》中亦强调："时来天地皆同力，运去英雄不自由。"

这是罗隐在四川广元途经"筹笔驿"小亭子时，遥想当年诸葛亮在此的情景，所写的一首诗。诗意是说，当年诸葛亮抛却了南阳卧龙岗，为主公刘备忧国忧天下，南征北战，奉献了最好的聪明才智。当时运来的时候，天地都给他力量，比如"空城计"，比如"草船借箭"；但可惜的是，时运离去时，再大的英雄都没有用武之地！比如诸葛亮火烧司马懿时，本来计划很周全，未承想老天却在关键时刻下起了雨，让"冢虎"司马懿得以逃生。这就是古人所言的得时者为上上，失时者不堪入目。

《易·益》曰："凡益之道，与时偕行。"顺时施宜是百姓日用之道的大智慧，世事无不因时势而动，四季相约而立，八方因时而明，而尊时是人们最基本的生活智慧。当年，商圣范蠡既能治国用兵，又能齐家保身，是先秦时期罕见的智者，史书言其"与时逐而不责于人"，能够顺时施宜而不责人者，方是大智慧的展现。历史上孟子也评价孔子是"圣之时者"，孔子是圣人之中最懂得时令、最能展示与时偕行并能做到顺时安命的人。

中国文化的学问，是"以人为本"的百姓日用之道，更与时色有着密切关系。比如，在不同的色彩环境中，人们会受到不同能量的影响，继而导致人们当下生命状态所获得的滋养维度也完全不同。在特定时候，某些颜色对人具有滋益性，某些颜色却具有伤害性，而能做到"顺时施宜"便是大智慧——大自然中的变色龙，便是很好的范例。

《道德经》云："人法地，地法天，天法道，道法自然。"是说，人的一切行为，要效法大地规律的变化而顺时施宜、顺势而为，如此就会得到天地的加持而助力满愿。

色彩源于自然，其内在规律亦法于自然。一年四季大地所呈现的颜色，亦随顺时空转换而更迭，而智者，亦相时而动。因此，中国文化便有了数千年的色彩智慧，并且，它在世界文化史中是独一无二的！

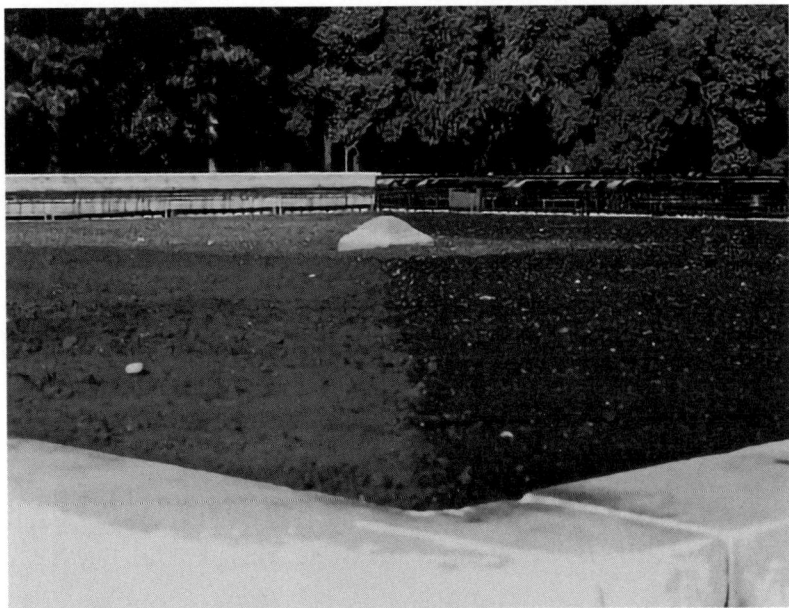

北京社稷坛的五色土

《诗经》曰："有物有则。"当然，颜色也不例外。

中国古代早就有着自己独特的颜色系统，不同朝代、不同的年景和季节都有着明确的法则——且不论商朝白色、周朝红色、秦朝黑色、汉朝黄色等这些耳熟能详的历史颜色规律描述，单就季节而言，每个季节都有每个季节的时运色（时令色），并且古往今来万变不离其宗——春青，夏赤，秋金，冬墨。

秦代制定官服为三品，最上为紫，居中为赤，最下为绿。而《汉书》里也记载相国、丞相是金印紫绶。南北朝时期的典籍《世说新语》记载有"吾闻丈夫处世，当带金配紫"，说明在那个年代紫色是代表尊贵的一种颜色。

由此可见，在不同时候，某些特定的色彩是人生某种运气的标志，它有着兴衰荣毁的指向性。

表象即表法

就颜色而言，小到季节，大到年景，都有其不同天时的时运色，也就是人们说的"走运色"。

有智慧的人都会顺时而为，借助天地力量的加持而助己成功。每年的时运色都有所不同，其势能可益人平安与喜乐，可佑生命活色生香。

"衣正色，裳间色"（《礼记·玉藻》），即是告诉我们在颜色应用中首选是正色，其次是间色（正色之外的杂色）。因为正色是载道之色，不仅优雅、朴素、庄重，而且有"一正匡天下"的力量——这在古代是最基本的通识。比如，我国传统启蒙教材、南宋王应麟所著的《三字经》，其中便有"青赤黄，及黑白，此五色，目所识"的内容。

《孙子兵法》强调："守正出奇。"时运色的正色，对疾病的减轻也有着不可思议的助益作用。

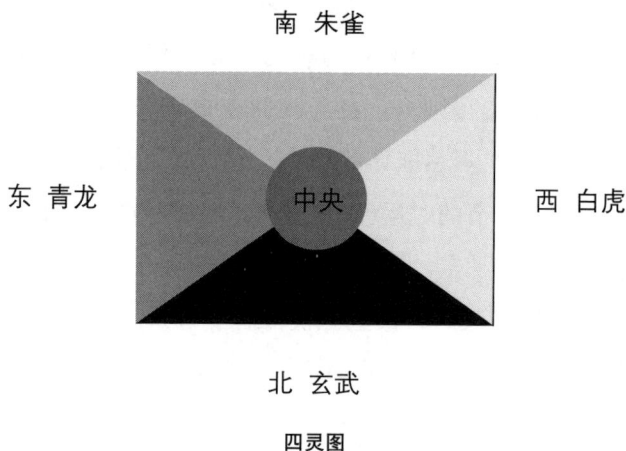

南 朱雀

东 青龙　中央　西 白虎

北 玄武

四灵图

了解了正色的重要性之后，在日用之中就尽量不要选择色彩过浅或过深的装束。因为，色彩过浅，虽能令人透出轻灵，但同时也会来屡弱，令人在身、心、事象的单一或者多元维度有所对应；而色彩过深，则好比色素堆积，是淤堵现象的呈现，如影相随的是行事淤滞、身心不宁、心绪烦乱的现象。古语所说的"深青则乱紫"，即是导致混乱的佐例。

顺时施宜——智者皆能应时洽事。每种颜色都有其对应的时令，因而在日用之中的选择，也各有侧重——天青色最宜在春季和冬季，红色和花色最宜春季和夏季，橙色和金色最喜在秋季和每个季末月份（农历的 3、6、9、12 月）。

"时来天地皆同力"，很多时候，天地的加持比自己的努力还重要。因此，了解了时运色之后，日常着装的色彩尽量与时运色相呼应，从而让生命更加鲜亮起来。

那么，有人会问，如果遇到一些场合不方便穿戴时运色彩的装束，该如何调整呢？

对此，通常可以在相关的配饰方面呈现时运色，如拎包、围巾等。此外，工作环境与居家物品，也可以多多呈现这些时运色。这些时运色的出现，不仅有点缀之效，其妙用更相当于中药中的"药引子"——它可以引"药"归经，起到与时运色"同气相求"的作用。这便是中国文化中不可思议的"以虚致实"的智慧。

以上所列时运色不受年龄、性别和属相的限制，一如春天绿色的来临不受任何限制一样。

此外，在花色的选择上，尽量不要超过三种颜色，花色面积也尽量不要超过服饰面积的三分之一。因为花色多了，尤其是杂乱花色过多，就会导致离乱、讼非、身心不安的事象如影随形！宋代人对此早有总结："乱离人，不如太平犬。"（《太平御览》）不可不慎！

还应清楚的是，仅以生肖内容来确定颜色与人运势对应的逻辑，是十分荒谬的。

最后，以拙作《时色赋》与诸君共勉：

　　　　天地有大美，万物有清音。
　　　　古今淑人路，腾芳可衣衾。
　　　　坤裳有正色，与时见天心。
　　　　德合天与地，祯祥润生民。

让我们的生命，一起活色生香！

解密中国智慧

米鸿宾 著

下

人民东方出版传媒
People's Oriental Publishing & Media
东方出版社
The Oriental Press

目　录（下）

第六章　中国音声智慧

第一节　知音的功夫

世间事，法法不相违，一切都有迹可寻。这个寻迹的过程，是从"五感"（视感、味感、嗅感、听感、触感）开始契入的，并且这种教育至今在日本著名的"七田真"启蒙教育体系中依然是重要的课程。

对中国文化而言，格物是密法，知音是妙门。音声之道微妙无穷，能生无量妙德。声音但凡感应合性，能心频同波，便可激荡人心，这也是古代提倡乐教的原因所在。其中的微妙无伦之处，且看我慢慢写来。

中国文化是研究一切与天地相通的学问，含容万事万物，当然声音也不例外。关于什么是"物"，周代的函谷关关令尹喜说："凡有貌、像、声、色者，皆物也。"可见，具有无量义的声音，亦隶属于"格物"智慧的范畴，更是探究生命轨迹的方便法门。

以格物而言，古人将"闻声知情"的功夫谓为"知音"，即听声音便可判断人与事物的发展节律。这个结论听起来似乎很玄，但历史上保有这种格物功夫的人，却屡见不鲜！

《易经》曰："圣人南面而听天下，向明而治。"这个"听天下"便是圣人"知音"的功夫。只可惜，今人知显知微者寥寥，即使真人就在眼前，也不识耳。

"乐圣"师旷

中国文化是圣化的教育，秉承比肩圣贤、见贤思齐的教育道统。中国古代几乎每个行业都有自己的圣人，比如，"茶圣"陆羽、"书圣"王羲之、"画圣"吴道子、"剑圣"裴旻（唐代李白老师）、"厨圣"伊尹（商汤宰相）、"医圣"张仲景、"乐圣"师旷，等等。

被尊为"乐圣"的师旷，字子野，生于公元前6世纪，东周晋平公时人，生而失明，然博通前古，以道自将，谏净无隐。其鼓琴，感通神明，万世之下，言乐者必称师旷。师旷与孔子生活在同一时期，虽双目失明，却贵为晋国太宰，史有"师旷瞽而为太宰，晋无乱政"之高度评价。史传其于乐无所不通，休咎胜败，闻声可知。据《左传·襄公十八年》载："晋人闻有楚师，师旷曰：'不害，吾骤歌北风，又歌南风，南风不竞，多死声。楚必无功。'"公元前555年，晋平公带兵攻打齐国，回程行至祝阿时，与诸侯饮酒。晋平公突然听到楚国攻打郑国的消息，担心郑国被攻下。师旷在旁吹奏律歌，先奏北风曲，又奏南风曲。因南风曲代表楚国，发现其曲结尾乏力不稳，无终止感，因而断定楚国这次军事行动不会达到预期结果。后来，事情的发展果如师旷所言！

这个目盲的师旷，仅凭声音便能预知战争结果，以及后来晋平公听琴师师涓演奏新曲，被在旁聆听的师旷当场揭为"靡靡之音"和"亡国之音"的案例，今日闻来，实在是不可思议！

明代王阳明说："圣人之心如明镜，只是一个明，则随感而应，无物不照。故圣人只怕镜不明，不怕物来不能照。"这个能照的心，大而无外，小而无内，灵明一源。

对师旷而言，他可是耳如明镜啊！

伯牙与子期

　　古人有感慨云："相识满天下，知音能几人？"据《列子·汤问》记载，战国时期有两个著名人物——俞伯牙和钟子期。俞伯牙是楚国人，从小天赋极高，尤喜音乐，拜当时著名琴师成连为师。学琴三年后，即成名师，但俞伯牙仍常常为自己在艺术上达不到更高境界而苦恼。老师成连知其心思后，便将他推荐给自己的老师万子春——一个住在东海（山东蓬莱一带）的岛上，琴艺高超，对音乐有独特感受力的人。

　　后来，伯牙跟万子春学了一段时间之后，发现最好的老师不是人，而是大自然。有一天行船逢雨，在山边避雨时，伯牙耳听淅沥的雨声，眼望雨打江面的生动景象，琴兴大发，抚琴而奏。伯牙正弹到兴头上时，突然琴头上的几根弦颤了几下，伯牙心里一惊：难道周围有人在听我弹琴吗？伯牙遂放下琴，走出船外，果然看见岸上林边站着一位樵夫在听他弹琴。伯牙趋步上前，问其名字，樵夫答道："钟子期。"伯牙问："我刚才弹的曲子你听出来什么了吗？"子期赞道："听出来了，多么巍峨的高山啊！"伯牙很惊讶，于是又弹一曲，钟子期赞道："多么浩荡的江水啊！像长江、黄河从我面前飞奔而去。"伯牙听完又佩服又激动，对钟子期说："这个世上只有你听得懂我的心声，你真是我的知音啊！"于是，二人结为生死之交。

　　伯牙与钟子期约定，待周游完毕后便去拜访他。可俞伯牙游历完，如约来找钟子期时，村里人说子期已因病去世了！伯牙闻言，悲痛欲绝，奔到子期墓前，为他弹奏了一首满是怀念和悲伤的曲子后，将琴摔毁，从此再不鼓琴。有人问伯牙："为什么要与琴绝缘？"伯牙说，断琴为知己，无人再懂肺腑音。天下再无我的知音，即使我琴艺再高，但弹给那些听不懂的人，又有什么意思呢？

这便是传世有两千多年的"伯牙绝弦"的故事。

"伯牙绝弦"带给我们一个问题：俞伯牙是琴师，钟子期是樵夫，但樵夫是如何听懂伯牙琴声内涵的呢？

孔子学琴

《易经》曰："圣人南面而听天下。"为什么是"听"天下而不是"看"天下呢？就是因为在五官中，耳朵的听觉功能不受方位限制，而"看"是相对有限度的，这就是古语说的"眼观六路，耳听八方"，说明听比看要广泛。繁体字的"圣"（聖）字，书写时，首先就是耳，强调要有能听的功夫——能闻声知情，能索天地之奥妙，能听空谷之传音。

《难经》云："闻而知之谓之圣。"圣的本意是"通"，《说文解字》云："圣，通也。"《风俗通》曰："圣者，声也，通也，言其闻声知情，通于天地，条畅万物也。"

《白虎通·圣人》曰："圣人者何？圣者，通也，道也，声也。道无所不通，明无所不照，闻声知情，与天地合德、日月合明、四时合序、鬼神合吉凶。"

可见，对一个几千年来以圣化教育为核心的文明体而言，能闻声知情，并不另类。

《荀子·劝学》曰："不登高山，不知天之高也；不临深溪，不知地之厚也；不闻先王之遗言，不知学问之大也。"

与战国时期的荀子和商鞅同为好友的尸子（尸佼）说："钟鼓之声，怒而击之则武，忧而击之则悲，喜而击之则乐。其意变，其声亦变。"可见，声音与人心所思所想是有着紧密联系的。

当年，孔子为自己的理想四处奔波。在卫国时，某天，孔子正在院中敲着磬，有一个挑着筐子走街串巷的卖货者从门前走过，突然又回转身来，望向院中的孔子，说道："这个击磬的声音是有深意的呀！"顿了顿，又说："磬声硁硁的，可鄙呀……这是没有人了解你的内心呀！没人了解自己，那安心就好了，何必这么纠结呢？！"

这位荷蒉者，生怕自己表达得不彻底，还引用《诗经》中的语句来比喻："过河时，若水很深，那就索性不顾衣裳，抓紧走过去；若水很浅，就撩起衣裳走过去。"言外之意是提醒孔子做事要顺势而为，不要纠结，安心做好当下。孔子听完很尴尬，心中纳闷：我们互不相识，他是怎么听出来的呢？

古代练习声音之道，多从古琴开始，于是，孔子开始发奋学琴。

其间，老师师襄教了他一首曲子。孔子一连学了十天，也没有增加新曲。后来，师襄说："可以学新曲了。"孔子却说："这首曲子虽然我已经熟悉了，但我还没有熟练掌握琴技。"过了不久，师襄又来，跟孔子说："你的琴技已经娴熟了，可以学新曲了。"可孔子又说："我还没有领会乐曲内在的情感意蕴呢。"过了不久，师襄又来了，问孔子："怎么样了？"孔子说："我还没有体会出作曲者是怎样的一个人呢。"师襄很是赞叹。又过了不久，师襄又来了。这次，孔子神情肃然，似在深思着什么，突然又显出心旷神怡、志向远大的样子，跟老师说道："我终于体会出作曲者是一个什么样的人了！他肤色黝黑、身材高大、目光明亮而深邃，好像一个统治四方诸侯的王者，除了周文王，又有谁能够有如此的气象呢？"师襄恭敬地离开席位，给孔子稽了首，赞叹道："恭喜你啊！你知道吗？我的老师之前就跟我说过，这首曲子叫《文王操》！"师徒大喜。

《史记·孔子世家》所载这段孔子学习琴曲《文王操》的过程——从老师师襄处得其曲（曲调），到明白其数（结构），再到明白其志（意蕴），再到明白其人（为人），以至于最终达到了解其类（体貌）——弹奏文王之曲而知文王之人！至此，孔子对声音的领悟，已经达到人琴合一的妙境了。这就是圣境啊！

古人说"琴乃载道之器"，这种抵达"通天人之际"的境界，才是琴人的真功夫。

后来"三百五篇孔子皆弦而歌之"（《史记·孔子世家》）。《诗经》中的每一个篇章，孔子都是伴随着琴乐一首首唱过去的。

这种通身遍布法喜道悦的生命，是何其焕丽啊！

大师蔡邕

古往今来，智者皆有见道的功夫和境界。

三国时期的曹操，喜欢琴，学琴也很用功，并且他还有一个很牛的老师——蔡邕。那个著名的蔡文姬，就是蔡邕的女儿。

这个蔡邕确实不一般！

当年，蔡邕在吴地，某日夕食时，他在村中行走，恰遇一户人家烧桐木生火做饭——古称"烧爨"，北京市门头沟区就有一个村叫"爨底下村"——蔡邕从这户人家门口经过时，突然间停了一下，愣了少许，然后反身进院，对主人说道："快点儿把烧的木头拿出来！"主人问："怎么了？"他说："快点拿出来！"然后就跟主人一起，把正在燃烧的桐木拽了出来。主人不解，蔡邕说："你知道吗？我听到这个木头燃烧时的声音极佳，是做琴的好料！"然后问："这个木头，我要买下来，需要多少钱？"主人说："这要什么钱？所有柴禾都是从山上就地取材来的，又不花钱，再说也烧了，你要就送给你吧。"蔡邕如获至宝，高高兴兴地把这个木头拿走了。回去就用它做了一把琴，琴声异常精妙。从此蔡邕琴不离身，走到哪儿带到哪儿。因为桐木已部分烧毁，做成琴后，该琴琴尾有烧焦的痕迹，时人称为"焦尾琴"——这就是中国

古代四大名琴之一"焦尾琴"的来历。(见《后汉书·蔡邕传》)

蔡邕的耳朵,不仅仅会听焚木的声音,还会听更神奇的东西。当年他在家乡陈留时,有一日,好友约他第二天中午到家中餐叙。次日中午,蔡邕赴约。当他快走到友人的宅院门口时,忽然听到院中有人弹琴,便立定脚步听了一会儿,听着听着,遽然转身急返,几乎是跑着回家的!他进了自家院子,把门一关,还从里面反锁了。直至午餐时间已过,蔡邕也未赴约。而蔡邕那位朋友还在疑惑:明明约好的时间,为何蔡邕一直没来呢?便带着童子到蔡邕家一寻究竟。到了后,敲门不开,朋友就隔门问蔡邕:"为何没有赴约?"蔡邕答道:"你根本就不是请我吃饭,而是要杀我!"朋友闻言,更是莫名其妙!惊诧地问:"我俩关系甚好,且无冤仇,我请你吃饭,怎会杀你?"蔡邕说:"我走到你家院子篱笆墙外时,听到院中有人弹琴,那弹琴者是不是你?"朋友说:"是啊。"蔡邕又问:"那你所弹的琴声中为什么充满了杀机?"朋友更是不解,说:"我的琴声中怎会有杀心?不会的呀!"蔡邕又说:"我是害怕你杀我才跑的呀!你仔细想想,你弹琴时究竟动了什么心念?"这个朋友听完,回想了一会儿,突然哈哈大笑,说道:"哎,真是误会,我来给你解释一下吧!你还未到,我就在院中边弹琴边等候你。可弹琴时恰好看见琴桌对面的篱笆叶上,有只鸣蝉正往上爬,时值我院中植物今年遭遇虫灾,叶子被虫子吃掉很多,我一直很愤恼。恰在这时,鸣蝉后面又出现了一只螳螂,我边弹琴边想:螳螂快点把虫子吃掉,别让它跑了!然而,蹊跷的是,鸣蝉可能是太胖的原因,突然从叶子上掉了下去,落在了下面的枝叶上!螳螂却并没因此放弃,又悄悄地从后面接近鸣蝉,举起前臂,准备捕食。当时的场景,看得我心随之起伏!由于担心螳螂捉不到蝉,我就一边弹琴一边想:这回可别让它跑了,把它吃掉!可能你听到的正是我此时的琴声吧!我心中这些念头,通过手指传到琴音中去,应该就是你所感受到

杀心的原因吧。"蔡邕听后，心中一下释然："原来是这样啊！不是他想杀我，而是祈盼螳螂吃掉鸣蝉。"（见《后汉书·蔡邕传》）

看来，一个人的思想、意识，以及运气完全可以从其所做的事情中传递出去！

其实，古人对音乐的精通以及对音乐与生命关系的灵敏认知，远超今人之想象！

《淮南子·主术训》载："孔子学鼓琴于师襄而谕文王之志，见微以知明矣。延陵季子听鲁乐而知殷、夏之风，论近以识远也。"除了孔子及其老师师襄之外，当年，先秦时期以季札为代表的精通听音的那些高手，在周游列国时，刚一走到某国边境，听着老百姓唱的曲、弹的琴、奏的乐，便知道这个国家不能去了。为什么呢？因为他们从中听出了亡国之音！然后再去下一个国家，也没入国。人问其故，曰：这个国家现在流传的是靡靡之音，比亡国之音稍微好一点点，但也是在没落中……你看，这些能助人还能救了自己的人，才是真君子呀！

随取一法，蕴于心中，便可以安身立命，这就是绝学！

宰相识音

中国文化是以儒家文化为道统，以格物智慧为核心的。汉代大儒扬雄说："通天、地、人者为儒。"天、地、人就是格物之学的三个维度。圣人之道便是从此开出的。

"闻而知之谓之圣"，能闻声知情者即为圣人；"凡有貌像声色者，皆物也"，声音归于物类，听音即属于格物范畴。

在古代，会听音者并不鲜见。据《左传·文公元年》载，楚王打算立商臣为太子，征询令尹子上的意见。子上说："君王的年岁还不大，内宠又多，倘若立了商臣再加以废黜，就会导致祸乱。楚国立太子，常常选择年轻的，且商臣这个人眼如胡蜂，音似豺狼，是一个残忍的人，不可立为太子。"这个案例是结合外貌（蜂目）和声音（似豺狼）两个因素，从而作出了"（残）忍人也"的判断。

《史记·秦始皇本纪》也有类似记载。"（尉）缭曰：'秦王为人，蜂准，长目，鸷鸟膺，豺声，少恩而虎狼心，居约易出人下，得志亦轻食人……不可与久游。'乃亡去。"

尉缭子是古代著名军事家之一，他从几个方面来判断秦始皇具有虎狼之心而不讲情义，因此，不能与他长久交往。其中一个判定依据就是其声音宛如豺狼。

《大戴礼记》载曾子之言："汤取人以声……以治天下如此。"商汤是通过声音来甄选人才的。

《北齐书·列传·卷四十九》载北齐吴士"双盲而妙于声相，世宗历试之"，皆验。

清代大臣张廷玉的父亲张英也有"以声识人"的故事传世。

"千里家书只为墙，让他三尺又何妨。长城万里今犹存，不见当年秦始皇。"安徽桐城著名的"六尺巷"，就是因为张英这首诗被传为美谈的。张英和儿子张廷玉都出任过大学士之职，张廷玉还出任过军机大臣，等同宰相之职，故有"父子双宰相"之誉。张廷玉平和儒雅，学问优长，立身唯谨，理政以慎，刑尚宽平，所以为官长达50年，历经三朝，是清代最强盛时期的太平宰相。

张英则一生廉俭礼让，"终生让路，不失尺寸"，不仅学问、品行为后世楷模，还有超凡的识人之明。

康熙三十九年（1700年），张廷玉和年羹尧同中进士，并同被授为翰林院庶吉士。28岁的张廷玉和年仅21岁的年羹尧意气风发，很是投机，过从甚密。张英在一旁默默地观察年羹尧之后，警告儿子张廷玉："是儿音洪而厉，目炯而怒，纵使功名显达，亦难免祸，汝其远之！"

是说，年羹尧声音洪亮但尖厉，目光有神而易怒，纵然将来可以显达，但不会有好下场，你要远离他以保安全。

张廷玉恪遵父命，逐渐抽身，与年羹尧保持了不即不离的距离。

后来，年羹尧的人生走势果如张英所言。1726年，年羹尧于事发后被迫自尽。此时张英已经长眠于地下18年了，张廷玉再想起父亲当年的警告，怎能不对父亲的远见卓识由衷地叹服呢。

记载此事的清人许奉恩赞道："先达观人于微，亦何神哉！"

以上两位宰相能听懂人音内质，但下面这位奇人就更不可思议了。南朝梁僧慧皎《高僧传》（卷第一）载，"安清，字世高，安息国王正后之太子也。幼以孝行见称，加又志业聪敏，克意好学，外国典籍及七曜五行医方异术乃至鸟兽之声，无不综达。尝行见群燕，忽谓伴曰：'燕云应有送食者。'顷之果有致焉，众咸奇之。故俊异之声，早被西域。"这位安世高竟然能从燕子的叫声中听到有人送食物来，真是闻所未闻！

难怪元代王冕说："举头望云林，愧听慧鸟语。"

可叹啊，我们与生命脱节得实在是太多了！

御医黄元御

庄子说"唯道集虚"。所有的道都汇集于虚无之中。而儒家对此也有异曲同工的睿见——"以虚致实"。

声音，虽然看不见，摸不着，存在于虚无中，但声音之中却有道在！中国古代把君子分成三个等级：上士、中士、下士。著名的北宋五子除了张载之外，均师承于宋代高士陈抟一脉。陈抟说："上士听音，中士望气，下士看相。"上等的君子皆有听音的功夫，中等君子是善于观气色，下等君子精通看相。

声音这个"道"，落实在中医，就是其诊病方法"望闻问切"中的"闻"，即通过听闻患者声音来判断疾病。日本保存了很多中国文化传统，包括中医。日本字是唐代时日本的空海大师借鉴汉字系统而创立的。如果你问日本汉方医生"听"字怎么写，他便会写出"闻"字给你看。我们的《说文解字》也释"闻"为"听"。

清代乾隆皇帝是满族人，祖籍辽宁，因而有很多亲戚都在辽宁沈阳一带。有一年，沈阳有个王爷，儿子患重病，四处求医无果，遂求助乾隆皇帝。乾隆阅信后，命当值御医黄元御（传世有《四圣心源》）连夜前往。三日后，王爷在门口降阶迎接御医黄元御。延请至中堂落座后，王爷跟黄元御说："先生一路奔劳，是否先休息一下，之后再出诊？"黄元御答："不用休息了，看病要紧。"王爷非常感动，说："那就有劳御医了！请随我去病人处。"不料，黄元御却端坐未动，说："王爷且慢！有一事需跟您确认，刚才我进府后听到东厢房有哀号之声，那声音是否为患者所发？"王爷说："正是呀，那是我的儿子！"黄元御凝思片刻，说："如果王爷您确认是他的话，那我就不用去治了。"王爷大惊，问："为什么呀？"黄元御说："根据他的声音，我断定他的肺已经全部烂掉了，无法治愈，很快就会死掉。"王爷听完，问："您确定吗？"黄元御说："如果您确认那个声音是患者的，我就能确定！"王爷愣了半天，没想到等御医却等来了这个结果……思忖良久，王爷请黄元御稍坐，起身出去了。不到半个时辰，突然有人敲门进来，手中捧一托盘。黄元御一看，盘中有一坨烂肉，上面还有冒着热气的血并泛着白色的沫子，还散发出刺鼻的腥臭味。黄元御正要问原因，未料王爷随后也进来了，手中还提着一把刀，刀上有血在缓慢滴着。王爷没等黄元御说话，便说："太医，你太厉害了。你说的都对！这盘中就是我儿子的肺，已经全烂了！"黄元御一时间未反应过来，还问了句："那，人呢？"王爷答道："我把他杀了，还把他的整个肺都挖出来了。正如先生所言，全部烂掉了。"闻听此言，这个作出准确预言的黄元御被王爷的做法吓得毛骨悚然……黄元御随后急忙告辞，连夜返程了。

"肺为声音之门，肾为声音之根。"（宋代杨士瀛《仁斋指方论·声音方论》）"肺主出气，肾主纳气，阴阳相交，呼吸乃和。"（清代石寿棠《医原·闻声须察阴阳论》）从御医黄元御这个闻声诊病的案例，我们足可得窥中医之伟大！

而黄元御这个案例，较之于战国时期的扁鹊、文挚等名医，读来更令我震撼，震撼于他"闻声知情"的知音功夫！也正因为有如此的功夫，他才能对中医诊病方法有如下提炼："望而知之谓之神，闻而知之谓之圣，问而知之谓之工，切而知之谓之巧。"（黄元御《难经悬解》）

黄元御之所以能有如此高明的医术，是缘于幼年所患的一次眼疾。庸医不仅误诊，治坏了他的眼睛，还殃及脾胃。自那之后，他发奋学医，终成一代名医，传世有《四圣心源》《难经悬解》等医学著作，给后世留下了宝贵的医学财富。其第五代传人麻瑞亭，仅从他的药书中摘取一副药方，就用了一辈子，治好了无数病人。这副药至今仍广为流传，名叫"板蓝根"。

古往今来，任何一种文化，其核心精蕴都是功夫和境界；而对文明与文化摧毁最大的，往往就是那些只会夸夸其谈地讲概念、逻辑、思想，却没有真功夫的人，就是"大伪似真"。

严复补充说"始做于伪，终于无耻"。

听檗声，知灾福

据明代冯梦龙《警世通言》卷十三载，北宋元祐年间（1086年——

1094 年），陈亚出任建康府的知府。有一天与朋友坐在临江亭内，突然听到外面一个声音高叫："不用五行四柱，能知祸福兴衰。"自觉读书甚多、阅人无数的陈亚闻听此言，觉得此人说话过于狂妄，便欲当面一试水平高低，于是命人将他叫进了亭子。见面一看，原来是个盲人，衣衫褴褛，其貌不扬。问其名，答："边肇。"身边人马上告诉陈亚，这是金陵著名的术士。陈亚见其样貌，加上之前闻其所言，气不打一处来，怒道："你既然双目失明，看不了古圣贤之书，怎么敢自视甚高地轻言不用五行就能探究世事呢？"边肇说道："我精通从一个人笏板的声音、鞋屦的声音，来断知他的死生贵贱。"陈亚说："你说的真有那么神吗？"

正说着，江中划过来一只大船，橹声咿轧，自上流而下，声音惊动了陈亚。陈亚见状，便问边肇："你听这船橹声，其中预示了什么灾福？"边肇答道："橹声带哀，舟中必载大官之丧。"陈亚马上派人去问，果然是临江军的主官李郎中在任上身故，大船载其灵柩归乡。陈亚听到汇报，十分震惊，说道："你简直就是汉代的东方朔再世啊！估计东方朔也不能超过你！"最后，犯了以貌取人之误的陈亚自觉惭愧，遂命人赠边肇十樽酒、十两银子，笑面相送。

这个边肇能从船橹的声响中判定船上载有亡人，确实是令人惊叹。

可见，这世间一切都是有迹可寻啊，就看你有没有通身是眼的功夫了！

这个故事中大船摇橹的场景，也让我想起了北宋著名思想家李觏与其弟子——"唐宋八大家"之一的曾巩，在江中大船上，众人瞩目之下酬唱互对的一副名联：

> 两橹并摇，好似双刀分绿水。（李觏）
> 孤桅独立，犹如一笔扫青天！（曾巩）

声音与天地通

《黄帝内经》云:"五脏相音,可以意识。"又"天有五音,人有五脏,天有六律,人有六腑。此人与天地相参"。故"五脏有声,声各有音",加之《素问·阴阳应象大论》中又明确将角、徵、宫、商、羽五音呼应为木、火、土、金、水,因而有了"五脏相音"之说,即宫声入脾、商音入肺、角声入肝、徵声入心、羽声入肾,明确地给出了五脏与五音之间的对应关系。因而脏腑患病,其病理信息就会由声音而得以外现——脾病声慢,肾病声沉,肺病声促,心病声高,肝病声郁。因此,古人据人声音之高低、尖阔、长短、快慢、浊亮等,甄别出相应脏腑的虚实与疾患程度,然后选用对应的音乐,依靠音气的互相震荡来调疾和养生。中医诊病"望闻问切"中的"闻"字功夫,其核心就在此。明代大医张景岳《景岳全书·人集·传忠录》所载的"声音之有辩也,充者寿而怯者夭",就是践行此道之后所得出的真诠。

除了中医之外,国际情报界也有一个共识:一个人的影像资料和声音,很容易暴露一个人的现状,尤其是他的健康状况。是的,这个结论已成了共识,且对应的案例也比比皆是。

一个好的中医传承者,望闻问切是基本功,尤其是其中的"闻",就要求你必须会听音,否则,难为大医!

还有,我们应该清醒:如何不让几千年的传承在我们的身上蒙羞,是生命中一个重要的问题!

第二节　以音识人

到此来，见离凡世界；抵心参，坐绝顶高峰。

声音是"修五行之造化，辨六腑之根苗，发五脏之驻所，汇诸灵而成音"。

婴儿在母体中生成五脏六腑之后就可以发声了，因而小孩一出生就会啼哭。而当一个人某天声音突然发生变化时，也随之反映其五脏六腑的能量产生了变化。这种变化，多数是失衡，而失衡就会生病。

《黄帝内经·素问·宝命全形论》专门载有声音与疾病关系的内容。"岐伯对曰：……弦绝者，其音嘶败；木敷者，其叶发；病深者，其声哕。人有此三者，是谓坏府，毒药无治，短针无取，此皆绝皮伤肉，血气争黑"。核心就是在强调，通过听声音便可知病情轻重程度，而这类声音的呈现，是"坏府，毒药无治，短针无取"的标志。

古语云："声音一烂，必遭其乱。"这句话不仅包含对疾病的判断，即便是现代社会的公共场所、小区、人群聚集地等环境中出现的类似声音，亦符合此论。有些地区是非与疾病多发，也可以通过该地的常态声音来逆向反思。这就是《易经》所言"其大无外、其小无内"的机理。

据《三国典略》载，后魏末年，"有吴士，目盲而妙察声"。这个吴地来的士人，精通声音之道，从中可预判祸福。丞相高欢的世子渤海王高澄请他来试听验证。他听了刘桃枝的声音后说："当代贵王侯将相死于其手。然譬如鹰犬，为人所使耳。"当代的贵人、王侯将相都将死于此人之手。但是这个人却像鹰犬一样，总是听别人命令而行事。之后，他又听了赵道德的声音，说道："这也是位贵人啊。"听了太原公高洋的声音后，他说道："你将来能当君王。"但在听完高澄的声音后，他就不言语了。崔暹暗中掐了他一下，他才违心地说了假话："也是国王啊。"高澄听后骄慢地说："连我家里的仆人都极富贵，更何况是我本人呢！"后来，北齐诸王及大臣皆被处死，多数都是由刘桃枝斩首的；而高澄也遭遇了兰京之祸，被家中做饭的仆夫兰京所杀。"声音一烂，必遭其乱"，我估计高澄就是这个烂声；至于高洋，则是在取代了东魏之后，自封为文宣王，成了北齐的开国君王。

这个吴地士人当年的判断，个个都准！你说，他的耳功怎么如此神奇呢？

可见，人，不是长着眼睛就能看懂人心的，也不是长着耳朵就能听懂人话的，要有与之匹配的功夫才行。眼耳鼻舌身意，个个都是证道的法门，要问问自己：几十年来，它们都是如何被我们荒废的！

古语云："为人父母者，不懂医为不慈，为人子孙者，不懂医为不孝。"怎么不孝了呢？是说，作为子女，若有一天父母说话的声音发生了变化，会听音的子女便会知道父母的身体内在有病变了，要及时调理、治疗；若不会听音，便会错过调治的最佳时机，以至于最后大病铸成，再送医院，古人称之为不孝！这也是古代科举不仅考经典、才艺，还考中医的原因——首先要你具有能明孝道和自知之明的功夫！

近代大学者马一浮，有人赞他是学问第一。他却笑了笑，说："不对，我是医术第一。"

以《横渠四句》而闻名于世的北宋五子之一的大儒张载和北宋五

子之中的另外一位大儒邵雍，有着一段耐人寻味的对话。公元1077年，邵雍病重，张载来看他。张载说："先生，我给您诊诊脉？"邵雍说："好啊。"诊完脉，张载说："先生，要不我给您开药试试？"没料想邵雍却说："这就不必了。"张载很诧异，问："为什么？"邵雍平静地说："我气数已尽。"张载听完，略有所思，心情很沉重。不久，邵雍辞世。

每每想起这段历史，我便会想起战国时期神医扁鹊的话："司命之所属，无奈何也。"当人的气数已尽时，主观能动作用就无能为力了，此乃势之所然。这也是古人强调智慧之旨就是要人学会"识势"的原因所在了。

与声音有关的案例已讲了不少，那么，究竟什么是声音呢？

"声音"二字，声是声，音是音，二者有区别。《周礼·地官·鼓人》云："单出曰声，杂比曰音。"如，两手击掌发出来的就是声，撞钟后钟所发出来的有绵延之响声的就是音。还有，医院中的超声波，在日本医院被称为超音波，这就是对声和音的理解不同所致。

关于声音，《礼记·乐记》曰："凡音者，生人心者也。情动于中，故形于声。声成文，谓之音。""知声而不知音者，禽兽是也。知音而不知乐者，众庶是也。"那些只能听懂声而不能听懂音的，是禽兽；只知其音而不知其乐者，是寻常百姓。这个标准是古人对君子所提出的基本要求，从中亦可见声、音之不同。

《冰鉴》曰："人之声音，犹天地之气，轻清上浮，重浊下坠。始于丹田，发于喉，转于舌，辨于齿，出于唇，实与五音相配。""声与音不同。声主'张'，寻发处见；音主'敛'，寻歇处见。""音者，声之余也，与声相去不远，此则从细曲中见耳。"又曰："贫贱者有声无音，尖巧者有音无声，所谓'禽无声，兽无音'是也。凡人说话，是声散在前后左右者是也。"

声音在古代称为"五声"和"五音"，其分类相同。"五声"一词最早出现于《周礼·春官》："皆文之以五声：宫、商、角、徵、羽。"而"五音"最早见于《孟子·离娄》："不以六律，不能正五音。"

…………

声与音之辨，要想真正领会，就需要有瞬间凝神内敛的功夫。但要达到这个境界，尚须长期熏习。而日常入手，则从他人说话的声与音的归类开始训练即可，久而久之，即可曲极其妙。

有人会问，那声音究竟有哪些作用呢？

《礼记·乐记》载："治世之音安以乐，其政和；乱世之音怨以怒，其政乖。亡国之音哀以思，其民困。声音之道，与政通矣。"是说，治世的音乐健康快乐，所以政通人和。乱世的音乐幽怨而愤怒，政治混乱而腐败。国破人亡时的音乐充满哀伤和忧思，因而人们的生活困苦。这些都是在强调音乐与国政的息息相关和密不可分。

《礼记·乐记》又载："宫为君，商为臣，角为民，徵为事，羽为物。（《后汉书·志·礼仪》亦载'文曰："臣某言，今月若干日甲乙日冬至，黄钟之音调，君道得，孝道褒。"商臣、角民、徵事、羽物，各一板'。）五者不乱，则无怗懘之音矣。宫乱则荒，其君骄。商乱则陂，其官坏。角乱则忧，其民怨。征乱则哀，其事勤。羽乱则危，其财匮。五者皆乱，迭相陵，谓之慢。如此，则国之灭亡无日矣。郑卫之音，乱世之音也，比于慢矣。桑间濮上之音，亡国之音也，其政散，其民流，诬上行私而不可止也。"

是说，五音有着丰富的内涵，宫、商、角、徵、羽各有所指。宫调犹如君，商调犹如臣，角调犹如民，徵调犹如事，羽调犹如物。只有这样，五音才不会乱，当然也就不会出现弊败不协调的声音了。但是，宫音混乱就成为散漫的声音，象征着国君骄横；商音混乱就成为偏激不正的声音，象征着官吏堕落；角音混乱就成为忧愁的声音，象征百姓多怨；徵音混乱就会成为哀戚的声音，象征做事折腾；羽音混乱就会成为危险的声音，象征财物匮乏。五种声音都发生了混乱，互相排斥，就叫作慢。在这种情况下，国家灭亡也就近在眼前了。郑国和卫国的音乐，是社会动乱的音乐，接近于慢；桑间濮上的音乐，是亡国之音，政治混乱，人民流离失所，社会上盛行着欺侮国君自私自利的风气，已无法收拾了。

《吕氏春秋》曰："凡乐，天地之和，阴阳之调也。"可见，乐是用来调和阴阳的！

《吕氏春秋·适音》载："故治世之音安以乐，其政平也；乱世之音怨以怒，其政乖也；亡国之音悲以哀，其政险也。凡音乐通乎政，而移风平俗者也，俗定而音乐化之矣。故有道之世，观其音而知其俗也，观其政而知其主矣。故先王必托于音乐以论其教。"

声音对人情绪的影响古籍中也有记载。《史记·乐书》云："音乐者，所以动荡血脉，通流精神而和正心也。"它能动荡血脉、调振精神，并能使人开解心意、流连欢喜。

三国时期思想家、文学家刘劭《人物志》云："夫容之动作，发乎心气；心气之征，则声变是也。夫气合成声，声应律吕：有和平之声，有清畅之声，有回衍之声。夫声畅于气，则实存貌色；故诚仁必有温柔之色，诚勇必有矜奋之色，诚智必有明达之色。"是说，声音之变化，集中展现于人的相貌表情之中。也正因如此，所以才能够探究和学习。

医家经典《黄帝内经》对此讲得颇为详细。《黄帝内经·灵枢·邪客》称，宫商角徵羽五音，将五脏（脾、肺、肝、心、肾）与五志（思、忧、怒、喜、恐）有机地联系在一起，即五音配五脏，五脏配五行，五行配五志，互为发用。其中，"脾应宫，其声漫而缓；肺应商，其声促以清；肝应角，其声呼以长；心应徵，其声雄以明；肾应羽，其声沉以细，此为五脏正音"。

汉代张仲景《伤寒杂病论·卷一上》曰，"师曰：人秉五常有五脏，五脏发五声，宫商角徵羽是也。五声在人，各具一体。假令人本声角，变商声者，为金克木，至秋当死；变宫徵羽皆病，以本声不可变故也。人本声宫，变角声者，为木克土，至春当死；变商徵羽皆病。人本声商，变徵声者，为火克金，至夏当死；变宫角羽皆病。人本声徵，变羽声者，为水克火，至冬当死；变角宫商皆病。人本声羽，变宫声者，为土克水，至长夏当死，变角商徵皆病。

"以上所言，皆人不病而声先变者，初变可治，变成难，闻声之妙，差在毫厘，本不易晓，若病至发声，则易知也。"

关于变音，文献亦有记载，如"高渐离击筑，荆轲和而歌，为变徵之声，士皆垂泪涕泣"（《战国策·燕策》）。

声音与天地通，声音具有无量义，不但可从中了知人性，亦能化性。"闻宫声，使人温良而宽大；闻商声，使人大方而好廉义；闻角声，使人恻隐而仁爱；闻徵声，使人乐养而好施与；闻羽声，使人恭谨而好礼节。"

那么，有人会问：这些内容是什么意思呢？我们要到哪里去练习听声音呢？

老子说"道法自然"，最好的练习方法就是回归到大自然中去听闻，这叫天地化滞人！

关于上文的大义，我来解读：

宫音会令人心胸变得温良而宽大。通常山坳、山洞中发出来的声音多以宫音为主，比如你冲着山洞喊，里面传出的回音基本便是宫音。此外，马踏大地、尘土飞扬时的声音是宫音，城市里隔壁砸墙的声音也是宫音。常闻宫曲，可令人悠扬和静，助脾健运，旺盛食欲，宽大涵容。就身体而言，还可化怨气。在中医体系中，脾代表忧思，忧思过度便会生脾病。宋代欧阳修曾勤于政事，过于忧心，导致形体消瘦，医治数次无效。因为"宫为土音通于脾"，索性后来每天听古曲《宫声》数次，心情逐渐由忧郁转为畅达，没多久，竟然不药而愈。可见，声音对人的影响是多么大！那些噪声，本身就是一种无形的杀伐力量，只不过人不精通内在的道理而已。

《国语·周语》曰："夫宫，音之主也，第以及羽。"宫音为五音之主、五音之君，统率众音。

商音会令人性格大方而好义气。古代寺院中敲钟、敲磬，钟和磬的声音都是商音。很多古建屋角上都会挂风铃，那么这个风铃起什么作用呢？其实，风铃跟磬音作用相似，都是金音，金主杀伐，专杀烦恼，所以很多人一听见这些声音，就能很快安静下来。有人说自己每天都很烦躁，那就可以买个磬回来，经常敲一敲，然后静心听。听的时候，盘腿或者静坐，静坐有一个要求，两脚平行着地，脚心跟地面平行接触，涌泉穴就跟地接在一起了，坐直了之后，保持全身放松，什么都不想，听完了之后感觉声音在身体里面一直贯穿到五脏六腑，余音袅袅……当声音快灭尽时，继续敲，再听，一直听到它抵达无尽处。如此训练三五天后，往往会感觉特别奇妙。若不敲磬，则可挂声音纯正的金属风铃，因为磬音和铃音都能在无形中杀掉很多烦恼，亦有去除浊念之功。常闻商曲，高亢悲壮，铿锵肃劲，善治躁怒，使人安宁。就身体而言，还对肺和皮肤有益。

角音会令人生恻隐仁爱之心。通常敲木鱼、打竹板和树林中飒飒的风声都是角音。常闻角曲，可使人激越，调畅平和，能消忧郁，助人入眠。就身体而言，还益肝利胆。

徵音会令人好乐养而常施与。火音焦烈，那些树木燃烧所出现的噼里啪啦的声音与人躁怒发脾气时的火烈之声，都是徵音。常闻徵曲，抑扬咏越，通调血脉，抖擞精神。就身体而言，还利心神安宁。

羽音会令人行事恭谨而好礼节。通常那些山间流水之声和方言中的粤语、闽南语（舌在口中打转）皆为羽音。常闻羽曲，柔和透彻，发人遐思，启迪心灵。就身体而言，还益肾去烦。值得一提的是，日本京都世界文化遗产清水寺坐落在音羽山，即是五音为羽音的山，其山形如波浪，为水形山，且寺内亦有山泉水闻名于世，去者皆喜亲近。可见，山形也跟人一样，均可落实于五行中。京都的街头还有"音羽昆布"的招牌，日语中"昆布"是海带，海带也是水中物，一切皆辗转相契！

古代还专有辨音口诀："宫声重大沉雍，商声坚劲广博，角声圆长通彻，徵声抑扬流利，羽声嘹蔼低先。宫商之声为平声，徵声为上声，羽声为去声，角声为去声。问：平声如何分辨？以口内唇、舌、齿来调音，其分辨方法为：口在中间为宫音，口张为商音，舌缩却者为角音，舌拄齿为徵音，舌撮聚者为羽音。"（《资治通鉴》卷196"贞观十五年"胡三省注）

若从音质上区分，则是："木音高畅（嘹亮条达，高畅清幽，激越清和），火音焦烈（发之如火之烈），金音和润（和则不戾，润则不枯，叩之为清，击之为纯），水声缓急（圆而清，急有余韵，坚而不散，长而有力），土声沉厚（沉重而不浅，深厚则不薄，浑然发在咽喉之间）。"

以上五音的分辨，初学者可从简而取，即：金音响，木音燥，羽音急，火音烈，土音沉。

"道法自然"。另外还有一种学习训练的方法，如唐代李筌《太白阴经》介绍了如何细分五种风的形态："宫风声如牛吼空中，徵风声如奔马，商风声如离群之鸟，羽风声如击湿鼓之音，角风声如千人之语。"接下来介绍的是，这五种风发作时是何等预兆："宫风发屋折木，来年兵起；徵风发屋折木，四方告急；商风发屋折木，主兵；羽风发屋折木，米贵；角风发屋折木，主有急盗、战斗。"自己若能时常熏习，则久而久之必得其妙！

声音与人的关系很密切，史料对此记载颇多，值得细细品鉴。

北宋陈抟曰："上士听音，中士望气，下士看相。"此为奥旨，不可不思。

清代袁树珊《中西相人探原》中专门载有论声音之道的内容："天有雷鸣之声，地有风烈之声；山有涧泉清流之声，海有波涛浩瀚之声；人亦有下丹田之声也。声出于下丹田者，上也；出于中丹田者，次也；出于上丹田者，斯为下矣。出于下丹田者，根深表重，和而清润，远而圆畅，聪明特达，富贵优游之人也。出于中丹田者，根浅表微，轻重不均，嘹亮无节，或先贫后富，或先富后贫，成败靡常之人也。出于上丹田者，发自舌端，急促不和，干泾不齐，震而鸣，焦而破，劳苦贫贱之人也。

"若夫清而圆，坚而亮；缓而烈，急而和；长而有力，勇而有节；大如洪钟腾韵，鼍鼓震音；小如涧水飞鸣，琴徽奏曲。或如瓮中之响，或如笙簧之音，或人小声洪。五行合音，金声和润，木声高畅，水声圆急，火声焦烈，土声深厚，皆上智福寿之人也。

"至于急而嘶，缓而涩；深而滞，浅而躁；大而散，散而破；或如破锣之声，败鼓之鸣，寒鸦哺雏，老鸭硬咽；或如病猿求侣，孤雁失群；狂如秋蝉晚噪，细如蚯蚓夜吟；或如犬之吠，如羊之哀；或声未止，而气先绝；或言未举，而色先变，皆下愚贫贱之人也。总之，君子之声，清澈和畅，大小有力；小人之声，懦弱轻薄，浊硬软滞。清者清高，浊者鲁钝。响者快利，滞者困厄。人大声小者，贫贱夭折；人小声大者，富贵康宁。声弱者懦弱，声薄者轻薄。声破者作事无成，声硬者刚强毒害。声软者，口甜心苦。声轻者，优柔寡断。女带男声者，倔强再嫁。男带女声者，庸碌无权。声先低弱而后琅琅者，先贫后富。声先琅琅而后低弱者，先富后贫。自言自语者，孤贫。忽然声躁者，急病。盖声音为人相中之一大关键，非常紧要，审辨端详，庶几无误，不然何以闻声而知君子小人哉！"

可见，音为主，相为辅，音贵者为上。史上案例较多，如清代纪晓岚《阅微草堂笔记》卷二载：清代浙江富阳人董邦达（1696年—1769年），曾经官至少司空（工部侍郎）、礼部尚书，著名书画家，雍正十一年进士，谥文恪。他在做工部侍郎时，对别人说道："我小时候住在富阳县乡下。有一天，邻家老者听到我读书声后，过来对我说：'这是个贵人啊！'然后又言及我成长阶段的不同变化。及长之后，邻者所言皆验。"这个能从董邦达的声音之贵契入而知一生的老者，也是位高人。

而关于声音对人的影响，陈抟的老师麻衣道者亦有精辟之论："声音无宫则轻，无商则干，无角则浊，无徵则缓，无羽则低。声干无财，声浊无文，声缓无权，声低无学。有声无韵，则命促运蹇。"（宋代麻衣道者《麻衣神相》）陈抟还说：要想改声，必先改心；音是声之余，心是声之根。心为五脏之主宰，控四肢，通血气，驰骋于是非之境，出入于百事之门户。

《太清神鉴》及《玉管照神局》载：好的声音，皆出于丹田之内，和心气相通，气势汪洋而向外发出。为什么呢？因为丹田是声音的根，心气是声音的末端，舌端是声音的外表。大凡根深则末梢重，根浅则末梢轻。声为五行之造化、六腑之根苗，出于五脏，总诸灵而成响，内以传意，意以心会。心欲有言，声从口出，音韵以随之，神情以露之，善恶以分之，贵寿贱夭以定之，皆由中发外。但未有声不全而福全者。

汉代刘安《淮南子·天文训》载：气深则声远，气浅则声弱，气清则声响，气暴则声粗。声与气相争出，谓之噪；声未出而气先出，谓之太溢。两者均不佳。说话过程中，语气不该中断而中断以及说话不连贯的人，多有潜在的疾病存在。声干无韵，为不易被他人所理解之人。

《大戴礼记·文王官人篇》曰：初气主物，物生有声；声有刚有柔，有浊有清，有好有恶。咸发于声也。心气华诞者，其声流散；心气顺信者，其声顺节；心气鄙戾者，其声斯丑；心气宽柔者，其声温好。信气中易，义气时舒，智气简备，勇气壮直。听其声，处其气。

气息相合而成为声音，其声音与律吕节奏相应和：有和谐平淡之声音，有清新流畅之声音，有迂徐悠长之声音，有温润圆畅之声音，有焦急轻嘶之声音。

此外，万物源于气，气分阴阳，人亦分阴阳，声音也分阴阳，故有雄雌之分。《冰鉴》载："声雄者，如钟则贵，如锣则贱；声雌者，如雉鸣则贵，如蛙鸣则贱。远听声洪，近听悠扬，起若乘风，止如拍琴，上上。"另据《傅子》载："雄声而雌视者，虚伪人也。"雌视，即《吕氏春秋》所谓"烟视"，妇人之视态也。是说，一个人的声音像男人，而视线却像女人，则此人必虚伪。

声音还有清浊之分，气有清浊之别，清者贵，浊者夭。有清中之浊者，则内重而外轻；浊中之清者，则外厚而内明。声音不圆润而含浊者，主破败。声浊者谋运不发，声轻者断事无能，声破者做事无成，声低者鲁钝无文。声亮必成，不亮无终。

声之好者在亮，亮非声大之谓，唯发声有韵，方谓之亮。其出于丹田，来路深远，清脆而圆转，坚定而嘹亮，缓慢而强烈，急促而平和，舒长而有力有威，等等。大则如洪钟发响，小则似寒泉飞韵。音质若悦耳而清爽，悠远而不断，浅显而清晰，深沉但能内敛，宏大而不浑浊，余音激烈，宛转流畅，能圆能方，坚实清亮，语句明朗，大而有余，则为上品，是美声，皆易成功。古语云"个矮音高，人中英豪"便有此谓。而"声如破锣"者，富则有灾。

实践是检验真理的唯一标准。以上这些总结都是古人心血的汇集，仁者见仁，智者见智，若能为你的生命开一扇慧窗，则善莫大焉。

第三节　如何训练知音的功夫？

世有非常之人，方有非常之事。先讲两个禅师的故事：

其一，唐代天宝年间明瓒禅师在衡山寺做杂役，因其性情疏懒而好食残余饭菜，人以"懒残"称之。他白天吃剩饭，晚上睡牛棚，这一住就是20年，无人在意。有一天，邺侯李泌正在寺中读书，半夜听见牛棚中传来宏亮的诵经声，响彻山林，深觉此僧不凡，便去牛棚拜见。哪知懒残见了李泌又骂又唾，还指着他的鼻子道："你是要害我吗？"李泌非但没生气，反而更加虔诚恭敬地跪拜懒残，并请他开示。懒残没有回答，反而拿起自己吃了一半的牛粪所烤的芋头，递给李泌。李泌连忙接过芋头，恭恭敬敬地捧着吃完。懒残见他吃完了，才慢慢地说："你谨慎少言，我送你做十年宰相吧！"后来，李泌果然当了十年宰相。这个"懒残煨半芋"（唐代李繁《邺侯家传》、唐代袁郊《甘泽谣》与明代萧良有《龙文鞭影》均载）的故事，被后世文人广为引用，如宋代苏轼《次韵毛滂法曹感雨诗》载："他年记此味，芋火对懒残。"宋代杨万里《秋凉晚酌》诗载："寄老山林度懒残，新秋又是一年年。"清代唐孙华《煨芋》诗载："鹄陂豆饭堪同饱，富贵无心问懒残。"

其二，日本明治维新时期，奕尚禅师有一天禅定完之后，刚好听到悠扬的钟声。禅师非常专注地聆听完，然后问侍者："司钟者为谁？"侍者答道："是一个新来的沙弥。"奕尚禅师便让侍者将此沙弥叫来，问道："你今天是以什么样的心情司钟的？"沙弥答道："没有什么特别的心情，只是当一天和尚撞一天钟。"奕尚禅师道："不见得吧？你撞钟时，一定是想着什么，因为我听钟声格外响亮，只有真心向佛、诚意正心的人才会撞出这样的声音来。"沙弥想了又想，然后说道："禅师，其实我也没有刻意想什么，只是我尚未出家参学时，家师就时常告诫我，做什么事都要用心，撞钟的时候想到的只能是钟，因为钟即是佛，必须虔诚、斋戒，敬重如佛，用如如入定的禅心和礼拜之心来司钟。"奕尚禅师闻言面露喜色，又提醒他道："往后处理事务时，不可以忘记，要保有今早司钟的禅心。以后，你的前途一定不可限量。"这个奕尚禅师不但识人，而且还能从钟声里听出一个人的品德。果不其然，这位沙弥牢记奕尚禅师的教诲，事事如司钟一样，认真恭谨，禅心绵绵。他就是后来日本永平寺方丈、著名的森田悟由禅师。

从以上两个故事中，我们可以看出李泌和奕尚禅师听音识人的高明所在。这种识人智慧，在中国格物智慧中有着非常悠久的历史。

古人闻声知情的案例，令人颇感不可思议的同时，亦让人困惑其理及其熏习之法。

下面这个故事或许能够帮助我们适当地解惑。

意大利有一个小男孩名叫托蒂，他有一只十分奇怪的眼睛。眼科大夫多次会诊得出的结论都相同：从生理上看，眼睛十分正常，但它却是失明的。人们不禁会问：一只完全正常的眼睛为什么会失明呢？研究之后发现：原来，当小托蒂刚出生时，这只眼睛因为轻度感染而被医生用绷带缠了两周。正是这种对常人来说没有任何副作用的治疗，却对刚刚出生、大脑正处于发育关键期的婴儿造成了极大伤害。由于长时间无法通过这只眼睛接收任何外界信息，原本为这只眼睛工作的大脑神经组织就认为它瞎了，为其工作的大脑神经组织也随之衰减直至废弃。

小托蒂的遭遇并非偶然。后来，哈佛大学研究人员做了一个关于视觉敏感期的实验：同时将一只新生小猫和一只成年猫的眼皮都缝上，发现结果一样！这就印证了生理学上著名的"用进废退"原则：动物的器官越是用得多用得勤，其功能越发达，进步就越快；越是弃之不用，功能衰退越是明显，以至于完全失灵。

与哈佛大学研究人员异曲同工的是，荷兰植物学家、遗传学家德佛里斯也曾列举过研究案例：他发现雌蝴蝶本能地把卵产在树枝和树干交接的地方，这个地方既安全又隐蔽。当幼虫出壳时，它对光线非常敏感。光吸引了它，它朝着树梢最明亮的地方爬去，恰巧在那里有它赖以生存的食物：树梢的嫩叶。当它长大后，失去了对光的敏感，这种本能也就失灵了。植物学家把这种情形称为动物的敏感期。

以上研究得出了共同结论——你不使用鼻子，鼻子就会失嗅；不使用耳朵，耳朵就会失聪；不使用眼睛，眼睛就会失明；不使用舌头，舌头就会失尝；不使用脑子，脑子就会失敏。相反，对它们正常合理的使用，能够带来愉悦和持续性的满足，并在逐渐释放生命本能的同时，提升人们了解、认知自己和这个世界的能力。

《吕氏春秋·尊师》说："天生人也，而使其耳可以闻，不学其闻不若聋；使其目可以见，不学其见不若盲；使其口可以言，不学其言不若爽；使其心可以知，不学其知不若狂。"这些都是在强调，感官功能的敏锐与通达，是需要练习的，否则会丧失对生命应有的辅佐力。

关于闻声知情功夫的训练，古人往往是从儿童发音时开始的——书声琅琅地诵读，是开蒙之基础。然后再将他们放到大自然中，聆听钟声（商金音）、流水声（羽水音）、火燃烧的声音（徵火音）、山石落地的声音（宫土音）、敲木鱼的声音（角木音）以及各种禽兽的声音，尤其要训练从禽音兽声中甄别声与音的区别。久而久之，儿童自然就对声音有了精微的分辨力——先精通，再贯通，最后成"神通"！这便会熟能生巧，巧能生妙，妙能生慧，慧能生玄。

此外，还有一种现代训练方法：从嗓子深处发音，发出深深的"a—ao—"，再将嘴唇慢慢收缩，如同将声音包起来一样，保持简单的口腔共鸣；然后努力呼气，同时保持喉部深处的振动，并逐渐加强这个振动，提高强度。等到杂音柔和，音色有明显提高，基音能降低到100赫兹左右时，其音色就像在强大的力道外面包裹了雾、树叶或沙尘一样。如此，从声至音至韵的训练，三年左右，渐至灵巧。

功夫不负苦心人。把孩子的声音训练好了，字正腔圆，比给他留下多少财富都重要，那是因为：音好者，富贵自生！

明代王阳明说："圣人之心如明镜，只是一个明，则随感而应，无物不照。故圣人只怕镜不明，不怕物来不能照。"所谓"镜不明"就是你没有那个能照的格物功夫！只要你有那个能照的格物功夫，就不怕遇事不能断。

要知道，很多现象的内涵都是隐而不显但又不期而至的。"眼前伎俩人皆晓，心上功夫世莫知。"五行之行，便是行业之行，二者只有势能相生相扶才会畅达。

就声音而言，每个人声音的五音音属都不尽相同，而人之五行与五音相合者最为可贵；不合则乖，如木形人金音，则金木交加相见，谓为行事坎坷。当我们知道了声音的五行势能特质后，便会对行业的选项有所甄别，而这也是对"以人为本"的真实践行。

我们应该清楚：这个世界不是有钱人的世界，而是有心人的世界！人们只知浪费钱财是浪费，却不知，不能通微才是生命中最大的浪费啊！

第四节　五音史料津梁

声音之道，应用极广，除了前述中医之外，最有代表性的还有兵法。如，《六韬·龙韬·五音》载：

武王问太公曰："律章之声，可以知三军之消息、胜负之决乎？"

太公曰："深哉，王之问也！夫律管十二，共要有五音——宫、商、角、徵、羽，此其正声也，万代不易。五行之神，道之常也，可以之敌金、木、水、火、土，各以其胜攻之。古者三皇之世，虚无之情以制刚强。无有文字，皆由五行。五行之道，天地自然。六甲之分，微妙之神。

"其法以天清净，无阴云风雨，夜半，遣轻骑往至敌人之垒，去九百步外，遍持律管。有应志管，其来甚微。角声应管，当以白虎；徵声应管，当以玄武；商声应管，当以朱雀；羽声应管，当以勾陈；五管声尽，不应者，宫也，当以青龙以五行之符，佐胜之征，成败之机。"

武王曰："善哉！"

太公曰："微妙之音，皆有外候。"武王曰："何以知之？"太公曰："敌人惊动则听之，闻鼓之音者，角也；见火光者，徵也；闻金铁矛戟之音者，商也；闻人啸呼之音者，羽也；寂寞无闻者，宫也。此五者，声色之符也。"

五音源于先民呼叫、歌唱的实践体验，形成于巫觋文化。而最早"宫商角徵羽"五声阶名的由来，则见于春秋时期《管子·地员篇》"三分损益法"所推衍的结果——生出五个音，合起来为五正音。这五正音所得之数目均为整数；另外还有两个变音，一个变宫，一个变徵，简称为"五正二变"。

周朝开始，涉及五音的文献史料陆续丰富。笔者研究明代古籍《六壬神课金口诀》数十年，发现该书亦有关于五音系统性研究的成果，摘录如下：

春木旺火相土死金囚水休，木墓在未，角姓忌。
夏火旺土相金死水囚木休，火墓在戌，徵姓忌。
秋金旺水相木死火囚土休，金墓在丑，商姓忌。
冬水旺木相火死土囚金休，水墓在辰，羽姓忌。
四季土旺金相水死木囚火休，土无墓库，宫姓忌。
通于耳者为五音，乃中于宫，触于角，神于徵，章于商，宇于羽。甲为徵音，乙为羽音，丙为宫音，丁为角音，戊为商音，己为徵音，庚为徵音，辛为羽音，壬为宫音，癸为角音。

在古代音韵学著作中，《切韵》（隋代陆法言）和《广韵》（宋代陈彭年）很有代表性，但更为重要的则是宋代司马光的《切韵指掌图》，是入音韵之门的必读之作。

其他著作中包含音韵内容的前文已经提及，参看即可。《吕氏春秋·适音》亦有对音的专述："故治世之音安以乐，其政平也；乱世之音怨以怒，其政乖也；亡国之音悲以哀，其政险也。凡音乐，通乎政而移风乎俗者也，俗定而音乐化之矣。故有道之世，观其音而知其俗矣，观其政而知其主矣，故先王必托于音乐以论其教。"这是在阐释音与社会的关系。

唐代还有"五音宅相"之法，强调姓氏声音的五行不得与房子坐山的五行相抵触，值得一读。

…………

声音之学在佛教体系也有涉及。北京首都博物馆中有一张精美的唐卡，名为"辨音圣菩萨"画的，画的是一位专门通过声音来辨知世界的菩萨。佛教认为，修习到八地以上的菩萨，自然可以获得神妙的声音，洪亮优美，婉转深邃，有感染力。佛教中有一专修声音的法门，修到一定程度时，就可随时内听到自身血液流动的声音，有时如瀑布般躁烈，有时如暗流般声息渺渺，千变万化，浑然其中。

据美国藏学家、藏传佛教研究专家亚历山大·伯金称："宗喀巴（1357年—1419年，藏传佛教格鲁派创立者）一生中有两种不同的诵经方式：一个叫山崩之声，一个叫瀑布轰响之声。两种都有极端的低音，起先是平坦的声音，然后是波动的泛音。拉萨的三大寺都用瀑布轰响之声诵经。"

无论是山崩之声还是瀑布之声，皆有如狮子吼声！

第五节　古人如何酿名?

酿名体例与原则

中国文化、中国智慧、中国思想，策源于先秦时期。所有的文化传统，在周朝均已基本确立，酿名亦是如此。

古人名字中包含姓氏、名、字、号。关于其来历，简略而言，其中的姓，《春秋左传·隐公八年》载:"天子建德，因生以赐姓，胙之土而命之氏。"是说，帝王立有德之人为诸侯，据其出生血统赐姓，依其所封之地命其分支之氏。由此可知，当时的姓与氏，关系虽密切，但却是两个不同的概念。如今，"氏"的内容，几乎已经稀释在历史的长河之中了，完全为"姓"所取代。

有姓之后便有名。关于"名"，《礼记正义·檀弓》曰:"幼名，冠字。"唐代孔颖达疏:"名以名质，生若无名，不可分别，故始生三月而加名，故云'幼名'也。'冠字'者，人年二十，有为人父之道，朋友等类，不可复呼其名，故冠而加字。"其义甚明。

《春秋左传·桓公二年》载:"名以制义，义以出礼，礼以体政，政以正民。"可见，"字"通常饱含生命势能之义的指向。《说文解字》释"名"曰:"名，自命也，从口夕。夕者，冥也。冥不相见，故以口自名。"是说，人们白天可以通过形体、面貌来互相识别，而到了晚上看不见时，就呼唤名字来召唤对方。日本的安倍晴明则说："名字是最短的咒。"名字就是召唤的咒语。据《左传·桓公二年》载，有一次，晋国年轻的先知卿大夫师服惊呼："异哉，君之名子也！"他说，如今国君居然给长子取名叫"仇"，次子叫"师"（忧患之意），这是变乱之先兆，兄长会速衰。后来的发展，果如其名所示！

而最能展现"名"所带有的长辈的寄托者，莫过于苏轼和苏辙了。苏洵曾写有两个儿子苏轼与苏辙的酿名之因——《名二子说》，中云："轮辐盖轸，皆有职乎车，而轼独若无所为者。虽然，去轼则吾未见其为完车也。轼乎，吾惧汝之不外饰也。天下之车莫不由辙，而言车之功者，辙不与焉。虽然，车仆马毙而患亦不及辙。是辙者，善处乎祸福之间也。辙乎，吾知免矣。"首先，苏轼之"轼"源于古代车前扶手的横木，它与车上诸多构造相比，作用不大，但没它也成不了车，所以叫轼。但苏洵认为，将来苏轼会因为高调、不懂得掩饰而遭遇灾祸，所以起这个名字就是提醒他不要锋芒毕露，要低调本分。而对次子苏辙的名字，苏洵则解释道，"辙"就是马车行走留下的印迹。天下马车的行走都遵循前车痕迹，马车的功劳亦人人可见，但车辙之功却无人提及。不过，车辙虽无功，可一旦出车祸，车辙却不会受到牵连。故而给次子取名"辙"字。苏洵希望儿子苏辙的一生，能如车辙一样，虽不能大富大贵，但可免灾少难，一生平安。

苏洵的眼光真是独到，实属高瞻远瞩！后来，在兄弟俩的仕途中，众所周知，苏轼总是因为坦率直言而得罪人，即"因言获罪"；而弟弟苏辙也跟哥哥差不多，跟着哥哥一起起落，但始终没有直接遭遇过什么大祸。真是知子莫若父啊！

关于"字"，《仪礼·士冠礼》曰："冠而字之，敬其名也。君父之前称名，他人则称字也。"这里的"冠"指的是"冠礼"，即古代男子二十岁时的成人礼。女子成人礼则在十五岁，名为"及笄"。男女只有行成人礼后，才能取字。成语"待字闺中"，便是说女子未满十五岁，不能取"字"，也不能出嫁。当然，也有例外。

关于"字"的功用，古人也讲得很清楚。南北朝颜之推的《颜氏家训·风操篇》曰："名以正体，字以表德。"字是用来展现个体生命的品格的。

而关于"号"，今人吉常宏、吉发涵《古人名字解诂》中阐释得很精辟："名以正体，字以表德，号以寓怀。"号是用来表达不同时期的情怀的！

由此可见，"名""字""号"包含着个体生命的品格、文化意蕴与生活情怀。

"名""字""号"的传统用法，也包含着等级观念——通常，晚辈对长辈自称时，只能用"名"，不能用"字"和"号"；而称呼对方时只能用"字"或"号"，不能直呼其名，否则便是失礼。只有君王对臣僚、父亲对儿子、长辈对晚辈、上级对下级关系等可直呼其名。若表示尊敬与认可，通常都是称呼对方的"字"或"号"。随着历史的发展，这些称呼的传统也在不断变化。但是，虽说姓名的传统在不断演化和简洁，可其中蕴含的酿名原则及其内里的文化精蕴，却充满了中华民族的智慧，值得我们了解和学习。

早在2000多年前，《春秋左传·桓公六年》就直陈酿名之要旨："名有五，有信、有义、有象、有假、有类。"将家族辈分、生肖属相、长辈寄托等都纳入了考量范围。比如，名字中有孟、仲、季者，则为排行之别。如，孔子，名丘，字仲尼，上面有哥哥伯尼，排行老二，故谓仲尼。"孔老二"之谓也出于此。（参见本书论述"干支"的章节，有详述）

清代学者、音韵学大家王念孙之子王引之与段玉裁一起被语言学家王力评价为"中国语言学走向科学的重要里程碑"。王引之先生所作《春秋名字解诂》为研究音韵学的必读之作，被收入其《经义述闻》卷二十二与卷二十三。后来，清代大学者俞樾又校补其书，作《春秋名字解诂补义》一卷，胡元玉又有《周秦名字解诂补》，收入《聚学轩丛书》。古人之名与字，义多相应，王引之本着《说文解字》作者许慎之意，作《春秋名字解诂》两卷，钩沉索隐，触类引申，就音以求义。

自周朝始，酿名体例与原则便将五音与干支、生辰相结合（不知时间者，亦有三式等方法勘知），再取其信义之德。具体方法之总例为：凡所取名，宜与姓氏相生扶、互补，名生姓氏为佳，反生则为次选，族谱排字亦然。之后再从象、假、类等开取。此即王引之所言"就音以求义"。

其中，所就之"音"，即为五音的"宫、商、角、徵、羽"，分别对应五行土、金、木、火、水。《左传·桓公六年》明确记载的"名有五，有信、有义、有象、有假、有类"中的"有信"和"有义"与生辰有密切关系。当名确定后，仍需依据字的五音来弥补固有五行势能之不均。史载，有甚者，则连姓氏也一并改换。如汉代著名易学家京房（创立六爻卜筮方法者），即是以音改姓——原名为李君明，依五音而改为京房。

此外，由于人秉阴阳二气而生，"阴阳全凭纯美，造化最喜相生"，故古人取字，亦有依据汉字表象五行依次相生方式者。这一点在族谱中体现得比较明显。族谱中的字辈是中国传承千年的重要取名形式，也是中国古代一种特别的礼制。如，明太祖朱元璋遵循古法，给儿子们定了一个辈分表，该表从子辈起，男嗣每五个字辈的命名皆依五行顺序——在同辈之内，依次以偏旁部首木、火、土、金、水五行相生的顺序命名，如：成祖（朱棣）、仁宗（朱高炽）、宣宗（朱瞻基）、英宗（朱祁镇）、代宗（朱祁钰）、宪宗（朱见深）、孝宗（朱祐樘）、武宗（朱厚照）、世宗（朱厚熜）、穆宗（朱载垕）、神宗（朱翊钧）、光宗（朱常洛）、熹宗（朱由校）、思宗（朱由检）。所有名讳的偏旁部首分别为木、火、土、金、水、木、火、土、金、水、木。无独有偶，位于安徽绩溪县，始建于宋朝的胡氏宗祠中有《龙川胡氏宗谱》，胡氏字辈也是如此，如"……沇、树、炳、增、锦、海……"，其部首的五行就是水生木、木生火、火生土、土生金、金生水……代代相生。这些都是中国酿名传统的重要体例。

朱元璋所遵循的这个古法倒是值得嘉许，但偏偏不知为何，他还加了一条规矩（可能是怕重名）——名字都要选用生僻字，越生僻越好！物无美恶，过则为灾，不堪总会到来——明末亡国之君崇祯帝的儿子叫朱慈炯，影视小说称其为"朱三太子"。他在明亡后逃去浙江余姚，隐姓埋名，生了6个儿子，以教书为生，且与各处反清力量均无关系。朱慈炯原本可以平安生活下去，但他虽然改了姓，却按祖上规矩给6个儿子都取了土偏旁的生僻字为名。官府登记户籍时起了疑心，觉得寻常百姓没文化，犯不着取这么复杂的名字，遂层层上报，最后是康熙帝亲自越取卷宗，断定此人就是朱慈炯，下旨全家斩决。人们说，还是当年朱元璋灭族太多，天道轮回，到头来也没有饶过他。

酿名所选之字，考虑五音及字象的五行因素后，亦要糅合道义之寓意。自汉代始，人们多从经典中遴选有道义内涵之字，历代宰相的名字尤为普遍。为什么呢？是因为，经典是"教民向义"的，是纯阳之物。读经典、用经典可以补阳气！如，贞观是唐太宗李世民的年号，史有著名的"贞观之治"，其名字即出自《易经·系辞》"天地之道，贞观者也"；人们熟悉的白居易（字乐天）、毛泽东（字润之）和蒋中正（字介石）的字，也都出自《易经》。北宋宰相张知白的名字，则取自《道德经》的"知其白，守其黑，为天下式"。

说到这里，讲个有趣的事儿。北伐之役，蒋介石到长沙督师，吴佩孚不以为意，曰："石沉于沙，无能为也。"然而竟至失败，吴佩孚很费解。有人对他说："你字子玉，岂不知《诗经》'它山之石，可以攻玉'乎？"吴佩孚闻言，恍然若失。

也有取意以励志的。唐代韩愈在妻子面前提及求官失意之事，没料到妻子却说："科场屡挫，自己必有不足。"韩愈说："俗话说，自己瞧不见自己脸上的黑，请赐教。"其妻随即挥笔赠言："人求言实，火求心虚，欲成大器，必先退之。"韩愈手捧赠言，沉思良久，道："自古骄兵必败，而自己身上缺少的正是谦虚之情啊！"遂选赠言中的"退之"作字，谓"韩退之"。而唐代白居易弟弟白行简，字知退，与韩愈的名字有异曲同工之妙，皆取自省自砺之意。

上文提及的五音内容，由于教学体系原因，古代基本是在十二岁左右学完。但今之精通五音者，却寥寥无几。我们要为此"埋单"——现在流行的按照五格剖象法和笔画酿名的方法，不属于中国文化的传承，它是近代日本人来中国学习五音未能遂愿之后的"别开天地"的方法——日本人闭门造车地创造了五格剖象法。由于近百年来，中国文化传统断裂严重，导致这种酿名方法在二十世纪八十年代经香港转道传入内地后，很畅销，人皆以为珍。可事实是，天地只有一个，怎能别开？

这种错漏不堪的现象，并不鲜见。

除"就音求义"外，中国音韵学研究会名誉会长周祖谟教授亦对古人酿名体例作了梳理，总结出5个特点。笔者在此结合案例，对其一一解读：

1. 同训。即名与字同义递互补充，如《白虎通义》所载"闻名即知其字，闻字即知其名，盖名之与字相比附故"。又如《史记·仲尼弟子列传》中，鲁国的宰予字子我，又施之常字子恒；《左传·襄公二十八年》载齐国庆嗣字子息。又如屈平字原，因古语中"广平曰原"，

"平"与"原"意同。孟子名轲，字子舆，因轲、舆都指车。古人有"比德如玉"的传统，名字也随顺于此，如三国周瑜字公瑾，"瑜"与"瑾"皆有"美玉"之义。唐代诗圣杜甫字子美，"甫"为古代男子美称，"甫""美"二者意同。北宋曾巩字子固，"巩""固"二者意同。北宋宰相章惇字子厚，"敦厚"为惇，"子厚"与其意同。岳飞字鹏举，"飞"与"鹏举"之意同。

2. 对文。指字义相反、相对照，如《国语·晋语》载晋阎没字明，"没"与"昧"古字通；"昧"训为暗，故字明，取相反之义。《左传·襄公二十八年》载齐庆封字子家；"封"读为"邦"，"邦"与"家"相对为文。又《襄公二十七年》载楚公子黑肱字子皙，《襄公二十九年》载郑公孙黑也字子皙。"皙"为白意，与"黑"相对成文。宋代朱熹字元晦；"熹"是晨光，表示天亮，而"晦"则为黑暗，表示天黑，"熹"与"晦"相对成文。隋末王绩字无功，"成绩"和"无功"正好相反。

3. 连类。指意思相类，如《史记·仲尼弟子列传》载鲁国南宫括字子容，"括"是包容的意思。鲁国原宪字子思，"宪"有思意。又如赵云，字子龙，《易经》曰"云从龙"，名与字意思相顺承。陆羽，字鸿渐，《易经》曰："鸿渐于陆，其羽可用为仪。"此处，字对名作了解释，意思相承。又如陆机，字士衡；"机""衡"二字皆为北斗星宿名，二者相类。唐代宰相裴度，字中立；"中立"与"行事有度"，取意相同。

4. 指实。意为联系实物来命字。如《左传·昭公十三年》载郑然丹字子革，古代革多用丹色染，所以字子革。又《襄公六年》载楚公子启字子闾，"闾"是里门，字闾取启门之义。孔子出生时，头顶有个黑疙瘩，十分凸出，很像尼丘山，因而取名孔丘，字仲尼；又因他是孔孟皮之弟，故有"孔老二"之称。《史记·仲尼弟子列传》载孔子弟子仲由字子路，取其行必由路之义。《国语·鲁语》载展获字禽，取获禽之义。唐代宰相于琮，字礼用，取玉琮为祭礼（代表朝廷）所用之义。唐代诗人白居易字乐天，因白居易降生于水患成灾的东郭寺村，祖父白湟便联系实际情况以及《中庸》"居易以俟命"句，给孙子起名"居易"，希望孙子将来能生活在一个容易居住的地方；又从《易经·系辞》"乐天知命，故不忧"句中取"乐天"，希望孙子将来一生无忧。

5. 辨物。取物名作为名与字，如《孔子世家》载孔子的儿子孔鲤字伯鱼，是以共名为字。清代张廷玉，字衡臣，《周礼·冬官人》载："大璋中璋九寸，边璋七寸，射四寸。"又衡"勺柄，龙头也"，可知其取玉、衡之意共名。

无论以何物为依托，名与字之酿，均不离"起名以示称别，取字以明德"的宗旨。

除了前述酿名体例与原则外，酿名还有六条禁忌——不以国、不以官、不以山川、不以隐疾、不以畜牲、不以器币。如晋国僖侯名为"司徒"，宋武公名为"司空"，因避讳故，遂废"司徒""司空"两个官名。后来的避讳传统，亦由此逐渐演化而成。

古代的人口不多，名字的重复率很小，不像今天的重复率这么高。但为什么古代不少人已经有了名和字之后，还有"又字某某"和"号某某"呢？

这种情况通常与其自身五行势能的走向及年景变化的变量有关。人在某些时期，势能的结构性欠稳定，需要依据字的五音来平衡。这种思想观念，与古人的生活息息相关，并且深入人心——风靡于汉唐的"五音宅相"，就是强调住宅的坐向之五行，不可与主人姓氏的五行相克。声音是有能量的，万物都是有能量的，能量和能量之间不能发生冲突；如果发生冲突，便会出现问题，如同水火，势不两立。

关于字的五音分辨，请参看宋代司马光的《切韵指掌图》（南宋丽泽书院将其刊行天下）。看完你会发现，在你的生命中，司马光不仅仅"砸过缸"！

古代名、字、号的来历

关于名，《礼记·檀弓》载："幼名、冠字。"《疏》云："始生三月而始加名，故云幼名。年二十有为父之道，朋友等类不可复呼其名，故冠而加字。"据《礼记·内则》载，婴儿出生三月后由父亲命"幼名"供长辈呼唤，并通告亲友，报告地方长官，入籍登记。

关于字，《礼记·曲礼》载，"男子二十冠而字"，"女子十五笄而字"。男子 20 岁举行加冠礼（成人）时取字，女子 15 岁许嫁举行笄礼时取字，以表示对本人尊重或供朋友称呼。

关于号，除了名和字之外，古人还有别号。别号是名和字以外的称号。古代为表尊重，原则上不直呼其名，也不称其字，而称其别号。号和名不一定有意义上的联系，并且号也不限字数。《颜氏家训》曰："名以正体，字以表德。"而号，则可以寓怀，可在文章唱和时作为代称或自称。如：宋代四大抗金名将之一的张浚，字德远，自号紫岩，传世有《紫岩易传》。陆游，号放翁；陶潜，号五柳先生；苏轼所作《易传》，称为《东坡易传》。中国画一代宗师、明末清初的画家朱耷，字雪个，号八大山人、个山、人屋、道朗、刃庵等，但他自己最喜欢八大山人，传世画作多见此号，因其曾藏《八大人觉经》，遂自号"八大山人"，或谓寓"四方四隅，皆我为大，而无大于我也"；又谓其署名，喜以草书连缀笔画，视之八大二字，有似哭字笑字，山人二字有似之字，合而读之，类哭之笑之，皆隐约有玩世之意。可见别号多寄托主人的思想情怀、品格兴趣和经历体验等，是个体生命某些特质的体现。

除此之外，也有以身份、官职和籍贯来代号称呼的，如王安石被称为荆公，周瑜被称为周都督、周将军，柳宗元被称为柳河东等。此外，有些古人喜用作品别号来命名，如韩愈《韩昌黎集》、黄庭坚《山谷词》、元好问《元遗山先生全集》、耶律楚材《湛然居士集》等。

周朝时已经成形的谥号制度也属于别号的一种。帝王、名臣、士大夫等去世后被冠以庙号和谥号，如"汉献帝""陶靖节""林和靖""范文正公""曾文正公"等。

那么，何时呼名，何时呼字呢？

《仪礼·士冠礼》载："冠而字之，敬其名也。君父之前称名，他人则称字也。"是说，名只能在君王和长辈面前使用，字则是用于平辈或晚辈间的称呼。

汉代以后名和字开始连称，为先"名"后"字"。如，曹丕《典论·论文》载"鲁国孔融文举，广陵陈琳孔璋，山阳王粲仲宣，北海徐干伟长，陈留阮瑀元瑜，汝南应场德进，东平刘桢公干"，这些建安七子的名字都是先名后字的连称。再如周瑜，周是姓氏，瑜是名，字公瑾，时称周公瑾，而直接称周瑜是非常失礼的。

第六节　谐音的故事

汉代刘向说："书犹药也，善读之可以医愚。"此言不虚。古今图书中大量的古人经验展示，令人受益无穷。

在中国文化中，自古就有受到"谐音"观念影响的文化现象，因此，讲到五音、声音和酿名时，就必然要提及此内容，下述史载的谐音故事，诸君可从中见仁见智，以作来启。

柏人

司马迁《史记·张耳陈余列传》载："汉八年，上从东垣还，过赵，贯高等乃壁人柏人，要之置厕。上过欲宿，心动，问曰：'县名为何？'曰：'柏人。''柏人者，迫于人也！'不宿而去。"

刘邦在经历"平城之辱"的第二年（公元前 199 年）出巡。有一天，刘邦从东垣归来，途经女婿所在的赵国时，赵国国相贯高、赵午等人在柏人县馆舍的夹壁墙中隐藏武士，置于隐秘处，想要暗杀刘邦。刘邦正欲决定留宿时，突然心有所动，就问道："这个县的名称叫什么？"左右答说："柏人。""柏人，这是要被别人迫害啊！"随后他没有留宿就走了。刘邦的这次心血来潮，由"柏人"想到"迫人"，避免了一次暗杀行动。后来，汉九年（前198），贯高的仇人知道他的计谋，就报告给刘邦，刘邦于是将赵王、贯高等人全部缉拿。

登通

汉代的邓通，性情诚谨，擅长划船，被征召到皇宫里做黄头郎，专职掌管行船，后来颇受汉文帝宠信，一度富甲天下。

其发迹缘由，《史记·佞幸列传》有载：汉文帝刘恒为人仁孝宽厚，却信鬼神，好长生，梦登天。有一次，汉文帝做梦登天，却无论如何都登不上去。不料这时，有一黄头郎从后面把他推了上去，他回头看到黄头郎穿了一件横腰的单短衫，衣带系结在背后。梦醒后，文帝前往未央宫西边苍池中的渐台，私下用眼光寻找梦中推他上天的黄头郎。当他看到邓通后，发现其衣带从后面穿结，正如梦中所见。及至召问姓名，答，姓邓名通，音近"登通"。文帝听后十分高兴，之后日日加宠。但邓通个性温和、谨慎，不喜张扬，更不善交际。汉文帝虽几次赐他休假，但他还是不肯出去玩。于是，汉文帝前后共赏赐了邓通有十几次，累计有亿万钱之多。

从中可见，邓通能够有如此好的际遇，完全是名字谐音的受益者。

快逃

据宋代史料记载，朱熹的老师李椿年与岳飞是亲家，即岳飞儿子岳雷的老丈人。时年59岁的李椿年对小他34岁、正在歙县紫阳书院读书的朱熹影响很大，两个人是"忘年交"。

李椿年曾力推经界法——"民有定产，产有定税，税有定籍"，却触及了以丞相秦桧为首的集团的利益。于是，他们沆瀣一气，诬陷李椿年和军方联系过密、包庇家乡地方官员等。宋高宗见众多人举报，便依秦桧的主意治罪于他。

高宗的手段很诡谲，派李椿年的亲家岳飞去查抄李家。岳飞的所为却更胜一筹，他知道李家正在给老太太办寿宴，就让人往寿桃上插了双筷子悄悄送去，别无他物。

李椿年也真是聪颖，看到筷子插寿桃后，即知是"快逃"，明白已大祸临头，遂全家人集体出逃。他们分成两拨人马往两个方向跑，并约好如遇有人盘问，都不说真实姓氏，仅说"无"，这样听到的人会以为是姓"吴"。

后来，岳飞率领的抄家大军到达李家时，已空无一人，于是便装模作样地烧了几间房子回去交差。

从此事件中可以看出，在古代，人们对谐音的理解和应用是十分熟稔的！并且，古人随机应变的智慧，也实在令人佩服！

早离江西

王阳明是明代大儒，同一时期的大学者湛若水和塾师许璋对其一生影响甚巨。其中，塾师许璋精通兵法和象数易学。清代大儒黄宗羲在《明儒学案》中载："先生于天文、地理、壬遁、孙吴之术，靡不究心。正德中，尝指乾象谓阳明曰：'帝星今在楚矣。'已而世宗起于兴邸。其占之奇中如此。"

王阳明为了潜心跟许璋学习，毅然解散了自己创办的如火如荼的龙泉诗社，令众人颇为费解。但王阳明心中很清楚，他要学的就是能够为往圣继绝学、为万世开太平的本事，而这位许璋也真没有让他失望！

遇事能断，方是真君子！24岁的王阳明从师许璋三年，学会了奇门遁甲和诸葛武侯战阵之法，这为他 27 岁考中进士后走入仕途及至建功立业有很大的帮助。

中国智慧中的"格物"本领，在许璋身上体现得淋漓尽致。王阳明得益于许璋的案例也很多，举一个最具代表性的——"许璋曾叮嘱守仁：'勿错认帝星。'及宁王宸濠将叛，璋遣其子为守仁送去枣、梨、豇豆和西瓜。守仁惊悟，出查乱兵，遂不及难。后得平宸濠之乱，使朝廷转危为安，皆得力于许璋"。

许璋在宁王造反之前，便派其子给王阳明送去异礼——枣子、梨子、豇豆、西瓜。王阳明一看，当下大悟，此隐语为："早离江西！"他知道，这是老师在暗中救他……这件事为王阳明平定宁王之乱，使朝廷转危为安提供了先机，也成为王阳明一生最大的军事功绩，更为日后阳明心学的建立奠定了基础！

在古代，题写墓碑通常是由墓主及其亲人非常认可的人执笔的。据史料记载，许璋、湛若水二人与王阳明感情至笃——"璋殁，守仁题其墓曰：处士许璋之墓"！许璋去世，王阳明以文哭之，并为之题写墓碑，其深情厚义，可见一斑！

严查

纪晓岚是清代著名的大才子，深受乾隆皇帝器重。他的长女嫁给才子卢荫文。卢荫文进士出身却无心仕途，但他那担任两淮盐运使的爷爷卢见曾却在退休 6 年后因贪腐被人揭发，皇帝下令即刻抓捕归案。亲家公纪晓岚闻得了风声后，用纸包了一小撮盐和茶叶派人悄悄送给卢见曾。

卢见曾收到这个盐茶包后，稍作沉思。时刻关注时局变化的他，突然明白：不好，坏事了！这封无字信就是告诉他"盐引亏空，立案侦查（茶）"。

可是，"皇天无亲，惟德是辅"。卢见曾最后可没宋代李椿年那么幸运。他很快就被抓捕下狱，不久即死于狱中。

而那个自以为做得天衣无缝的纪晓岚，最终还是被乾隆查到。乾隆念及旧情，将其从轻发落到乌鲁木齐去戍边。

这个污点事件，也成为纪晓岚被后世津津乐道的一个谈资。

大将犯地名——羊入狼口

宋代杨业"以骁勇闻"，有无敌之称，入宋之后，戍守边防屡立战功，辽人畏之如虎，"望见业旌旗即引去"。可是，这样一位骁勇善战的猛将，怎么会兵败身死呢？

《辽史》卷八十三列传第十三"耶律斜轸条"记载："继业在宋以骁勇闻，人号杨无敌，首建梗边之策。至狼牙村，心恶之，欲避不可得。既擒，三日死。"

事情是这样的：雍熙三年（986），宋廷兵分五路第二次北伐，大将潘美率西路军兵出雁门，杨业为副将，王侁等人为监军。

杨业担任西路军前锋，所向披靡，连克云、应、寰、朔等州。东路军曹彬岐沟关大败，战场形势顿时不利于宋军。见势不好，宋太宗立即传旨班师。潘美、杨业率军刚刚返回代州，又有旨意令二人护卫四州百姓迁入内地。当时，杨业审时度势，制定避其锋芒的作战方略，却被派至军前的监军王侁怀疑而否决了。杨业激昂道："杨业并非贪生怕死之辈，只是目前战场形势于我军不利，硬拼的话非但劳而无功，还会加大将士的伤亡。既然监军大人疑我有二心，杨某唯有以死明志，报君王厚恩了。"

临行，他遥指着陈家谷方向（《辽史》称狼牙村，"杨（羊）"入狼牙，是大忌），又请求潘美等人"于陈家谷埋伏步兵强弩，等我转战到这里，即刻接应救援，否则我部将全军覆没"。

后来，杨业率军且战且退至陈家谷。天已经日暮，仍不见援兵身影，不禁"拊膺大恸"。杨业左冲右突"身被数十创"，但无法杀出重围。儿子杨延玉战死，身边"士卒殆尽"，杨业"马重伤不能进"，辽将耶律奚底"望袍影而射"。杨业遂落马被擒，伤重不食，三日而死。

好一个"羊入狼口"！

至今读来，依然凛冽！

落凤

三国时期，世有"卧龙、凤雏，得一者得天下"之谓。蜀主刘备礼贤下士，三顾茅庐请出"卧龙"诸葛亮执政。不久，经诸葛亮举荐，刘备又请出"凤雏"庞统，并拜其为副军师。他的这一举动令对手们妒羡不已。

但天有不测风云。公元211年，庞统辅佐刘备入川，进取益州时，在围攻佳雒城的战斗中，中了埋伏，死在了落凤坡。

时人总结：庞统别号为"凤雏"，恰恰英年早逝在这个"落凤坡"！

后来，人们在湖北咸宁金鸾山上凤雏庵中，留有对联一副："造物忌多才，龙凤岂容归一室；先生如不死，江山未必许三分。"以示对造物主的忌才表示怨愤，更是表达对庞统早逝的惋惜。

驾崩

传录网络上一令人啼笑皆非的故事，出处不明，供参阅。

据说，中国历史上83个王朝397个皇帝，只用过一个闽南籍太监，但他第一天进宫当差就被斩首了，从此闽南人摆脱了入宫当太监的悲惨命运！原因是派他侍候皇帝用膳，他准备妥帖之后高声跪喊："请皇上驾崩！"（闽南语"吃饭"的发音与"驾崩"相同）

皇帝一惊，问他："你说什么？"他说："驾崩（吃饭）。"皇帝大怒，命人将其斩首，并下令，此后弃用闽南籍太监。

从另一个角度看，当年这个因谐音而丢掉性命的小太监，也使不少福建人免受阉割。

古往今来，因谐音指向不佳而遭遇磨难的还有很多。

有一次，朱元璋过生日。人家说生日的生，朱元璋说你是不是讽刺我，我做过和尚，生是"僧"的谐音，便把他杀了！

谐音与民俗

在生活中，谐音与民俗问题也有着千丝万缕的联系，甚至有些也与我们的生活密切相关。

俗话常说的"打破砂锅问到底"，就是由于读音的谐音误读而来。其本意是"打破砂锅纹到底"——由于砂锅是由石英、长石、黏土等多种原料制成的陶制品，所以无论哪一个部位被打破，其纹理都会逐渐迸裂至底部，这是它的特点。但人们用不同的方言传诵这句话的时候，就逐渐讹传为现在的流行语了。

无独有偶。耳熟能详的"三个臭皮匠，顶个诸葛亮"，也是因为谐音而讹传成今语的。其实，臭皮匠和诸葛亮没有丝毫联系，"皮匠"实际上是"裨将"的谐音讹传。"裨将"在古代是指军中的"副将"。这句话原本是"三个臭裨将，顶个诸葛亮"——随取三个裨将的集体智慧，就能顶一个诸葛亮的智慧。但中国有句古话——"千里不同音"，由于发音原因，人们将四川话的"裨将"误听为"皮匠"，导致讹传至今。

"三个臭裨将，顶个诸葛亮"的本义，是指诸葛亮的智慧，并没有百姓传颂得那么夸张。老百姓所听到的关于诸葛亮的韬略故事，多源于文学作品《三国演义》；但三国时，陈寿所著的史书《三国志》对诸葛亮的真实记载，会让人们纠正很多错误认知。

在日本，数字"9"为人们所忌讳，就像中国人不喜欢"4"一样。中国人认为"4"的谐音是"死"，所以人们不喜欢"4"；中国人喜欢"8"，因为"8"的谐音是"发"。那日本人为什么不喜欢"9"呢？其原因也是与谐音有关——数字"9"在日语的读音中，与"苦"的发音相同——谁都不希望自己的生活与苦关系密切，所以就极力回避这个数字。这就是不同地域的不同文化现象。

谐音之趣

谈到谐音，有一件事让我至今难忘。

我20岁出头时，在北京有一个颇为神奇的际遇！一次聚会，餐前大家作自我介绍，有姓范的，姓尤的，姓柴的，姓周的，姓严的，姓蔡的……当我介绍我姓米时，大家都很惊讶，觉得很少遇到。

席间，突然有一人发现，我们在座几人的姓氏谐音正好是：柴、米、油、盐、饭、粥、菜！大家特别兴奋，为此击掌相庆。

餐后的返程路上，我便知悉：北京是我未来安住之地。

已而果然！

以上诸谐音案例，各位读者见仁见智，自净其意。

要知道，这世界，灵源浩渺，万物都在说法，就看你如何着眼！一切均是考验，试你如何用心！

当年唐代香严智闲禅师开山时，石头一丢，打到竹子上，"咔嚓"一声就开悟了；当年来果老和尚在金山寺打七，开静时木鱼一槌，他就开悟了！你看，即便这无情之声响都能令人开悟，更何况是有情之谐音呢？

第七章　干支哲学与中国文化

第一节　干支是经纬之学

任何一种文化，只有活态利用才能融入生活，传承不断。要活态利用生肖文化，就需要深入地了解生肖对应的干支与中国文化的丰富历史。

知古可以鉴今。

1905 年科举考试取消之前，人们对干支之学非常熟稔——干支是古代的蒙学基础，因而家喻户晓。应用干支内容的鲜活案例比比皆是。

其一，清朝乾隆年间，大臣刘墉极有才华。某日，喜欢临机考臣子的乾隆皇帝突然问刘墉："京城九门，每天出去多少人，进来多少人？"绝顶聪明的刘墉马上举起两个指头，说："两人！"乾隆不解："为何只有两人？"刘墉纠正说："万岁，我说的不是两个人，而是两种人：一是男人，一是女人。"乾隆笑着点了点头，又问道："你说全国每年生多少人，死多少人？"刘墉又扳起指头，似是在推演什么，稍许，说："回禀万岁，全大清国，每年生 1 人，死 12 人！"乾隆又不解，说："照此下去，国家岂不无人了吗？"刘墉解释说："不会的！我是按照人的生年属相算的。如，今年生肖是马年，无论生多少人，都属马，因此我说一年生 1 人；而一年当中，12 种生肖属相的人都有死的，因此我说每年死 12 人。"乾隆皇帝一听，甚是高兴，也更加钦佩刘墉的才华了。

其二，北京翰海 2005 春季拍卖会上，有五件北宋名人书札以令人瞩目的 2227.5 万元人民币高价成交。五件北宋书札中包括北宋宰相富弼的《儿子帖》。"儿子赋性鲁钝，加之绝不更事。京师老夫绝少相知者，频令请见，凡百望一一指教，幸甚幸甚。此亦乞丙去。弼再上。"这张忘记烧毁的"走后门"的纸条，成交价竟高达 462 万元。

如若不懂干支，则根本不知"此亦乞丙去"为何意。在五行中，天干"丙"的五行为火。文中的"丙去"，就是烧掉之意。

其三，汉代规定：博士弟子只要掌握"六经"中的一经，就可以通过考试做官。成绩为甲科者，可以做郎中；成绩为乙科者，可以做太子舍人；成绩为丙科者，补为文学掌故。那个众所周知的成语"凿壁偷光"的主人匡衡，连考了 9 次，才勉强考中丙科，成为太原郡的文学卒史。

其四，1928 年浙江县长考试试题（摘选）——有甲乙两人，因与己庚有仇，邀约丙丁戊三人持械同往杀害。戊中途畏惧不行。及至己家，适己外出，甲乙将其妻女殴伤，丙丁阻止无效。旋至庚家，庚被杀伤未死。嗣经警察追捕，丙丁逃逸，甲乙抗拒警察，情急用枪，将乙击毙，甲就获。丙丁越日自首，戊亦被警察案究。应如何分别论断？试拟判词。

足见天干地支内容在当时之普及。

其五，1927 年 6 月 1 日晚，刘节（中山大学历史学系原主任）、谢国桢（历职于南开大学、中国科学院哲学所）于北京清华西院 18 号王国维家中问疑阴阳五行的起源，并讨论日本人研究天干地支的得失问题。次日王国维亡。（《刘节日记》）

这说明，近代学者也是十分注重干支内容的。

其六，据《中国史研究》2009 年第 3 期载李学勤教授《清华简〈保训〉释读补正》一文，2008 年在清华大学入藏的战国竹简中，发现了一篇《保训》，其内容是：周文王在临终前戊子这一天洗了脸，把儿子姬发叫到身边，向其传授宝训。《宝训》的开篇，其时间标注即应用干支记时："隹（惟）王五十年，不豫，王念日之多历，恐坠保（宝）训。戊子，自靧水，己丑，昧（爽）……"

先秦史籍《逸周书》，本名《周书》。人们耳熟能详的先秦典籍《左传》《国语》《墨子》《战国策》等著作称引《周书》多次。今本《逸周书》共 70 篇，有历日记载的 25 篇，从中可见干支记时应用的普遍性。如，《酆保》："维二十三祀，庚子朔，九州之侯，咸格于周。王在酆，昧爽，立于少庭。"《小开》："维三十有五祀。"《宝典》："维王三祀二月丙辰朔，王在部，召周公旦……"《世俘》："惟一月丙午，旁生魄，若翼日丁未，王乃步自于周，征伐商王纣。越若来二月既死魄，越五日，甲子朝，至接于商。"

《左传·昭公三十一年》载："十二月辛亥朔，日有食之。是夜也，赵简子梦童子嬴而转以歌。旦占诸史墨，曰：'吾梦如是，今而日食，何也？'对曰：'六年及此月也，吴其入郢乎！终亦弗克。入郢，必以庚辰，日月在辰尾。庚午之日，日始有谪。火胜金，故弗克。'"

是说，十二月初一日，发生日食。此夜，赵简子梦见一个孩子光着身子按着节拍唱歌跳舞。第二天早晨他让史墨占卜，说：我梦见这些，现又发生日食，何意？史墨答：六年后到此月，吴国恐怕要进入郢都吧！但终不能胜。进入郢都，一定在庚辰那一天。日月在苍龙之尾，庚午那天，太阳开始有灾。火克金，故不胜。

从以上典籍记载可以看出，干支内容之应用，至少在周朝时已相当普及！

有人会问，这是什么原因导致的呢？

这是因为，天干地支的内容除了在殷商时期的甲骨文上有大量应用记载之外，在周朝的金属铸币上，亦往往有一些与祭祀有关的用语或吉祥词语。比如，平肩弧足空首布是周朝早期所铸钱币之一，通常分大、中、小三型。大型布通长10厘米、足宽5厘米左右，重约35克；铜质精细，造型规整，系早期钱币。钱面铭文多为单字，内容多为记数、记干支及吉利语等约180种。其铭文亦有记载诸如"卯""牛"的组合字等，是指卯时祭祀用的供物，说明十二地支与时辰的对应应用已经得到了广泛普及，加之周朝教育制度亦规定：少儿蒙学需从字学（六甲六书）开始学起！其中，六甲是指甲子、甲戌、甲申、甲午、甲辰、甲寅；六书指《周礼》中记载的六书。关于六书，班固在《汉书·艺文志》里提道："周官保氏，掌养国子，教之六书，谓象形、象事、象意、象声、转注、假借，造字之本也。"我们现在大多数人所用六书的顺序也是依照班固的顺序。东汉许慎对六书的阐释是"《周礼》：八岁入小学，保氏教国子，先以六书。一曰指事。指事者，视而可识，察而见意，上下是也。二曰象形。象形者，画成其物，随体诘诎，日月是也。三曰形声。形声者，以事为名，取譬相成，江河是也。四曰会意。会意者，比类合谊，以见指㧑，武信是也。五曰转注。转注者，建类一首，同意相受，考老是也。六曰假借。假借者，本无其字，依声托事，令长是也。"（《说文解字·叙》）

此后，《汉书·食货志上》载："八岁入小学，学六甲五方书计之事，始知室家长幼之节。"《南史·隐逸上·顾欢》亦载："年六七岁，知推六甲。"南朝陈沈炯还有《六甲诗》传世。唐代大诗人李白五岁开始发蒙读书，《上安州裴长史书》载其"五岁诵六甲"。小孩子写完六甲、六丁，势必就会写六十甲子了。而懂得了天干地支之后，就会懂得时辰，懂得二十四节气，懂得七十二候，懂得二十八星宿……生命就由此跟天道连接在一起了！

如今，对这些常识的理解，今人还有很多差距。例如，你若不熟悉时辰就难以读懂古人某些著作。如宋代范成大的《梅雨五绝》:"乙酉甲申雷雨惊,乘除却贺芒种晴。插秧先插蚤籼稻,少忍数旬蒸米成。"人们看到第一句话就会被阻碍住——什么是"乙酉甲申"?若你懂得天干地支内容,自然就会知道"乙酉甲申"是乙酉日下午的甲申时(下午3—5点),他被雷雨惊到了。

说到时辰,就必须提及古人天天在用的报时方法——"打更"。具体而言就是:一更天为晚上戌时,二更天为晚上亥时,三更天为夜半子时,四更天为凌晨丑时,五更天为黎明寅时。佛家曰:"从朝寅旦直至暮,一切众生自回护,若于足下丧其形,愿汝即时生净土。"其中的"寅旦"就是指寅时。古人对"更点"应用非常寻常,强调:三更天一定要睡觉,因为那个时辰经络正好走肝经,按时休息对肝脏好。古代官员五更准备前去上朝,然后点卯(卯时),到了辰时才能散朝回家。也就是说,官员们黎明就要起床,几个小时后才能回家。因此,一般都是早上九点左右吃一餐,下午五点左右吃一餐,一天吃两餐。妥妥的早九晚五,一日两餐。这个称谓习惯迄今在日本有所保留,称为朝食和夕食。

有了"打更"之后,便有了"打点"。古人把一更分为五"点",每一"点"约为24分钟。"点"原本为乐器,形如小铜钟,中间鼓起,两边有小孔,更夫将绳子穿到孔里,把"点"系到手上,报时时用手打"点"即可,后来衍生为计时单位和走关系的代名词。《红楼梦》中即有"(凤姐)又拿了三百银子与他去打点"。这是词语异化的一个例据。

这些传统文化的基础内容,与中华民族的生活息息相关。素有"中国民间故宫"、"山西的紫禁城"和"华夏民居第一宅"之称的王家大院,门楼上的碑刻匾额为"寅宾"二字;而很多老宅院中也有"寅宾"匾额,可惜今人多不知其义。

"寅宾"，与寅时太阳即将升起、光明来临有关，喻为迎接带来光明的宾客，古代亦称"迎寅"，首见于《尚书·尧典》"寅宾出日，平秩东作"。由于太阳每天从东方升起，故而东门在古代亦称为"寅宾门"。至今湖北荆州的古城墙尚存有"寅宾门"的字迹。唐代文学家独孤授亦有散文《寅宾出日赋》传世。宋朝第四位皇帝宋仁宗赵祯就写了"寅亮天地弼予一人"八个大字赠给其老师张士逊。意思是"帮我启明天地，辅佐我成就功业"，以此表达对老师的尊敬之情。大臣们为此纷纷向张士逊道贺。

你看，如果不了解这些历史，就不能完整地了解其文化背景，更谈不上活态应用，嵌入生活。

干支对中国文化最有影响的是，古人认为六十甲子跟天兵天将有关，能够护佑苍生。《封神演义》中姜子牙封神时，也包含六十甲子。中国宗教场所中的元辰殿，指的就是六十甲子诸神。西方的教育是两堂制：学堂和教堂，孩子们出了学堂进教堂，接受精神洗礼；而中国的教育则是三堂制：学堂、祠堂和中堂。孩子们出了学堂进祠堂，然后再回家经过中堂。祠堂是用来祭祖的，中堂是用来感恩的。古代传统建筑院落的中堂通常都挂有"天地君亲师"匾额，告诉人们：没有天地，就没有人类社会的存在，所以要感恩天地；没有君，社会和个体生命就会无序，所以要感恩君；没有父母双亲，就没有我们的肉体生命，所以要感恩父母双亲；没有老师，就没有我们的精神生命，所以要感恩这世界上一切令我们增长智慧的老师！

在"天地君亲师"两侧分别写有"六甲六丁"和"历代祖先"。"六甲六丁"代表可以赐福的天官。由于当时医疗条件有限，女性怀孕后生产的风险是个大问题。因此，古代就把妇女怀孕称为"身怀六甲"，寄望于天官赐福的美愿，祈愿天官护佑腹中之子能够平稳出生，顺利成长。史料文献中，《隋书·经籍志》载有《六甲贯胎书》，而唐代《道教义枢》卷四《五荫义》对"身怀六甲"则有别开生面的解读："六家者，一甲寅木，主骸骨；二甲辰风，主气息；三甲午火，主温暖；四甲申金，主牙齿；五甲戌土，主肌肉；六甲子水，主血液。"你看，六甲与人的形体与机能发生了联系，构成了人的身体！尤其是甲辰主气息、甲午主温暖，这就构成了人的生命运动，以至于"六家共成人身"——不仅构成人的肌肉、骨骼、血液、齿爪，也维系着呼吸、运动等生命机能，同时也对应着人体最重要的六个脏腑器官。于是，人的形体、机能与生命特征全部完善。以上便是女子怀孕被称为"身怀六甲"的来历。

先秦典籍《六韬·龙韬·五音》亦载，武王问太公曰："古者三皇之世，虚无之情以制刚强。无有文字，皆由五行。五行之道，天地自然。六甲之分，微妙之神。"而关于"六甲"同属于天官范畴的"六丁"，则在唐代孙思邈《摄养枕中方》中载有"所以倚运生精，理利魂神，六丁奉侍，天兵卫护，此真道也"。这说明，在古人的观念中，"六甲六丁"是通神明之道的！并且，它覆盖了人们生活中的各个面向。

"医易同源"是中国文化一个重要的特质。中医认为一切病首先是神之病，然后是气之病，再到血之病，最后才是形之病。因此，我们患病都是因为自己的"神明"出了问题，丧失了照见的功夫！

干支亦通神明之道——要知道，每个干支，都有颜色、声音、体温和味道；天干地支这 22 个字就足以囊括你一生。

《孙子兵法·火攻》曰："发火有时，起火有日。时者，天之燥也；日者，月在箕、壁、翼、轸也。凡此四宿者，风起之日也。"《六韬·虎韬·垒虚》载："将必上知天道，下知地利，中知人事。"可见，不知干支，不晓天人合一之道，则不足以为将帅。这是兵家的基本标准。《黄帝内经》曰："不知年之所加，气之盛衰，虚实之所起，不可以为工矣。"工者，医也。可见，不懂天气的周期性运转，则不可以为良医，这是《黄帝内经》的基本标准。

古人亦通过干支之学来了解气象变化进而指导农业。比如，古代有《立春日歌诀》：

阴阳一气先，造化总由天；但看立春日，甲乙是丰年。

丙丁遭大旱，戊己好种田；庚辛人不静，壬癸水盈川。

这个依据当年立春日对应干支而总结出来的年景规律口诀（还要参考当年太岁干支），老百姓看了，既浅显易懂，又有先见之明，日子便会过得心中有数，生命因此也活得热气腾腾！

我们不得不佩服中华先人们遍周法界的智慧，真是：

悟玄解妙，人间行大慧。

观虚参实，天地一掌窥。

第二节　什么是天时？

　　作为中国文化经典中的核心，《易经》之应用，其成立的首要条件就是取象。

　　那么，什么是三才？三才就是中国诸多圣人都提及的天、地、人三者，它们分别对应着时间、空间和人。结合现实引申来讲，天，代表着时间，时运；地，代表着地运，（发展）空间，包括人的发展地理方位及环境；人，代表着自己行业方向以及合作对象。天、地、人三者，是易道永恒的架构。

　　《易传》在谈及天地人时，曰："是以立天之道曰阴与阳；立地之道曰柔与刚；立人之道曰仁与义。"（《易传·说卦传》）

　　其中，阴与阳指的是日月流转，引申为时间；柔与刚指一卦之中爻象的位置，引申为所在空间；仁与义指的是人心，人的精神所向。说到此，北宋五子之一的邵雍先生有一句评语说："老子得《易》之体，孟子得《易》之用。"这是对孟子和老子究《易》水平的评价。而清代大学者焦循先生也在《孟子正义》中说孟子是真正懂《易》者。

　　他们为什么这么推崇孟子呢？我们还是由孟子一段名言说起。

　　孟子曰："天时不如地利，地利不如人和。三里之城，七里之郭，环而攻之而不胜。夫环而攻之，必有得天时者矣，然而不胜者，是天时不如地利也。城非不高也，池非不深也，兵革非不坚利也，米粟非不多也；委而去之，是地利不如人和也。故曰：域民不以封疆之界，固国不以山溪之险，威天下不以兵革之利。得道者多助，失道者寡助。寡助之至，亲戚畔之；多助之至，天下顺之。以天下之所顺，攻亲戚之所畔；故君子有不战，战必胜矣。"

孟子的这一段论述，我们小时候就学到了，那时老师将"天时"解释为"有利于攻战的自然气候条件"。我们不知其所以然地就记下了。

后来，在潜心读朱熹的《四书集注》时，我突然发现：天时的真正内涵，根本就不是泛泛而指的时间和自然气候问题。

朱熹在《四书集注》中注释为："天时，谓时日、支干、孤虚、王相之属也。"你看，这些都跟自然气候毫不相干！

其中，所谓"时日、支干"，"时"指的是时辰，古人把一天分为十二个时辰；"日"指的是"天"。天有阴阳、刚柔之分，刚为阳、柔为阴。古人还有"刚日读经，柔日读史"之智行。

支，指的是十二地支，即子、丑、寅、卯、辰、巳、午、未、申、酉、戌、亥。

干，指的是十天干，即甲、乙、丙、丁、戊、己、庚、辛、壬、癸。

众所周知，古代用六十甲子的干支来记录日和时。每天和每时都对应着各自的干支。这些干支的组合可以表征事物发展的特定规律，例如月份的变化、流年的交替，等等。

再看"孤虚"。"孤虚"一词源于中国古代的"奇门遁甲"，全名为"六甲孤虚法"，传为黄帝所授。"六甲孤虚法"分为"年孤"和"月孤"，还有"日孤"和"时孤。在拙作《六壬神课金口诀》中，我对"孤虚"作了如下论述："旬中空亡，阳空阴亡。空亡为孤，对冲为虚。只有时上的孤虚最验，可以一胜十、十胜百，有一妇战十男之说。"

"孤"和"虚"的定义：旬中空亡的地支称为"孤"；与"孤"对冲的地支称为"虚"。查找旬中空亡必须使用日时的干支。

"孤"和"虚"的实际作用是：背孤击虚。即，将自己的军队安排在"孤"的方位上去攻打处于"虚"方位上的敌方。

同样，按照古人的观点，如果是谈判，就可以事先把谈判时辰的孤虚推算出来，将我方座位安排在"孤位"，而将对方座位安排在"虚位"，则可以"背孤击虚"，大概率增加胜算。

那么，"王相"又是什么意思呢？其实就是"旺相"。五行的金、木、水、火、土在月、日、时上的态势表现为旺、相、休、囚、死五种状态。若以天时中的旺、相之孤去攻打对方的休、囚、死之虚，则几乎胜利可待。

综上所述，可见天时何其重要！

现在，大家都明白了吧，其实孟子所说的"天时"，就是借助大自然的能量来完成时空势能的转化。

真是服了孟子，能够将中国的易学应用贯穿于儒家的经典之中，藏而不显，并随着传统文化的历史长河，奔流不止，永不间断！

由此可知，"时"是成功的重要参数。

《庄子》曰"安时而处顺"，《国语解叙》曰"时不至不可强生"。君子知时，要能够判断并选择时机，从而在变化之中把握自己的命运。穷达以时，君子因为知命所以能够泰然对待，能够做到安之若素。

《荀子·宥坐》曰："遇不遇者，时也。死生者，命也。今有其人不遇其时，虽贤，其能行乎？苟遇其时，何难之有？"《韩诗外传》卷七曰："不遇时者众矣，岂独入哉？贤不肖者材也，遇者时也。今无有时，贤安所用哉？"

孔子融会贯通了《易》的思想，继承了《易》变中"时"的观念。

自然是有无的化生，宇宙是时空的运变。不识空者，不知生之本；不识空之动者，不知时；不识时者，不知医与《易》；不识时之变者，不知机。要知道，鲜花瑞草，非势不生，非时不茂。因此，做任何事情，都要首先考量适合生存的背景！即，是否得势，是否得时。

《周易略例》谓："夫卦者，时也；爻者，适时之变者也。"而《易传》中更有大量关于时的论述。例如，《蒙·彖传》："时中也。"《大有·彖传》："应乎天而时行。"《随·彖传》："天下随时。"《遁·彖传》："与时行也。"《艮·彖传》："时止则止，时行则行。"《丰·彖传》："与时消息。"等等。孟子认为，孔子本人最大的特点就在于善于把握"时"。《孟子·万章》曰："可以速而速，可以久而久，可以处而处，可以仕而仕，孔子也。""伯夷，圣之清者也；伊尹，圣之任者也；柳下惠，圣之和者也；孔子，圣之时者也。"

接着往下看，看看孟子下面又是怎么说的。哦，是"环而攻之"，部队把敌城包围起来，在符合"天时"的时日、支干、孤虚、旺相四种要求的时间内，四周一起向敌方进攻，力争打一场最为简洁、最有效率的战争。

但天公有时也不作美，如果"环而攻之"都没攻下来，那就说明"天时"的作用是有限的。对方城高池深，一夫当关，万夫莫开；你纵得"天时"之利也拿对方没办法，所以证明是"天时不如地利也"。

孟子所说的"地利"好理解，就是有利的环境、地形和位置。中药和果蔬为什么要常常强调产地，就是为了突出"地利"，借以获取最大的价值认知。

值得注意的是，这个地利在现实生活中不仅仅指地理位置，亦包括精神环境。环境属于空间地理概念。为什么有些艰苦的地方，人们生活于其中亦能神安意静？就是因为其精神环境好，这也属于"地利"的范畴。

圣人之言皆为无方之药，意高境远，涣化滞人！

"天时不如地利"告诉我们：仅仅遇到好的时机也不是完全能行得通的。看来，也常常存在不能"与时俱进"的情况——有目共睹的是：社会科技日新，人的道德却未并行。

"与时俱进"是"随时"之意，即《象》中所说的"凡益之道，与时偕行"。与时偕行，与时俯仰，也称为"应时"，与"随时"之意合。唐代药王孙思邈亦说："善摄生者，无犯日月之忌，毋失岁时之和。"（《备急千金要方·养性》）

中国传统文化对"应时"很讲究。战国鬼谷子说："深隐以待其时。"时机不合适，就隐藏起来。汉代黄石公《素书》也讲："若时至而行，则能极人臣之位；得机而动，则能立绝代之功。"如此种种对"时"的认知，古人是知行合一、落实于百姓日用之中的。古代月令（如《礼记·月令》《逸周书·月令》等）就对老百姓四时用什么木材取火有着明确的规定，称为"改火"。如，春取榆柳，夏取杏枣，秋取柞栖，冬取槐檀。管中窥豹，可见一斑。

那么，既然存在不能"与时俱进"的情况，就说明"时"是变化的。因此，《易传》言："时止则止，时行则行。"原来，"时"也会停。当你仔细了解一下天文知识后，会更加惊讶："时"不但会停，而且有时会倒退——在日月食的时间中，日食（月西亏）多走一天，月食（月东亏）少走一天。

难怪古人强调要"与时偕行"！

对于孟子简简单单的一句话，朱老夫子作了注，我又跟着说了这么多。这一注一疏，让我想起了中国传统文化的传承保证——"注疏"二字！

什么是"注疏"？对文本的解释为注，对"注"的解释为"疏"，二者各领风骚。

"天时不如地利，地利不如人和。"在天地人三者之中，孟子最强调的还是人的作用——强调以人为本，倡导发挥人的主观能动性。三国时期，刘备之子阿斗，即使有诸葛亮辅佐也不行，因为他自己不立，无德亦无知，还不思进取。这种人，哪怕在最好的时机（天时），给他最好的位置（地利），也会丧失好运。因此，孟子强调"人和"最重要。

东西再好，产地再正宗，如果观点不一致，还是不能统一行动，这就是"地利不如人和"。

两个优秀的男女在一起不见得能够组成一个好家庭，原因就是他们的精神和行为取向有分歧，达不到"人和"的境地。可见，孟子所强调的"人和"，是指人的精神和行为取向统一——它超越了利益取向。借用明末陆桴亭的别喻可以更好地理解"人和"，他说："水旱，天时也；肥瘠，地利也；修治垦壁，人和也。"

"和"也是"德"的统一，"人和"就是人有德！有德自然能够感天动地，趋吉避凶。因此，孟子这句话也可以这样理解：天时不如地利，地利不如人有德！这就是《易经》强调人要"进德修业"的原因了！

《孙膑兵法·月战》曰："天时、地利、人和，三者不得，虽胜有殃。"在兵法中，谋略为术，而实际的核心却是"道"，"道"是驾驭术的。

自古有十一家注解兵法。唐代杜牧注解兵书时，一言以蔽之："古之兵柄，本出儒术。"儒术体现的就是人本关怀和远神近人的思想。

建立在兵法这个"术"之上的首先是道德要求的设置，非"圣智、良将、仁义"者不得用兵法。谋略只能节约成本而已，没有道德关怀永远不会有真正的成功。

北宋邵雍说："老子得《易》之体，孟子得《易》之用。""知《易》者不必引用讲解，是为知《易》。孟子之言，未尝及《易》，其间《易》道存焉，但人见之者鲜耳。人能用《易》，是为知《易》，如孟子可谓善用《易》者也。"（邵雍《皇极经世·观物外篇》）

清代大学者焦循先生亦在《孟子正义》中强调孟子是真正懂《易》者。邵雍先生所言之"体"为义理之意，"用"即实践之意。可是，怎么能证明孟子是真正懂《易》、精通易理的实践呢？

《孟子》的"天时不如地利，地利不如人和"便是很好的诠释！

足见古人对阴阳五行干支等内容的精通，他们由此而发展出来的诸如三式（奇门、太乙、六壬）等多元格物之法，远超今人之想象。

1905 年科举考试取消之后，人们对干支的了解越来越匮乏，民族语言系统及其结构也逐渐丧失了，如《易·蛊卦》有"先甲三日，后甲三日，终则有始，天行也"，《易·巽卦》有"先庚三日，后庚三日，吉"。不懂干支是根本看不懂这两句话的本义的，更遑论精通！

解读完天、地、人三才之道与天时、地利、人和的含义，有人会问：三才中的"才"字作何解释？

古代从学，开蒙之基有三：文字学、训诂学、音韵学。依"同音互训"而言，"才"通"材"，通木之道，木之德为仁义，即行仁义之道。三才之道，即为自强不息（天）、厚德载物（地）、中正和信（人）这三条仁义之道。三者之间，以人道为核心。

三才之道，其性命之理一致。《尚书·洪范》由天道以推之人道，《中庸》由人道以合之天道，强调的都是天人合一之理。伏羲时无文字，不得已才画奇偶以垂教；但阴阳可以画见，仁义不可以画见。因此，伏羲之旨不但以《易》道阴阳，尤倡立人之道。

此外，"三"这个数字亦很特别。为什么只有三才之道，而没有可能增加或减少？

关于这一点，圣人讲得最清楚："道生一，一生二，二生三，三生万物。""人法地、地法天，天法道，道法自然。"(《道德经》) 可见，三才涵衍了天地间万事万物；而历史上真正有传承力的文字也恰恰有三种：经、诀、咒！圣贤之书只要读通透了三本，就能够奠根通窍，达到一窍通而窍窍通的境地。

"一切诸经，皆不过是敲门砖，是要敲开门，唤出其中的人来，此人即是你自己。"日本山本玄绛禅师如是说。

第三节　干支大义 ①

格物之学的思维方法是"类象"，八卦和干支及其含义都是类象的结果。对干支的理解与演绎也要通过这种思维方法来了解。

一滴水含三千大千世界，每个干支的含义有无数种，不能生硬地去理解。生硬的结果就是名实不副，名实不副就会造成混乱。了解干支，就跟了解人性一样，要知性才好相处。

干支的妙用

干支是经纬之学，也是中华民族特有的证道舟筏。其中，经，贯穿南北，连接上下；纬，贯穿东西，连接左右；经纬可贯通天下。

干支，干象天而支象地。道法自然，法天象地，顶天立地，经天纬地。

每个干支，都有颜色、声音、体温和味道；天干地支二十二个字，囊括人的一生。

"支干者，阴阳之变化也；阴阳者，生死之玄关也。"（《奇门大

---

① 下文内容多系拙作《六壬神课金口诀心髓指要》内容，为他书所不见。

全·序》）自古应用易学流派多数是依靠干支作为契入基础的；而了解干支的势能规律，也成为无数智者的人生基本诉求。

天干有十个，阴阳相合，如掌合十，表法五行对阴阳具体落实的两极之道；而地支是由阴阳之道产生变化而成的十二位。十天干与十二地支组合，形成六十甲子，用以阐述天人之学。《世本》曰："容成造历""大挠作甲子。"从文献记载来看，距今 4600 年左右的黄帝时期就有干支，属于历法系统。其中，干代表纪日；支代表纪月，代表着每年十二个不同的月令和节令。干支纪日见于史料则是从鲁隐公三年（前 722）二月己巳日开始的，迄今未曾间断。

干支纪年则见于东汉章帝元和二年（85）创制的四分历。四分历的特点是：一个回归年为 365 又 1/4 日，一个朔望月为 29 又 499/940 日；另外，19 个太阴年插入 7 个闰月。

太阳系八大行星，木星对应东方。木星十二年又循环流转回到原位，对应着一个周天。

十二地支对应十二生肖，十二生肖最早见于我国第一部诗歌总集《诗经》。《诗经·小雅·吉日》曰："吉日庚午，既差我马。"二十世纪七十年代中期，在湖北出土的上千支竹简证明了在春秋战国时期就已开始使用十二生肖。通过文献追溯，从战国秦汉时期的《日书》（放马滩秦简）开始就有对十二生肖的文字解释内容。

《诗经·大雅·烝民》说："天生烝民，有物有则。"老天生下万物，万物皆有它的规律在！万物及其规律均受太阳周天气运的影响。古人通过对不同时间万物萌动情况长期而具体的观察，归纳出与对应时间最具代表性的动物和植物，将其作为时间与物候对应的参照体，于是，就有了十二个动物和相应植物的秉气时间与年月日时等的对应，出现了对应动物的十二生肖系统和对应植物的《神农本草经》。

十二生肖对应年月日时所建构起来的干支系统已尽人皆知。《神农本草经》全书分三卷，载药 365 种，与太阳周天气运运行的 365 度对应，一气对一度，一气对一物，一气对一味，一味对一药。我们所熟知的气味、气机、应机、动机等词语的来源，均与这种时令变化密切相关。今人不懂这个法则，做事多是气机混乱的。比如，对画画而言，在什么季节、月令就画对应的气象之物，这叫应机。古人宅府之中的挂画和日用器物的图画，也与十二月令的花草有关，这叫"时来天地皆同力"。

这些充满智慧的传统，海外的某些华人地区还保持良好，值得我们学习。

以十二种动物取代十二地支，来代表十二个月令，是汉朝东方朔的想法。对此有明确记载的是东汉王充的《论衡·言毒》，其中提到了十二种动物的名称。用十二生肖来纪年，也起于东汉。

另据北京大学教授李零考证，干支做盗名。这与金口诀古籍的记载完全相同。

在干支排序中，天干中甲为第一，地支中子为第一。因为苍天有好生之德，五行中有生发之义的只有木，自此而下，万物生生不息，故天干甲木为首。"水润万物而不争"，因此，在地支中水为第一（详见专述《五行次第》）。故而六十甲子中，甲子排在首位。

六十甲子，也称为六十花甲子。天地杂物撰之而成的东西，称为花甲；花甲就是不纯的东西。不纯是因为有了干和支的结合。花甲也是"玄黄"的进一步阐述，《周易·坤·文言》曰："夫玄黄者，天地之杂也，天玄而地黄。"

干支，是格物之学在应用实践方面的重要手段和途径之一，很多事物的发展规律都是通过它来认识的。现代社会讲求人性化，以人为本，强调人本位。干支已经被赋予了人性化，如北京白云观是中国道教协会所在地，在它的元辰殿中，供有六十甲子太岁名字和肖像。

六十甲子，不管是文官或是武将，统称大将军。太岁，为每年行年干支的称谓，例如 2019 年太岁为己亥。

甲子太岁称金辩大将军，甲午太岁是章词大将军，乙未太岁是管仲大将军，己亥太岁是谢太大将军……每年都有太岁具名可拜。因而拜太岁时，要知道拜的是谁。

六十甲子各有其名，并对应不同的人物典故。有了名字后，就有了人本位，具备了人物化特质和社会关联。

干支与社会的关联，文献也有很多典籍记载，略录如下。

《管子·五行》详细记载了建立在干支系统上的管理和判断，供诸君见仁见智：

"日至，睹甲子木行御，天子出令，命左右士师内御，总别列爵，论贤不肖士吏，赋秘赐赏于四境之内，发故粟以田数。出国衡，顺山林，禁民斩木，所以爱草木也。然则水解而冻释，草木区萌，赎蛰虫，卯菱春辟勿时，苗足本。不疬雏鷇，不夭麑麇，毋傅速。亡伤襁葆，时则不凋。七十二日而毕。

"睹丙子，火行御，天子出令，命行人内御，令掘沟浍，津旧涂，发藏任君赐赏。君子修游驰以发地气，出皮币，命行人修春秋之礼于天下诸侯，通天下，遇者兼和。然则天无疾风，草木发奋，郁气息，民不疾而荣华蕃。七十二日而毕。

"睹戊子，土行御，天子出令，命左右司徒内御，不诛不贞，农事为敬。大扬惠言，宽死刑，缓罪人。出国，司徒令命顺民之功力，以养五谷。君子之静居，而农夫修其功力极。然则天为粤宛，草木养长，五谷蕃实秀大，六畜牺牲具，民足财，国富，上下亲，诸侯和。七十二日而毕。

"睹庚子，金行御，天子出令，命祝宗选禽兽之禁、五谷之先熟者，而荐之祖庙与五祀，鬼神飨其气焉，君子食其味焉。然则，凉风至，白露下，天子出令，命左右司马衍组甲厉兵，合什为伍，以修于四境之内。谀然告民有事，所以待天地之杀敛也。然则，昼炙阳，夕下露，地竞环，五谷邻熟，草木茂，实岁农丰，年大茂。七十二日而毕。

"睹壬子，水行御，天子出令，命左右使人内御。其气足则发而止，其气不足则发攝渎盗贼，数剥竹箭，伐檀柘，令民出猎禽兽，不释巨少而杀之，所以贵天地之所闭藏也。然则，羽卵者不段，毛胎者不膜，膿妇不销弃，草木根本美。七十二日而毕。

"睹甲子，木行御，天子不赋，不赐赏，而大斩伐伤，君危。不杀，太子危，家人夫人死，不然，则长子死。七十二日而毕。

"睹丙子，火行御，天子敬行急政，旱札苗死，民厉。七十二日而毕。

"睹戊子，土行御，天子修宫室，筑台榭，君危。外筑城郭，臣死。七十二日而毕。

"睹庚子，金行御，天子攻山击石，有兵作战而败，士死，丧执政。七十二日而毕。

"睹壬子，水行御，天子决塞动大水，王后夫人薨；不然，则羽卵者段，毛胎者殰，膿妇销弃，草木根本不美，七十二日而毕也。

大意是说，冬至后，从甲子日始，须按木德应时治事，天子若无所赋与，不行赏赐，且进行大斩伐伤，国君就会危险；不然，则太子危险，或是家人、夫人死亡；不然，则长子死亡。此灾祸将延长 72 日而毕。

从丙子日始，须按火德应时行事，天子若屡行急政，则有"旱札"之灾，禾苗枯死，人遭瘟疫。此灾祸将延长 72 日而毕。

从戊子日始，须按土德应时治事。天子如修筑宫室台榭，国君危险；如在外修筑城郭，大臣死亡。此灾祸将延续 72 日而毕。

从庚子日始，须按金德应时治事。天子若开山动石，则战争失败，战士死而执政者丧亡。此灾祸将延续 72 日而毕。

从壬子日始，须按水德应时治事。天子决开或堵塞大河，大动治水工程，王后、夫人会死亡，或国中卵生鸟类孵化不成，胎生兽类流产，孕妇胎儿夭死，草木生长有恙。此灾祸将延续 72 日而毕。

从上可见古人对天时之重视，今人亦可从中管窥"天人合一"思想的实践总结。

无独有偶，《淮南子·卷三天文训》亦有类似记载：

"日冬至子午，夏至卯酉。冬至加三日，则夏至之日也。岁迁六日，终而复始。壬午冬至，甲子受制，木用事，火烟青。七十二日丙子受制，火用事，火烟赤。七十二日戊子受制，土用事，火烟黄。七十二日庚子受制，金用事，火烟白。七十二日壬子受制，水用事，火烟黑。七十二日而岁终，庚子受制。岁迁六日，以数推之，七十岁而复至甲子。甲子受制则行柔惠，挺群禁，开阖扇，通障塞，毋伐木。丙子受制则举贤良，赏有功，立封侯，出货财。戊子受制则养老鳏寡，行糜鬻，施恩泽。庚子受制则缮墙垣，修城郭，审群禁，饰兵甲，儆百官，诛不法。壬子受制则闭门闾，大搜客，断刑罚，杀当罪，息关梁，禁外徙。"

南朝梁代陶弘景《养性延命录》所载更是有趣，竟然直接告诉人们每月何种干支之日利于生育——"有吉日，春甲乙，夏丙丁，秋庚辛，冬壬癸，四季之月戊已，皆王相之日也。宜用嘉会，令人长生，有子寿。其犯此忌，既致疾，生子亦凶夭短命。"[1]

《孟子》曰："虽有智慧，不如乘势。"诚哉斯言！

尤为值得一提的是，日本文化深度传承与借鉴了中国文化，他们

---

[1] 王相，就是旺相，兴旺的日子；嘉会，即宴集，亦主和房。

从隋唐开始，大面积普及中国文化，汲取精华，化育生民，以至于硕果累累。其中，关于干支系统内容的应用，也成就斐然。例如，本间宗久（1724—1803）是日本江户时代的"传奇米商"，也是日本著名的传统相场师之一（相当于时下所称的投资大师）、K线发明者（K线鼻祖）、当时的日本首富。他受益于中国唐代六祖慧能"风吹幡动"的故事启迪，运用中国的五行和天干地支变化规律来做大米交易——他对每日干支的不同势能规律十分精通，诸如丑日、成日、八专日、凤凰池日、不成就日等中国传统文化干支哲学中的内容，全部成了他做交易时技术分析的关键参考。在此基础上，他成为日本当时的期货之神，令人备觉惊艳与神奇。

他在大米商业运用中所采用的交易策略，后来成为现代日本投资者所应用的蜡烛图方法。因其大米交易生涯是在故乡的港口城市山形县酒田市的大米交易市场开始的，所以在日本蜡烛图技术的语言中的"酒田战法"术语，指的就是本间宗久的交易之道。而他所著的《本间宗久翁密录》也被译为《酒田战法》，以"行情之神"的美誉风靡于期货股指市场，经久不衰。

后来，本间宗久因这些成就，被当时的天皇聘为大藏省首席（财政大臣）并被策封为武士，一时无人能出其右！

你看，这就是干支的妙用！

时间有时间的力量和面貌——"时来天地皆同力，运去英雄不自由"（唐代罗隐《筹笔驿》）。可见，学会"与时偕行"（《易经·艮》）是多么重要啊！

当年唐太宗曰："以铜为鉴，可以正衣冠；以人为鉴，可以明得失；以史为鉴，可以知兴替。"日本本间宗久借助中国文化的智慧而辉煌其生命的精彩案例，是否也能让我们有所"明得失"呢？

行胜于言！

并且，为往圣继绝学，勿息于半途！

干支藏象

知性好相处。

干支含有种种特定势能信息，大无不包，细无不化。

天干，古云"天干犹木之干，强而为阳；地支犹木之枝，弱而为阴"。

天干共有十个，分别是甲、乙（木），丙、丁（火），戊、己（土），庚、辛（金），壬、癸（水）。

干支对应阴阳五行：

甲乙木，丙丁火，戊己土，庚辛金，壬癸水。

阴阳次序为前阳后阴。

笔者曾看到铁匠铺的一副对联，上联是：扇旺丙丁火；下联是：锤下庚辛金；横批是：钢铁变金。语句如此精妙的对联，只有精通干支五行的人才写得出来！真是令人赞叹。

干支对应方位：

甲乙寅卯居东方属木；丙丁巳午于南方属火；庚辛申酉居西方属金；壬癸亥子于北方属水；天干戊己土居中央。地支辰土居东南，地支未土居西南，地支戌土居西北，地支丑土居东北。

干支阴阳所属关系：

就干支而言，天干为阳，地支为阴。

干能纳支，支不能表干。甲纳寅，乙纳卯；丙纳午，丁纳巳；戊纳辰戌，己纳丑未；庚纳申，辛纳酉；壬纳子，癸纳亥。

干支对应颜色：

东方：甲、寅为青色，乙、卯为蓝色。

南方：丙、午为红色，丁、巳为粉红。

西方：庚、申为纯白，辛、酉为银白。

北方：壬、子为墨绿，癸、亥为明绿。

中央戊己，四季辰戌丑未，皆属黄色。

干支对应运化：

甲、乙为生，丙、丁为长，戊、己为化，庚、辛为收，壬、癸为藏。

如同一粒种子的开枝散叶之轮回。

十二地支（即十二生肖）为：

子丑寅卯辰巳午未申酉戌亥。

地支对应方位、阴阳和五行：

东方寅卯木，西方申酉金，南方巳午火，北方亥子水。（金木是前阳后阴，水火是前阴后阳）

辰戌丑未四土，分别对应东南、西北、东北、西南。（辰戌为阳，丑未为阴）

地支对应颜色：

东方寅卯木：青色、绿色、蓝色；西方申酉金：白色、金色、银色；南方巳午火：红色、花色、粉色；北方亥子水：黑色、紫色、墨绿；辰戌丑未四个土：黄色、棕色、灰色。

天干藏象：

甲木大树，脱颖而出。甲见甲，二甲争锋，互不相让。

乙木柔木，为肩、肝、花草，临机善变，性格柔弱。

丙火光明，思敏无毒，急躁冲动。

丁火柔明，蜡烛之火，温和守礼，拘谨多疑，有暗度陈仓之功。

戊土为净，不能混杂。守信正直，沉着耐心。戊土多，可扛灾。

己土混杂，白手起家，一波三折，精明多变，多才好名。

庚金锋利，刚直豪爽，好胜不屈。太旺主刚烈易折。

辛金阴美，性柔好权，气质文雅。（金耳环、首饰是柔弱金）多主杂乱无章。

壬水波涛，聪明任性，性格外露，能说会道，主活泼，来去皆急。

癸水阴泽，性格内向，幻想空虚。癸水为雾气蒙蒙，论人愁闷，论事主冤屈，论病主瘟疫、传染性疾病。

从文献记载来看，黄帝时代就有十二地支，代表着每年十二个不同的月令、节令。但清人赵翼《陔余丛考》之《十二属相》的记载也相当有趣："地支在下，故取动物足爪，从阴阳上加以区分。子寅辰午申戌，为阳，足爪是奇数。子寅辰申戌，都有五指，午（马）是单蹄。丑卯未酉亥，都是四爪，蛇无足，但舌头分两岔。另外，子鼠，前足四爪，后足五爪，阴阳相配，天地相交之时。"

我一直认为，干支对应生肖是古人用某一时辰最具动态的动物来表征的，就是所说的"动机"！

十二生肖（地支）虽在中国无人不知，但却鲜有人了解其本源和含义。关于地支藏象内容，非常有趣。其中每一地支的指向及其势能作用是什么？这些都是中国格物之学的基础。

地支藏象：

地支本义："指寅，则万物蚓蚓也，律受太蔟。太蔟者，蔟而未出也。指卯，卯则茂茂然，律受夹钟。夹钟者，种始荚也。指辰，辰则振之也，律受姑洗。姑洗者，陈去而新来也。指巳，巳则生已定也，律受仲吕。仲吕者，中充大也。指午，午者，忤也，律受蕤宾。蕤宾者，安而服也。指未，未，昧也，律受林钟。林钟者，引而止也。指申，申者，呻之也，律受夷则。夷则者，易其则也，德以去矣。指酉，酉者，饱也，律受南吕。南吕者，任包大也。指戌，戌者，灭也，律受无射。无射，入无厌也。指亥，亥者，阂也，律受应钟。应钟者，应其钟也。指子，子者，兹也，律受黄钟。黄钟者，钟已黄也。指丑，丑者，纽也，律受大吕。大吕者，旅旅而去也。其加卯酉，则阴阳分，日夜平矣。故曰规生矩杀，衡长权藏，绳居中央，为四时根。"（《淮南子·天文训》）

引申含义为：

子水，代表贼盗，技术性职业，机密文件，钥匙，跟机密性的器械相关之事物。又代表流动性行业，缺少主见，喜欢随波逐流，机敏。水泛滥，代表人狡猾，或感情泛滥，等等。子水多，主情感郁闷，多灾多病。

丑土，代表官人，金融业（如金融、会计、出纳、证券、保险等，也代表证件、票据等），务实而沉默，是领军人物，但不喜权力。丑土亦指怨妇——充满抱怨的女人，也代表冤仇诅咒。

寅木，代表官贵，胆大有学识，也代表通信设备、高科技产品等。为人乐于冒险，充满激情，领悟能力强，触类旁通。若寅支叠见，则适合从政。

卯木，代表车船等交通工具，逢空则代表飞机、网络、信函、电信等。为人体贴忠诚，喜欢宁静和舒适。卯木过旺或多，则主好斗争辩，婚姻多不睦，乃"坤安震杀"之故（卯木对应震卦）。

辰土，代表医巫卜相、宗教等相关人事，亦为执法人士，倔强好斗，性格激昂、强大与独立。地支中只有龙为图腾物，人未曾见。龙与麒麟俱为图腾，因此，图腾之物均可归至龙类，以辰来表征。

孔子曾多次"问礼于老子"，并说："吾今日见老子，其犹龙邪。"（《史记·老子韩非列传》）因为龙可"乘风云而上天"，故年轻的孔子认为老子深不可测，高不可攀。所以，地支辰也具有玄妙的势能。

角楼是中国古建筑中的镇物。角楼之名，并非因其位于角落之地而来，而是因为古代建筑通常都是大木作，防火是重要内容，遂请主雨龙王来降火——天上二十八宿中角星对应龙角，引申为龙王，因此建角楼身位，请角星下界防火，此为角楼来历。

巳火，代表文书信息、惊恐、多疑、多梦，也主迷人、明智、深思熟虑、多疑、倔强、健谈、爱生闷气、自私等。

午火，代表文章、文艺，在人性方面，主敏捷但不安定，虚荣急躁，古道热肠，渴望辉煌而动荡的生活，亲情不睦，婚姻多背离。叠见午火，则主精神压抑。

未土，代表口食，多好酒，爱好梦想，多愁善感，利他主义者，缺少独立性，常需要支持。未入坤卦，坤主安宁，二坤叠见则主物极必反。叠见未土，则主忐忑不安。

申金，代表传送之神，主军警、政法、执法人士、武术枪械，又主好奇和调皮，力求出类拔萃。申对应坤卦所在之位，故叠申相见，则为坤六断之势能。论婚姻，多主分离。

酉金，代表暗昧之神、化妆品、首饰、镜子、美容机构等。在人性方面，主骄傲，有条理和专横，自命不凡。

美国在海湾战争时，带了很多鸡到战场，带这些鸡是为了防备伊拉克的毒气战。酉（鸡）主暗昧，毒气是暗昧之气，鸡对毒气十分敏感；酉，在内脏代表肺，肺开窍于鼻，故而鼻子灵。在这一点上，鸡比狗的判断力强。

酉金重叠，主人精于算计，行事诡秘，多疑，理性思维发达。

地支六合中，辰与酉合，是暗合，私下之合，过程非为光明正大。若涉感情，见辰酉合，即为暗合。酉为鸡，辰为龙，"鸡见辰，乱人伦"。掌握金口诀中这些基础口诀，很多问题就会迎刃而解。须知，基础不牢，地动山摇！只有真正懂得干支关系的内涵，才能运用神奇，入手便趋高境。

戌土，代表玄妙、精神教化、是非、变革的势能，以及医巫卜相、孤寡之人、宗教之人。在人性方面，主真诚、正直、值得信赖。

亥水，代表赏赐，赠送，施舍。在人性方面，主憨直，生气勃勃，固执和助人为乐；亦主不守本分之人、娼妓等。在物象方面，代表洗手间、歌舞厅、情色场所、洗浴场所、暗疾（不愿或不为人所知之病）。

叠亥相见，主有文字专长或文学才能（包括书法绘画艺术等）。

同样是茶，但不同的茶，有不同的个性。十二地支中，有四个地支代表土，它们的个性也不相同。辰土是硬石头，代表玉石、钻石；戌土是灰土、灰尘，还代表岩浆、搅拌了的水泥等；丑土是能长庄稼的湿土；未土是沙土、燥土，代表很难生长植物的地方，如沙漠。

殷商时期出现了甲、乙、丙、丁等十个计算与记载数目的文字，称为天干，并使之与地支结合运用，如甲子、乙丑等，用于纪年、月、日、时。而对于天干的理解，通常可以依据天干纳支后所对应的地支来比照。

在古人的基础上，我对十二地支类象进行了拓展。每个干支出处不同，自性也就不一样，其效用和势能自然也不同。如同中药，产地不同，效用有别。中国台湾产的当归和陕西产的就不一样，陕西的药性更为纯正。这就是出处决定自性和效用。

掌握了干支的特定内涵和属性，对中国文化的学习非常有益！

干支指津

自古以来，人们的生活都离不开干支。每个干支的内在势能规律都是灵灵不昧、历历澄明的。

因为地支承载天干，故实际作用需以地支为主。我们仅仅知道地支的五行属性还远远不够，还要看它的出处和势能属性。

在十二地支中，子水排在第一位。干支组合有甲子、丙子、庚子、戊子、壬子五种情形。子，五行属水，水能生木，这是大原则；但有些水是不能生木的，比如热水不能生木，丙子就是热水，所以见到丙子主事，就不是主淹溺，而是被烫。这就是对细节的把握。同样，在判断出行方向时，天干方位代表方向。若见甲子，表明人往东方而去；若见丙子，就是南行；若见庚子，就是西行；若见壬子，就是北行。那么戊子呢？子是水，戊是土，土来克水，想动也动不了，因为水被围住了，这时就可判断人没有出原地，其原因是自身受克。

可见，甲子、庚子、丙子……并不仅仅是当作水来用的，还需要灵活变通地理解。

"基础不牢，地动山摇"，没有坚实的基础，就没有最终的成就。

看上去很简单的天干地支，却有很多精细的势能指向，如果不了解清楚，想仅仅依靠建立于其上的技术去实现终极目的，是根本不可能的！

继续举例。例如癸酉，类象是"鸡身上有水"，若处于不旺的状态，或者受克，则说明处境比较艰难，行事半途而废、多受挫折，这就是"落汤鸡"的比拟附象。了解了这些，经过实践印证，就会更加明白癸酉是一只实实在在的落汤鸡！癸水本身也主愁闷、情绪低落。

再如壬申，申是猴，壬是水，因此壬申是一只水猴。《西游记》中，孙悟空诞生于壬申日。在现实中，猴子也是会游泳的。壬申为水猴，类象为孙悟空，主聪明。因此，壬申就代表人非常聪明，具有艺术天才，适合做网络、设计、绘画、美术、计算机等行业的工作；尤其因为壬申代表思维灵敏，故而特别适合做创意、规划。

再如戊申，戊为土，戊申是土猴，土中之猴，看上去很憨厚，其实很精明。这就是戊申的势能。

再如庚申，干支均为阳金，非常坚硬，引申为性格倔强、耿直。

以上的"同象"结论，都是类象思维的结果。在实际应用时，必须将其置于具体环境中，根据实际情况判断。比如，干支所指同样是富翁，但在不同国家，他们拥有的财富可能是有很大差距的。运用之妙，存乎一心。宋代大学者洪迈的《容斋随笔》所载"丙午丁未"篇，读之令人有洞天别开之感，正是因其"动之以情，晓之以理"。

对干支理解得足够深刻，才能心心相印，息息相通；否则就是不解芳心，在无情处求情，在无味处求味，苦不堪言。

天地二字，天干对应天，地支对应地。"错人而思天，则失万物之情。"（《荀子·天论》）因此，天地之间以人证道；要想研究干支，就一定要以人为本，赋予它们人性化的特征，并且熟能生巧，运用自如，才能了解人事。这就是返常情而合大道，化腐朽而为神奇！如此方能通达。

干支关系

（一）大化无形

天高地下，万物散殊，合同而化。

万物的生长称为"化"，生长发展到极端就叫作"变"，阴阳的变化不可揣测叫作"神"，神的作用变化无穷叫作"圣"。神明变化的作用，在天是深不可测的宇宙，在人是深刻的道理，在地就是万物的化生。

《易》曰："在天成象，在地成形。"在天，为无形的六气；在地，为有形的五行。

"化"这个字，对中国文化影响很大。现在加入某国国籍，被称为"归化"，为融入之意。中国文化特别具有以人见文、以文化人的特质。

在干支组合中，干支合化是常见现象。合化，指天干的五合与地支的六合，犹如兄弟之相随、夫妇之相偶。它们虽包罗万象，但却有象无形。

天干合化中的五合为：甲己合化土，乙庚合化金，丙辛合化水，丁壬合化木，戊癸合化火。

地支合化的六合为：子丑泥合化土，寅亥破合化木，卯戌灭合（淫合）化火，辰酉暗合化金，巳申刑合化水，午未明合化土。

在此图中，左手无名指指根与中指指根，分别代表子和丑。它们不仅位置相连，在地支六合中，子丑也是相合的。此外，中指指尖和无名指指尖分别代表午和未，在地支六合中，午未也是相合的，且六合当中只有它们是相连相合的。这种相合在判断人际关系时，多指具血缘或裙带关系。而食指指根与小指指根是地支六合之中的寅亥合，其他（如图所示）诸如辰酉合、卯戌合、巳申合，都是隔合——中间隔有中指与无名指。隔合的关系如同朋友、同事、表兄弟、堂兄弟等，没有纯粹的血缘或亲近关系。

在地支合化的六合中，子丑合、午未合为亲合、近合，其余为隔合。阳去合阴有四个，阴去合阳有两个，唯子与丑合为逆转。

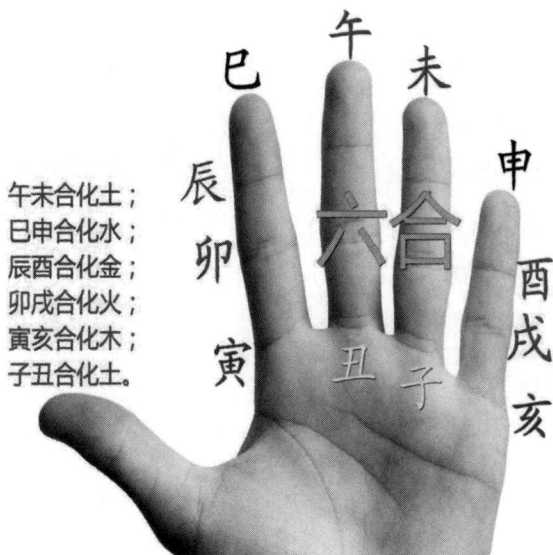

午未合化土；
巳申合化水；
辰酉合化金；
卯戌合化火；
寅亥合化木；
子丑合化土。

地支六合图

　　春风化雨，冬风不化雨。由于每个干支的组合都是干支相配，在地支的合化过程中，自然要受到天干的影响。这就造成了在合化中，有可化者，有不可化者。化成格者为造化，化不成格者为顽固不化。人们经常说的"造化""顽固不化"，就来源于干支关系。可见，干支看似为僵化的概念，其中却包含了丰富而博大精深的人文智慧。

　　灵活运用干支，才能抵达"善易者不占"之境界。这个"善"，就是透彻和圆融，是运用之妙出神入化的显现。

　　可见，地支之间的相合各有其内涵，并非无序。

　　值得一提的是，六合就是地支之间的匹配，人们耳熟能详的"支配"一词，即出于此。

　　关于三合局，就是三个地支之间形成的势能关系，即：亥卯未合木局，寅午戌合火局，巳酉丑合金局，申子辰合水局。其中，"木生于亥，壮于卯，死于未，三辰皆木也。火生于寅，壮于午，死于戌，三辰皆火也。土生于午，壮于戌，死于寅，三辰皆土也。金生于巳，壮于酉，死于丑，三辰皆金也。水生于申，壮于子，死于辰，三辰皆水也"（《淮南子·天文训》）。

三合局中，寅午戌合火局，为炎上之合；亥卯未合木局，为曲直之合；巳酉丑合金局，为从革之合；申子辰合水局，为润下之合。其中，木局主必有纠缠，当断不断，有后患。

（二）地支关系略例

除了合化关系外，地支关系中还有"三会""三刑""四季""四孟""四仲""四绝""六冲""六害"等关系。

其中，"三会"是指：亥子丑会水局，得仙缘；寅卯辰会木局，得人缘；巳午未会火局，得官缘；申酉戌会金局，得佛缘。会局如同百川汇海，力量大于合局。

会，有通气、沟通之意，可用于定应期和方位，可从时间、方位上来确定另一位。

所谓"三刑"，就是三个地支之间产生相刑的势能关系。三，是个定量，古人取用"三"这个数字，也决定了"三刑"一定是三个地支之间所形成的势能在起作用。在此，要纠正一下长期以来对"三刑"的错误认知。有些文献记载"三刑"包括"辰午酉亥自刑，子与卯相刑"，这是错误的。

另外，从几何角度也可证明，若将十二个地支分布在一个圆上，每两个相邻地支成三十度角。将构成"三刑"的三个地支连线后，一定是个等腰三角形。就好像我们去连接寅申巳亥和子午卯酉一样，一定是个方形，这一点无须争论。

此外，"四季""四孟""四仲"等是四个地支之间的关系作用。古人所说的黄道、白道、赤道均跟干支有密切关联。太阳运转的轨道称为黄道，示之以子午卯酉；月亮运行的轨道称为白道，示之以寅申巳亥；赤道则示之以辰戌丑未。

以上种种对干支的数字定性，亦说明了其定量范围。因此，需要对古文献记载的"三刑"纠错。这或为古人传抄之误，如著名的"三豕过河"，其中"三豕"本为"己亥"之谬。

"六冲"是指：子午冲、卯酉冲、寅申冲、巳亥冲、辰戌冲、丑未冲。每个对冲的势能均不相同，虽有直冲、明冲、暗斗等表象，但皆不离冲斗与冲动之旨。冲，有六神无主、冲突、对立、敌对、转变之象，而且旺冲衰。人们耳熟能详的"冲动"一词，就出于此。

以上略陈一二，微开其端。看上去复杂，其实都是比拟人事而言的。"若将花比人间事，花与人间事一同。"（《翠微山居诗·其九》）

中国的格物之学是天人之学，天人之学首先是研究天理的。

梁启超说"心明便是天理"，心不明，天理难容！

（三）十二地支周身游

对应于人的身体时，古人有"十二地支周身游"的口诀：

午头未面巳申肩，辰酉两膊卯戌股。

寅亥为膝子丑足，十二地支周身游。

人体某部位若有伤患，便会有对应的地支应象之事，这叫"观其变而玩其占"（《易·系辞》）。句中之"玩"，是把玩、玩味命运规律之意，简称"玩命"。可是，天干地支综合在一起，就很复杂，因而把玩命运之学也就成了一件难事。就连孔子都感叹："君子不与命争！"即使命运把玩明白了，也还是要遵从其势能发展规律。命运不是不能改变，而是很难改，一如佛经所言："定业难转！"

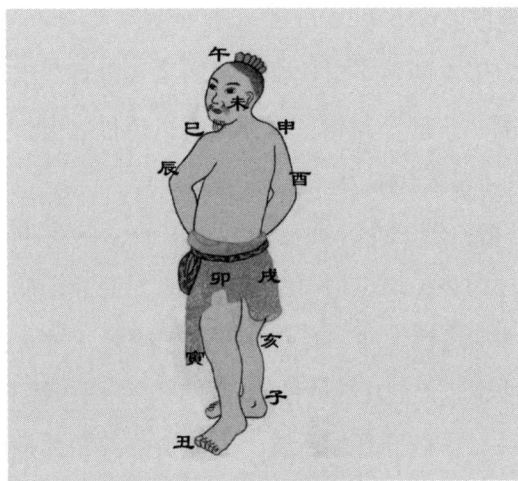

十二地支周身图

（四）彪三与戊寅

清代武官的补服，一品麒麟，二品狮子，三品豹，四品虎，五品熊，六品彪。"彪"在《说文解字》中释为"从虎，从彡（shān）"。"彡"即虎身上的斑纹。可见，按《说文解字》之释，虎身上有斑纹者为"彪"。《水浒传》中不仅有一百单八将之一的"金眼彪"施恩，还有祝家庄中的"祝氏三杰"——三兄弟名字分别是"龙""虎""彪"。由此可见，"彪"是一种猛兽，并且很被推崇。唐代茶圣陆羽在其《茶经》中载："彪者，风兽也。"

据《唐国史补》载，当年剑圣裴旻担任龙华军使镇守北平时，该地多虎。裴旻曾一日毙虎三十一只，非常得意。有一当地老者，见到裴旻射杀的老虎后说："此皆彪也。"

宋代周密《癸辛杂识》"虎引彪渡水"载："谚云：虎生三子，必有一彪。彪最犷恶，能食虎子也。今闻猎人云：凡虎将三子渡水，虑先往则子为彪所食，则必先负彪以往彼岸，既而挈一子次至，则复挈彪以还，还则又挈一子往焉，最后始挈彪以去。盖极意关防，惟恐食其子故也。"是说，老虎若生三胎，最小的一只就是彪。彪最犷恶，它会趁母虎不在，吃掉兄弟。以至于母虎携子过河时，必先叼幼子彪过河，放下后再返回对岸。接着，再叼一虎过河，待返回时，将彪叼回对岸。然后，再叼一虎过河，最后再叼彪过河。母虎如此"四往"过河，足见彪之凶猛。因彪排行为三，故称"彪三"，为凶猛之谓。而被英国女王赞不绝口的世界文化遗产，建于 15 世纪的日本京都龙安寺，其著名的"枯山水"方丈庭园，即是借用宋代周密《癸辛杂识》所载的这个典故，建成"虎引彪渡庭园"，亦称"虎之子渡"之庭，以此寓意"渡河即是渡苦海"，需要凭借智慧与苦修才能修成正果！

而彪之生猛，在元代元好问《续夷坚志·贾叟刻木》中亦有描写："旁卧一青彪，虎目烁烁如金，望之毛发森立。"

《汉书》编撰者班固在其《白虎通·姓名》中载："以时长幼，号曰伯仲叔季也。伯者，子最长，迫近父也。仲者，中也。叔者，少也。季者，幼也。适长称伯，伯禽是也。庶长称孟，以鲁大夫孟氏。"由此可知，伯、仲、叔、季代表兄弟排行的序列。孔子（字仲尼）、司马懿（字仲达），都是在自家兄弟里排行第二。班固的父亲班彪，其字为叔皮，可知其在家排行第三，而其名为"彪"，即取虎之第三子为彪之意。至今北方人还在讲的"彪三"，即是此意。可见"彪"字在汉代就已经受推崇了！

"彪三"，在六十甲子中对应着干支戊寅——寅虎地支与天干的组合中，在十天干中位居阳干（甲丙戊庚壬）的第三位；此外，戊寅还是"伏虎"——寅木被上面的戊土所遮蔽，为伏地之象。

宋太宗年间，虎寺禅院中的学僧们正在寺前围墙上画一幅龙争虎斗的画像。画中龙在云端盘旋将下，虎踞山头，作势欲扑。学僧们虽修改多次，但仍觉其中动态不足。适巧无德禅师（汾阳善昭）外归，学僧们遂请禅师指点。无德禅师看后道："龙与虎，所画外形不逊。但龙与虎的特性你们还不清楚——龙在攻击之前，头必向后退缩；虎要上扑时，头必自下压低。龙颈向后屈度愈大，虎头愈贴近地面，它们发力也就越高。"学僧们欢喜受教，道："您真是一语道破啊！我们不仅将龙头画得太趋前了，且虎头亦过高，难怪总觉动态不足！"无德禅师借机说道："为人处世与参禅修道的道理一样，做好退一步的准备之后，才能冲得更远；谦卑反省之后才能上行得更高。"学僧不解，问道："退步的人怎能向前？谦卑的人怎能更高？"无德禅师道："你们且听禅诗：手把青秧插满田，低头便见水中天。身心清净方为道，退步原来是向前。诸仁者能会意吗？"学僧们闻言，皆有所悟！

　　无德禅师在与学僧们的对话中强调，虎越是要往上扑，头就越是要压低伏地，这就是伏虎之势。而此时也是虎威最能得到爆发、战斗力最强之际。

　　自古五行无土不安稳！干支戊寅，有了天干戊土，寅木就有了发挥战斗力最安稳的基础。换言之，戊寅具有"彪三"的特质，战斗力的势能最强。

　　此外，干支的排序是干在上而支在下，干支戊寅是寅木地支克戊土天干，属于下克上的格局，有着易犯上、易莽撞冲动、秉性倔强的势能。中国北方话形容人莽撞冲动、犯上，做事不问青红皂白，倔强而不考虑后果，往往会用"彪乎乎的"一语。这是一种夸张的比喻，就是做事像"愣头青"一样，不走脑子。

　　《诗经》曰："天生烝民，有物有则。"一切都有迹可循。了解了戊寅的"彪三"之势能，我们就会明白，在兄弟姊妹中，同性别排行中的老三，为什么其性格特质常见有"彪三"之势能了。天地不虚，一切现成，只是百姓日用而不知！须知，万物秉势而存，各有窍妙，留心品验，丝毫不爽。

点亮心灯，才能照亮法界。《孟子》曰："虽有智慧，不如乘势。"祈愿我们能够早日获得识势、明势、顺势而为的大智慧，拥有举重若轻的妙明功夫！

第四节 "伯、仲、叔、季"称谓考

　　流传甚广的《止学》，其作者是隋代大儒王通，字仲淹，道号文中子。"仲淹"二字，大家并不陌生，因为宋朝还有一个著名人物叫范仲淹。他的名字是不是受文中子王通的影响，不得而知。但值得一提的是——古人在起名字时往往都用"伯、仲、叔、季"。

　　"伯、仲、叔、季"起源于殷周媵婚制度，用以表示男女长幼的辈分，及至汉代则固化为兄弟排行的称谓。东汉《释名·释亲属》释"伯、仲、叔"为兄弟之称："父之兄曰世父，言为嫡统继世也；又曰伯父。伯，把也，把持家政也。父之弟曰仲父。仲，平也，位在中也。仲父之弟曰叔父。叔，少也。"

　　《左传·隐公元年》载"惠公元妃孟子"。唐代孔颖达疏："孟仲叔季，兄弟姊妹长幼之别字也。孟、伯俱长也。"《仪礼·士冠礼》曰："仲、叔、季，唯其所当。"汉代"经神"郑玄注曰："伯仲叔季，乃长幼之称。"可见，"伯""孟"之称互通。"仲"的排行是老二，伏羲氏裔孙中就有个叫"羲仲"的。

　　当年周部落首领古公亶父的长子太伯（亦称"泰伯""吴太伯"）排行老大，两个弟弟分别是仲雍和季历。季历，本名历，名字之前的"季"字在古代以"伯、仲、叔、季"来表示长幼次序时表示排行最末。他是古公亶父第三子，周文王之父，母亲叫太姜，其兄太伯、仲雍。据《史记》的《周本纪》和《吴太伯世家》记载，周族的开基之祖古公亶父觉得自己的少子季历最为贤明；更为可贵的是，季历的儿子昌有圣瑞之兆。古公亶父赞叹道："我的后代当有成大事者，大概就是昌吧？"太伯和仲雍知道古公想立季历，为了成全父亲将来能传位于昌，两人便逃奔到了荆蛮，并按当地风俗身刺花纹，剪短头发，以示不继承君位，从而让位给季历。后来，太伯和仲雍又迁居江东，建国勾吴，时称"吴太伯"，又称"泰伯"，成为吴国第一代君主，也是东吴文化的宗祖，留下千古流传的美名。

后来，商王文丁封季历为伯侯，为商代末年西方诸侯（方国）之长。而在《左传·昭公二十六年》中，"伯、仲、叔、季"四字被当作一词，还表姬姓诸侯："王不立爱，公卿无私，古之制也。穆后及大子寿早夭即世，单、刘赞私立少，以间先王，亦唯伯仲叔季图之！"杜预注："伯仲叔季，总谓诸侯。"这段内容是讲东周时期周悼王姬猛和姬朝争夺权位的历史事件"子朝之乱"的。文中所言"伯仲叔季图之"，是指帮助姬猛复位晋、鲁等姬姓诸侯国。

与伯仲叔季有关的历史内容还有很多，例如：

春秋时期，崔杼杀死齐国国君齐庄公，属弑君之罪。但因齐庄公偷淫崔杼之妻在先，再加上崔杼大权在握，人们对他也奈何不得。可当时的史官太史伯，却恪尽职守，秉笔直书，在史书上记下："周灵王二十三年夏五月乙亥，崔杼弑其君。"崔杼看后大怒，杀之。未料到，太史伯有三位弟弟都是史官——分别是太史仲、太史叔、太史季。他们说："秉笔直书是史官的天职。我们宁可为写信史而死，也绝不失职贪生。"兄弟们前仆后继，在老二、老三又接连被杀后，接班写史的老四依然秉笔直书崔杼弑君这段历史。崔杼问他："你不怕被杀头？"老四答道："秉笔直书，是史官人品和道德的崇高体现。史官对后世应负历史责任！"崔杼听后，无奈地说："我也是为了国家才杀这个无道昏君的呀。即使你直书，国人也会谅解我的。"于是便不再追究其死罪。

秦代，吕不韦把怀有身孕的爱妾赵姬当作礼物送给秦庄襄王，之后不久赵姬生下了儿子嬴政。秦庄襄王在位三年后去世，太子嬴政即位，即秦始皇。赵国商人吕不韦也登上了政治舞台，官拜相国，号称"仲父"，有"第二位父亲"之意。

古代按照"伯、仲、叔、季"四字排序来取名字是普遍现象。如，三国时孙坚的四个儿子的名字分别为：长子孙策字伯符，次子孙权字仲谋，三子孙翊字叔弼，四子孙匡字季佐。当年，鲁国有季孙氏、孟孙氏、叔孙氏三个家族，时称"三桓"。而《春秋命历序》载："皇伯、皇仲、皇叔、皇季、皇少，五姓同期，俱驾龙，号曰五龙。"是说，一家若只有五兄弟，也可依此排行，将最小的称为"少"。

若"伯仲"两字连用，则表示相差不多，难分高下，成语有"不相伯仲""伯仲之间"。兄弟讲排行，姊妹也讲排行——古代待嫁女子通常也在姓氏之前加"伯（孟）、仲、叔、季"等位序字，如伯姬、叔姬等。其中，"孟"表示排行第一，如人们熟悉的那个以哭夫崩城而闻名的文学人物孟姜女，姓姜，一看就知道是姜家大小姐。明代大学者李贽在评价战国时期吴起超群的兵法时说："吴起用之魏则魏强，用之楚而楚伯。""魏强"好理解，就是吴起使魏国强大；而"楚伯"比较难理解，其实就是"楚国第一"的意思。"伯""孟"均为第一、居首之意。而"季"即是第四位，也是最后之属，即东汉刘熙《释名》所言"季，癸也。甲乙之次，癸最在下，季亦然也"。周文王之父季历是老三，上有"太伯""仲雍"，所以末子为老三也可称"季"。晋代著名道士葛洪字稚川，"稚"即是"季"的代换字，表示他也排行老三。因此，古人在取名时，往往二者均采用。如，汉高祖刘邦，兄弟三人，前面两个哥哥分别叫刘伯（表字不详）、刘仲（字喜），刘邦排行老三。当时，其父刘端以为他是最后一个儿子，故名之为刘季（东汉荀悦《汉纪》曰："汉高祖讳邦，字季"），未料到其母后来又生了一个弟弟，叫刘交（字游）。像这种只起名无表字的现象，较之以往，则是汉代才出现的变化。

"孟仲叔季"不仅用在人的排行上，同时又见于四季排行。其中，不管是多于还是少于四个，"季"都是代表最末的；若只有三个兄弟或姊妹，那它就是老三。"春夏秋冬"也各自有"孟、仲、季"三个月（孟春、仲春、季春，对应干支为寅、卯、辰；孟夏、仲夏、季夏，对应干支为巳、午、未；孟秋、仲秋、季秋，对应干支为申、酉、戌；孟冬、仲冬、季冬，对应干支为亥、子、丑）。不懂这个常识，就难以理解为什么《说文解字》说"甲，东方之孟，阳气萌动……"。因为十天干中的甲，五行为木，对应地支为寅木，位属东方的起点，故称为"东方之孟"。明代嘉靖朝的重臣，礼部尚书、文学家何孟春的名字便是因出生于寅月得来，《明史》载有其传。关于此，最有代表性的是秦代著名典籍《吕氏春秋》。该书分为十二纪、八览、六论几个篇章。其开篇的十二纪是全书的大旨所在，分别为：《孟春纪》《仲春纪》《季春纪》《孟夏纪》《仲夏纪》《季夏纪》《孟秋纪》《仲秋纪》《季秋纪》《孟冬纪》《仲冬纪》《季冬纪》。可见，"孟仲叔季"的内容已经普及于日常生活之中了，也成为古人书画落款时常用的方式。

对于文化而言，可以这样讲：你可以打破常识，但不能没有常识。

提到二十四节气，顺便说一句：节气之应用，早在《尚书》即有记载。它源于古代先民通过对大自然和天体运行规律的观察和探究。其在周朝已得到广泛应用，于汉代时最终定名，《淮南子·天文训》和《史记·太史公自序》中均有记载。

太阳从黄经零度起，沿黄经每运行 15 度所经历的时日称为一个"节"或"气"；每年运行 360 度，共经历 24 个节和气，每月 2 个。其中，每月的第一个时令为"节"，即：立春、惊蛰、清明、立夏、芒种、小暑、立秋、白露、寒露、立冬、大雪和小寒；每月的第二个时令为"气"，又因其在月中，故称为"中气"，即：雨水、春分、谷雨、小满、夏至、大暑、处暑、秋分、霜降、小雪、冬至和大寒。这些"节"与"气"各历时15天，且交替出现，统称为"节气"。

西汉时，汉武帝命司马迁、星官射姓、历官邓平与民间历算家落下闳、唐都等二十多人编制新历，于太初元年（前104）编成颁行，名为《太初历》。其正式把二十四节气纳入历法，并明确了二十四节气的天文位置。

在二十四节气中，春分、秋分、夏至、冬至的前一日被称为"离日"，简称"四离日"。《玉门经》曰："离者，阴阳分至前一辰也。""分"就是春分和秋分，"至"就是夏至和冬至。前一辰就是前一日之意。四离者，春分前一日叫作木离；夏至前一日叫作火离；秋分前一日叫作金离；冬至前一日叫作水离。史载："日值四离，大事勿用。"而立春、立夏、立秋、立冬的前一日，则被称为"绝日"，简称"四绝日"。《玉门经》曰："四绝者，四立前一辰也。"即"立春木旺水绝，立夏火旺木绝，立秋金旺土绝，立冬水旺金绝。故先一日为绝也"。无论是"四离日"还是"四绝日"，均为四季相交、节令转移的阴阳混杂之际。"四离"和"四绝"的说法主要是提醒人们在生活中的一些重要时间节点应遵循自然规律，学会顺时施宜。

古语云，"得时者为上上"，"时来天地皆同力"。简而言之就是：人能走时运，才有大福报。

言归正传，知道了"孟、仲、叔、季"的来历，就可以弄清楚孔子为何字"仲尼"了——因为他在家中的男子里排行老二，他的前面还有一个同父异母、脚有残疾的哥哥，字"伯尼"。而孔子十九岁生儿子时，鲁昭公赐一大鲤鱼，因而孔子给儿子取名为孔鲤，字伯鱼——

"伯"就是长子之意。此外，我们熟悉的司马懿，亦称司马仲达，一看便知他也是在兄弟中排行老二。我们从明代"四大才子"之一的唐寅的字"伯虎"中，可知其在兄弟之中为长男。

天地有节度才能常新，国家有节度才能安稳，个体有节度才能蓬勃。通过古人名字中的"伯、仲、叔、季"，即可了解其在家中之排序。这是中国文化的基础常识之一，如今也需对其进行活态理解和运用。

第八章　中国文化中的形象学

第一节　以人为本

人间之富，莫过于知己。能得知己，可得一生安稳从容。

在美国电影排行榜的历史上，1972 年 3 月 24 日上映的电影《教父》长期占据榜首并享誉世界。《教父》中有很多经典台词，其中有一句尤为发人深省："在一秒钟内能看到事情本质的人和花半辈子也看不清事情本质的人，命运自然是不一样的！"

是的！先知先觉和后知后觉的人，命运一定不同。前者历来为众人追慕。人们耳熟能详的谚语"有钱难买先知道"，便是对此理最好的注释。

《教父》中这句强调认识事物本质重要性的哲语，在中国古代早有异曲同工的睿见，如：

《道德经》曰："知人者智，自知者明。"

《吕氏春秋》曰："故欲胜人者必先自胜，欲论人者必先自论，欲知人者必先自知。"

《庄子》曰："利害不通，非君子也。"

《孙子兵法》曰："知彼知己，百战不殆；不知彼而知己，一胜一负；不知彼，不知己，每战必殆。"

宋代朱熹《朱子语类》载："康节云：'一动一静者，天地之妙也；

一动一静之间者，天地人之妙也。'盖天只是动，地只是静；到得人，便兼动静，是妙于天地处。故曰：'人者，天地之心。'论人之形，虽只是器；言其运用处，却是道理。"

清代魏源《默孤·治篇》曰："不知人之短，不知人之长，不知人长中之短，不知人短中之长，则不可以用人，不可以教人。"不懂得识鉴人，就不具备做官的本事，也不具备做老师的本领。

以上诸论，旨在强调识鉴人的重要性。

众所周知，人是万物的一部分，格物之学就是对万物势能发展变化规律的研究。

明代大学者吕坤《呻吟语》云："故天地间，惟理与势为最尊。"是的，人要能够知势、识势，并且能够顺势而为，才是大智慧。古往今来，人们对势能的研究已发展出诸多方法，而相学就是其中的一种，并且早在先秦时期就已流行甚广了。

世间万物，凡有表象，皆有表法，中医的"望""闻"之道便是对其鲜活的实践。那么究竟什么是相学呢？相学就是依据万物内外多元表象所呈现的势能指向，来探究其内在生命节律特质的格物方法。

相学的范畴非常多元，不止相人、牛、马等，即便是绘画，亦可同鉴。

如，在北宋画家郭熙的《林泉高致》中，专门依据"相法"解释了画家李成的山形："画亦有相法。李成子孙昌盛，其山脚地面皆浑厚阔大，上秀而下丰，合有后之相也。非特谓相兼，理当如此故也。"大家可以试想，画是如此，古人说的"字如其人"是不是也是如此呢？还有，其他那些有形象的物象从"表象即表法"的势能道理角度而言，是不是也是如此呢？我们问问自己：时下人们最常用的微信，其头像的 logo 是不是也透露着一些势能规律呢？

具体就人而言，相学则包含手相、足相、面相、体相、音相、德相、道相等类别。

中国文化中的这种认知体系，对世界多元文化的发展有着重要的补充作用。如，日本是对中国文化继承最丰富的国家，日本人除了汲取和借鉴中国诸多典籍、医药、宗教、建筑等内容，也学习吸收了中国的相学。举例来说，日本战国时代的枭雄，统一日本的战国三杰之一丰臣秀吉，作为童仆出身的统治者，被史家称为奇迹。他在走向成功阶段之前，曾请人为自己看手相。不料那个人竟说，他手相有不足之处。丰臣秀吉听完后，当场震怒，随即操刀在自己手掌上划了几刀，用以弥补手相之不足！划完后，他问相士："这样如何？"顿时把相士和周围的人吓得目瞪口呆！从这个事件中，我们足以窥见相学对日本社会的影响。

顺便说一下，丰臣秀吉的胃口可不是一般地大！虽然他本人和明太祖朱元璋一样，出身都非常低微，但他执政后，就放话要把中国明朝领地纳为自己领土，并且要把朝鲜以及印度等地一举拿下。他为什么会有如此想法呢？他说自己是太阳的化身，更把日本说成一个神国。正因为他自认为是太阳的化身，所以只要太阳所照之地就应该是他的土地。这种想法，估计古今中外也罕见；但就冲着他因相士说其手相不足就能拿刀划自己手的行为，便可知他是个十足的狠家伙！所以，他的话可不是嘴上随便说说的，而是开启了实际的征掠战争……然而，物无美恶，过则为灾。山川各有其主，岂是豪言壮语可以摄受的？最终等待他的，必然是失败。

西汉刘向说："书犹药也，善读之可以医愚。"

春秋时期，相学蔚然风行于朝野，不少先秦诸子也深以为然。《左传》《荀子》《孟子》《战国策》等都是最早记载相学相关内容的典籍。孟子曰："君子所性，仁义礼智根于心，其生色也，睟然见于面，盎于背，施于四体，四体不言而喻。"孟子强调外相与内心有着不言而喻的联系。孟子还说:"存乎人者,莫良于眸子。眸子不能掩其恶。胸中正,则眸子瞭焉;胸中不正,则眸子眊焉。听其言也,观其眸子,人焉廋哉?"(《孟子·离娄》)是说,观察一个人,再也没有比观察眼睛更好的了。眼睛不能掩盖一个人的丑恶。心胸正直,眼睛就明亮;心胸不正直,眼睛就昏暗。听一个人说话,再观察他的眼睛,其真情又怎能隐藏得了呢?很显然,孟子此论是深受当时相学思想的影响。

在稷下学宫三次为祭酒的荀子,对此表达得更为深刻:"故相形不如论心,论心不如择术。术,道术也形不胜心,心不胜术。术正而心顺,则形相虽恶而心术善,无害为君子也;形相虽善而心术恶,无害为小人也。"(《荀子·非相》)及至五代时期,著名的"睡仙"陈抟在其《心相篇》的开篇即说:"心者貌之根,审心而善恶自见;行者心之发,观行而福祸自知。"孟子、荀子、陈抟等人的论述,奠定了内相决定表相的理论基础,从而产生了"相由心生"的观点,绵延至今。

《荀子·非相》中列举了两位著名的相士——春秋时的郑人姑布子卿和战国时的梁人唐举。其中,姑布子卿被誉为相学"圣人奇形"一派的开山鼻祖。

而据西汉文帝时的博士韩婴所著文献《韩诗外传》卷九载,姑布子卿也曾为孔子看过相:"孔子出卫之东门,逆姑布子卿,曰:'二三子引车避。有人将来,必相我者也。志之。'姑布子卿亦曰:'二三子引车避。有圣人将来。'孔子下步,姑布子卿迎而视之五十步,从而望之五十步,顾子贡曰:'是何为者也?'子贡曰:'赐之师也,所谓鲁孔丘也。'姑布子卿曰:'是鲁孔丘欤?吾固闻之。'子贡曰:'赐之师何如?'姑布子卿曰:'得尧之颡、舜之目、禹之颈、皋陶之喙。从前视之,盎盎乎似有王者。从后视之,高肩弱脊,此惟不及四圣者也。'子贡吁然。"

姑布子卿认为,孔子的额头像尧,眼睛像舜,脖子像大禹,嘴巴像皋陶。从前面观察，相貌不凡，有王者气象；但从后面观察，其肩膀耸起、脊背瘦弱，这个缺陷导致孔子终生郁郁不得志，不能开创像尧舜禹诸人的王者事业。而《孔丛子·嘉言》也载孔子"修肱而龟背"，其腿部修长，背部像乌龟一样广厚，因而断定孔子虽是一个贵人，但其一生比较劳碌。

这位姑布子卿接着又说："'子何患焉！污面而不恶，葭喙而不藉，远而望之，羸乎若丧家之狗。子何患焉！子何患焉！'子贡以告孔子。孔子无所辞，独辞丧家之狗耳，曰：'丘何敢乎？'子贡曰：'污面而不恶，葭喙而不藉，赐以知之矣。不知丧家狗，何足辞也？'子曰：'赐，汝独不见夫丧家之狗欤？既敛而椁，布器而祭，顾望无人，意欲施之，上无明王，下无贤士方伯，王道衰，政教失，强陵弱，众暴寡，百姓纵心，莫之纲纪，是人固以丘为欲当之者也，丘何敢乎？'"这段史话，便是孔子被谓为"丧家犬"的来历。

《史记·赵世家》中还载有姑布子卿的另一则神奇故事：春秋时期，晋国的大夫赵简子，原名赵鞅，是赵氏的领袖（《赵氏孤儿》中孤儿赵武之孙）。晋定公十二年（前500），赵简子请来姑布子卿，遍召诸子，请其相之。姑布子卿观毕，说："您这几个儿子均不能继承祖业。"赵简子着急地问道："难道我们赵家就此衰落了吗？"姑布子卿看着他，问道："我刚才进来的时候，在路上看见一个年轻人，那个人是谁？"赵简子忙遣面前诸子下去，然后命人喊来毋恤（亦名无恤），问姑布子卿："是他吗？"姑布子卿一见毋恤，马上就站起来，说："是他。这位才是真正的将军啊！"赵简子却困惑地说："他的母亲地位卑微。他是我与奴婢所生，怎么可能显贵呢？"姑布子卿却说："这是天意。卑微又怎样？他将来一定会显贵的。"赵简子听完，将姑布子卿的话牢记在心："于是简子以无恤为贤，立以为后。"（《资治通鉴·周纪一》）后来，这位赵无恤成为战国时期赵国的创始人，因其卒谥襄，史称赵襄子。《史记》中所列赵国的襄子纪年，即为赵襄子时期，在位33年（前457—前425）。

这段故事，被后来誉为宋诗"开山祖师"的梅尧臣写进了其诗中："姑布子卿能相人，翟婢贱儿真将帅。驰上常山得宝符，主君自此知无恤。"（《窊寐谣》）

我们从以上典籍所载案例，可见古代相学的普及性及其应用角度的多元性。除上述案例中从自身角度契入的识鉴方法之外，还有从"物以类聚"的角度，通过勘察所交之友来识鉴人的，并且案例颇多。

《左传·僖公二十三年》《史记》《列女传·仁智传·曹僖氏妻》载：晋国公子重耳在逃亡时，过曹国，曹恭公（曹共公）不但不以礼相待，听说重耳身体畸形（骈胁）后，便到他的住处，在他洗澡时到近前偷看，后来被重耳发现。曹国大夫僖负羁的妻子曹僖氏闻听此事后，便对丈夫说："我观察晋国公子重耳，随从他的三个人都具有国相之质，此三人均为能全力辅佐国君的人，可知重耳不久一定会回到晋国。如果他返回晋国，则一定会称霸诸侯，也必定会讨伐对他无礼者。如果这样，那曹国就会是首当其冲者。如果曹国有难，你作为大夫肯定脱不了干系。那么为什么不早做打算呢？我曾听说：不知道儿子如何，看他的父亲便可知晓；不知道国君如何，看他所用的近臣便可知晓。现在随从重耳者，皆有卿相之质，他们的主人将来一定是霸主啊！"僖负羁听到这里，急忙说："夫人，您真是一句惊醒梦中人啊！我该怎么办呢？"曹僖氏接着说："现在如果您能以礼来待他，日后也必会得到他的回报；如果继续对他无礼，则他以后肯定要复仇。您如果还不早做谋划，则祸不久矣！"于是，僖负羁第二天便以大夫的最高礼节——以壶盛食物，放在玉璧之上，赠给重耳。重耳接受了食物，却将玉璧还给了僖负羁。

不久，重耳果然回到晋国，成为晋文公，并开始"诛无礼"：首先便远征讨伐曹国。讨伐前，为保护僖负羁一家，特意交代在僖负羁家门前张表，禁止士兵进入。当时曹国的士人和百姓纷纷扶老携弱，赶赴僖负羁家门前，以至于僖负羁的家门口如同集市一样。人们也因此纷纷称赞曹僖氏的远见卓识。

《诗经》曰："既明且哲，以保其身。"说的就是这个道理啊！时人赞颂说：僖负羁的妻子曹僖氏的智慧不逊色于先贤啊。见到了逃亡的重耳，便知道他的未来运势，然后让自己的丈夫馈赠礼物给重耳，使得自家于重耳有恩，以至于重耳成为晋文公之后讨伐曹国，曹国的国君以及官员们只有僖负羁一家免于杀戮啊。后来，流行于明代的儿童启蒙书《增广昔时贤文》中的"妻贤夫祸少"，讲的不就是僖负羁妻子曹僖氏这样的人吗？

类似的相人方法并非鲜见。《吕氏春秋·不苟论第四·贵当》载："荆有善相者，所言无遗策，闻於国。庄王见而问焉。对曰：'臣非能相人也，能观人之友也。观布衣也，其友皆孝悌纯谨畏令，如此者，其家必日益，身必日荣矣，所谓吉人也。观事君者也，其友皆诚信有行好善，如此者，事君日益，官职日进，此所谓吉臣也。观人主也，其朝臣多贤，左右多忠，主有失皆交争证谏，如此者，国日安，主日尊，天下日服，此所谓吉主也。臣非能相人也，能观人之友也。'庄王善之，於是疾收士，日夜不懈，遂霸天下。"（文献《韩诗外传》卷九亦见载。）

是说，楚国有个善相者，所言从未失误过，名声闻于全国。楚庄王召问其原因，他答道："我并非能给人看相，而是能观察其人的朋友。观察平民，如果其朋友都很孝悌和顺，忠厚恭谨，敬畏王命，这种平民的家一定会日益富足，自身一定会日益荣显，这就是所谓的吉人。观察侍奉君主的臣子，如果其朋友都很忠诚可靠，品德高尚，喜欢行善，这种臣子就会日益有所长进，官职也会日益得到升迁，这是所谓的吉臣。观察君主，如果其朝臣多是贤能，侍从多是忠良，君主有过失都争相进谏，这种君主的国家就会日益安定，自身也会日益尊贵，天下就会日益敬服，这就是所谓的吉主。我并不是能给人看相，而是能观察人们的朋友啊！"他的回答令庄王深受启发，于是大力收罗贤士，并日夜坚持不懈，不久即称霸天下。

荀子曰："不知其子视其友，不知其君视其左右。"（《荀子·性恶》）你看，以上案例所呈现的相人方法说的不就是这些吗？

书中自有黄金屋、自有颜如玉啊！智慧就在那里，知古鉴今，绝非虚言。

《鬼谷子·决篇》曰："度以往事，验之来事，参之平素，可则决之。"这种从日常品行来相人的方法，自古亦被视为嘉律。

对此，我们从《韩非子》所载案例中也可见一斑：春秋时，晋国中行文子逃亡，经过一个县城。侍从说："这里有大人的老友在，为何不休息一下，等待他的到来呢？"文子说："我爱好音乐，此友就送我名琴；我喜爱美玉，此友就送我玉环。这是个只会投合我的喜好，而不会规劝我改过的人。我想他也会用以前对我的方式去向别人求取好处的。"于是，文子迅速离开。后来，这个朋友果然扣下文子后面的两部车子献给了他的新主子。

无独有偶。战国时期的公叔痤，屡次向魏惠王举荐自己的家臣公孙鞅，认为此人可主持魏国国政。魏惠王不置可否。后来公叔痤病重，魏惠王来看他。公叔痤屏退左右，单独向魏惠王进言："王即不听用鞅，必杀之，无令出境。"因为他预感到，像公孙鞅这样的人，若被别国起用，对魏国绝不会有好处。此言也反向强调，公孙鞅确实可以重用。待魏惠王走后，公叔痤马上转告公孙鞅事情之原委，说明自己虽多次极力推荐他继任相国，但魏惠王始终不答应，这次是迫不得已的破釜沉舟之举，让公孙鞅赶快逃命。怎料，公孙鞅听完后却不以为然，说："您是重臣，多次把我举荐给魏惠王，他都没反应，认为我不值得重用，而这次您反激他，就能让他杀了我？我不信。他前面不听你的，后面也不会听你的，否则他就会有受大臣摆布之嫌。"于是，公孙鞅没有逃跑。直到最后，魏惠王也没有为难他。

在这件事上，还是公孙鞅的识人智慧更高明！

在鉴人的功夫方面，先秦诸子个个都有自己的本领。仍拿圣人孔子举例，据《论语》载，一天，孔子在和学生们讲道理时，忍不住感叹道："我还没有见过真正刚强不屈的人！"弟子们觉得很奇怪，他们认为子路、申枨等都是很刚强的人。尤其是申枨，虽然年轻，可每次与人辩论时，从不轻易让步，即使在面对长辈或师兄时，申枨也毫无避忌。所以，弟子们不约而同地对孔子说："如果要论刚强，申枨应该是当之无愧的吧！"未料孔子却说："申枨这个人欲望多，怎么能称得上刚强呢？"

一个弟子不解，问道："申枨并不像贪爱钱财的人，老师怎么会说他欲望多呢？"孔子回答："其实所谓的欲望，不仅仅指贪爱钱财。那些凡是没有明辨是非就一味和别人争论，怀着私心想胜过别人，就是'欲'啊！申枨虽然性格正直，但他却逞强争胜，往往流于感情用事，这就是一种'欲'。像他这样的人，怎么可以称得上刚强不屈呢？"

孔子接着说："所谓的'刚'，并不是指逞强好胜，而是指克己的功夫。那些能够克制自己的欲望，无论何时何地都不违背天理的人，才算得上真正的'刚'啊！"

你看，孔子多么睿智啊！鉴人如此深刻。

以一篇奇文《命运赋》而流传千古的北宋宰相吕蒙正，也是鉴人的高手。吕蒙正的好友富言某日跟他说："我儿子富弼十多岁了。我想让他入书院事奉廷评、太祝。"吕蒙正答应先见富言儿子一面。见面后，吕蒙正惊叹地说："此子将来名位与我相似，而功业远超于我。"

遂让自己几个儿子与其做同学，并且供给优厚。范仲淹亦赞富弼有"王佐之才"，推荐其文章给不到20岁就考中进士的奇才宰相晏殊。这个以传世名句"无可奈何花落去，似曾相识燕归来"为世人所熟知的晏殊，当即识出富弼未来大有作为，遂问范仲淹："此洛阳才子可曾婚配？"范仲淹答："尚未。"当时晏殊正托知贡举陈祥选婿。陈祥对晏殊说："我观富弼之文章气度，有宰相之才。"陈祥遂与范仲淹共举富弼为晏殊之东床快婿。

人世间，英雄所见略同——后来，富弼果然两任宰相！

通过以上文献记载的种种案例，我们不仅能看到古人对"以人为本"理念的重视与践行，亦可见证相学发展的久远与繁盛。

值得一提的是，中国历史上第一位以相术封侯者，是汉代著名的女相士许负，她被刘邦封为鸣雌亭侯。据《续古今考》《索隐》文献记载，当年汉文帝让许负观宠臣邓通之相。许负见其饿纹入口，言其终将饿死。文帝怒曰："富贵由我！谁人穷得邓通？"遂将蜀道铜山赐之，诏令邓通可以自己造钱。当时，邓氏之钱布满天下，其富可敌国。但汉景帝即位后，即说邓通坏乱钱法，于是籍其家产，闭于空室之中，绝其饮食。邓通因此饿死。许负之言果然应验！人皆奇之。

《史记·淮阴侯列传》载有蒯通请相士为韩信看相之事。相士说韩信的相貌看上去不过能够封侯，还有性命危险，但"相君之背，贵乃不可言"。韩信的背部生得很好，因而大贵。

唐代记载的识人故事更是数不胜数。开元盛世的最后一位名相张九龄第一次见到安禄山时，就断定他日后必定会祸乱大唐。后来，果不其然，出现了"安史之乱"。

史载著名的玄学家、天文学家袁天罡善风鉴，累验不爽。相传武则天尚在襁褓时，袁天罡见到其母杨氏时说："夫人法生贵子。"杨夫人却将武则天作男装打扮抱出来，袁天罡见之则惊呼："龙瞳凤颈，极贵验也。若为女身，当作天下主；若为男身，无甚稀奇。"杨氏一阵惊讶，沉默无言。而怀中那个年幼的武则天怎么都想不到，她那辉煌又充满争议的一生就是这样被预言的。

晚清重臣曾国藩曾说："行政之要，首在得人。"三国时期有一个牛人，名叫司马徽，精通经学，为人清雅，有知人之明，时人号之"水镜先生"。任凭当时的巨头们如何去请，他都不肯出山。他说："名士是天下的触须。你们要请的是名士，而我不是。"刘备问他："那我应该请谁呢？"他说："冢虎（司马懿）、卧龙（诸葛亮）、凤雏（庞统）、幼麒（姜维）这四人是天下名士。"人皆叹服其慧眼如镜鉴！

三国时期，相学极其发达，世界历史上的第一本人力资源著作《人物志》（刘劭编撰）就是这个时期出现的。魏晋之后的名人，诸如韩愈、欧阳修、苏轼、王阳明、曾国藩等人的识人案例，更是比比皆是。

宋代白云守端禅师说："古人留下一言半句，没有看透它们的时候，撞着就像铁壁一样。一旦看透之后，才发现自己就是铁壁！"

史料文献中那些看似莫测的相学案例，其实都是有迹可寻的！你只需要有破壁的功夫即可。

第二节　古代鉴人法真髓

孔子曰："大节是也，小节是也，上君也。大节是也，小节非也，一出焉，一入焉，中君也。谓一得一失也。大节非也，小节虽是也，吾无观其余矣。"（《荀子·王制》）是的，做任何事情，都要抓住大节，抓住主要矛盾。鉴人的方法也不例外。

自中国先秦时期以降，"聆音察理，鉴貌辨色"便成了最为普及的格物方法。关于此，文献记载也颇为丰富。其实践脉络为，在"其大无外、其小无内"的原则和鉴察色、形、音、德等基础上，采用"取大、取奇、取格局"的方法。

取大

所谓"大"，除了显著的表象突出之外，还包括肉眼不可见的心相，即德相。

人们耳熟能详的成语"网开一面"的主人公成汤，当年就是因为"其德之大"，感召了四十余个部落的首领，从而能够灭夏建商。

德大，资产才大！德乃为事业之基。《资治通鉴·周纪一》中所载的"璜成争相"的故事便能说明德相的重要性。

当年，魏文侯在用魏成还是翟璜为相的问题上犹豫不决，于是征求李克的意见。魏文侯对李克说："家贫思良妻，国乱思良相。现在要从魏成和翟璜两人中挑选一人担任国相，你认为哪一个合适呢？"李克并没有正面回答魏文侯的问题，而是提醒魏文侯用"五视观人法"做判断，具体而言就是：平时在家中看他如何对待亲人；富有时看他把钱花在什么地方；处贵时看他举荐什么人；穷困时看他不做什么事情；贫贱时看他不拿什么东西。可见，通过运用"五视观人法"是可以了解一个人的品德、操守、志向、价值观和识鉴能力的。"五视观人法"与孔子的"听其言而观其行"（《论语·公冶长》）以及"视其所以，观其所由，察其所安"（《论语·为政》），有着异曲同工之妙。

听完李克一席话，魏文侯马上醒悟道："请先生回去休息吧。我的国相已经确定了。"魏文侯听闻李克一席话，遂确定由魏成担任国相。

李克出门后，路过翟璜家门口。翟璜问李克："您推荐了谁做宰相？"李克告诉他："主君选了魏成做宰相。"得知结果后，翟璜很不服气，质问李克道："我推荐了吴起、西门豹、乐羊、屈侯鲋和李克五位大臣，各守其职，各安其位，为国君解决了很多实际问题。"没想到李克却说："李克之所以知道国君一定会任用魏成为相，是因为魏成虽然食禄千钟，但他的财富有九成都花在为国家访求贤人方面，所以从东方得到卜子夏、田子方、段干木三个高人，皆为帝王师，个个势力很大，随时影响国君。而你所推荐的人却都做了臣属，都是执行具体方案的人，根本就不能跟魏成相比呀！"翟璜闻言，恍然大悟，遂向李克道歉，并愿终身为其弟子！

曾子曾说："用师者王，用友者霸，用徒者亡。"李克这种从更大的势能角度去观人的方法，《尚书·泰誓》也有类似总结："同力度德，同德度义"——在选拔人才时，同样能力者，要选品德更好的；同样品德者，要选更有社会担当力者。这叫取其大！

清初朱柏庐在其《朱子治家格言》中说："德不配位，必有灾殃。"从这个角度而言，李克所为其实也是变相救了翟璜。

而《孟子·尽心》所载的盆成括的故事，会令人加深理解：盆成括仕于齐，孟子曰："死矣，盆成括！"盆成括见杀。门人问曰："夫子何以知其将见杀？"曰："其为人也小有才，未闻君子之大道也，则足以杀其躯而已矣。"这个跟孟子学习却半途而去的盆成括，到齐国出仕。孟子听说后，就说"盆成括必死无疑"。盆成括果然不久被杀。被杀之后，有门人问孟子："您是如何看出来的？"孟子说："盆成括这个人有点小才智，但不精通君子应具备的大道理，这就足以招致杀身之祸了。"

"无实而享大名者，必有奇祸。"（清代曾国藩）诚哉斯言！

《汉书·高帝纪》曰："顺德者昌，逆德者亡。"今人从以上案例可知：古往今来，无论何人，取德之大者为上！

什么是有德呢？荀子说："刚毅勇敢，不以伤人。不知则问，不能则学。虽能必让，然后为德。"（《荀子·非十二子》）就是要能将百姓生活日用中的五种伦常之道——仁、义、礼、智、信——充实于心，并能将其相得益彰地释放于社会之中，做到"胜物而不伤"，才是有德！

古往今来，君子以德发身，小人以财发身——知道了这一点，你就掌握了一种区分君子和小人的方法。

老子说："知人者智，自知者明。"是的，只有当心中了了分明后，才能更好地践行孟子所言的"穷则独善其身，达则兼济天下"，若能如此，则如伴圣贤。

晚清重臣曾国藩即是一位精通格物智慧的高手！

1844 年，曾国藩还在京城任职，好友郭嵩焘带江忠源来拜会他。江忠源告辞后，郭嵩焘问曾国藩："你对此人印象如何？"曾国藩笑言，虽未接触过此人，但其后必"立名于天下，然当以节烈死"。1853年江忠源官任安徽巡抚，一举歼灭太平军五万余人，从此名震遐迩。然而好景不长，两年之后太平军北伐，江忠源身染重病，带军出征，兵败后投水而亡。果如曾国藩所言——"以节烈死"！

曾国藩的精准识人案例还有很多。其实，不仅是对人，对社会的观察，他也有独到的见解。他有这样一个总结：社会大乱之前，必有三种征兆——其一，无论何事，均黑白不分；其二，善良的人越来越谦虚客气，无用之人越来越猖狂胡为；其三，问题到了严重的程度之后，凡事皆被合理化，一切均被默认，大家习惯于不痛不痒，莫名其妙地虚应一番。

曾国藩一语成谶！具备了此三种特征的大清朝，在曾国藩去世20年后，便灰飞烟灭了。

大至国家，小至企业和家庭，都是如此。只要具备了此三种特征，无不行将溃乱。

而就社会层面而言，格物如作战——最弱的国家，可以采用把敌人引入家中打持久战的策略；中等的国家，则实施边界防御策略；上等的国家，多选择在远方作战，防患于未然，不把战火引向家门口。这些就是"知微"的功夫。

通过以上文献所载案例，可管窥中国古代识鉴方法的磅礴、多元乃至莫测。关于古代典籍中所载，从人身体相貌等处取其大象者的方法，如明太祖朱元璋下巴奇长、耳朵肥大；皇后马秀英自幼深得养父母的宠爱，坚持不肯缠足，长了一双天足，人称"马大脚"……此类案例，数不胜数，诸君可自行查阅。

取奇

古往今来，世人出奇者，不计其数。当年，"吕不韦贾邯郸，见（子楚）而怜之，曰：'此奇货可居。'"（《史记·吕不韦列传》）吕不韦在邯郸做生意，看到在赵国作质子（人质）的异人（秦庄襄王，前281—前247，嬴姓，赵氏，本名异人，后改名为楚，又作子楚，秦孝文王之子，秦始皇之父）后，既怜悯他，又油然赞叹道："这真是奇异之物啊！"于是，吕不韦便对异人说："我可以光大你的门庭。"异人回笑道："你还是先光大你自己的门庭，再来光大我的门庭吧！"吕不韦说："你不知道，我的门庭是要等到你的门庭光大之后才能光大的呀。"后来，异人果然在吕不韦的帮助下成为秦国国君，而吕不韦也被秦始皇称为仲父，权倾天下。

吕不韦的这件精妙的识人之事，因着两位国君而名传后世，非常值得今人激赏和深思。

除此之外，史料文献所载的"取奇"案例还有许多，如：

其一，《荀子·非相》载："伊尹之状，面无须麋。"这位商汤时期闻名天下，为相五十年，活到一百岁，被以天子之礼下葬的宰相，脸上竟然没有眉毛和胡须！

伊尹是商朝的开国元勋，亦是"中华厨祖"，他对中医贡献巨大，发明了中医的汤液学，著有《伊尹汤液》。周公盛赞其"时则有若伊尹，格于皇天"（《尚书》），说他是代天言事的人——他的话就等于天意！而孟子则赞誉伊尹为圣人中负责的人。苏东坡则赞美伊尹是一个有完美道德的人……可见伊尹声名之大、功绩之奇！

苏东坡还在其《东坡志林》中载有："欧阳文忠公尝言：'少时有僧相我，耳白于面，名满天下；唇不著齿，无事得谤。'其言颇验。"唐代韩愈也有"唇不遮齿"的故事，这些均属于取人奇处的势能而践证其内在的规律（相关故事详见本书第四章"中国文化的基本结构——五行"）。

其二，唐代张鷟的《朝野佥载》记载了唐代宰相郝处俊的奇相所在："俊发根入脑骨，皮托毛着骷髅，亦是奇毛异骨，贵相人也。"是说，郝处俊的发根长得很深，是其贵处所在！这种认知，对今人而言真是令人脑洞新开啊！

其三，《隋书》载：高祖密令善相者来和遍视诸子。和曰："晋王眉上双骨隆起，贵。不可言。"汉朝的太尉杨震第十四世孙，隋朝开国皇帝隋文帝杨坚，私下让精通相术的来和把他的儿子全部相察一遍。最后，来和跟高祖说，只有晋王（后为隋炀帝杨广）眉毛上面的眉棱骨隆起异常，未来其贵无法用语言形容。

后来，晋王成为隋朝第二位皇帝，史称隋炀帝。其文治武功可比汉武帝——开科取士，开凿大运河，遗惠后世。此外，隋朝也是中国历史上唯一一个让日本称臣朝贡的时代。

古语云："经天纬地，必作于细。"从以上案例可见，出奇之人，虽世代屡见不鲜，但仍需仔细品鉴——依法勘验，方可得鉴。对此，古人有很多总结，如：

《礼记·文王官人篇》即载有"六征观人法"，这是周文王指导太师选拔人才、考察人品的一套完整的识人方法。

《庄子》中亦有"九征之验"："故君子远使之而观其忠，近使之而观其敬，烦使之而观其能，卒然问焉而观其知，急与之期而观其信，委之以财而观其仁，告之以危而观其节，醉之以酒而观其则，杂之以处而观其色。"（《庄子》）这是庄子从忠诚、敬慎、能力、智识、信誉、廉洁、节操、仪态、人际九个方面提出的一种遴选人才的办法。

先秦典籍"五经七书"之一的《六韬》（又称《太公兵法》）亦载有识鉴人才的"八征之法"：1.问之以言以观其辞；2.穷之以辞以观

其变；3. 与之间谍以观其诚；4. 明白显问以观其德；5. 使之以财以观其廉；6. 试之以色以观其贞；7. 告之以难以观其勇；8. 醉之以酒以观其态。

东汉名士郭林宗亦有"观人八法"——威、厚、清、古、孤、薄、恶、俗：

一曰威，为尊严畏惮也。如豪鹰搏物，而百鸟自惊；似怒虎投林，而百兽自惧。尽神色严，严而人所畏，则主权势也。

二曰厚，为风貌敦重也。其量如沧海，器如百斛，引之不来，摇之不动，则主福禄也。

三曰清，谓精神翘秀也。如桂林一枝，昆山片玉，洒然高秀，而无尘翳，俊才贵也；或清而不厚，近乎薄也。

四曰古，谓骨气岩棱也。其或部位相应，则为高贵之人；或浊而不清，近乎俗也。

五曰孤，谓形骨露也。其项长肩缩，脚斜脑偏，其坐如摇，其行如攫；又似水中独鹤、雨中鹭鸶，则孤独也。

六曰薄，谓体貌劣弱，其形气轻怯也。色昏不明，神露不藏，如一叶之舟，而在重波之上，见之者皆知其微薄，则主贫寒也，纵有衣食，必夭折矣。

七曰恶，谓体貌凶顽。蛇鼠之形，豺狼之声，或性躁神惊，骨伤带破，主凶恶也。

八曰俗，谓形貌昏浊也。如尘埃之中物，纵有衣食，主迍滞也。

大抵受气有清浊，成形有贵贱。故丰厚谨严者，不富则贵；浅薄轻躁者，不贫则夭。女人之气欲其和，形欲严谨，言欲柔而不暴、缓而不迫，行坐欲端而不侧，视欲正而不流，则大贵也。

三国时期的刘劭在其《人物志》中也提出了识鉴人才的"八观""五视"之法：

"八观"为：1.观其夺救以明间杂；2.观其感变以审常度；3.观其志质以知其名；4.观其所由以辨依似；5.观其爱敬以知通塞；6.观其情机以辨恕惑；7.观其所短以知所长；8.观其聪明以知所达。

"五视"为：1.居，视其所安；2.达，视其所举；3.富，视其所与；4.穷，视其所为；5.贫，视其所取。

……

总之，史料文献中记载的识鉴人才的方法，虽各有千秋，但万变不离其宗。

除了以上所言从相貌、行为取奇的方法之外，还有以下要法：

《孟子》曰："圣人之于民，亦类也。出于其类，拔乎其萃，自生民以来，未有盛于孔子也。"成语"出类拔萃"就是出自此处。而无论是"出类拔萃"还是"反其类者"，都是古代识鉴人的重要方法。这里暂举四个案例以说明之：

案例一，南朝宋刘义庆编撰的《世说新语·雅量》载：郗鉴有个女儿，年方二八，名叫郗璿，才貌双全。郗鉴爱之如掌上明珠。郗鉴在建康时，听说琅玡王氏的子侄都很英俊，就派门生送信给王导，想在琅玡王氏家族中挑选女婿。王导看到信后，直接让送信的门生去自家的东厢房随便挑选。门生回去后对郗鉴说："王家的年轻人都非常优秀，很值得称赞。他们听说来选女婿后，都仔细装扮了一番，竭力保持庄严。但其中却有一个年轻人，在东边的床上袒露着肚皮看书，神色自若，好像没这回事儿似的。"郗鉴闻言，说："这个人选最好了！"郗鉴于是打听这个青年是谁。得知原来是王羲之，随后郗鉴便毅然决然地将女儿郗璿嫁给了他。这就是成语"东床快婿"的由来。

有人会问，郗鉴为什么连面都没见就选定王羲之做女婿呢？那是因为，郗鉴很清楚：王羲之出生在王氏望族，不失教养，虽在选婿时好像漠不关心，但他是能够随时"庄严起来"的人。因此，王羲之是一个反其类者！在郗鉴看来，一个人有教养，且为反其类者，必是大才！

案例二，无独有偶，宋代大文豪欧阳修在点评北宋宰相章得象（福建人）时，也采用了这样的方法——"世言闽人多短小，而长大者必贵。郇公身既长大，语如洪钟，岂出其类者，是为异人乎！"而《宋史》亦载："亿曰：'闽士轻狭，而章公深厚有容，此其贵也。'"杨亿认为章得象有辅佐王公之才，便向朝廷举荐。有人问原因，杨亿说："闽州人轻率，气量狭小，而章公庄重深厚，这是他的可贵之处。"

后来，章得象做宰相，口碑极佳。而元代脱脱编撰的《宋史》中对其亦有美言："得象浑厚有容，殊喜荐拔人物，乐善不倦，方之诸人，殊其最优乎！"

案例三，相传宋代宰相蔡京有一特点，此处亦值得一提。明代冯梦龙《智囊》载："陈忠肃公因朝会，见蔡京视日，久而不瞬，每语人曰：'京之精神如此，他日必贵。然矜其禀赋，敢敌太阳，吾恐此人得志，必擅私逞欲，无君自肆矣。'"精通《易经》和书法的宋代谏议大夫陈瓘，在等待上朝时，经常看到蔡京不与人交流，独自一人久久直视太阳。每次陈瓘看到此情此景后，都会对人说："你看蔡京有如此精神，他日必定富贵。但他仗恃自身禀赋，敢于对视太阳，恐怕此人得志后必会擅私逞欲，目无君上。"时人听完之后，不以为然。及至蔡京得志，独揽朝政，罪恶昭彰时，人们才开始感慨陈瓘当时的先见之明。后来，史载："天下罪京为六贼之首。"足见陈瓘之睿！

…………

以上案例中的识人、鉴人之法，若能悉心品味，践履其中，则慧泽绵绵。

取格局

古语说：有格局者有天下！入格局者，为一大贵。

那么，格局都有哪些呢？格局主要有二：其一为入动物格局，其二为入五行格局。

其一，入动物格局。

案例一，长颈鸟喙。

学识之培养，须博读天下有益之书，并具豪情壮志，方可通达。

重读《史记》，再遇范蠡，愈加佩服范蠡那种掩映着隐士之风、时刻保持清醒状态的本事。范蠡主张"持盈者与天，定倾者与人，节事者与地"，强调人要顺应自然规律办事，遵守天地间的自然法则，顺势而为。

春秋时期，范蠡与文种勠力辅佐越王勾践，终于使得越国复兴。胜利后，勾践封范蠡为上将军。虽然勾践卧薪尝胆的精神非凡，但他的个人品质却非常糟糕。两位在极端困苦的情况下帮他筹划大计的功臣，在他成就大业之后，一个被杀，一个逃跑。

在杀文种前，勾践对他说："你教我七种灭吴方法，我用了其中三种就灭了吴国。你那里还有四种，把它们带到先王那里去吧。"

此前，范蠡曾规劝文种："蜚鸟尽，良弓藏；狡兔死，走狗烹。越王为人长颈鸟喙，可与共患难，不可与共乐。子何不去？"（《史记·越王勾践世家》）可惜，文种忠言逆耳，痴心待祸。而范蠡之智显然高过文种——他知道越王勾践只能共患难而不能同富贵，遂辞书一封，放弃高官厚禄，乘舟一去不返，终免一死。

范蠡到了齐国后，更名改姓，耕于海畔，不过数年即积聚家财数万贯。齐国人仰慕其贤能，请他做相。在位不久，范蠡感叹道："居家则致千金，居官则至卿相，此布衣之极也。久受尊名，不祥。"遂归还相印，将家财分与众乡邻，再次隐去。

行至陶地，范蠡看到此地为贸易要道，可以据此致富。于是，他自称陶朱公，留居此地，根据时机进行商品贸易，不久又积财无数。

范蠡每到一处，都能如鱼得水，功成名就。即便如此，范蠡依然每次在名利面前保持头脑清醒，懂得及时取舍，进退自如，遂被后人尊为"财神"，并誉之："忠以为国，智以保身，商以致富，成名天下。"不论是登庙台之高，还是隐江湖之远，范蠡身上透出的那种"大隐隐于市"的旷达超然和不染红尘的老庄之风，颇令人钦服。难怪苏轼赞其为"春秋以来，用舍进退未有如范蠡之全者"。

兔死狗烹的故事代代在重演。当年，那个能够吟诵《大风歌》的汉高祖，也是"小鸡肚肠"。他依仗着韩信的军事天才，夺得天下。原说是与韩信"共天下"的，后来非但不"共"，反而还要了韩信的命。倒是张良聪明绝顶，托言辟谷，远遁深山。刘邦一死，张良的"辟谷秀"也就谢了幕，照旧吃饭，颇得范蠡的衣钵。

那个"见达识微而仁能去富，势以避萌生之祸"的范蠡，被宋代罗大经誉为"范蠡霸越之后，脱屣富贵，扁舟五湖，可谓一尘不染矣"。

真是令人艳羡！

可是，苏轼又言："以吾相蠡，蠡亦鸟喙也。"依我来相范蠡，他也是长着鸟嘴的形象啊！也是只可以共患难，而不可与之共富贵啊！

见东坡此言，各位又作何想？

案例二，鹘膺豺声。

尉缭曰："'吾细察秦王为人，丰准长目，鹘膺豺声，中怀虎狼之心，残刻少恩。用人时轻为人屈，不用亦轻弃人。今天下未一，故不惜屈身于布衣，若得志，天下皆为鱼肉矣！'"（《东周列国志》）

可见，"鹘膺豺声"是内心狠毒的相貌特质。

案例三，鹰视狼顾。

"曹叡览毕，大惊失色，急问群臣。太尉华歆奏曰：'司马懿上表乞守雍、凉，正为此也。先时太祖武皇帝尝谓臣曰，司马懿鹰视狼顾，不可付以兵权，久必为国家大祸。今日反情已萌，可速诛之。'王朗奏曰："司马懿深明韬略，善晓兵机，素有大志，若不早除，久必为祸。"（《三国演义》第九十一回）

除了司马懿之外，还有袁世凯。溥伟《让国御前会议日记》载："袁世凯鹰视狼顾，久蓄逆谋，故景月汀谓其为仲达第二。"其中的仲达，指的就是司马仲达，即在家排行老二的司马懿。二人都是篡权人。

案例四，牛行虎视。

马祖道一是唐代著名禅师，史载其："容貌奇异，牛行虎视，舌长可以触鼻……"六祖慧能预言怀让禅师门下将"出一马驹，踏杀天下人"，即是指马祖道一禅师。驰名天下的著名禅宗公案"磨砖作镜"中的主人公便是怀让禅师与马祖道一禅师。

悬象示义，有物有则，道在其中，唯人不识矣！除以上文献记载，史料中还有其他诸如走路的姿势（如蛇行、猫步、鹅步、鼠行等）、眼睛形状（羊眼、凤眼、鸡眼、虎视等），以及鼻子、耳朵、身材等入了动物格局者，请自行参阅品鉴。

其二，入五行格局。

关于从五行角度对人描述的记载，相关文献颇多。《灵枢经·阴阳二十五人》有明确记载：

"因五行、五色而分人之相貌，以别其吉凶美恶，亦甚明之。先立五形金木水火土，别其五色，异其五形之人，而二十五人具矣……木形之人……火形之人……土形之人……金形之人……水形之人……以别其夭寿贵贱及命运吉凶。"

这一类的文献记载还有不少，如"土木形骸"：

《晋书·嵇康传》载："（嵇康）身长七尺八寸，美词气，有风仪，而土木形骸，不自藻饰，人以为龙章凤姿，天质自然。"

南朝宋刘义庆《世说新语·容止》载："刘伶身长六尺，貌甚丑悴，而悠悠忽忽，土木形骸。"

《新唐书·郝处俊传》载："处俊姿约素，土木形骸，然临事敢言。自秉政，在帝前议论谆谆，必傅经义，凡所规献，得大臣体。"武则天当政时，郝处俊极力反对高宗让位于武则天。后来，郝处俊卒于唐高宗开曜元年，年七十五岁。下葬后，有一书生路过其墓，叹曰："葬压龙角，其棺必斫。"郝处俊有二子——郝北叟和郝南容。后来其孙郝象贤造反失败，武则天下令灭其族并掘三代族坟。书生之言得验。

刘义庆《世说新语》、习凿齿《汉晋春秋》皆载三国刘劭："身材七尺八寸而风姿秀彻，土木形骸……"（刘劭能直视太阳而不目眩，中书令桥玄称其双目"烂烂如岩下电"。太守陈蕃颇为看重刘劭，称其为"东南之宝，龙跃云津"，令其名声大振。）

以上文献所载的五人，均为"土木形骸"，且他们有一共性特质：就是为人"悠悠忽忽"，不服管，但临事敢言！

因此，不懂五行的文学爱好者是如何都看不懂古代文学作品中这些奥妙所在的。还是宋代崔与之说得好："无以嗜欲杀身，无以货财杀子孙，无以政事杀民，无以学术杀天下后世。"好一个"无以学术杀天下后世"！

除"土木形骸"外，还有很多五行组合格局，如前述苏轼（《东坡志林》）所说的"唇不着齿，无事得谤"的欧阳修，就是火金格局。其特质是：多掌一方之权或术业有专攻，但婚姻不美，讼非傍身（亦有执法者，以处理是非为业），亦常有借债、多言之乱。

汉代经学集大成者、有"经神"美誉的大儒郑玄，在注《中庸》所言"天命之谓性，率性之谓道，修道之谓教"时，曰："木神则仁，金神则义，火神则礼，水神则信，土神则知。"人入了相应的五行格局，就会有对应的性格特质。如同鱼儿会游、鸟儿会飞、兔儿会跑一样，各有其势能指向。

关于五行与人的关系，欲深入研究者，请以《黄帝内经》《麻衣神相》《柳庄相法》《人物志》《长短经》《观人学》等专著为范本，反复熏习，必得其乐。

第三节　辨士

中国文化源远流长，博大精深。自古及今异人代有，精穷象数，咸司其职。或取骚一时，或传书千载，或竭诚奉国，不一而足。

历来能察善观之士数不胜数，而契入之法，亦各得其彰——在眼曰见，在耳曰闻，在鼻辨香，在舌谈论，在意运奔……所有遍现，俱能收摄在心，直抵法源。荀子所言"善为易者不占"，即是总颂。

《吕氏春秋·察今》曰："故察己则可以知人，察今则可以知古，古今一也，人与我同耳。有道之士，贵以近知远，以今知古，以益所见，知所不见。故审堂下之阴，而知日月之行、阴阳之变；见瓶水之冰，而知天下之寒、鱼鳖之藏也；尝一脟肉，而知一镬之味、一鼎之调。"以上所言，俱非虚言。

易牙是春秋五霸之一齐桓公的近臣，是历史上著名的厨师，同时也是一个小人。他虽人品不佳，但菜品绝对一流。他能以舌辨水，悉知水源所来。《吕氏春秋·览·审应览》曰："淄、渑之合者，易牙尝而知之。"淄河与渑河是齐国境内的两条河流。将这两河的河水放在一起让易牙尝，他马上就能分出何为淄水，何为渑水。

然而，山外有山，人外有人。易牙若是碰上了南北朝时期的苻朗，恐怕就要自叹弗如了。

苻朗被他的叔叔、前秦皇帝苻坚称为"千里驹"，但其真正的能耐不是在腿上而是在嘴上。史载他不但能品出生盐与熟盐，还能品分笼养与放养之鸡。然而这些都不足道，最夸张的是，他吃鹅肉，竟能够分辨出某块肉上长的是白毛还是黑毛。如此神乎其技，令人匪夷所思。世有不信者，专门验证：在鹅肉毛色有分别的部位作好记号，煮熟后请苻朗品尝分辨。苻朗可是"真金不怕火炼"，——辨别无误，鉴定分明。于是，"时人咸以为知味"，对他佩服得五体投地！

即便如此，这位苻朗还不是最厉害的。古之知味者，当首推"乐圣"师旷。

这位春秋时期的盲人乐师，虽目不能视，但其他感官却异于常人。史载师旷"食饭，云是劳薪所爨，晋平公使视之，果然车辋"。吃过饭以后，便能知晓这顿餐食是用什么柴火烧成的。这个"以饭辨薪"的境界，比苻朗的"以肉辨毛"更胜一筹。至于易牙"以舌辨水"的水平，比起师旷来更是差得远了。若按古代科举的排名，易牙可为探花，苻朗可为榜眼，而状元之尊非师旷莫属。

除此之外，齐国宰相管子能"以水辨人"，郑国宰相子产能"闻声辨奸"……史载战国时期著名宗师鬼谷子还有"以花辨命"之道——在庞涓学成下山之时，据其所摘马兜铃花，断其"遇羊则荣，见马则瘁，荣盛十二年"；及至孙膑下山，凭其所摘之瓶中冬菊，断其残折，不为完好，但"终当威行霜雪，名勒鼎钟矣"。所言皆验！

诸如此类的辨士，时下也大有人在。吾有一友，酷喜中医，精通《黄帝内经》，能从他人身上所散发出的体味辨别出其身体疾病所在。按照他的总结：辛辣体味，其病在肺；酸性体味，其病在肝胆；苦性体味，其病在心目；甘性体味，其病在脾胃；而腥臭体味，其病必为癌肿之类。如此等等。知者皆啧啧称奇。这是超越知识层面的功夫所在！

中国先贤为中华民族所开出的格物智慧，皆为"一窍通而窍窍通"。各种智慧异曲同工，万法归宗，但于熏习之前，先要有正确见地。要知道，知识积累得再多，也不是道，能格物才是入道者。这个世界，不缺名山，不缺大川，不缺贪官，不缺污吏，不缺有钱人，缺的是道场和有道的人。

你看，多少人身体端然安坐，可痴心妄想却轰轰烈烈……不能随处做主，何来上上智？！

第四节　性缓而定，斯是大才！

经年累月之中，人们不知不觉养成了稳定的习性，这就是所谓的"常"。作为百姓，就是要寻找到"常态"，才能发现内在的轨迹及规律，于是，便有了"寻常"之谓。

生活中，很多人都以种种方式被我们"用"过，而我们却"日用而不知"——不知性，不知心……即使面对面亦熟视无睹，或者"半生不熟"，何其哀哉！

古人曰：知性好相处。不知本性，只凭觉受，是很难知人善用的。你不知人，就是在耗费他人的生命，同时也是在耗费自己的生命，这就是"无知者无畏"。

几千年来，很多文献都记载了如何相人的理论和实例，其所总结的结论，有很多至今仍然闪耀着智慧的光芒。诸如，相貌要圆润，颧骨不能太高；耳朵不能扇起来，忌讳招风耳；眼睛不能凸出，眼白不能突出；等等。这些都表现为"露"的特征。古人的结论是：一露为不吉，二露三露更甚。但是，物极必反，如同天黑到一定程度就亮了一样，超过五"露"，就有反常之象。

关于如何识鉴人，曾国藩有一例，可增益我们的认识：咸丰皇帝命其六弟曾国华来做参谋，曾国藩特别反对，当着六弟的面跟皇帝说：

"我弟弟曾国华性格不好，气量狭小，脾气暴戾，反攻性强，心中无大谋略，对于做人、为武、带兵打仗而言，这些都是大忌。"曾国华不服！曾国藩相当冷静，随即给弟弟出了一道题："若有人朝你的脸上吐了一口唾沫，你该怎么办？"弟弟说："我会把唾沫轻轻擦掉，也不找他算账。"曾国藩说："你真的不胜任啊！"弟弟不解。曾国藩继续说："别人朝你吐唾沫，表示他对你很不满，既是发泄，也是挑衅，目的是激怒你，让你反击。而你当着他的面把唾沫擦掉了，这就是一种对抗，会令他对你更加不满。你的行为看起来不是反击，但事实上却是最快的反击，这就说明你不能做到气定神闲。而军中的参谋决策，最需要的就是气定神闲的能力啊！"

这时，曾国华问："那我该怎么做呢？"曾国藩说："你应该什么都不做，若无其事，任由唾沫风干。这样一来，他对你的不满才会消失，你也就赢得了最后的胜利。"

六弟闻言大悟，马上明白了哥哥为什么说他没有资格担当这个职务了！（注：曾国藩所问问题，并非其创见，早在唐代，宰相娄师德已有"唾面自干"之说。）

苏东坡曾说："卒怵然临之而不惊，无故加之而不怒。"突然出现惊悚之事，也稳如泰山；没来由地加到自己身上的错事，不会生怒。能做到这两点，才是大才啊。

话虽这么说，但苏东坡本人却没有做到。相反，他早期的朋友章惇却做到了。宋人笔记中的两则逸事，最能显示章惇的性格：苏、章游游仙潭，"下临绝壁万仞，岸甚狭，横木架桥。子厚推子瞻过潭书壁，子瞻不敢过。子厚平步而过，用索系树，蹑之上下，神色不动，以漆墨大书石壁上曰：'章惇苏轼来游。'子瞻拊其背曰：'子厚必能杀人。'子厚曰：'何也？'子瞻曰：'能自拼命者能杀人也。'子厚大笑"（《高斋漫录》）。

苏东坡邀章惇同游游仙潭，说去瀑布后面的石头上写字。可是到了之后，苏东坡看到山崖壁立，涧水湍急，吓得不敢践诺。但坚毅凛然的章惇却履行诺言，独自一人攀索而过，在对面崖壁上写下"章惇苏轼来游"几个大字，然后飘然而回。

返回后的章惇，看到余惊未了，依然抱着悬崖边大树的苏轼，拍了拍他的肩膀，笑道："你不如我！"苏轼则拍着章惇的后背说："你将来一定能杀人啊！"章惇问他："何出此言？"苏轼说："能自己决定命运的人，一定能杀人啊。"章惇这股不要命的无情之狠劲，着实让苏东坡另眼相看！

还有一次，也是在陕西，二人小饮于山寺，闻报山中有虎出现，于是苏东坡借着酒劲儿同章惇说："勒马同往观之。"去虎数十步外，马惊不敢前。二人入山途中真与老虎不期而遇了！在距离老虎数十步远的地方，受到惊吓的马不敢前行！此时苏轼掉头就跑，可章惇却没走，而是与虎相向而去，吓得苏轼直喊他快跑。未料章惇根本就没有听苏轼的话，反而继续前行，在离老虎数步远时，人虎对视。章惇突然从怀中取出铜锣，砸在身边的山石上。突发的锣响声，导致"虎即惊窜"！老虎吓跑了。（《耆旧续闻》）

由此可见，章惇定力之强大，绝非苏轼所能比！

章惇返回后，看到仍被吓得瑟瑟发抖的苏轼，依然拍了拍他肩膀，笑着说："你不如我！"

最终，这两个梦想升官的人中，章惇做到了宰相！

章惇之友蔡约之在《铁围山丛谈》中评价章惇说："性豪迈，颇傲物。"颇为公允。

古语云：性缓而定，斯是大才！人的性格、思维、行走、言语等，舒缓且定力深者，必是大才。

了解历史的人都知道，三国时期的魏、蜀、吴最后都被西晋统一了。西晋开国皇帝司马炎是司马懿的孙子。但早在40多年前，魏国才女辛宪英（191—269）就预言了"曹魏必亡，晋国建立"。当年，曹丕击败弟弟曹植当上了世子（曹操接班人）。名臣辛毗回家跟小女儿辛宪英说："你知道曹丕当了世子有多高兴呀？"还没等女儿回答，辛毗就接着说道："曹丕得知父亲确立他为世子后，见到我竟高兴地把我抱了起来，又蹦又跳，像个孩子似的！口里还说：'辛君我太高兴了。我当上了世子。'"辛毗边说边笑着回味当时曹丕的疯狂。

然而，辛宪英听完后却感叹道："太子是代理君王主理宗庙社稷的人。处理国家大事不可以没有忧虑之心。富贵稳中求。太子稳，则国家稳。曹丕当上接班人，应该怀有敬畏之心，应该更加保持警醒和深思。他竟表现得如此喜悦！即便他当了皇帝，魏国也不会长久。"

辛宪英说这话时，还是个足不出户、待字闺中的小姑娘，时年仅20岁！

500多年后，唐代南泉普愿禅师的座下出了一位来参学并获得印可的弟子——长沙景岑禅师。他得法后，迁住长沙鹿苑寺，且游化十方，随缘接物，应机说法。虽时常有僧众来求法，不过每次禅师都不急于答复，而是让新来的僧人们在寺院住上一段时间。其间，不知何时，他便会在参学僧人茶余饭后散步的时候，突然作饿虎扑食状从后面跳出来，并大喝一声。众僧往往被吓得四散逃避。而他却在"卒然临之而不惊"的僧人中，收纳法子。这是他检验所来僧众定力的方法。他认为，凡定力深者，根器尤佳。而他也因此在僧家里得了个"岑大虫"的称谓。

值得一提的是，长沙景岑禅师有一名句非常妙："十方世界是你的眼睛，是你的身体，更是你的光辉。"

是的，这世间，万物都在说法，看你如何着眼。一切均是考验，试你如何用心！

你若有道，那么你所遇到的一切都是法器。它们都是你证道的工具。

第五节　知常曰明

　　《吕氏春秋·季秋纪》曰："凡物之然也，必有故。而不知其故，虽当，与不知同，其卒必困。"事物出现任何样貌，都有其缘故。如果不知其缘故为何，虽然其外在形式了解得恰当，其实与不懂是一样的，到最后一定会为其所困。比如，过生日吃长寿面，今人习以为常。若有外国人问，中国人为什么过生日要吃长寿面？相信很多人是讲不清其来历的！

　　其实，长寿面的来历与相术有关。当年汉武帝既崇信鬼神又相信相术，某日与众大臣聊及人寿长短时说："我看到《相书》上讲，人的人中长，寿命就长。如若人中有 1 寸长，就可以活到 100 岁。"话音未落，坐在汉武帝身边的东方朔就大笑起来，笑得差点从椅子上滑下去。大臣们都莫名其妙，亦觉得他很无礼。汉武帝问他笑什么。东方朔说："我不是笑陛下您。我是笑那个众人皆知的活了 800 岁的彭祖。您说人活 100 岁，人中就有 1 寸长；彭祖活了 800 岁，他的人中就该有 8 寸长。他的脸得有多长啊？"众臣听后，也大笑不已。看来，想长寿，仅靠脸长是很难办到的，但是可以想个变通之法来表达长寿的愿望——众所周知，脸即面，那么"脸长即面长"。于是，人们就用长长的面条来寄托长寿的心愿。渐渐地，这种习俗演化为生日时吃面的习惯。为了好听，便将其称为"长寿面"。从此,长寿面代代相传了两千多年。

跟皇帝有关的传统习俗,还有很多。比如当年秦始皇听了卢生的话之后,就开始喜欢"真人",并且自称"真人",不再称"朕",开始了千古皆知的求仙之事。由于传说中的神仙都是驾祥云出行的,追慕神仙的秦始皇自然也喜欢上了祥云。他的行动力很强,很快就把对神仙的憧憬落实于吃、穿、住、用、行之中,处处都使用祥云的图案。久而久之,中国的砖瓦、木作、丝绸、绘画等器物和艺术品中,祥云图案开始流行,并逐渐固化为民族文化特色之一。

知道这些常识的来历,对于深入了解中国文化,别有裨益。

什么是"经常"?就是经典之中饱含着常道。

老子在《道德经》中,除了努力用各种比喻告诉我们那说不清道不明的"道"之外,还强调大器晚成——大器晚成才是"道",少年得志不是"道"。并且庄子也有着同样的观点:"美成在久。"还有孔子,也告诉我们"欲速则不达"……英雄所见皆同!

南朝宋范晔编撰的《后汉书》卷六三载《朱浮传·日食疏》曰:"物暴长者必夭折。"——是的,那些发机太早者,其势均难得长久。《禅林宝训》载,宋代晦堂禅师评价年少强悍的白云守端禅师:"发用太早,非丛林福。功名美器,造物惜之,不与人全。"后来,白云守端禅师圆寂时仅 48 岁。

还有那个著名的楚霸王项羽,死时也不过 30 岁。他的悲剧在于命运过早地把他推到他无法企及的高度。他太缺乏阅历与沉淀了!再强的作战能力也敌不过他与刘邦博弈时日益放大的性格缺陷。不仅如此,项羽还犯了兵家大忌——杀降不祥!项羽在巨鹿之战时大败秦军,但坑杀了 20 万秦军降卒!《大学》曰:"言悖而出者,亦悖而入;货悖而入者,亦悖而出。"但凡出言恶者,不会得受好语;但凡货物来处不好者,也必定不得好走。可见,一个事物的起因已经决定了其结果的方向。并且，"大而无外，小而无内"，项羽也无法逃脱这一规律！

可是，这个浅显的道理却很少有人能够在生命中全然通达。正如白居易的经历——他向鸟窠禅师请教："佛法大意是什么？"鸟窠禅师答："诸恶莫作，众善奉行。"白居易听完很不屑，说："这种解答，连三岁的小孩子都知道。"鸟窠禅师说："虽然三岁的小孩都能说得出，但八十岁的老翁未必能做到。"白居易听后，心中为之一振，暗暗服膺，便施礼退下。他知道自己并没有做到知行合一。而这也往往是人们在人生建设中最失败的地方。

有了"物暴长者必夭折"，对应的便有"富贵稳中求"。

当我们知道了什么是"不稳"时，就知道了什么是"稳"。《道德经》曰："人法地，地法天，天法道，道法自然。"人首先要效法大地上万物的势能，比如，除了古人讲的"一方水土养一方人"之外，还有"树摇叶落，人摇财散"。当风吹树木的时候，树便会摇晃，其结果势必会叶落。同理，如果人坐着时经常抖腿，便是摇，摇便是不稳，便是耗散的势能——如果只是散财还能够承受，但有的人还会散了家庭、散了团队……还有那些面部表情丰富、喜欢扬眉、说话急速而不稳者，都是离乱耗散的势能，多有背井离乡、改变行业和离异之倾向。

一个人不怕走路快，怕的是走路又快又晃，这是"火性十足"的表现，其结果是：很难值得托付，重大事情更是难以胜任！谁会喜欢一个"像雾像雨又像风"的人呢？

还有一种不稳的状态，就是——不放松！

有一天，苏轼与苏辙兄弟俩讨论什么是"心动法生"，许久无果。于是，兄弟俩便询问父亲苏洵。苏洵说："心动法生，就是念头升起的那一刻，目光所及都是答案。"你看，这话讲得多好！这就是见微知著、见端知末、见一叶落而知秋的功夫呀。兄弟俩不解，又问父亲："如何才能够知微呢？"苏洵说："惟天下之静者乃能见微而知著。"是说，只有心静才能知微。所有见微知著的功夫都要从心性上去培养，一个人的静定能力是成就大事的根本。因此，与人交往时，首先要观其放松的能力如何，但要清楚：那些"漠视"和"无所谓"，是排斥，不是放松。这种人看起来"风调雨顺"，但最后却会让你"颗粒无收"！真正的放松是"于事无心，于心无事"，不粘连、不纠缠、不沮丧，心无挂碍地努力去做，只问耕耘，不问收获。

世事虽然千变万化，但万变不离其宗。要学会向经典要智慧！要能在全身心的放松中从容地面对一切。这是稳重的基础！

老子说："知人者智，自知者明。"

苏洵、苏轼父子在京城与十方净因禅寺的云门宗著名高僧大觉怀琏禅师有着密切交往。当初，另一高僧圆通居讷禅师初见大觉怀琏禅师时，惊讶地说："这个人可太不简单了！"有人问："何以知之？"居讷禅师说："一个人性情中正，品格独行而不依（没有依赖），动静之间有度，外相恭敬庄严，励学躬行（爱学习并身体力行地去做），言语简洁，句句在理。这即便是一个平凡的人，也很少有不成器的。他一定能成大器呀。"后来，果如所言！

禅师对人物的识鉴，也是建立在《诗经》所言"有物有则"的基础上的。即，一切有迹可循！即便是那些瘦骨嶙峋的人，也可能有大福报者——"十个瘦子九个贫，就怕瘦得没精神"——那些日常生活中精气神特别足，言语高亢，说话时指爪有力者，都是人间良器。

人世间，能够把事业做到超乎常态者，一定有其内在庞大的势能支撑。我们要能具备功夫去发现其中的"神圣"。但是，由于人们与诚实长期"脱节"，每天都在人际关系的矩阵里不停穿梭与挣扎，一张张疲惫不堪的脸上根本看不到匹配从容话语的眼神，更无法体会到那种心平气和带来的生命的喜悦！

有一则禅宗公案。弟子问禅师："您能谈谈人类吗？"禅师答道：

"他们急于成长，然后又哀叹失去的童年；他们以健康换取金钱，不久后又想用金钱恢复健康；他们对未来焦虑不已，却又无视现在的幸福。因此，他们既不活在当下，也不活在未来。他们活着，却从来不会意识到死亡；临死前，又仿佛从未活过。"

是的，那些心中无有常道者，就是这种满地狼藉的结果呀！

第六节　什么是卜居？

人与自然是共生的关系——仅仅有人缘还远远不够，还要有地缘。

中国文化注重观象明理、识势在心、顺势而为、胜物而不伤的智慧。天人合一是中国智慧和中国哲学的核心，而卜居是其重要的组成部分。

孟子曰："虽有智慧，不如乘势。"卜居是中国格物智慧中"格地之学"的应用方法，是人们对所在环境空间的能量场特质的考量，继而找寻生命体势能与环境势能相匹配之法的学问，亦是《道德经》所言"人法地"的生态智慧。

汉代大学者扬雄说："通天地人者曰儒。"宋代大儒蔡元定说："为人不可不懂地理和医药。"可见在古代，卜居是儒者必备的功夫之一，更是日用之学。

《尚书》曰："成王在丰，欲宅洛邑，使召公先相宅，作《召诰》。惟二月既望，越六日乙未，王朝步自周，则至于丰。惟太保先周公相宅，越若来三月，惟丙午朒。越三日戊申，太保朝至于洛，卜宅。厥既得卜，则经营。"（《尚书·周书·召诰》）司马迁在《史记》中还专门对此事作了概括总结："成王使召公卜居，居九鼎焉。"（《史记·周本纪》）足见卜居智慧在中国文化中至少有三千多年的历史。

"卜居"一词在周朝即广为流行。屈原的文学作品中即有名篇《卜居》；而历史上，李白、杜甫、白居易、刘禹锡、杜牧、寒山禅师、朱熹、赵孟頫、王阳明等人，均写过与卜居有关的诗作。

如，白居易《卜居》曰："游宦京都二十春，贫中无处可安贫。长羡蜗牛犹有舍，不如硕鼠解藏身。且求容立锥头地，免似漂流木偶人。但道吾庐心便足，敢辞湫隘与嚣尘。"写尽了数十年来终于求得一处满愿的安身之处的感怀！而杜甫寓居成都时所作的《卜居》，则尽述卜居草堂的逸趣、幽静和远韵。

李白《陈情赠友人》曰："卜居乃此地，共井为比邻。"讲的是选择一块好地方后，对与朋友结邻而居的向往。

唐代的寒山禅师作为一个出家人，其诗意境则有所不同。他写道："重岩我卜居，鸟道绝人迹。"（《重岩我卜居》）他选择远离闹市，不染尘喧。元代赵孟頫既是大书法家也是佛教徒，其心与寒山禅师颇契："卜居无喧寂，尚论心所宗。"（《寄题右之此静轩》）

及至宋代，朱熹在43岁时就写下了"卜居屏山下，俯仰三十秋。终然村墟近，未惬心期幽"的诗句。

而朱熹的精神俯仰，不如明代王阳明《游寄隐岩》表述得直接："每逢山水地，便有卜居心。"他已经厌倦了漂泊，太期望觅得一方良地来安顿他颠簸的生命了！

宋代张舜民的《京兆安汾叟赴辟临洮幕府南舒李君自画阳关图》中亦有抒怀："已卜买田箕岭下，更看筑室颍河隈。凭君传语王摩诘，画个陶潜归去来。"君子临行，赠言以表心迹。

《聊斋志异·青凤》载："今已卜居他所，一家皆移仆物赴新居。"
……

凡此种种，足见古人对"卜居"的观念不仅熟悉，精通其法者更是代不绝人，并能将其智慧践行于生命之中。

"道法自然"是《道德经》中广为人知的名句，它告诉人们：一切智慧均源于自然之道，源于初民对大自然各种维度的势能观测总结。《易经·系辞》曰："古者包牺（伏羲）氏之王天下也，仰则观象于天，俯则观法于地，观鸟兽之文，与地之宜。"

中国古代往圣先贤对大至邦国、小至居宅的环境势能之甄别，是极为重视的！

司马迁在《史记》中载，周之先人古公亶父"营筑城郭室屋，而邑别居之。作五官有司，民皆歌乐之"。这是史料所载继公刘之后第二个重视卜居智慧的人。他从相地都邑到具体设计，先后秩序有条不紊，从而使得小小邦周养精蓄锐，逐渐崛起于中华大地。

《论语·里仁》载："子曰：'里仁为美。择不处仁，焉得知？'"孔子说，所选择的环境如果不是"仁地"，怎么能算得上是有智慧呢？孔子进一步解释道："何为仁？子曰：'仁者，爱人也。'"什么是仁？就是要能爱人！多么朴实的诉求！而周文王的老师鬻子亦说："除去天下之害，谓之仁。"仁就是去掉对人不利之处，当然也包括环境。足见环境选择对人的重要性。

孟子的母亲也深知这一点，"孟母三迁"的故事就是强调环境对人的特定影响，所以她用"三迁"的实际行动来践行"君子居必择乡，游必就士，所以防邪辟而近中正"（《荀子·劝学》）的智慧。

南朝宋范晔编撰的《后汉书·王充王符仲长统列传》亦载："仲长统字公理，山阳高平人也。少好学，博涉书记，赡于文辞。年二十余，游学青、徐、并、冀之间，与交友者多異之。并州刺史高幹，袁绍甥也，素贵有名，招致四方游土，士多归附……欲卜居清旷，以乐其志。"

简单地说，卜居就是通过特定方法寻觅一个裨益生命的环境。足见古人对人与环境关系认知的深刻与精到！

这种环境地理之学，从殷、周两代便得到广泛应用，包括迁都、营邑、相地、相宅等。据《汉书·艺文志》载，相地与相人、相牛马、相刀剑器物等同属于"形法"之学，时人亦认为"相地如相人"。

对于居所之选择，《逸周书·度训解》称："土宜天时，百物和治。"土地各有不同性质，其上的生物亦不同，各有适宜。《周礼·地官·大司徒篇》载："以土宜之法，辨十有二土之名物，以相民宅，而知其利害，以阜人民，以蕃鸟兽，以毓草木，以任土事。"是说，通过不同的土地适应不同的人民、鸟兽、草木的法则，来辨别十二土地所在的区域中各物的名号，并勘验百姓宜居之地，进而趋利避害，令人民生活丰盛，草木繁茂。

又据《孔子家语·执辔第二十五》载，子夏曰："商闻《山书》曰：'地东西为纬，南北为经；山为积德，川为积刑，高者为生，下者为死，丘陵为牡，川谷为牝；蚌蛤龟珠，与日月而盛虚。'是故坚土之人刚，弱土之人肥，墟土之人妙，沙土之人细，息土之人美，耗土之人丑。食水者善游而耐寒，食土者无心而不息，食木者多力而不治，食草者善走而愚，食桑者有绪而蛾，食肉者勇毅而捍，食气者神明而寿，食谷者智惠而巧，不食者不死而神。"

子夏说："我听说《山书》（书已佚）上写道：'大地的东西方向为纬，南北方向为经；山是德行积累之表象，河是刑罚积累之表象；而居高象征着生，处下象征着死；丘陵代表着牡，溪谷代表着牝（《淮南子·队形》载：至阴生牝，至阳生牡）；蚌蛤龟珠随日月的变化而有时丰满，有时虚空。'因此，坚硬之地的人其性刚强，松软之地的人其性柔弱，丘陵之地的人高大，沙质之地的人瘦小，肥沃之地的人漂亮，疏薄之地的人丑陋。以水为食的动物擅长游泳又耐得住寒冷，以泥土为食的动物（蚯蚓之类）没有心脏也不用呼吸，以树木为食的动物（熊、犀牛之类）力气很大但难以驯服，以草为食的动物（麋鹿、牛羊之类）善于奔跑但本性愚笨，以桑叶为食的动物（桑蚕之类）能够吐丝且可变为飞蛾，食肉的动物（狮虎之类）勇猛坚毅但性情凶悍，食用元气的动物（龟鳖之类）通灵而且长寿，吃谷物的动物有智而灵巧，不吃东西的动物长生不老而且神妙。”

可见孔子高足子夏深谙土地与人的紧密关联，以及不同习性的动物各自的势能特质。难怪子夏后来会成为诸子百家中"西河之学"的翘楚人物。

西汉刘安《淮南子·地形训》亦云："土地各以其类生，是故山气多男，泽气多女；障气多喑，风气多聋；林气多癃，木气多伛；岸下气多肿，石气多力，险阻气多瘿；暑气多夭，寒气多寿；谷气多痹，丘气多狂；衍气多仁，陵气多贪。轻土多利，重土多迟，清水音小，浊水音大；湍水人轻，迟水人重。中土多圣人，皆象其气，皆应其类。"从中可见山水与人事的密切关系。

及至晋代，郭璞《玄女青囊海角经》记载："福厚之地，人多富寿；秀颖之地，人多轻清；湿下之地，人多重浊；高亢之地，人多狂躁；散乱之地，人多游荡；尖恶之地，人多杀伤；顽浊之地，人多执拗；平夷之地，人多忠信。"

…………

从以上种种记载可见，历史上以管子、老子、孔子、郭璞等往圣先贤为代表的智者们，通过对大自然环境的深刻理解和观察实践，总结并传承了中国文化中因地制宜的卜居智慧；而那些百姓之间代代相传的诸如"山清水秀出才子""穷山恶水出刁民""一方水土养一方人"之类的俗语，亦与先贤们对后世无声的教化有着密不可分的关系。

由于人们的生活环境受天时地利的制约，因而要密切关注天象与地运的变化，又因史官制度的完善，故而卜居在秦汉时期又有"堪舆"之谓。该词最早见于《淮南子》《史记》等古籍中记载的"相地之神"——堪舆。三国时魏人孟康曾谓："堪舆，神名，造《图宅书》者。"（颜师古注《汉书·扬雄传》）堪舆本指北斗之雌雄神，对应干支，其初为具有"举百事"（破土兴建之日）和五行纳音之特点的择日术，后专指干支之神及五音姓利的图宅术。

《说文》曰，"堪，地突也"，即凸起之地。"舆"本为车厢，引申为容人之所。《汉书·五行志》载："堪，天道也；舆，地道也。"东汉王充在《论衡》中云："堪舆，栻盘也"。堪是天盘，舆是地盘，堪舆为罗盘构造内容，系专用工具，用于建城、选宅等勘验地运之事。简单地说，堪舆就是勘察对人有利的地方。

除《淮南子》《史记》等典籍外，《汉书·艺文志》《后汉书·王景传》，以及郑玄、王充、应劭的著作中皆有堪舆之语。清代小说家蒲松龄还专门创作有文言短篇小说《堪舆》，其中提及"牛眠地"（吉地）。该词源自《晋书·周光传》："初，陶侃微时，丁艰，将葬，家中忽失牛而不知所在。遇一老父，谓曰：前冈见一牛眠山污中，其地若葬，位极人臣矣。"文中的陶侃是东晋名将，唐德宗时将其列入武成王庙六十四将之中，宋徽宗时位列宋武庙七十二将之中。著名诗人陶渊明是其曾孙。陶侃未成名时，父亲去世，家中老牛也忽然不见了。后得一老人指点，他在山中找到老牛，并在老牛所睡之地——即"牛眠地"——葬下父亲。此后不久，陶侃便为维护东晋政权立下赫赫战功，名垂青史。

古代诸多的卜居案例，皆类此法，多以勘验地形为主，侧重山水地势对生命体的影响。

及至汉代，天文学系统逐步确立，在人事与天体运行密切相关的理论基础上，产生了"黄道""太岁""月建"等宜忌事项，以及五音配五姓的图宅术，更加凸显地道（空间）与天道（时间）对人的作用不可忽视，并陆续出现了《周公卜宅经》《宫宅地形》《图宅术》等专著。《后汉书·袁安传》所载袁安寻地葬父一事即反映了这种观念。两汉诸家经学的大兴，使得以《黄帝内经》为主的中医典籍成为学人必读之书，加之隋朝创立科举制，人们对医学术语更为了解和熟悉。

人们通常认为"风水"一词最早见于晋代郭璞的《葬书》，"《经》云：'气乘风则散，界水则止。'古人聚之使不散，行之使有止，故谓之'风水'"，有藏风避水之意。但据我考证，该词首见于《黄帝内经·素问·评热病论篇》，为病名，指月事不通，系借地理喻人事。自汉末始，"风水"一词逐渐普及，及至唐朝，其概念已经固化。

对于风水，古代学者们是怎么看的呢？宋代朱熹的认知颇有代表性，他从格物致知的角度作了阐述："物皆有理，风水亦然。盖地术者之事，以儒者而兼通其说，特博闻多学之一端耳！（《文献集》）通地天人曰儒，地理之学虽一艺，然上以尽送终之孝，下为启后之谋，其为事亦重矣！"（《岳麓问答》）可见，朱熹对此还是很重视的。

在古人的心目中，天地之间，万物有其形必有其气，有其气必有其势能，即从表象到虚无，从虚无中展现表象的势能！此理虽然看起来深奥，但一旦掌握之后，便可臻至玄之又玄的境界！因为虚无中也有规律和秩序，因而古人认为能通达虚无的人是智者。在现实生活中，精神虽然是"虚无"的，却是安身立命之所在。这个不可见的生命寄居地，一旦坍塌，生命就会受到威胁。这便是"物我同舟，人神接对"的体现。因而，中国古代的智者特别注重虚实之间的关系且敬畏因果。比如唐代高僧玄奘，某日在端坐中，忽然闻知不远处的塔倒了，遂知自己即将离开人世。此事不久即验——塔为佛家之要物，该塔亦是玄奘的一个精神生命的寄托，当其有变化时，玄奘的性命势能亦随之俯仰……

此理，古今皆同。

这个世界哪有完全割裂的人生啊？这个"物我同舟"的真理，不就是宋代张载所言"民胞物与"的映照吗？

风水之意，虽为避风藏水，但无论是卜居、堪舆抑或风水，其本质内涵都是"得水为上、藏风次之"，其具体方法是在对环境阴阳势能进行观察的基础上进行甄别判断。也正因如此，久而久之，"风水先生"亦被称为"阴阳先生"。

无论怎么称呼，在现实生活中，风与水对人的影响都不容小觑。尤其值得一提的是，中国古老的卜居文化对外国人亦产生了重要影响——美国、马来西亚、韩国等国的建筑、设计、美术相关专业的高校，都开设有风水课程。韩国的三所大学不仅有风水专业，还设有相关博士站。它们将其当作解决生命问题的学科，足见其重视程度之高。

第七节　风为天地之使

关于风的释义，古籍记载颇丰。

《河图帝通纪》曰："风者，天地之使。"

《汉书·天文志》曰："风，阳中之阴，大臣之象也。"

《玉篇·风部》云："风，所以动万物也。"

《管子·形势解》云："风，漂物者也。"

…………

以上所述，皆明确告诉我们，风是天地之使，为大臣之象。气行而为风，风动而生阴阳。风的功用，就是充当天地间的使臣，乃天地的代表。天地之气要发生什么变化，都反映在风上。比如出现南风，天气就会转热；出现北风，天气就会转冷；阴天起风，预示着天要下雨，此即民谚所云"风是雨的头"是也。

可见，天地之气虽然变化多端，但是我们若能把握风的变化规律，就可知道天地变化的底细。

《黄帝内经·素问》云："风为百病之始。"是说，百病皆生于"六气"，而风为"六气之使"。那么，风是如何进入人体致病的呢？答案是，风从缝入！人体的缝隙在关节处，如膝关节、肩关节、椎关节、肘关节，等等。人体的营卫之气不守，则外风由此入侵体内，导致人体产生与风相关的疾病，如风邪、风湿、类风湿等。

《素问》又云："东方生风，风生木。"这句话将风与木的关系凝练到了极致。因为它指出了一个事实：植物的生长离不开风！植物的生长和传播种子，需凭借风的作用。风带着花粉四处散播，从而令植物繁衍生息。可见，风对植物的生长起着决定作用。

《论衡校释》曰："风动虫生。"这说明动物的繁衍也是与风有着密切关系的。我们常说的"性情"，就是由性生情；而"风情"，则是由风生情。那么，风是怎么生出情的呢？这还要从字的本身说起。繁体字"風"中即有虫。风动虫生，实际生的是精子和卵子。此后，所谓的"情"自然也就生出了。有了情，则必然会有异性相吸以及繁衍后代的可能。众所周知，自然界中很多动物的交配都是依靠闻嗅对方的气味来实现的，而气味的传播又恰恰是由风来实现。所以《玉篇·风部》云："风，所以动万物也。"《管子·形势解》曰："风，漂物者也。"这就是风所体现出的作为天地阴阳之使者的大用。

因此，人们常谓的"风情"，就是风动情生。风一动，就会生情，然后情生万种态，"风情万种"一词即由此而来。

又如"风风火火"一词，没有风，火就不能传播。风生木，木生火，火的传播要靠风。所以古人组词都是将风放在火的前面，且不能随意改变顺序！这也充分体现出风和人类密不可分、息息相关的唇齿关系。

唐代刘良等人在注《文选》时，对"风流"解释得十分入神："风流，谓风化流于天下也。"《易》亦云："帝出乎震，齐乎巽……"所以万物所齐，皆关乎风化之情。风无孔不入，故能充盈天地，因而《李文节集》云："风者，礼乐之使，万物之首。"从以上诸多引文中不难看出，古人组词十分讲究内涵和规律性，此即"字以载道"是也！

世界上的生命来源有四种方式——胎、卵、湿、化。"胎生""卵生"容易理解;"湿生"是从湿处得生,如引发脚气、手足癣的真菌;"化生"则是无性别繁衍,如某些植物以及利用克隆技术繁衍等。可见,万物的繁衍除了需要风的传播,亦与水密切相关。

足见,风、水何其重要!

第八节　水之道

古语说："一方水土养一方人。"唐代大诗人刘禹锡的《酬乐天咏老见示》云，"经事还谙事，阅人如阅川"，强调的都是水对人的影响。这种对"人法地"的智慧践行的案例，古人多有记述。

《管子·水地》篇记载管子能从水质和水性中体知国家和地区民众的性情及风俗，其智慧相当高深。

而《吕氏春秋·尽数》对水与人的关系，亦作了别样的精细总结："天生阴阳、寒暑、燥湿，四时之化、万物之变，莫不为利，莫不为害。圣人察阴阳之宜，辨万物之利以便生……轻水所，多秃与瘿人；重水所，多尰与躄人；甘水所，多好与美人；辛水所，多疽与痤人；苦水所，多尪与伛人。"意思是说，阴阳、寒暑、干湿，四时之变更，万物之化生，有益处也有害处……那些缺水之地的人，多患秃疾、瘿疾；多水之地的人，多患尰疾、躄疾（腿脚肿胀）；水甘之地的人，多为容貌美好；水辛之地的人，多患痈疽疮痤；水苦之地的人，多患尪疾曲背（伛偻驼背）。换句话说，水质决定着人的健康和容貌。

其实，古人对水的理解远远超过我们的想象！

《景德传灯录》载："梁天监元年，有僧智药，泛舶至韶州曹溪水口，闻香，尝其味曰：'此水上流有胜地。'遂开山立寺曰宝林。又云：

'去此百七十年，当有无上法宝，在此演法。'"在智药禅师所言的一百七十年后，果然出现了一位无上法宝——唐代禅宗六祖慧能大师在此大兴佛法！后来，宋太宗将梁武帝初赐的"宝林寺"改敕为"南华禅寺"。至此，位于广东韶关的"东粤第一宝刹"，遂"一花开五叶"，禅风流布天下！

智药禅师选址建寺的智慧，值得我们钦佩。

古人认为，山水人情俯仰相随。唐代卜应天《雪心赋》云："发福悠长，定是水缠玄武；为官富厚，必然水绕青龙。水口则爱其紧如葫芦喉，抱身则贵其弯如牛角样。"又云："水性宜忌来欲之玄，去要屈曲，横要弯抱，逆要遮关。流要平缓，潴要澄清，味要甘美，声要悦耳。抱不欲裹，朝不欲冲，远不欲小，近不欲割，大不欲荡，对不欲斜。"

水流入地称"天门"，流出地称"地户"，二者均称为"水口"。天门宜开，开则财源滚滚；地户宜收，收则财气不散。

"坐下而出"的水流称为"元辰"，"入穴而聚"的水流称为"交合"。元辰之水不宜直流，交合之水要分明。宋代学者郭熙《山水训》云："真山水之川谷，远望之以取其势，近看之以取其质。"

宋代邵雍说："造化从来不负人，万般红紫见天真。满城车马空撩乱，未必逢春便时春。"总之，水形以交、锁、织、结为吉，以穿、割、箭、射为凶。

此外，在古人眼中，水还有非常重要的顺逆动静之分，即：逆水得财，顺水退财。"顺则凡，逆则仙，只在其中颠倒颠！"顺水的势能为事倍功半，聚少散多，代表耗散之地；逆水的势能为事半功倍，聚多散少，代表兴旺之地。顺水衰减，逆水加值，可累积声名、财富，塑造品质。

在马来西亚，有一所历史逾110年之久的著名中文学校，名为"坤成中学"，取自"坤道成女"（《易经·系辞》），以前专收女生，十年前才增收男生。该校历任校长皆为女士。校前有一条从右向左倒行的河流（即逆水），校园在河的南边，位于水之阴，因而大利女性掌校。

此外，水法亦有动静之论，其势能指向为：顺水喜静，逆水喜动。无论顺逆动静，都不宜大，其势能指向为"水大财虚"。

尤为值得一提的是，由于地气与水性的磨合尚需一段时间，故新水未必马上就有大用。因而，原生态的井泉水，其势能最有力量！

第九节　山与人

古代能够判断环境与人匹配与否的智者，大有人在。

清代雍正皇帝曾精辟地概述过帝陵："乾坤聚秀之区，阴阳汇合之所，龙穴砂水，无美不收；形势理气，诸吉咸备。山脉水法，条理详明，洵为上吉之壤。"此处所作的形容，言语简练精准，足见其理解之透达。

唐代有一著名禅师百丈怀海，为天下十方<u>丛林</u>立下了《百丈清规》。他与另一高僧司马头陀交情深厚。司马头陀本是三国时期司马懿的后裔，他虽出身名门，却不慕世荣，年少时便于南岳衡山出家，后来住在锡江西黄龙山永安寺，持头陀行。

一日，司马头陀云游至江西云居山，恰巧见到百丈禅师，于是非常兴奋地说："有好事！"百丈禅师问："什么好事？"

司马头陀说："顷在湖南寻得一山，名大沩，是一千五百人善知识之处。"他说他在湖南沩山发现一个好地方，那个地方可以出一千五百位高僧。

百丈禅师一听，顿时很兴奋，问："老僧住得否？我可以去住吗？"

司马头陀马上摇头，说："非和尚所居。您不可以。"

百丈禅师问："何也？"为什么？

司马头陀道："和尚是骨人，彼是肉山。设居，徒不盈千。"和尚您是一个骨瘦之人，而那座山却是丰腴的肉山。若您住在那座山上，弟子不会超过千人。

百丈禅师道："吾众中莫有人住得否？"我的弟子中是否有人能住得了那座山呢？

司马头陀道："待历观之。"那就要等我一一看过之后才能下结论。可是，他看了数百僧人之后，仍然没有发现合适的人选。于是，百丈禅师让侍者把德望很高的首座华林觉禅师请来，让司马头陀甄选。

百丈禅师问司马头陀："此人如何？"司马头陀怕自己有所疏漏，便请华林觉禅师謦欬（qǐng kài，意为咳嗽）一声，再走几步，然后果断说道："不可。"

无奈，百丈禅师又令侍者请典座灵祐禅师前来。未承想，司马头陀一见便说："此正是沩山主人也。"这才是沩山的主人啊！

当晚，百丈禅师即召灵祐禅师入丈室，嘱咐道："吾化缘在此。沩山胜境，汝当居之，嗣续吾宗，广度后学。"我在此山化缘接众，你当居住于沩山胜境，希望你不负众望，让我的法脉灯继薪传，广度后学。

后来，灵祐禅师果然不负众望，在沩山花了六七年时间创建密印寺，并创立了禅宗的沩仰宗。自此，世人称其为沩山灵祐禅师。

在这个著名的禅宗公案中，百丈禅师是骨人，身形瘦削，面部骨骼突出；而沩山灵祐禅师则长得较胖，是肉人。司马头陀依人定方，据方定人，使得灵祐禅师从典座成为一代宗师！这就是中国文化"人法地"的智慧和因地制宜的格物功夫。

古语说，天地有信，各就各位。肉山住肉人，骨山住骨人；宽大的房了适宜住肉人，而细长的房子则宜住骨人。其中的道理很简单，如同肥脚穿肥鞋、瘦脚穿瘦鞋一样，各得其宜，不废物我。《道德经》说："知常曰明。"知道世间常道者，才是明智的人，讲的就是这个道理。

由此可知，任何经典说的都不是彼岸世界，而是要能够将智慧落实在当下，这才算是真明白。否则，坐而论道，迷人误己，岂不哀哉？

卜居是研究环境势能发展变化规律的学问。它从形势入手，立基于山势、水势、地势、气势等，然后顺势而为，胜物而不伤。其中关于山势，古人有很多总结，最浅易的是："山厚人肥，山瘦人饥，山清人秀，山浊人迷，山驻人宁，山走人离，山雄人勇，山缩人痴，山顺人孝，山逆人亏，山肥人饱，山俏人美，山明人善，山破人悲……"

《淮南子·说山》曰："稻生于水，而不能生于湍濑之流；芝生于山，而不能生于盘石之上。"意思是，水稻是生长在水里的，却不能生长在水流湍急的浅滩上；灵芝是生长在山上的，却不能生长在巨石上。

讲得多好啊！真是"得万人之兵，不如闻一言之当"啊！（《淮南子·说山》）

第十节　地久方知地有权

《道德经》云："人法地，地法天，天法道，道法自然。"其中，"地"指的不仅仅是平面的大地，还指代所有立体空间。正是因此，才有后来"穷山恶水出刁民"之说。

那么，何谓"穷山"呢？"穷山"指的是岩石裸露、草木不生等自然条件差的山。

大自然中的水对人又有什么影响呢？

关于这一点，《吕氏春秋·尽数》阐释得条理分明："天生阴阳、寒暑、燥湿，四时之化、万物之变，莫不为利，莫不为害。圣人察阴阳之宜，辨万物之利以便生……轻水所，多秃与瘿人；重水所，多尰与躄人；甘水所，多好与美人；辛水所，多疽与痤人；苦水所，多尪与伛人。"

意思是说，天地之间自然生成的阴阳、寒暑、干燥和润湿，以及四时的变更、万物的变化，没有什么不会带来益处，也没有什么不会带来害处。圣人明察阴阳变化的时宜，辨别对万物有利之处，而使生命得益……那些缺水的地方，多有患秃疾、瘿疾的人；多水的地方，多有患尰疾、躄疾（腿脚肿胀）的人；水甘的地方，多育容貌美好的人；水辛的地方，多有患痈疽疮痤的人；水苦的地方，多有患尪疾曲背（弯腰驼背）的人。

古人不仅了解水质，还了解水在流动变化过程中的功用。

不仅如此，古人对生活中的很多事物都有着深刻的认知，比如可根据茶叶生长区域的不同而分出其优劣，茶圣陆羽在其《茶经》中写道："其地，上者生烂石，中者生栎壤，下者生黄土。凡艺而不实，植法如种瓜，三岁可采。野者上，园者次；阳崖阴林，紫者上，绿者次；笋者上，牙者次；叶卷上，叶舒次。阴山坡谷者，不堪采掇，性凝滞，结瘕疾。"

陆羽说，茶树大多生长于南方，其生长之地也颇有讲究。上等之茶生长在岩石中，中等之茶生长在沙土中，下等之茶则生长在泥土中。野生的最好，园林种植的次一等。山阴之处生长的茶最好不要喝，因其总不见阳光，过分阴寒、凝滞，喝了对身体不好。

可见，不同的地方出产的物品是不同的。这就是《易经》中所说的"同气相求"所导致的。

于是，在这个基础上，便有了中国文化"一方水土养一方人"的常识。

这里的"水土"，不仅仅指辽阔的山川河流，从小的方面讲，也包含了我们的居住、办公、学习等空间。并且，人们与这个空间发生互动的时间越久，其内在的种种投射对人的影响就越大。

我们并不缺少思维能力，而是缺少精良有序的逻辑思维结构。这种欠缺，使我们的生活逐渐模糊、蒙眬直至丧失真切。

国人对环境势能的理解，仍欠缺系统性与精致性，并且还显得非常功利化。比如，不少人认为买些"尤物"就可以消除某些障碍。这一类不可理喻的思维契合了人们内心愚昧的想法，这些想法在生活中是那么常见——以为钱能解决过去、当下和未来的问题！想想都觉得颇为滑稽。要知道，钱若能"通神"，那"敬神"还有什么用？

每个人都拥有生命，但并非每个人都懂得生命。不了解生命的人，生命对他来说，就是一种惩罚！

因而，一定要提高对环境的"阅读"能力。这种"阅读"，是精读，不是泛读。

人与人群居。人是孤独的群居动物。而群居在哪个群体里，往往决定了他（她）的生命质量。

一个人小时候生长在什么样的家庭和地区，对其未来会产生重要影响；长大后，一个人选择什么样的人作为自己的配偶，对其未来的家庭生活质量，也有着至关重要的影响。

也就是说，一个人在什么地区出生，出生在什么样的家庭里，伴随着什么样的人成长和生活，都会决定其生命的质量。

同理，在一个企业中，不同的人组成的团队，其质量也是千差万别。

由此可见，我们周围的人都是我们生命中的"合伙人"！

以上，是从人的角度讨论的结果。我们如果把视野稍微放大一点，会发现，这个结论有无限的适用性。比如，除了人之外，时间、空间都是我们的"合伙人"，它们都与我们的生命有着千丝万缕、至关重要的联系，是人们生命的伴侣。

我们应该清楚，生活中，不能只用经济效益来衡量生命。经济的作用是滋养生命，不是衰减生命。

这就是中国古人的辩证智慧。我们一定要仔细"阅读"自己的生命系统，要认真面对每一个有形与无形的物体；要知道，我们生命中的每一个存在，都与我们的生命息息相关！

我们要努力做生命的主人，而不是做被动的受制者。

有一樵夫见一老僧（佛窟禅师），好奇地问："你在此多久了？"佛窟禅师曰："大概已易四十寒暑。"樵夫问："你一人在此修行吗？"

禅师道:"深山丛林,一个人在此都已嫌多。""你没有朋友吗?"禅师拍掌作声,许多虎豹由庵后而出,樵夫大惊。佛窟禅师示意虎豹退后,说道:"朋友很多。大地山河,树木花草,虫蛇野兽,都是法侣。"

好一个"法侣",这些都是生命中的增上缘!

人人都需要生命中的"法侣",不论是人,是物,还是空间!

第十一节　卜居学概要

文化是最大的生产力，智慧是最大的不动产。

苏子曰："风行水上涣，天下之至文也。"卜居之学由来已久，是古代先贤留给我们的生态智慧，其见诸史载至少三千年。其学归属象数学，讲究神、气、形、运。形由气生，故卜居尤其讲究气脉，强调先形后理，分为形势派和理气派。二者不可偏废，只是根据环境不同而有不同侧重。以下解释"卜居法要"。

形　势

《汉书·艺文志》云："形法者，大举九州之势以立城郭室舍；人及六畜骨法之度数、器物之形容以求其声气贵贱吉凶。犹律有长短，而各征其声，非有鬼神，数自然也。然形与气相首尾，亦有有其形而无其气，有其气而无其形，此精微之独异也。""历谱者，序四时之位，正分至之节，会日月五星之辰，以考寒暑杀生之实。故圣王必正历数，以定三统服色之制，又以探知五星日月之会。凶厄之患、吉隆之喜，其术皆出焉。"足见卜居法度之严谨宏大。

我们从明代著作《地理全书》中，可以窥见古人对地理环境的形势颇为周详的描述。其中,《地理全书·阳宅大全》指出，水形之宅，围墙、屋顶高高低低，凹凸有致，犹如风行水上起波浪一样。又说，火形之宅，似山字、火字。中间的正房要高，两边的陪房要低。形为火宅，色为红绿，都符合木生火的规律。"土行之宅，四周墙壁相会而平，合围而浅。"土宅的特点是四周的建筑要形成合围之势，且平而低浅。这些都是古人对自然势能认知的智慧积累。而明代徐继善在其《地理人子须知》中更有清晰的阐释："地理窍妙，无出五行。五行之变不可胜穷。而要之，或以气言，或以质言，其概也。故山川之形，有曲者、直者、锐者、圆者、方者，具五行之质。"五行是中国文化的基本结构，万物均可归类其中。

而形势之组成，核心要素有：1.阳光；2.地气；3.水流；4.土壤；5.形势；6.声音；7.植物；8.颜色；9.时间；10.道德。

以上10个要素中，尤需强调的是第6点"声音"——唐代即有非常流行的"五音宅相"之术，亦即通过姓氏五音与住宅坐向的结合，践行人宅相扶的智慧。除此之外，还有人们熟知的"声煞"避忌之方。

关于形势之特质，核心有三：取大、取奇、取格局。

何为取大？如大山、大水、大风、大树、大坑、大石、大物件、大形状等，以其所大之势能讨论其影响范围。如，恶风、恶水、恶土、恶石、恶木，皆如箭之伤人，谓之"五箭"。南宋洪迈《夷坚丁志·赵三翁》载："（有一修道之人）筑室以居，既而百怪毕见，未及一年，祸变相踵。引席谒翁，告以故。翁曰：'得无居五箭之地乎……峰巅岭背，陵首陇背，土囊之口，直风当门，急如激矢者，名曰风箭；峻滩急流，悬泉泻瀑，冲石走沙，声如雷动，昼夜不息者，名曰水箭；坚刚砾燥，斥岸砂碛，不生草木，不泽水泉，硬铁腥锡，虫毒蚁聚，散若坏壤者，名曰土箭；层崖叠巘，峻壁巉岩，锐峰峭岫，拔刀攒锷，耸齿露骨，状如浮图者，名曰石箭；长林古木，茂越丛薄，翳天蔽日，垂萝蔓藤，阴森肃冽，如墟墓间者，名曰木箭。五箭之地，射伤居人，皆不用。在要回环纡抱，气象明邃，形势宽闲，壤肥土沃，泉甘石清，乃为上地。故不必一一泥天星地卦也。'"

上述赵三翁所言"五箭"之地，可谓开千古之群蒙也。通俗地说，即以下五种地理环境：

其一，山顶之上，岭首陇背，直接迎着大风，急如激矢，名曰风箭。足见，居所忌讳建在孤零零的山丘高坡之上！而关于"风箭"，张学良曾在九十岁生日后一日写下了"避风如避箭，避色如避难，勤穿及时衣，少餐申后饭"四句话，其中第一句就强调避"风箭"的重要性。

其二，险滩急流，瀑布冲刷，声如雷动，叫作水箭。居所忌讳建在瀑布险滩旁，因为那里的噪声会影响休息和对盗贼、野兽的提防。

其三，土壤坚硬，寸草不生，虫毒蚁聚，土壤散坏，叫作土箭。居所忌讳建在干涸浇薄之地。

其四，悬崖绝壁，犬牙交错，叫作石箭。居所忌讳建在岩石陡峭的山峰附近，会有压抑感及山体滑坡的风险。

其五，古木参天，垂萝蔓藤，遮天蔽日，寒气森森，叫作木箭。居所忌讳建在阴森恐怖的密藤森林旁，因其木气多纠缠盘滞之势能，以及易有野兽和盗贼之侵害。

古语云："矢多无命。"上述"五箭"之地，因能射杀所居之人，故不可在其地安宅。

何为取奇？即迥异于常态的势能之所在。

依据古人的卜居智慧，我们可以作如下总结：但凡旺克之地，其势能所向多为杀机、兵气、讼事、毁折、祸患、身疾、残毁、家内不和之应；若论病，则多脾胃消化疾病。唯大德可立。

北京菜市口是明、清两代帝都著名的法定刑场。

元代的文天祥、明代的袁崇焕、清代的"戊戌六君子"等人，均是在菜市口被杀的。刑场需要使用有杀伐作用的金属来作刑具，对应五行中"金"的势能。也就是说，刑场所在地区的势能是旺盛的金气。金的势能除了杀伐之外，还代表金融。

能量既不会凭空产生，也不会凭空消失，只会从一种形式转化为另一种形式，或者从一个物体转移到其他物体，但能量的总量保持不变。这是能量守恒定律，也是自然界最普遍的定律之一。如今的菜市口，其地的刑场已经消失，取而代之的是有着"京城黄金第一家"和"中国黄金第一家"之美誉的北京菜市口百货股份有限公司。

有人会问：难道所有的刑场，都有着共性吗？

是的！古今中外，莫不如此。

湖南省省会长沙，七十多年前城外的识字岭是著名的刑场，如今已成为长沙市繁华的中心地带。识字岭方圆几百米内，金融机构汇聚——国家开发银行、中信银行、东莞银行、华融湘江银行、上海浦发银行、中国工商银行、中国建设银行。此外，沈阳市沈河区的大西菜行区域是金融中心，天津市河北区小王庄区域银行遍布……即便是远在美国的华尔街，也有着"金"能量的共性——金气足的地方，杀伐与金融的势能此起彼伏——纽约华尔街以"美国的金融中心"闻名于世，遍布着影响美国经济的金融机构，如美国摩根、洛克菲勒和杜邦财团等财阀机构，以及著名证券交易所纳斯达克、美国证交所、纽约期货所等。2001 年 9 月 11 日，位于纽约金融区的世贸大厦遭到恐怖袭击，纽交所一度停止交易，美国经济乃至世界经济几乎停摆。华尔街这个金融帝国的影响力由此可见一斑！金的势能太旺了！

这便是环境决定人，也是《道德经》所言"人法地"的智慧所在。

古人有蓄能的本事，他们把天地间的自然能量称为"势"，常会从游历名山大川、亲近大自然的过程中汲取磅礴的智慧，并践行之，与自然打成一片，获取天地加持，继而提升天人合一的能力，这叫"天地化滞人"。在这个过程中，首先要学习识势，包括山势、地势、气势等，然后顺势而为，胜物而不伤。这才是大智慧！而卜居，正是识势之后践行顺势、借势之举的能力。

人们常说的"接地气"，也是借势的一种。明代有一京官被派到昆明当太守，去了之后，水土不服，生了病，久治无效，很难受。后来他写信给朝廷，申请调走或辞官。后来，朝廷御医提议，让人从京城的井中取一瓮水带去昆明给他服用。送水者从京城的井中取了一瓮水后，每到一个驿站，便将水倒进驿站的井中，次日临行时再从井中装满一瓮水取走；每到下一个驿站，都如是反复；到了昆明，带来的是完整的一瓮水；然后又将此瓮水倒入井中。京官疑惑地问道："这样一来，岂不是从京城带来的水都被稀释掉了？"来人说："不怕！水中只要有京城水的精气在，就可以调愈您的水土不服。"京官将信将疑。事实很神奇——不过数日，困扰京官已久的水土不服症状完全消失了！令人诧异不已。

很多没有中断的传承，哪怕中间某一代人水平不行，但他把这个精气神传了下来，这个传承就不会断。

无论什么地方的水土，都有其内在的势能。能识势，能道法自然，才是智者。

人若能如此，则——天因此华清，地因此华宁，人因此华荣。

何为取格局？有格局者，有天下；有多大格局，就有多大的天下。格局是富或贵的特质之一。

格局以象形所在的势能，或五行势能为对应。

须知，卜居建房如医出诊，切宜审慎，需要先揆情度理，等有明确见地之后，乃可立方营造，而后自能妥善安置全局而得心应手。譬如，世界文化遗产宏村（位于中国安徽），其格局就是仿照牛身上牛肚、牛肠、牛胃的格局。

理气

欲了解理气之特质，需掌握先秦蒙学教育的基础内容，诸如天文历法、阴阳五行、河图洛书、八卦干支等，再依古法进行勘验。

精通理气的卜居高手，代有人出。如东晋著名学者、文学家、建平太守，郭瑗之子郭璞，是游仙诗和卜居学的鼻祖，其所著《葬经》亦称《葬书》，系中国卜居学首部典籍。此外，郭璞还注释有《周易》《山海经》《穆天子传》《方言》《楚辞》等古籍。而今之《辞海》《辞源》亦随处可见郭璞注释，足见其文化造诣之深。

郭璞有诸多卜居案例传世。有一次，爱好卜居之学的晋明帝司马绍，私下微服参观郭璞为人所选之坟。在一山角上，见一村夫正在葬龙角，晋明帝便问："为何要埋葬龙角？这种行为按律要满门抄斩。"墓主答："郭璞说，葬此龙角，不出三年，当致天子。"晋明帝一听，急道："葬此地会出天子？你在此葬坟，就是为了家中出一天子？"村夫笑言："不是我家会出天子，是有天子会来这里问一问而已。"晋明帝闻言，惊讶而无语，心中不得不暗暗佩服郭璞卜居功夫的高明！

虽然谙悉地理之道，但郭璞并不依卜居功夫为人僭越祈福，而是依照各类人皆得其宜的原则，展示其"胜物而不伤"的慈悲胸怀。对于此等情愫，历代贤者皆有共鸣。

唐宋时期是中国古代卜居理论的集大成时期，代表人物有唐代的袁天罡、李淳风、杨筠松、曾文瑞等，宋代的赖文俊、吴景鸾、陈抟等。其中，影响最大的是杨筠松和赖文俊。杨筠松是唐僖宗时期的国师，官至光禄大夫，掌管天文地理之事，号救贫先生，创后世的形势派，代表作有《青囊经》《撼龙经》《天元乌兔经》，等等。赖文俊，自号布衣子，世称"赖布衣"，为卜居学理气派代表人物，以阴阳为根本，著有《催官篇》二卷传世。

《藏外道书》之五《三丰先生全书》记载明代张三丰的观点："地居三才之中，言地理而天人之理即相应焉。人欲相地，天亦相人；人欲择地，地亦择人。"又云："今天地有三等，而得地者亦分三层。上等之地，上应星象，下呈舆图，天地生成，卦行安定，全是天工，而人工不与焉。此等惟圣贤豪杰，人有德行阴功之士乃能得之。中等之地，亦系生成景象，然有变化于其间。八卦相荡，五行相推，一团真气，隐隐隆隆。此等惟老成忠厚、小有德行阴功之士乃能得之。下等之地，一山一水，随地铺陈，十里一见，百里再见，无处非有，无处不可求。然亦要知龙之来历、山之向背、土之颜色，妙于裁取，巧于安排，以山川合罗盘，不可以罗盘合山川。地人相行，始得其乎。此等凡老成忠厚、无怨无恶者即可得之。此三等之大意也，而其下者不足议矣，并无吉地以处不善之人也。"这段话中，张三丰所说的"上等之地，上应星象，下呈舆图"，强调的是地运与天象息息相关。关于这一点，我们从南宋洪迈《夷坚志》所载的一个故事中可管窥端倪：宋徽宗宣和初年，精通天文与堪舆的四川人王俊明在京都汴梁客居。某日，他伤感地对人说："开封府皇气已尽。"在此之前，他曾让人在对应天上氐、房二宿的地方放一盆水，以观察星象，发现天上竟然没有一颗星照临分野之地。后来，他又让人在皇城宣德门外悄悄挖地二尺以品鉴地气。他拿起一块地底之土，闻了闻，发现地气已枯燥索寞，无丝毫生气。天星不照，地脉又绝，这个城市哪里还会有都城气象呢？于是他给朝廷写信建议迁都洛阳。可想而知，谁会相信他这么一个无名之辈呢？当时，国家太平无事，大臣们对这封信的内容交相议论，都说他口出狂言，还把他赶出了京城。数年后，金兵攻陷京城，宋徽宗、宋钦宗被生擒活捉北上——"靖康之耻"成为千年的话柄。

张三丰上述这段话直接道出了"一方水土养一方人"的理念，其中尤其包含德行与地理环境的密切关系。曾国藩相当通晓此理，他说："或吉或凶，听天由命。只要事事不违天理，则地理之说，可置之不论不议矣！"这便是《易经》所强调的进德为上。而林则徐的家训"十无益"中，第一条便是"存心不善，风水无益"。是的，"《易》为君子谋，不为小人谋"。人理要循地理，地理要循天理，万事顺势而为，顺时施宜，顺理则裕！

当年，宋代有一权贵，为非作歹，民多切齿，然其诡计多端，阿谀逢迎，深得皇帝欢心。他深信地理，曾重金聘请诸多堪舆名家为其寻龙捉脉，终得一绝佳风水宝地，窃喜百年之后可高枕无忧，乃至子孙后代富贵绵远。及葬后，朱熹因深恶其人品鄙劣，疑其风水，便亲览其墓，见其果为上上品之风水宝地，不禁慨叹："此地不灵，有天理，无地理；此地若有灵，则有地理，无天理。"三日后，此墓为雷击毁。得地之家，从此不昌！

宋代名臣范仲淹亦曾在苏州买一宅院，卜居者赞叹此宅院极佳，日后定出大官。范仲淹认为，不能独占好风水，应将好福气分享给苏州百姓，遂将该宅捐作苏州学堂，让更多读书人借此来改变境遇。足见其心之善，无量大焉！后来，范仲淹第十三代孙范从文在明代为官，因直谏被判死刑。朱元璋在复核死刑时，发现其与范仲淹的关系，不仅当场赦免了他，而且还"即命左右取帛五方来，御笔大书'先天下之忧而忧，后天下之乐而乐'二句，赐之。谕：免汝五死"（《樵书》）。这不就是《易经》所说的"积善之家必有余庆"吗？！

"天地岂无情，草木皆有实；物本不负人，人自负于物。"我们通过范仲淹的案例来看当年邵雍这首诗，实在是充满了睿见！并且，邵雍还说："景物从来不负人。"——是呀，如何不辜负生命当下的鲜活，是个大问题！

可惜，时人与万物隔绝已久矣！人们应时常问问自己：自己生命中的神明呢?！

形势与理气

外在和内在，如人的外形和内质，其格物方法均是建立于阴阳、五行、干支、八卦、星宿基础之上的。

形势之法，是通过外部象形之势能来解析环境，其表现形式多种多样。据史料记载，当年安徽绩溪的龙川，村地如船形，地临河川，主人运飘摇，遂请一丁姓之家入居村中，此后即稳定下来，并代代繁衍，子嗣绵远。黄山脚下的西递宏村亦有异曲同工之形势。

形势之要，不离四神。四神为：前朱雀（火），后玄武（水），左青龙（木），右白虎（金）。此乃卜居之学的象形之源。四神之用，在先秦时期已经相当普及，不仅镌刻于器皿、瓦当等生活器具和建筑材料上，尤为重要的是，还广泛用于兵法中，如《吴子兵法·治兵》曰："龙头者，大山之端。必左青龙，右白虎，前朱雀，后玄武。招摇在上，从事于下。将战之时，审候风所从来。风顺致呼而从之，风逆坚陈以待之。"另一部兵书，题名为姜太公所著的《六韬·龙韬·五音》载："角声应管，当以白虎；徵声应管，当以玄武；商声应管，当以朱雀；羽声应管，当以勾陈；五管声尽，不应者，宫也，当以青龙以五行之符，佐胜之征，成败之机。"

…………

落实于卜居的应用中，以四神相应之地为大吉。

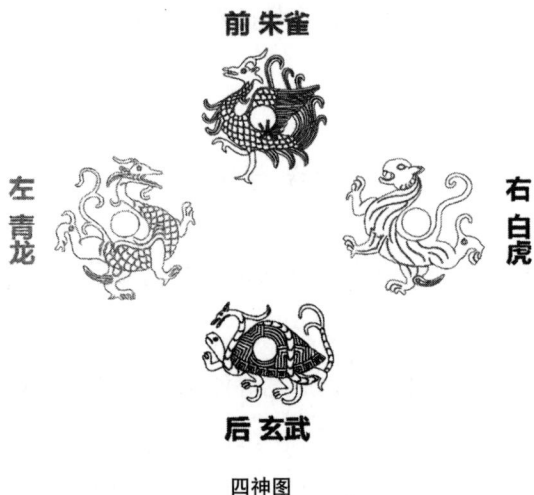

前 朱雀

左 青龙

右 白虎

后 玄武

四神图

　　"东有流水为青龙，西有大道为白虎，南地开阔为朱雀，北有高丘为玄武"。

　　郭璞《葬经》云："玄武垂头，朱雀翔舞，青龙蜿蜒，白虎驯俯。"表达的是一种平衡关系，左右上下南北都平衡，最为紧要。若有缺陷，则有感应。

　　白虎方位突出，主女性强势，女子势能突显。

　　玄武方位低洼，意味子孙迁徙，人才及情感流失，乃至分裂。

　　青龙方位凸显，代表男主当令，但比较辛苦。

　　朱雀方位过高，会引起家庭成员思维混乱，出乱离之人。

　　总之，四象的平衡对称是很重要的，以能形成环抱或距离相宜之势为上。

　　理气是厘清环境内在势能的基本学说，其又以《河图》《洛书》为主，这与《汉书·艺文志》所云"天文者，序二十八宿，步五星日月，以纪吉凶之象，圣王所以参政也"之意和鸣。

南方朱雀

张宿　星宿　柳宿　鬼宿

翼宿　　　　　　　　井宿

轸宿　　　　　　　　参宿

角宿　　　　　　　　觜宿

亢宿　　　　　　　　毕宿

氐宿　　北极　　　　昴宿

房宿　　　　　　　　胃宿

心宿　　　　　　　　娄宿

尾宿　　　　　　　　奎宿

箕宿　　　　　　　　壁宿

斗宿　牛宿　女宿　虚宿　危宿　室宿

东方青龙

西方白虎

北方玄武　　　　十翼书院　制

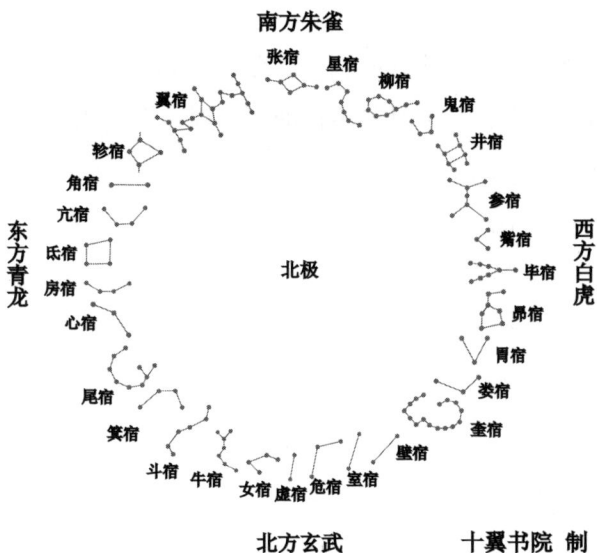

二十八星宿图

卜居的应用原则，不离天地人三才之道。首看元运（时间），次看地运（空间），其后看前两者与人的结合。具体而言：

1. 元运，即三元九运。在《尚书·洪范·九畴》中，商朝贤人箕子提出安民之道的九大原则，第七条便是关于占验的"明用稽疑"。它是建立在二十八星宿以及《河图》《洛书》基础之上的——在天勘天象，在地舆地理，在人为识势。

2. 地运，即斗转星移时对应的地上区域也相应地发生变化。

地运变迁取决于元运。一个元运为一百八十年，分为三元九运。其上、中、下三元，每个为六十年。这三元又各三分，变成九分，即每二十年为一变化。现今处于下元八运之中。人们耳熟能详的"富不过三代"之谓，即从此而出。古代男子二十岁弱冠，可以成家立业，繁衍儿女。以平均二十年一代人而论，三代为六十年，六十年则地运转换，如日入夜，故有此论。当然，"富不过三代"，人们是否接受这个观点，还要看个人心目中"富"的定义为何。我的观点是，"富"通常是指拥有一定财富，且具备传代的可能性，而其兴衰又能引起社会关注的富有家族。

值得一提的是，要选择一个好地方，通常至少需要一年的时间进行观察。老子早已窥得天地之道，他说"人法地"——人之势能变化，效法于所在环境之势能特质。地有地穴，如同人身有穴位，其穴温润，其地亦然。一年之中，同一地域，春季时，穴地所在之处草木先长，且来势旺盛；至夏季，雨来时，穴地冒气，如人呼吸；至秋季，穴地势能旺盛，草木凋零最迟；至冬季，地穴所在之处温度高于旁处，落雪即化。具此四种特质者，即为嘉地。此外，真正的地穴，其来风也温和，不急不躁。

3. 与人结合。中国智慧具有天人合一、各就各位、胜物而不伤的特质。人与环境相和谐，是生命昂扬的要素之一。

百姓常说的"有福之人不落无福之地"，便是人运与地运相应的经验总结。

自古以来，卜居智慧的最高境界是"进庄望门断"——进入村庄后，看着每户的大门即可判断户内主要情况及其特质。这样的智者常常令人啧啧称奇。而在现代城市中，此法依然不可思议，这需要古人卜居智慧"隔山打牛"的功夫。

建立在卜居的这三个理论基础之上，具体的实践运用需要理气与形势并重，尤其要关注自身和周围动态环境的影响，也就是说，吉凶之应，但凡发动者，则应验迅速！这是为什么呢？

是因为：吉凶之应，发动则应。以凶煞为例，如同猎人打猎一般，动态的动物最易被发现。同理，譬如一个长有肿瘤的人，如果脉搏、心律快，则体内癌细胞扩散就快！相反，静态或隐藏的动物则需要猎人花时间去寻找，周期会久一些，因而静态环境的吉凶应验主要是通过动态的时间来判定应期。因此，一定要关注环境自身和周围的动态变化！这就是古人强调的"动机"的重要性所在，非常关键。

此外，在卜居这三个理论基础之上，还要懂得"玄关"所在及水法常识。关于此二者，下面略微指陈一二。

玄关

玄关很重要！

国人（尤其是建筑设计界）皆认为房间进门之处即是玄关。但是，中国传统文化保留得较为丰富的异域之邦日本，其诸多政府大楼、酒店、公共建筑等处的大门却被称为玄关。尤其是很多日本老牌建筑及高级酒店的正门皆被称为正面玄关，宴会厅正门则被称为宴会玄关，日本京都大学医学院的正门上则写着"外来栋玄关"，大阪府所辖堺市的市政府所在地（役所）办公楼的每一扇门都被称为玄关……中国台湾地区的一些建筑也多有相似之处。如此一来，问题就出现了——将门称为玄关，以及将门后正对的位置称为玄关，哪个正确？是我们现有的普遍认知正确呢，还是日本现有的认知正确？

答案会让你很惊讶！日本人将门称为玄关，对了一半；而我们将门后正对的位置称为玄关，是错误的！为什么呢？

关于玄关的定义及其判定方法，迄今尚无著作提及。但"玄关"一词在古代文献和文学作品中却很常见，例如：

唐代李白《春陪商州裴使君游石娥溪》诗曰："萧条出世表，冥寂阃玄关。"

唐代白居易《宿竹阁》诗曰："无劳别修道，即此是玄关。"

唐代夏方庆《谢真人仙驾还旧山》诗曰："逍遥堪白石，寂寞闭玄关。"

唐代羊士谔《小园春至偶呈吏部窦郎中》诗曰："偃息非老圃，沉吟閟玄关。"

唐代岑参《丘中春卧寄王子》诗曰："田中开白室，林下闭玄关。"

清代方文《柬吴锦雯孝廉》诗曰："恐人防静业，谢客掩玄关。"

…………

在这些广为熟知的诗句中，我们可以看到，玄关都是门的别称。

与之不同的是，唐代王起《赠毛仙翁》诗曰："丹灶化金留秘诀，仙宫嗽玉叩玄关。"这与宋代周无所住《玄关一窍颂》中的"一窍才通万窍通，丝毫不动露真空。个中便是真宗祖，认著依前又不中"，以及元代国师中峰明本禅师所言"雪埋古路谁亲到，雷动玄关我独昏"中的玄关，均是指人修炼时的"混沌初开第一窍"——元神之窍。人得之而为性命之根，即中宫一寸二分是也。但不可以形迹求之，号"无虚之府、清静之乡"，内有真阳之气，自有生之后，散之于一身。所以元代缘督子曰："一点阳精，秘在形山，不在心肾，而在乎玄关一窍。"玄关并非一处，须知山外有山、关外有关，一门曰"鬼路"，一门曰"上天梯"。以至于吕祖门人、元代丹家李清庵更是强调："玄关一窍最难明，不得心传莫妄行。"南宋雷庵正受所编《嘉泰普灯录·卷十七》更是说："玄关大启，正眼流通。"

此外，当年明太祖朱元璋延请碧峰宝金禅师为其讲解佛法秘奥，听得朱元璋法喜盈怀，遂赐其袈裟、钵盂，并作诗（五台山普光寺刊刻有明洪武年间朱元璋御制诗）赞曰："玄关尽悟，已成正觉。"从朱元璋的赞赏中，可见"玄关"一词在明代并不鲜见。

但是，对"玄关"讲得最透彻的，还属宋代的司马头陀。他在其《玄关同窍歌》中这样写道：

知妙道，玄关一诀为至要。

识真情，玄上天机窍上分。

漫说天星并纳甲，且将左右问原因。

先观水倒向何流，玄关造化此中求。

内外玄关同一窍，绵绵富贵永无休。

一窍通关坐大谋，玄关交媾亦堪求。

若是玄关俱不媾，局堪图画没来由。

重重生气入关中，连逢三五位三公。

转关一节逢生旺，便知世代出豪雄。

不论阴阳纯与杂，犹嫌墓气暗相攻。

其间造化真玄机，不与时师道。

吾今数语吐真情，不误世间人！

　　《奇门大全·序》亦言："支干者，阴阳之变化也；阴阳者，生死之玄关也。"此处所言阴阳，为生死之玄关，亦即万物生死之玄关存乎先天与后天之中也。玄关者，玄妙之关，众妙之门，阴阳之幽户也。今人闻名而不晓实，所言造宅设户以令进入直见之处为玄关者，实为大谬也！加之世学日下，妄传盲指之说大行，以至于谬谬相衍，实为滑稽可悲。

　　那么，究竟什么是玄关呢？

　　天地幽玄，设万物以玄关，以致天地万物皆有其窍。玄关者，天地气血贯通之道窍也，亦生死之窍也。先天与后天，一阴一阳，曲径通幽，幽现玄关。玄关通之者生，障之者死。玄关之于人身者，似如口鼻；口鼻俱障，人莫得生。玄关之于宅居者，似如门窗；门窗俱障，则人运乃亡。是故，择取有益之处，玄关一开，财气自然来。而得益之大小，则依缘别论。

对玄关之解构，源于《易经》。《易经》之卦，圣人所造。其所设先天、后天相异之排序，效之所在，后人莫明其旨。然圣人所传，定有其窍。天地氤氲，阴阳大化遂出；由阳至阴之无间道，乃天地之窍。一窍通者，势必窍窍皆通。是则先天、后天相见之处，即为天地之窍，亦即阴阳之妙，生死之玄关也。先天为体，后天为用，同名求位，同位求名，此其先天、后天卦序图之无上大用也！亦即玄关窍之所在。

　　先天与后天，其若相通，则必有窍户。通及门户，星贯神明；不通关窍，流浪生死。世人知此之窍，即知物用之玄关，以至于远害近利、就生避死，皆可知也。

　　所有厅室，皆如人之面，均有如口鼻之玄关窍位。口鼻不通者，即玄关未开，势必生机萧索。

　　由于建筑有不同朝向，故玄关位置亦有不同。知晓玄关所在后，建房时则依据不同朝向，将门设在对应的玄关位即可。玄关一开，财气自然来！

先天八卦图

后天八卦图

郭璞云："风水之法，得水为上。"在玄关处，得水或见风，是为关键。

《说文解字》曰："空，窍也。从穴，工声。"窍，即指通达无碍的空间。古今智者，开一窍，诸窍齐开；动一神，万神皆动。

众所周知，太阳的简称为"日"，而玄关简称为"窍"。古人依据建筑朝向的不同，推理出玄关所在，即"窍"的所在，然后在此处开门，久而久之，门便被称为"窍门"；这个在"窍"上开门的过程，被称为"开窍"或"通窍"。"玄关"与"窍门"即源于此。除此之外，别无出处。

世人由于对经典不熟悉，对传统不珍惜，对文化不敬畏，从而不知天之常、不晓地之则、不省人之道。经年累月，累积了太多的知识、概念、学历和道听途说的能力，却没有"通身是眼"的慧见功夫，枉费大好时光。

要知道，很多事情，不是废在了中途或结束，而是由于智慧不够，一开始就废了！

人法地的智慧

管子辅佐齐桓公成为春秋五霸之一。司马迁在《史记》中评价管子道："管仲既用，任政于齐，齐桓公以霸，九合诸侯，一匡天下，管仲之谋也。"

这里讲两则与管子有关的故事：

其一，春秋时期，齐国攻打孤竹国，主帅管子和隰朋等人所率领的队伍在山中受困。管子用老马识途的方式带领队伍走了出去。但在安营扎寨后，又找不到水源。一筹莫展之际，隰朋建言："蚂蚁冬天住在山的南面，夏天住在山的北面。若蚁穴有一寸高的话，则地下八尺深的地方就会有水源。而我们只要能找到一寸高的蚁穴，就地挖八尺后，水的问题就解决了。"后来，果然如此！

其二，春秋时期，精通天文地理者很多，今人谓为神奇。管子做宰相期间，懂得"以人为本""因地制宜"。隰朋这个人很聪明，并且做事也很敏捷，其性格与东方木性相应，因此管子就让他去负责东方国家的事务。另外一个大臣叫宾朋，人也很精明，其性格与西方金性相应，管子就让他负责西方诸国的事务。而卫国这个国家的人缺乏教化，人们贪小而好利。齐国的公子开喜欢创新，但不能持久，性格与卫国民风相似，于是管子就让他去负责卫国的事务。鲁国人的教化好，好义而有礼；齐国臣子季友为人精细，博文知礼，并喜欢施行小的信用。于是，管子命季友负责鲁国事务。当时的楚国，民风巧文饰而好利，不行大道而好小义；齐臣蒙孙这个人教法广博而辞令美巧，喜欢花言巧语，不好施行大道，却擅长小恩小惠，与楚国的民风相似。于是，管子命他负责楚国事务。

这些人全部派出去之后，不到五年，各个诸侯国都亲服了！有人会问，管子用人的依据是什么？很简单，就是按照"一方水土养一方人""同声相应、同气相求""以人为本""因地制宜""顺势而为""各就各位"的智慧来践行的。

也许，你觉得学习这些内容没有什么用。但是我们应该清楚，如何不让自己的生命在时间、空间和物质上钝化，才是自己生命饱满的关键所在！而2800多年前的管子为后世作出了表率。

常言道："天不变其常，地不易其则，人不忘其道。"管子这种能够审鉴山水势能与人之势能的智慧，在古代是一种常识，如南北朝傅昭《处世悬镜》曰："山势崇峻，则草木不茂；水势湍急，则鱼鳖不生。观山水可以观人矣！"也是在强调山水与人有着密切的呼应关系，体现了《道德经》中"人法地"的智慧。而百姓则别解为"一方水土养一方人"，其理无二。

可见，真正的智慧，其圆融无碍是超越时间与空间的——凡事都可以在不动声色中见道，无论富贵贫贱都不妨碍我们载道的功夫，这叫不让时间变质！

至于你的格物功夫如何，就是"道不虚传只在人"了。

换言之，做凡做圣，只在于你！

第十二节　观物洞玄歌及歌诀价值

　　北宋五子之一的邵雍，其传世之作《观物洞玄歌》是对格物之学"表象即表法"原则的具体指引和实践总结。其中展现的邵雍对"万物皆备于我""万法存乎一心"的运用之妙，令后世学人代代传颂不已。

　　《观物洞玄歌》原文：

　　洞玄歌者，洞达玄妙之说也。此歌多为占宅气而发。昔牛思晦尝入人家，知其吉凶先兆，盖此术云。是故家之兴衰，必有祯详妖孽之谶，识者鉴之，不识者昧之。故此歌发其蕴奥，皆理之必然者，切勿以浅近目之也。

> 世间万物无非数，理在其中遇。
> 吉凶悔吝有其机，祸福可先知。
> 五行金木水火土，生然先为主。
> 青黄赤黑白五行，辨察要分明。
> 人家吉凶休以见，只向玄中判。
> 入门辨察见闻时，于此察兴衰。
> 若还宅气如春意，家宅生和气。

若然冷落似秋时，从此渐衰微。

自然馨香如兰室，福至无虚日。

鸡豚猫犬秽薰腥，贫病至相侵。

男妆女饰皆齐整，此去门风盛。

家人垢面与蓬头，定见有悲忧。

鬼啼妇叹情怀消，祸福道阴小。

老人无故泣双垂，不见日愁悲。

告见门前墙壁缺，家道中消歇。

溜漕水势向门流，财帛永难收。

忽然屋上生奇草，益荫人家好。

门户幽爽绝尘埃，必定出高才。

偶悬破履当门户，必有奴欺主。

长长破碎左边门，断不利家君。

遮门临井桃花艳，内有风情染。

屋前屋后有高桐，离别主人翁。

井边倘种高梨树，长有离乡士。

祠堂神主忽焚香，火厄恐灾殃。

檐前瓦片当门坠，诸事愁崩破。

若施破碗坑厕中，从此见贫穷。

白昼不宜灯在地，死者还相继。

公然鼠向日中来，不日耗资财。

牝鸡司晨鸣喔啼，阴盛家消索。

中堂犬吠立而啼，人眷有灾厄。

清晨鹊叫连声继，远行人将至。

蟒蛇偶尔入人家，人病见妖邪。

雀群争逐当门盛，口舌纷纷定。

偶然鹏鸟叫当门，人口有灾连。

入门若见有群羊，家主病瘟黄。

舟船若安在平地，虽稳成淹滞。

他家树荫过墙来，多得横财来。

阶前石砌多残折，成事多衰灭。

入门茶果应声来，中馈主家财。

三餐时候炊烟早，勤俭渐基好。

连宵灯火不成时，人散与财离。

千门万户难详备，理在吾心地。

斯文引路发先天，深奥入玄玄。

上《洞玄歌》与《灵应》，同出而小异。彼篇多为占卜而诀，盖占卜之际，随所出所见，以为克应之兆。此歌则不特为占卜之事，一时而入人家，有此事，必有此理。盖多寓观察之宋也。然有数端，人家可得儆戒而趋避之，或可转祸为福。偶不知所因而宥有于数中，俾吾见之，则善恶不逃乎明鉴矣。

歌诀价值

古往今来，人们对自身命运的关注是一个永恒的话题。每个时代，人们都祈盼能够保有通达生命奥秘的清明智慧。但，人有"五畏"，心思才会清明，它们是"畏道，畏天，畏物，畏人，畏己"（唐代药王孙思邈）。可惜的是，绝大多数人都在不断熏染爱慕和执着的过程中丧失了无数被智慧和敬畏照亮生命的机会。

以具足的诚意礼敬天地，并能升天地之喜的邵雍，在这个歌诀中，让人们见证了他令人艳羡的格物功夫——不仅将学问落实到百姓日用之中、纵横于生命中每个当下的显微之间，给人们提供别开生面的视野，还令人感受到：真正的学问就是要能与万物打成一片，能够解决实际的问题。而这，也印证了中国文化中的《易经》思想和格物智慧的高妙所在——"万物都在说法，看你如何着眼？一切均是考验，试你如何用心！"

对这些理论和实践的道理，邵雍总结道，把看到的这些物象当作游戏来体验，虽然这么做对世人没有什么益处，却能让实践者就此学习验证万物的规律，并且能知道圣人当初创作《易经》一书是多么灵验神妙，也更加能够了解世上所显现的物象都是有其内在规律的。

《诗经》曰："有物有则。"万物都有自己的规律。《道德经》曰："知常曰明。"知道万物的常道，才是真正的明白人。两者所言，都是在提醒我们：要有足够的格物智慧才能体证经典之言的魅力和大用。但现实往往是知识获取很多，却离智慧很远！

《吕氏春秋》曰："其大无外，其小无内。"这句话其实是在强调道理的无限性。那什么是无限呢？"药"的繁体字"藥"是"艹"字头下面一个"樂"——但凡打动你心的，不管是植物、矿物、动物，还是风景、曲子、颜色，乃至别人的一句话……所有参与你生命的元素或事物，若能让你变得开心、放松、释怀、宁静，就都是你的良药；而如何配伍，则取决于你的心智——配伍不佳，就是毒！

在这良药与毒药的转换之间，人生充满了无限的可能性。

在中国格物智慧中，有一个特质是"医易同源"，即医道和易道源于同一种理论系统，只不过方法不同而已。清代医家王秉衡亦强调："格物之学，最为医家要务。凡物性之相制、相使、相宜、相忌，与其力量之刚柔长短，皆宜随时体验，然后用之无误。"（《重庆堂随笔》）（关于"医易同源"内容，详见本书第九章"医易同源"）

邵雍在这个歌诀中，讲到了环境所呈现之象与疾病之间的对应关联。这种思维方法便来自"医易同源"之理。万物皆有其数——你若能真正掌握中国文化中的阴阳五行、干支哲学及《易经》应用,就一定能随时随地,随取一法,当下应机,瞬间入道——这便是天人合一的道妙所在!

中医强调"望闻问切",其中的"望"和"闻"指的就是望气色、观气象、听声音、闻气味,这与邵雍歌诀中所阐述的方法完全一致。

邵雍说:"一物从来有一身,一身还有一乾坤。"这种道理,就是"千江有水千江月"(宋代雷庵正受禅师),落实在不同智者的心中,所涌现出的智论也是非常多元的!与邵雍同一时代的另一位高人赵三翁,名进,字从先,《夷坚丁志》卷八载其"遇孙思邈于枣林,授以道要,以医名世,至宣和壬寅已一百八岁。徽宗召见,于技术无所不通,能役使鬼神,知未来事。后不知所终"。

赵三翁提出了著名的自然环境"五箭"之论,即:恶风、恶水、恶土、恶石、恶木,皆如箭之伤人,谓之"五箭"。

其实,古人类似的智慧总结屡见不鲜,邵雍说:"物本不负人,人自负于物。"可惜人们往往"魂不守舍",没有格物智慧,从而丧失了取象、应机、识势的能照功夫,令生命一路狼藉而去……

自古以来,天地阴阳之道皆虚实相间,各有所应,只是人无慧鉴,不识其妙罢了。

当代高僧根让仁波切说:"凡夫之所以战胜不了他的命,就是因为战胜不了他的见解!"是的,很多人就是因为见解不畅而导致了生命的淤堵!

而这个淤堵,会导致各种"病态"的出现。而落实在身体上,这个最大的无形淤堵,就是性格缺陷!

人身上种种虚实相间的征兆,皆与性格有着密切联系。

人的心念是看不见、摸不着的。心念有伤,就会通过身体来表达。

《黄帝内经》曰："喜伤心""喜则气缓"，欢乐过度，身体通常会乏力。"怒伤肝""怒则气上"，发脾气便会"怒发冲冠"。"悲伤肺""悲则气消"，哭得悲伤至极，人就会休克。"思伤脾""思则气结""恐伤肾""恐则气下"，时下的年轻人，很多有颈椎、腰椎疾患（含腰伤），通常情感上都有困结之处，性格上会表现为倔强、不服气，进而会影响事业。严重的腰疾还有"腰斩"之意，代表事业压力大，甚至受挫；而出现骨刺和增生，则代表家庭或企业内部出现叛逆、背叛、错乱等不和睦现象。

那些神经紧张、内心压抑、容易恼怒、喜欢批判的人，常会出现咳嗽的问题。而那些经常嗓子中有异物感，或长期咳嗽、有颈部问题者，多有家庭关系欠佳的情况。这种关系一旦改善，那些疾患就会渐渐自愈。此外，有的人无痰干咳，多为财运匮乏，人际关系不佳。

头、肠疾患者，不是事业不畅，就是感情方面不得舒展，严重者兼而有之。

鼻病者，多为主观好胜、爱面子、喜出风头、依附心重以及与长辈关系淡薄的势能展示。

腹泻、胃肠消化道疾病患者，在外则多忧、多虑、担心、排斥、恐慌——因为精神上的"消化能力"差，事情摆在心里"消化"不了，导致爱抱怨，容易把别人的一知半解当成全知……心里"消化"不了，身体的消化功能就会出现对应反应，这就是内外相应。并且，有些消化系统疾患，还与孝道亏欠有关。

那些疑心重，猜忌心强，多幻想、联想者，极易患风湿疾患；由猜忌、嫉妒、虚荣、爱面子、不耐烦、爱闹心、胆小所引发的内心不平衡，则多易导致肾病、内分泌失调、糖尿病、胰腺病以及身痒之疾……有趣的是，肾病患者的配偶，通常都比较漂亮和忠厚。

生活压力和愧疚感、恐惧，会导致失眠；而任性与偏执、紧张与恐惧者，则多患有神经性头痛；有结石者，俗称"命硬"，男人则影响事业，女性则性格内刚，结石患者的配偶常觉活得无奈，感情困顿。

身体经常发寒发冷者，多是疑心重，心念弱，难以担当大事；而火气大者，实则是淫心重，即古语所谓"多淫招火"。

民谚说："胖人九分财，不富也镇宅。"这句话虽强调了胖人的好处，但过度肥胖（比例失调）的人，其内心深处多有恐惧和担心，行为上常表现为喜欢将就、逃避感情问题等。

爱激动、生气、发怒者，易得肝病、心脑血管疾病、甲状腺疾病。对生活缺乏兴趣、缺乏快乐者，会有贫血的趋向。腿脚、关节有问题以及脚气患者，则多会出现事业受阻——常会觉得人生艰难，且与子女缘薄，表现为沟通困难、难得亲近、两相抵触等。

人有其内，必彰其外。如果内心和谐圆融，外相则必然精神抖擞。若内心焦虑忧疑，则影响内分泌系统，感情上亦会遭受困顿。脸上多有青春痘，是内分泌问题导致的，同时也意味着某段时期的感情需要得到代谢。那些好高骛远者，多患高血压；担心、害怕、压力大者，多会患低血压；干净过度者，皮肤、牙齿、妇科易出问题，脾胃也会受到影响；累积过多的憎恨和愤怒，就会驼背；那些爱伤心以及干活儿时爱生气的人，则多为胰脏、腰、肩周疾病患者……

两千五百多年前，孔子就强调性格决定命运："伯牛有疾，子问之，自牖执其手，曰：'亡之，命矣夫！斯人也而有斯疾也！斯人也而有斯疾也！'"（《论语·雍也》）孔子的门生冉伯牛生病了，孔子去看他，从窗户外面伸手进去拉着冉伯牛的手，说："完了！这就是命呀！你这种性格的人，就一定会得这样的病呀！你这样性格的人，就一定会得这样的病呀！"这不就是今人耳熟能详的"性格决定命运"的另一种表达吗？

可见，"情绪免疫"很重要——人一旦长期心情不佳，情绪垃圾就会堆积过度，灾害也会随之降临，体现在身体上，就是疾病的累积。譬如，那些与肺疾、气喘等呼吸疾患以及皮肤病、手足皲裂等有关的疾病对应的性格是总想释放委屈、压抑、窒息、过分敏感等情绪，但却没有尽情之机，久而久之，就会如同堰塞湖一般表现在皮肤上，开裂疼痛——总觉得自己有才华，却又怀才不遇，往往会变得心机多、贪欲重、心量小……有这类心智情形的人，一定要多唱歌、多舒展、多哭、多喊、多说出心里话。总之，要想尽一切办法释放自己心中压抑和想要表达的内容。否则，时间久了，严重者会心理扭曲，疾病来时也势大力沉。要知道，这世界根本不怕你强硬，就怕你全然地柔软谦和，以至于灾患也无从下手。

古语说："物暴长者必夭折！"（《后汉书》）体现在生活中，就是：那些说话快、吃饭快、走路快者，行事多不久长，缺少耐性（多数亦胆小），与人合作也会受到别人的不良影响，且福寿亦有乖违。这便是：内有所立，外有所应，名实不符，必然混乱。

这世间，善也好，恶也好，都不会"误会"你的！

有人在外与人一团和善，在家却气性暴躁乖戾。这就是内气不通畅的表现。内气不通，外气必不畅，运气亦欠佳。人若气脉通畅，血流舒缓有序，则性情必定和缓通畅，加之外相气宇轩昂，定是富贵安宁之人。

人有其内，必彰其外。人的心患病了，身体就会有病，可百姓却日用而不知。因此，要想不与疾病为伍，就要保持身心的阴阳平衡、心态调和。

仔细想想，这世间哪有身心之外的良药呢？但凡身心之病，皆以能自知、自愈为良药呀！因此，人人都应牢记：药是自家生！

所以，我们一定要牢记"事事相关，物物相应，运用之妙，存乎一心"，这样才能明白为什么孟子会说"行有不得者，皆反求诸己"

（《孟子·离娄章句》）。事情做不成功，遇到了挫折和困难，或者人际关系处得不好，或者自身出现疾病，就要自我反省，一切要从自身找原因。可惜的是，人们往往与圣贤之教背道而驰，遇到问题时，不是反躬自省，而是怨天尤人。可是，"无怨便是德"啊！（明代洪应明《菜根谭》）

还有，我们应该清楚：因果是不会误会任何人的！天地间也没有真正的"误会"、"偶然"和"意外"。其实，这类词语都是给无知者准备的。

南朝著名文人谢灵运在其《入道至人赋》中写道："推天地于一物，横四海于寸心。超尘埃以贞观，何落落此胸襟。"是说，在大智者的眼中，"一即一切，一切即一"，天地之大皆如一物，无边世界皆化于心。即便是微于尘埃之物，亦能有正知正见充溢于胸。你看，这不就是世人所追慕的第一等境界吗！

君子千里同风。邵雍亦曰："欲出第一等言，须有第一等意。欲为第一等人，须作第一等事。"（《一等吟》）

什么是"第一等事"呢？就是长智慧——长那个与万物打成一片、通身是眼的格物智慧！

司马光说："圣人守道不守法，故能通变。"圣人能够顺应万物的规律而不受固定方法的限制，所以能够通达世间的种种变化。这是邵雍的生命体悟带给我们的对"智慧"二字的诠释！

"天生烝民，有物有则""表象即表法"的格物智慧，是《观物洞玄歌》所带给我们的无限美馈！

愿更多的生命早日保有"通身是眼"的功夫，臻至邵雍"法眼无瑕"之境。

若能如此，则如伴圣贤。

第十三节　微开其端

数千年来，从卜居至堪舆再到风水，无论名词如何变迁，其内质都是古人探究环境势能的变化规律，从而使人与环境相谐相滋、求仁得义。这也是对中国文化格物智慧的践行。可惜的是，由于人们的虔诚心不够饱满，生命还没有被智慧渗透，以至于"神不守舍"，丧失了心灵的投影功能，看不清真相。

因此，要时常问问自己：何时才能醒来？

要知道，人生无论学什么，需要的都是功夫，而不是"打粉底霜"，做"化妆运动"。庄子曾说："利害不通，非君子也。"（《庄子·大宗师》）是说，你连好坏都分不清，怎么能算是个君子呢？并非你读书多就是君子，君子是要有"遇事能断"的功夫才可以呀。庄子还说，遇事要能够做到"胜物而不伤"，才是真功夫。可见，那些没有功夫的言语逻辑，皆是在误人春秋而已。

所有的学问，要能落地，要能解决问题，才是真才实学。而这，就需要我们去躬行——"君子深造之以道，欲其自得之也；自得之，则居之安；居之安，则资之深；资之深，则取之左右逢其原；故君子欲其自得之也"。（《孟子·离娄》）

我在此亦学邵雍"微开其端"——击将颓之法鼓，整已坠之玄纲……

第九章　医易同源

第一节　何为中医？

　　传统文化之功用，都是建立在格物之学的基础上的，以研究事物势能发展规律、解决问题为核心。作为中国传统文化重要组成部分的中医，亦属于格物之学的范畴。

　　近代以来，中国传统文化亦以"国学"为代名词，基本涵盖了我国各民族智慧的所有学问。什么是国学？对此，学界争议不止。简而言之，国学可分为如下四类：国文、国医、国术、国艺。其中，国文是指一个国家或民族历代流传下来的典籍，包含经学、文学类典籍等；国医是指一个国家特有的医学内容；国术是指以防御、养生为主的健身方法；国艺是指琴、棋、书、画、工等一个国家特有的艺术、建筑等内容。随着传统文化不断升温，国医（中医）热也顺势而起。

　　中国文化的智慧认为，人的一生，须知四理：天理、地理、人理、医理。生而为人，至少须知其中一理。其中，医理关乎生命健康，尤为紧要。古人认为：学医乃是天下人的事情。何出此言？中国文化特别强调"孝"，但如何才能做到"孝"呢？孝子除了"尊亲、弗侮、能养"三条之外，还有一个基本要求——须谙医理！即"为人父母者，不懂医为不慈；为人子孙者，不懂医为不孝"，"不学医，不可疗亲疾"。而金元四大名医之首的张从正在其所作的《儒门事亲》中就专门指出："唯儒者能明其理，而事亲者当知医。"他为天下读书人提出了尽孝的基本要求——学问是用来调心的，医理是用来养生的，真正的读书人一定要具备身心俱治的本领！这样才能更好地事亲，更好地善待老人，亦可避免老人误入庸医之手。

清代著名医家叶桂，博览群书，学究天人，谦逊向贤，师门深广。康熙皇帝曾御笔赐匾"天下第一"。叶桂在世80年，临终前告诫子孙："医可为而不可为，必天资敏悟，读万卷书，而后可借术济世。不然，鲜有不杀人者，是以药饵为刀刃也。吾死，子孙慎勿轻言医。"足见读书对医家之重要！历史上，北宋五子中以"横渠四句"名闻天下的张载、近代大儒马一浮等，无不学问与医术兼备、仁心与仁术并湛。

在《红楼梦》中，贾宝玉和薛宝钗竟然敢对太医的方子提出批评，究其原因，便是在古代科举考试中，中医为必考科目，中医学基础知识极为普及。

我国历代神医无数，但以扁鹊最为人所熟知。据《史记》《鹖冠子》等典籍记载，有一天，魏文王问扁鹊："你们兄弟三人都精于医术，到底谁水平最高？"扁鹊答："长兄最高，中兄次之，我最差。"魏文王闻言不解，问："那为何你最出名呢？"扁鹊答："长兄治病，能诊治人未发之病。由于一般人不相信他有事先去除病因的本领，因此信者寥寥，他虽小有名声也仅限于村中。实际上，他的能力完全可以治国。我二哥医术次之，能治病于初起之时，将病消灭于萌芽状态，故人们皆以为他只能治轻微的疾病，以至于他的名声不能传出乡里，但其能力实可以治人。而我所医治的病，病情都已十分严重。人们看到我穿针、放血、敷药等，就认为我医术高明，因此我声名远播，可我仅仅具有能治病的水平呀。"魏文王听完，恍然大悟。

扁鹊对兄长所作的评价，与汉代桓谭《新论》中所载"曲突徙薪"的故事有异曲同工之妙——"淳于髡至邻家，见其灶突之直，而积薪在傍，谓曰："此且有火。"使为曲突而徙薪。邻家不听，后果焚其屋，邻家救火，乃灭。烹羊具酒，谢救火者，不肯呼髡，智士讥之曰："曲突徙薪无恩泽，燋头烂额为上客。"盖伤其贱本而贵末也。"（《艺文类聚》卷八十引汉代桓谭《新论》）稷下学宫中，因博学多才而最具有影响力的学者淳于髡是战国时期齐国的政治家和思想家。他是齐之赘婿，身长不满七尺，滑稽多辩，齐威王拜其为政卿大夫，曾数度出使诸侯，未尝屈辱。有一天，淳于髡到邻居家，看到炉灶的烟囱是直的，并且旁边还堆积着柴禾，便对主人说："这样会着火的！要把烟囱改为弯曲的，并且要把柴禾搬离烟囱。"可是，邻居没有采纳他的建议。不久后，邻家果然失火，同邻居共救才把火扑灭。于是，着火这家的主人杀羊置酒答谢那些帮忙救火的邻居。有一个聪慧的人看到后，讥讽主人说："当初提醒你改烟囱和搬离柴火的人，没有被感念报恩，那些着火之后帮忙救火、被火烧得焦头烂额的人却被安排在上席，你真是不分轻重贵贱呀！"主人听完，羞愧难当，遂去邀请淳于髡入席。

这个故事启迪人们："凡事豫则立，不豫则废。"（《礼记·中庸》）平时要力求防患于未然。

养生之道，亦与其理无二。

《左传》中记载了秦国名医医和与晋文公的对话："文子曰：'医及国家乎？'对曰：'上医医国，其次疾人，固医官也。'"这也强调了"上医治国、中医治人"的道理。

关于中医的重要性，汉代大儒贾谊说："圣人不居朝廷，则必在医卜之中。"是的，圣人居朝廷，是为苍生做主；立于医卜之中，则是为黎民调命。此即张仲景所言"进则救世，退则救民，不能为良相，亦当为良医"。多么磊落的心胸和荡气回肠的志向啊！

以扁鹊、医和为代表的这些医术精湛的医家，流芳百世，令代代景仰。但是，值得我们反思的是：究竟什么是"中医"呢？

对此，东汉班固在《汉书·艺文志》中早有精准表述："有病不治，常得中医。"即强调通过日常的身心调养和食疗，将身体保持于阴阳平衡的状态，这样一来，即使带疾，亦能尽其天年。这就是中医的"医中"之道，不违中庸之至理。

而在现实生活中，当调养和食疗均不能解决身体疾苦时，才需要进行医疗。

关于医疗，《黄帝内经》也有明确排序：首先是用针法，其次是用灸法，再次才是服药。严格说来，服药已不属于"中医"的范畴了，因为"病不服药，如得中医"——这是清代大学者李渔在其《闲情偶寄》中提到的关于何为中医的八字金句。

清代医学家尤乘精于养生之道，著有《寿世青编》《勿药须知》等。他提出以"疗心""无药调养五脏"作为祛病良方和延年妙法，其中蕴藏了中医养生的精髓。此外，《寿世青编》中的"十二时辰无病法"，也非常棒！

在此摘录《勿药须知》的"疗心"之法以飨读者："正心。凡欲身之无病，必须先正其心，使其心不乱求。心不妄念，不贪嗜欲，不着迷惑，则心先无病矣。心君无病，则五脏六腑即或有病不难治疗。独此心一动，诸患悉招，虽仙医如扁、华在旁，亦无所措手。"

这是医家"不药而愈"的高境。

明代倪士奇《两都医案》载："仲尼有言，通天地人曰儒，而医亦有之，上知天文，下知地理，中知人事，天有九星，地有九洲，人有九脏，故立九道脉，以应天地阴阳之数，此医之三才也。"可见，中医亦属于格物之学。

"自《周易》《道德》《阴符》家言，以及天文、地理、音律、技击等无不通晓，尤精于医"的清代思想家、医家徐灵胎，亦说："不知天地人者，不可以为医。"（《医学源流论》）清代医家王秉衡在其《重庆堂随笔》中亦特别强调："格物之学，最为医家要务。凡物性之相制、相使、相宜、相忌，与其力量之刚柔长短，皆宜随时体验，然后用之无误。"

从应用的角度而言，古代医家有天医、地医、人医之分。

古代的巫医及祝由治病之类，谓为天医。"祝由"一词最早见于《黄帝内经·素问·移精变气论篇》："黄帝问曰：余闻古之治病，惟其移精变气，可祝由而已。"唐代王焘《外台秘要》载有"祝由科"，说明最迟在唐代，祝由已成为中医体系中的独立一科。宋代《圣济总录》卷四《治法·祝由》曰："周官疡医，掌众疡祝药劀杀之齐，必先之以祝，盖医之用祝尚矣。"明代太医院设有医术十三科——"曰大方脉，曰小方脉，曰妇人，曰伤寒，曰疮疡，曰针灸，曰眼，曰口齿，曰咽喉，曰接骨，曰金镞，曰按摩，曰祝由"。可见历代中医体系皆有祝由一脉。

通过改善环境来治愈疾病之类的医疗方法，谓为地医。地医者，可去地之害也，即去除环境导致的疾病之因。古代所言行医，是医生出诊时，除了通过望闻问切之法判断疾病外，还要判断患者所居环境是否为致病之因，今称"居住医学"。宋代宰相王钦若就是个典型案例，长得头大、佝偻、罗锅，人称"瘿相"，因其从小在水边长大，全村人皆如此。

古代地理上的"四神"（青龙、白虎、朱雀、玄武）观念，家喻户晓，并且人们也懂得如何将其践行在生活中。古代医家见患者宅中"白虎"突出，则在开方时加入诸如鹿角（五行属木，喻为青龙）与虎骨等药材，取其"青龙压制白虎之意"。患者服用后，久治不愈之病从此得愈。因此，宋代大儒蔡元定尤其强调"为人不可不懂地理和医药"。

那些治疗因外力及自身情志所致疾病的学问，谓为人医。此最为人所常见，无须赘言。

此外，对于某些疾病，医家也有不治之原则。《史记·扁鹊仓公列传》载扁鹊之言曰："人之所病，病疾多；而医之所病，病道少。故病有六不治：骄恣不论于理，一不治也；轻身重财，二不治也；衣食不能适，三不治也；阴阳并，脏气不定，四不治也；形羸不能服药，五不治也；信巫不信医，六不治也。有此一者，则重难治也。"

古语说："理通法自明。"人生，从开蒙始，就要渐次明理——要明：天理、地理、人理、医理、事理。能做到理事无碍，才是睿智通达。

第二节　医易同源

　　中国古代有各种各样的祭祀，行行都有，中医也不例外。一百多年前的北京城就有"先医庙"，庙中祀奉的牌位，伏羲居上，左神农、右黄帝，均面南而立；句芒、风后，东位西向；祝融、力牧，西位东向；东庑僦贷季、天师、岐伯、伯高、少师、太乙、雷公、伊尹、仓公、淳于意、华佗、皇甫谧、巢元方、药王、韦慈藏、钱乙、刘宗素、李杲，皆西向；西庑鬼臾区、俞跗、少俞、桐君、马师皇、神应王扁鹊、张仲景、王叔和、抱朴子葛洪、真人孙思邈、启元子王冰、朱肱、张元素、朱彦修，皆东向。以北为上，岁以春冬仲月上甲，遣官致祭。

　　每年春天和冬天的仲月第一个甲日为祭祀日。

　　学界共知，《易》有四圣——伏羲、周文王、周武王、孔子，其中伏羲居首。从先医庙祀奉次序中可见，伏羲也是居首，足见"医易同源"的哲学观念早为先贤所共识！

　　智慧在源头上，是无二无别的。

　　《易经·系辞》曰："《易》与天地准，故能弥纶天地之道。仰以观于天文，俯以察于地理，是故知幽明之故。"又说："一阴一阳之谓道。"司马迁的《史记·太史公自序》曰："《易》著天地、阴阳、四时、五行，故长于变。"顺天应地、调理阴阳、四时辨证、五行势能，这些都是中医的核心法脉，因而"医易同源"便成为中国文化的特质。并且，医易并举是贯穿于古代学人的学习生涯的，亦得到无数医家的高度印证而传为世范。

中医是自然科学，从其诞生起，即不离阴阳五行系统。早在《黄帝内经》和《史记·扁鹊仓公列传》中即有表述——扁鹊治病，有阴阳而无五行；而仓公则有"土不胜木"之言。可见，阴阳五行是中医绕不开的基础理论，历代方家皆谙此理！如，汉代医圣张仲景在《伤寒杂病论》序言中就写道："余宿尚方术。""怪当今居世之士，曾不留神医药，精究方术……以养其生。""夫天布五行，以运万类，人禀五常，以有五藏。经络府俞，阴阳会通，玄冥幽微，变化难极，自非才高识妙，岂能探其理致哉？"

中医在古代被归为"伎类"。《汉书·艺文志》载："方技者皆生生之具……烛论其书、以序方技为四种。"（此处的"四种"包括医经、经方、房中、神仙）《说文解字》曰："伎，与也。"即通过外物愈人者也。故中医为伎类，从此论。

唐代药王孙思邈曰："不研《易》，不足以为太医。"是说，作为医者，若不精通《易》道，则不可能达到医家的最高水平——太医。其更在《千金备急药方》中强调："凡欲为大医，必须谙《素问》《甲乙》《黄帝针经》、明堂流注、十二经脉、三部九候、五脏六腑、表里孔穴、本草药对、张仲景、王叔和、阮河南、范东阳、张苗、靳邵等诸部经方，又须妙解阴阳禄命、诸家相法，及灼龟五兆，《周易》六壬，并须精熟，如此乃得为大医。若不尔者，如无目夜游，动致颠殒。次须熟读此方，寻思妙理，留意钻研，始可与言医道者矣。又须涉猎群书，何者？若不读五经，不知有仁义之道。不读三史，不知有古今之事；不读诸子，见事则不能默而认之。不读《内经》，则不知有慈悲喜舍之德；不读《庄》《老》，不能应真体运，则吉凶拘忌，触涂而生。至于五行休王、七耀天文，并须探赜。若能具而学之，则于医道无所滞碍，尽善尽美矣。"

你看，除了要熟读圣贤经典著作之外，对于天文、干支、五行、阴阳禄命、诸家相法、《周易》、六壬等格物之学都要精熟，这样才可以成为大医！否则是难以体证扁鹊所言"司命之所属，无奈何也"的天人之见的。

而明代药王李时珍也强调："欲为医者，上知天文，下知地理，中知人事，三者俱明，然后可以语人之疾病。不然，则如无目夜游，无足登涉。"天文、地理、人事皆为易道之属。

医易同源，而阴阳五行是其基础。清代乾隆年间，国家编撰的中医教科书《医宗金鉴》就重点论述了从阴阳五行的角度诊治疾病的内容：

涉及阴阳的有"凡病昼夜俱烦热者，是重阳无阴之病也。凡病，昼则寒厥，夜则烦热者，名曰阴阳交错"，以及"运气要诀"详解中的《太虚理气天地阴阳歌》等。

涉及五行的内容有："木主化生青色，火主化生赤色，土主化生黄色，金主化生白色，水主化生黑色……变色大要，生克顺逆……黑赤紫成，黑黄黧立……皆相克变色，为病之逆也。医能识此，则可推五脏主病、兼病，吉凶变化之情矣。"以此明五色生克顺逆，相兼合化之变色也。又"脏色为主，时色为客。春青夏赤，秋白冬黑，长夏四季，色黄常则，客胜主善，主胜客恶。五脏之色，随五形之人而见，百岁不变，故为主色也。四时之色，随四时加临，推迁不常，故为客色也。春气通肝，其色当青；夏气通心，其色当赤；秋气通肺，其色当白；冬气通肾，其色当黑；长夏四季之气通脾，其色当黄。此为四时常则之色也"。还有《五行德政令化灾变歌》，等等。

述及五脏与五行的关系，有几则相关病例，在此略作介绍，以增强对该问题的理解：1. 甲状腺与胆同属甲木，甲状腺有问题的人，通常胆也会有问题。甲状腺问题与"出口成脏"以及"刀子嘴豆腐心"的习气有关。2. 给人出主意，却时不时挖苦一番者，往往有胆疾。3. 情绪异常者，多患肝疾。4. 爱操心，以及吃饭快者，皆易得心脏疾患。5. 女性有两个"出气筒"，一在胸，一在子宫。爱生气，且生气后能代谢出来的，通常出现乳腺增生、结节、囊肿；而那些生闷气却发不出来者，则多有子宫、卵巢囊肿、息肉等疾患；那些常对旧事耿耿于怀者，则更易增加癌变的风险。

涉及干支的有《天干十二经表里歌》《地支十二经流注歌》等。

《黄帝内经·素问·至真要大论》载："岐伯曰：'司岁备物，则无遗主矣。'"是说，天地之气，随着每年太岁干支不同而各有所司，因而要根据太岁干支对应的气运规律来准备药物，这样就能使当年的疾病都得到治愈而无所遗漏。由于不同年岁的岁物，得其当年天地精专之化，气全力浓，对当年所发疾患效力最大，故应最先储备。因为不同的药在不同的环境、时空、状态下，势能是不同的，所以大医必须精通岁气之学。近500年来，在这方面最有代表性的就是明代著有108卷医书的万密斋。嘉靖十三年（1534）春，鄂东地区暴发痘症时，万密斋研制有"代天宣化丸"，及时控制了病情，愈人无数，清初被皇帝追封为"医圣"。其《万氏秘传片玉痘疹》卷五载"代天宣化丸"处方：人中黄（属土，甲己年为君）、黄芩（属金，乙庚年为君）、黄柏（属水，丙辛年为君）、栀子仁（属木，丁壬年为君）、黄连（属火，戊癸年为君）、苦参（为佐）、荆芥穗（为佐）、防风（去芦，为佐）、连翘（酒洗，去心，为佐）、山豆根（为佐）、牛蒡子（酒淘，炒，为佐）、紫苏叶（为佐）。制用法：数药先视年之所属者以为君，其余主岁者以为臣。为君者倍之，为臣者半之，为佐者如臣四分之三。于冬至日修合。为末，取雪水煮升麻，加竹沥，调神曲为丸，辰砂、雄黄为衣。竹叶汤送下。功效：清瘟解毒，透疹退热。从"代天宣化丸"的配制方法中可以看出，其选药依据五运六气，结合时年的天干地支及五行，并在冬至一阳生之时开始炮制，自始至终，皆顺易道。其心之精微，确实令人赞叹，也值得后世躬学！

从上面所述可见，医理不离易理，易道与医道实为一体两变而已。

历史上最早记载援易入医、医易并用的医家，或许是春秋时期的秦国名医医和了。《左传·昭公元年》记载："晋侯求医于秦，秦伯使医和视之。曰：'疾不可为也，是谓近女室，疾如蛊。非鬼非食，惑以丧志。良臣将死，天命不佑。'……赵孟曰：'何谓蛊？'对曰：'淫溺惑乱之所生也。于文，皿虫为蛊。谷之飞亦为蛊。在《周易》，女惑男，风落山谓之蛊，皆同物也。'赵孟曰：'良医也。'厚其礼而归之。"昭公元年（前541）时，孔子才10岁，而秦国名医医和已能熟练引用《易》之蛊卦卦象来解释疾病形成的原因了。蛊卦的下卦为风、为巽、为长女，上卦艮为山、为少男，所以这是长女迷惑少男，狂风吹落山上草木的象征。这一则医和运用易理来阐释病因病机的记载，比孔子援《易》而创《中庸》还要早。

此后，历史上医易并用的医案屡见不鲜。及至宋代，文献所载的医易同源的内容更是丰沛。

宋代"儿科之圣"大医钱乙《小儿药证直诀》曰："变者，易也。"

明代大医张介宾《类经图翼·医易》云："易者，易也，具阴阳动静之妙；医者，意也，合阴阳消长之机……天人一理者，一此阴阳也；医易同源者，同此变化也。""易具医之理，医得易之用。"这是关于医易同源的明确记载。并且，他还进一步阐释道："《易》之为书，一言一字，皆藏医学之指南；一象一爻，咸寓尊生之心鉴。"以及"医不可以无易，易不可以无医。设能兼而有之，则易之变化出乎天，医之运用由乎我。运一寻之木，转万斛之舟；拨一寸之机，发千钧之弩"，强调中医的理论与应用均须在易道思想的统贯下进行，方能机圆法活，生机益然。

明代名医皇甫中《明医指掌》曰："《易》者，变易也。"

明代孙一奎《医旨绪余》曰："深于《易》者，必善于医；精于医者，必由通于《易》。""医之理，可比《周易》。""医者，易也，至便至易之事也。"

明代李梃《医学入门》曰："学者不深入易，则于死生之故不达。利济人物，终无把握。"

学医者若不能深谙易理，则难以通达事物的好坏和死生之因。若是这样，即使你想利益别人，但也不会有完全的把握。

清代程文囿《医学溯源》曰："夫医之为道大矣哉！体阴阳五行，与《周易》性理诸书通；辨五方风土，与官礼王制诸书通。"

清代刘清臣《医学集成》曰："医之为道，非精不能明其理，非博不能致其约。是故前人立教，必使之先读儒书，明易理、《素》《难》《本草》《脉经》，而不少略者，何？盖非四书，无以通义理之精微；非《易》，无以知阴阳之消长；非《素问》，无以识病；非《本草》，无以识药；非《脉经》，无以诊候而知寒热虚实之证。"

清代章楠《医门棒喝》曰："是以《易》之书，一言一字毕藏医学之指南。"

对此，曾国藩也独具见地："各朝学者，无不读《易》者，无不悉医者。医者，易也。医则调身，易则调神。"

《易经·系辞》中有"在天成象，在地成形，变化见矣"之句；而与《伤寒论》齐名，并出自同一祖本《汤液经法》的中医五行体系独有之作《辅行诀》，亦载有："经云：在天成象，在地成形。天有五气，化生五味，五味之变，不可胜数。今者约列二十五种，以明五行互含之迹，以明五味变化之用……"首句所用即为《系辞》之句。

唐代药王孙思邈在其《千金方·论用药》中载："上药一百二十种，为君，主养命以应天。无毒，多服、久服不伤人。欲轻身益气，不老延中药一百二十种，为臣，主养性以应人。有毒无毒，斟酌其宜。欲遏病，补虚羸者，本中经。下药一百二十五种，为佐使，主治病以应地，多毒，不可久服。欲除寒热邪气，破积聚，愈疾者，本下经。三品合三百六十五种，法三百六十五度，每一度应一日，以成一岁。倍其数，合七百三十名也。"他将中药分别与天地人三才之道相对应，并具体明确到每日以应年岁。从中可见，中医理论是在效法天地的思维中建构的！

《黄帝内经》本身就是以阴阳五行哲学为其核心理论的。

…………

足见易道与医道之思想，共为一源，自古为通家之共识。

汉代张仲景与唐代孙思邈以及历代大医，无一不精通儒家文化。而这些人也形成了一个特殊群体——"儒医"，即儒、医兼通者。由此，医易同源的天人合一思想，在宋代这个中国文化最发达的巅峰时期得到了最为广阔的发扬！

宋代以前的医者地位并不高，但从北宋开始，历代皇帝都格外重视医药学，以至于儒医人才济济。尤其是宋徽宗颁诏将医学从专管宗庙礼乐的太常寺转为国子监（当时最高学府）管理，从而将医学纳入儒学教育体系，使得中医在科举考试及社会生活中得到高度重视；强调以"教养上医，广得儒医"，按等级任命医官，从而开辟了一条"医而优则仕"的道路，使儒医地位得到政治保障。元代对医学的重视更是前所未有，医者地位大大提高。《武敬墓志》开篇便是对其高祖"以儒医鸣"的记述，正是这一时期重视儒医的体现。"伏观朝廷兴建医学，教养士类，使习儒术、通黄素、明诊疗而施于疾病，谓之儒医。"

（《宋会要辑稿》）

人们广为熟知的钱乙、耶律楚材、李时珍、傅山等人，均为中医史上"儒医群芳谱"里的代表人物。

《易经》有三大精义。《易纬·乾凿度》云："易一名而含三义，所谓易也，变易也，不易也。"汉代"经学之首"郑玄依此义作《易论》云："易一名而含三义：易简一也，变易二也，不易三也。"医易同源思想的践行，即与此有关。（"三义"之论，详见本书第二章第四节"《易经》概要"）

这世界，唯一不变的就是变！但这变中有简，变中有恒，万变不离其宗。

这世界生生不已，易简、变易、不易三者互显互用，以至于宇宙大化流行，动而不乱，有其恒常。

医易同源，万法归宗。古往今来的医家们，有着无数践行医道与易道之高妙智慧的典范事例。

第三节　大医至简

　　中医思想与《易经》相通，最神奇之处都是能把错综复杂、看似杂乱无章的万事万物化繁为简。

　　《黄帝内经·素问·生气通天论》曰："阳气者，若天与日，失其所，则折寿而不彰，故天运当以日光明。是故阳因而上，卫外者也。"阳气的作用如同上天和太阳一样，若它们不能正常运行，则自然界中的生物必然难以生存，乃至折寿短命，因此上天会让太阳放出光明，让世间保有阳气。而阳气有向上和向外的势能，可护卫身心，抵御外邪之侵。

　　《易经·系辞》曰："乾，阳物也。"乾卦六爻皆阳。《易经·象传》曰："大哉乾元、万物资始，乃统天。"是说，实在是伟大啊！蓬勃盛大的乾元之气，是万物创始化生的动力源泉，是统贯于整个天道运行过程之中的能量啊！北京的天坛是皇家祭天之所，对应乾卦，喻为纯阳之地。早年就听过北京老人们相传的一句话：住在天坛附近的老人多长寿。问他们原因，他们说，因为那里阳气足啊！虽不能尽解其中道理，但人们还是对此坚信不疑。

　　医家和易家这两家的重要典籍，都说明了一个问题：阳气是生命功能的动力引擎。对人而言，阳气就是生命的根基。人如果少了阳气，身体就会运行失常，就会生病、寿促或夭折。难怪自古称寿命为"阳寿"而非"阴寿"，是因为没有阳气就没有生命。

对此，当代名医李可先生表述得尤为精辟："阳气不到的地方就是病！"他还说："阳萎则病，阳衰则危，阳亡则死。阳气衰弱，阳气就失去了统率作用。所以救阳、护阳、温阳、养阳、通阳，一刻不可忘！治病用药切切不可伤阳。所以古人云：'万病不治求之于肾。'求之于肾就是救阳气。"

无论是养阳、扶阳、温阳、养阳、通阳还是救阳，皆为"天行健"！皆是恪守至道不繁、守中为要之规。因为，升阳是医家的不变之基。简从之谓道，若繁杂无绪，皆为道末！

曾国藩的门生俞樾，在治经之余，对中医也颇有研究，且能开方治病。但他在校注《素问》、释岐黄之玄奥的同时，发现后世处方越来越繁，但疗疾效果日益衰微。对此，他非常痛心，以至于放言"医可废、药不可尽废"（《医药说》）。

学中医之人，但凡能运用好人体顺势而为的势能思维，不离升阳之则，意微诚沛，不为外惑，直取本源，久之可得为良医。

《黄帝内经》曰："尽终其天年，度百岁乃去。"是说，人不是因得病而亡的，而是因阳气渐弱而衰老寿终的。人要长寿、要无病，就要养阳。只要阳气充足，疾病就压不倒生命；而阳气衰弱，势必命不久长。

那么，人如何升阳呢？中医讲"春主醒、主动"，人到早上四五点钟就应醒来并活动，这叫"迎寅"。寅时的这一动，会使阳气生起；加上脚踏土地——土能平阴补阳——人的阳气足，疾病就少，生命的状态和质量也必然上行。所以，早睡早起，按时起居，"与时偕行"（《易经》），是升阳益生的良方。

1953年，已经有114岁高龄的虚云长老在上海主持法会，每日排队报名求皈依者数以千计。曾任中国佛教协会会长的赵朴初居士，担心虚云长老过于疲劳，致生疾病，特请沪上名医为其诊脉。结果出人意料——医生说，他从未曾诊过这样的脉。虚云长老不仅没有病，而且其脉为纯阳之脉。加之近来虚云长老脱落之牙齿复生，足证其体能良好，大有返老还童迹象。并且此前"云门事变"所受创伤，业已全部复元。终至世寿120岁！

众所周知，僧家早上寅时即要起床做早课，而虚云长老僧腊101年，也就是迎寅了101年，加之心胸宽大无私，可见升阳久矣！

迎寅之外，还有一个升阳寿方——那就是以清净心读经典！

为什么读经典可以长寿呢？那是因为，经典是纯阳之物！采经补阳是长生之良药——善读之，善授之，善践之，皆可补阳气！

往圣先贤为后学开出"宗经、涉事"的智慧命脉，不知盦然了多少生命！关于这一点，南北朝时期的颜之推在其"古今家训之祖"——《颜氏家训·勉学》里讲得极为清楚："汉时贤俊，皆以一经弘圣人之道，上明天时，下该人事，用此致卿相者多矣。"足见经典之重要！

被世界公认为"长寿系"的北京大学哲学系，90岁以上的学者占了四分之一，85岁以上的学者几乎占了一半。北大哲学系的楼宇烈教授说，自己虽然年纪已80多岁了，但在北大哲学系却不敢称老人。有人会问，这些老先生有什么养生之道呢？当然有！他们一辈子学经典、讲经典、践行经典，一辈子都在升阳，都在不停地为生命蓄能，因此长寿是必然的！

经典通天地之道，可经天纬地。孔子说："践仁以知天。"人知天道，便可升阳。

那么，什么是"仁"呢？成为仁者又有什么益处呢？对此，宋元之际的吴澄早有怡人之解："仁者寿，非圣人之言乎？天地生物之心曰仁，惟天地之寿最久。圣人之仁如天地，亦惟上古圣人之寿最久。人所禀受有万不齐，岂能人人如圣人之仁哉？夫人之全德固未易，全然礼仪三百、威仪三千，无一而非仁者。得三百三千之一亦可谓仁，则亦可得寿矣。予尝执此观天下之人：凡气之温和者寿，质之慈良者寿，量之宽洪者寿，貌之重厚者寿，言之简默者寿。盖温和也，慈良也，宽洪也，重厚也，简默也，皆仁之一端。其寿之长，决非猛厉、残忍、褊狭、轻薄、浅躁者之所能及也。"（《摄生总要》）

后来，清代的大儒方苞将此总结为："气之温和者寿，质之慈良者寿，量之宽宏者寿，言之简默者寿，故仁者寿。"你说，一个人性格温和、品质慈良、心胸阔大、言语简洁不躁，这样的仁者怎能不长寿呢！要知道，"药补不如食补，食补不如人补"。一个仁化的群体，必然是文明的群体，也一定是长寿的群体。而在茫茫人海中，找到那个能与自己"同声相应、同气相求"的增上缘者，便是对自己的善待！

《易经》说："立人之道，曰仁与义。"我们对"仁"已经了解了，那么何为"义"呢？义，简而言之，即有智慧地取舍。人能止损，便是生阳。古人所谓"居仁由义"，便是升阳之法，能念念在心，自然会生机满天地。

圣人之言，透心为字，熬膏为文，皆为无方之药。

所有经典，无一字是先人用来为难后人的，而皆是在我们走投无路时所给予的让我们回光返照的洞见！

医道不离阴阳

《易经·系辞》曰："一阴一阳之谓道。"

从阴阳平衡契入疗疾和养生，是中国古代医家的不易之道。

我们从清代医家王秉衡《重庆堂随笔》所载的一段论述，便可知其端倪："冬虫夏草，论物之变化，必由阴阳相激而成，阴静阳动，至理也。然阳中有阴，阴中有阳，所谓一阴一阳，互为其根。如无情化有情，乃阴乘阳气；有情化无情，乃阳乘阴气，故皆一变而不复返本形。田鼠化鴽，鴽化田鼠，鸠化鹰，鹰化鸠，悉能复本形者，阳乘阳气也；铆石化丹砂，断松化为石，不复还本形者，阴乘阴气也。夏草冬虫，乃感阴阳两气而生。夏至一阴生，故静而为草；冬至一阳生，故动而为虫。辗转循运，非若腐草为萤、陈麦化蝶，感湿热之气者可比。入药故能治诸虚百损，以其得阴阳之气全也，然以冬取者良。张子润云：夏取者服之可以绝孕。周兼士云：冬取者可种子治蛊胀也。"又"盖人身之精神，不外乎阴阳，阴阳又不外乎刚健柔顺，相倚循环，并非分道扬镳者也。故无形之动，阳之性，即阳之理；有形之静，阴之性，即阴之理也。张之则为阳，弛之则为阴。阳则刚健中正，阴则柔顺利贞。丹书敬胜怠胜，夫人知之，无如气血精力与时推移。久劳其阳，阳必降而入阴；久敝其阴，阴必无力承阳。必使刚健中正以行之阴，柔顺利贞以奉于阳，则阴阳二气无形体、无疆界，不劳不敝，则自然清明在躬也"。由此可知，但凡运动多驰且热烈者，皆为积阴损阳之道，以至于寿促！世间事，"物无美恶，过则为灾"（宋代辛弃疾）。《淮南子·精神训》亦总结道："人大怒破阴，大喜坠阳，大忧内崩，大怖生狂，除秽去累，莫若未始出其宗，乃为大通。"元代养生名著《三元延寿参赞书》亦曰："怒气剧炎火，焚来徒自伤。触来勿与竞，事过心清凉。"足见，人的种种情绪也是不离阴阳运化之道的。

对阴阳的看法，北宋五子之一的程颐亦有殊途同归之见："《易》者，阴阳之道也。"（《程氏易传序》）还说："一阴一阳之谓道，道非阴阳也……所以阴阳者道也；阴阳，气也。气是形而下者，道是形而上者。"（《二程遗书》）中医讲的"五运六气"，即是阴阳之道的细化。

由上所述可知，对中医而言，一切病症都要归为阴类或阳类的。换言之，阴阳观是中医的基础架构。譬如：

《黄帝内经·素问·阴阳应象大论》曰："清阳出上窍，浊阴出下窍；清阳发腠理，浊阴走五脏；清阳实四肢，浊阴归六腑。"

《左传·昭公元年》记载，秦景公所派的名医医和在与晋平公的对话中，提出了著名的"六气病源"的病因学说，即"六气以阴阳为纲，而淫生六疾统于阴阳"，医和也因此被后世称为病因理论的创始者。

清代唐宗海《血证论·滑氏补肝散》曰："肝体阴而用阳。"

《黄帝内经·素问·五脏别论》曰："脑、髓、骨、脉、胆、女子胞，此六者地气之所生也，皆藏于阴而象于地，故藏而不泻，名曰奇恒之腑。"

清代吴瑭《温病条辨·中焦篇》曰："胃之为腑，体阳而用阴。"

宋代杨士瀛《仁斋指方论·声音方论》曰："肺为声音之门，肾为声音之根。"

清代石寿棠《医原·闻声须察阴阳论》曰："肺主出气，肾主纳气，阴阳相交，呼吸乃和。"

清代顾松园《顾松园医镜》曰："不为良相，当作良医。良相燮理阴阳，平治天下；良医燮理阴阳，挽回造化。今观此论，不独挽回造化，直欲转移风俗。"

······

本书第六章《中国音声智慧》中御医黄元御"闻声知情"的案例，亦可揭示中医运用阴阳之道的精妙与伟大！

以下古代医案所展现的医家对阴阳之道的理解和运用，能更加饱满我们的视野！

绝阴阳之气

精通医术的文挚是战国时期的宋国人。《吕氏春秋·至忠》载有一则他的事迹。

　　齐王疾痏，使人之宋迎文挚。文挚至，视王之疾，谓太子曰："王之疾必可已也。虽然，王之疾已，则必杀挚也。"太子曰："何故？"文挚对曰："非怒王则疾不可治，怒王则挚必死。"太子顿首强请曰："苟已王之疾，臣与臣之母以死争之于王。王必幸臣与臣之母，愿先生之勿患也。"文挚曰："诺。请以死为王。"与太子期，而将往不当者三，齐王固已怒矣。文挚至，不解屦登床，履王衣，问王之疾，王怒而不与言。文挚因出辞以重怒王，王叱而起，疾乃遂已。王大怒不说，将生烹文挚。太子与王后急争之，而不能得，果以鼎生烹文挚。爨之三日三夜，颜色不变。文挚曰："诚欲杀我，则胡不覆之，以绝阴阳之气？"王使覆之，文挚乃死。夫忠于治世易，忠于浊世难。文挚非不知活王之疾而身获死也，为太子行难，以成其义也。

　　战国时齐宣王之子齐闵王有一次患病，症状是抑郁焦虑，怒时不能制，浑身不适，茶饭不思，虽多方医治，皆无效。太子便延请宋国名医文挚来诊治。文挚诊断后，对太子说："齐王的病我肯定可以治好。但齐王痊愈后，必杀我无疑。"太子不解。文挚说："齐王的病只能用激怒的方法才能治好。可一旦激怒他，病好后，他一定会杀我。"太子听了恳求道："我和母亲会以死来向父王求情，以保全你的性命。您放心就是了！"

　　文挚实在推辞不过，只得应允，说："那我就冒死为齐王治病吧。"
　　于是，他与太子约好诊期。但到期时，文挚却爽约，并且连续三次。齐王见文挚连爽三约，恼怒不已，欲加之罪。未料此时文挚突然出现。不过，他既没行礼，也没脱鞋，径直站到齐王的床上，踩着齐王衣服，问齐王病情如何。齐王气得理都不理他。文挚见此，就用更重的言辞激怒齐王，齐王被气得大声呵斥文挚，并就势坐了起来。未承想，文挚这一下就把齐王的郁气全给发泄出来了，奇迹般地治好了齐王的病。太子赞叹不已。

可惜，事与愿违。齐王的病虽然好了，但杀文挚的心却没止息！太子与王后虽然不停地进谏，但仍未能保住文挚性命。正如文挚事前所预见，他未能躲过杀身之祸——怒不可遏的齐闵王竟然"以鼎生烹文挚"。

用烧得滚烫的大锅，烹煮文挚三日三夜，可其颜色却丝毫没有变化。最后，煮在沸水中的文挚对齐王说："如果实在要杀我，为什么不盖上锅盖，以绝阴阳之气呢？"齐王闻之，遂命人盖上锅盖。文挚为太子取义而亡。

在此医案中，文挚依据中医情志"怒胜思"的治病原则，采取激怒病人的手段，治好了齐王的病，给中国医案留下了一个经典范例。

但文挚最后讲的话："诚欲杀我，则胡不覆之，以绝阴阳之气？"这个阴阳之气究竟是什么呢？为什么连煮三天文挚肤色都没变，还要盖上盖子"绝阴阳之气"才能令其死去？实在是令人诧异和费解！

但我们至少可以看到，那时的医生对阴阳的理解是多么深入和丰富啊！

古语说，能助人还能救自己的，才是真君子。可这个文挚，能救人而不能救己，也令人惋惜。

当年，范蠡和文种一起帮助越王勾践灭吴国。功成后，范蠡悄然挂冠而去，隐退之前提醒文种：越王深目鹰鼻喙嘴，性情凉薄，只可共患难不可同富贵，应明哲保身而去。文种决然不信，言勾践所许重诺，理当承当。见此，范蠡乃去。未过数年，文种即被赐死。可惜文种之才，只能帮人而未能救己！聪乎？昧乎？

与范蠡异曲同工者，大有人在。1000多年前的宋代，有名医钱乙，为当时的太医，《四库全书总目提要》称"钱乙幼科冠绝一代"，被后世誉为"儿科之圣"。众所周知的补阴名方"六味地黄丸"，最早即见于其所著《小儿药证直诀》。钱乙救人无数，但自己中年得有怪病"周痹"，若侵入内脏，便会死人。他用药将病转移到手脚上，直至左手和左脚突然间蜷曲不能伸展，遂大喜，说："可以了！"……后来，在那个连苏东坡都慨叹"人生七十古来稀"的时代，钱乙竟然活到了82岁！

阴病阳治

　　清代京官潘宪向，官欲极强，但多年郁郁不得志。终有一天被朝廷调任杭州，潘宪向大喜过望！可不知为何，当晚他突然双目失明，找了很多医生，均束手无策。最后，潘宪向只好让差人去请名医叶天士。差人见到叶天士后，讲明情况，未料叶天士却说："这样请我，我可不去，必须备全副仪仗来，我方可前往。"差人回去禀报，这可把潘宪向气坏了。但为了治病，没办法，只好依言照办，筹备仪仗去请。可未承想，叶天士又说："还不行，得潘宪向夫人亲自来请才行。"差人回去禀报，潘宪向闻言怒不可遏，哇哇咆哮，说："这叶天士是不想好了，看我将来怎么治他！"正说着，突然发现自己眼睛能看清东西了。众人正难解之时，有差人来报：叶天士求见！余怒未消的潘宪向说："让他进来，我要狠狠地质问他一通！"叶大夫进来后，双手作揖道："在下前来向您祝贺病愈！"但潘宪向却说："与你何关，又非你所治！"没想到，叶天士却心平气和地说："心藏神，内通目，您是因暴喜将心神荡散，导致目盲的。"潘宪向疑惑地问："那你是怎么治好的呢？"叶天士说："暴怒伤阴，暴喜伤阳，一阴一阳之谓道。我只有故意激您暴怒，才能治好您的暴喜之症，这叫以阳治阴。"潘宪向一听，这叶天士果然厉害，由怒转喜，尽释前疑，又对其重礼相酬。

叶天士根据阴阳不调的病因，未开药就治好了潘宪向的病，真是令人拍案称奇！

大医至简啊！

"极阴之水"医病

任何学问，都要能够"落得了地"才行，这就是古人强调的"接地气"的重要性。

明代太医刘纯所著的《短命条辨》云："病家不接地气，故阴阳不通，是之阳气自行消长，而症候随之消长。嘱病家每日赤足走路，半时辰即可。"刘太医这个治病的妙法就是每天赤足在泥土上走一个小时，通过好好"接地气"来调和阴阳，补益自身。

此外，清代亦有一桩神奇的医案非常值得玩味——有一富家女，生病十余年，试过种种医方皆不治。后来请来一位新大夫，诊脉之后开出一个方子。这位富家女一看，不由得皱眉："这个方子跟过去医生开的一样啊！之前吃了很久都没好。"新大夫说："你注意看，这个方子对煎药之水的要求不同。"女子一看，果然，方子上写着："在自家院子北墙的墙根南面挖坑，取所渗之水煎药。"如法照做后，富家女十几年不愈的病竟于几日内痊愈，阖家大为惊喜！

后来，病家问医生："治病的原因何在？"

医生说："我开的药方虽然与别人相同，但水性迥异。自家房子最北处水性为阴，而北墙之南的水是阴中之阴，乃极阴之水。其病必须用这种水煎药服下方能治愈。"

一水之别，十载病除，足见该医生对水文把握的精微与其辨证施治的神奇！

其实，医家鉴水入药之法，古已有之。明代虞抟编著的《医学正传》中，即载有水的分类"医家以水烹煮药石，本草著名类多而未详其用，曰长流水，曰急流水，曰顺流水，曰逆流水，曰千里水，曰半天河水，曰春雨水，曰秋露水，曰雪花水，曰井花水，曰新汲水，曰无根水，曰菊英水，曰潦水，曰甘澜水，曰月窟水。夫何一水之用而有许多之名，必其能各有所长……"可见，水性并非一成不变，而是依时令、地域、环境、人为等因素而产生变化，进而导致其性能和功用发生改变，古代医家亦因此而进行灵活运用。

一水一世界——水性受外界影响而变化，这提醒人们：世界上没有任何一物是独立存在的，都是众缘和合的产物。所以，要学会感恩！

阴阳和，故能有子

《黄帝内经·素问·上古天真论》曰："阴阳和，故能有子。"是说，孤阳不生、孤阴不长，阴阳相和才能有子。言及中医诊断生育，不得不提及被谓为医家之奇的《太素诀》，这是成书于北宋后期的一部脉学著作（载于《四库总目提要》）。

明代医家彭用光在其《太素脉诀》中留下了"指掌图歌"："命宫心部小肠迁，官禄肝经胆福全。肾上寿元膀胱疾，肺为父母夫妻连。脾宫田宅胃财帛，兄弟命门焦仆绵。十二宫中皆有定，要看太素在心专。"素，乃虚空之意。太素是虚空中不可见能量的来源，不仅可据此诊断身体状况，还可判断阴阳禄命等内容。在太素脉的应用中，彭用光特别强调十二宫在"寸关尺"脉的分布——左寸配属心与小肠，可根据其诊察命宫与迁移情况；左关配属肝胆，可根据其诊察官禄与福禄等情况；左尺配属肾与膀胱，可根据其诊察寿元与疾厄情况；右寸配属肺与大肠，可根据其诊察父母夫妻情况；右关配属脾与胃，可根据其诊察田宅与财帛情况；右尺配属命门与三焦，可根据其诊察兄弟与奴仆情况。

在明代有"万无一失"之美誉的青城山人张太素著有《太素脉秘诀》上下二卷，是太素脉的系统著作，今人多从此书得观太素脉法。张太素认为：人的脉搏变化与五行八卦、河图洛书之理相通。凡精通太素脉秘诀者，既可诊病，又可断命。

医家的这种本事，早在先秦时期，名医医和即为世人作出了表率：

《左传·昭公元年》载："平公有疾，秦景公使医和视之，出曰：'不可为也。是谓远男而近女，惑以生蛊；非鬼非食，惑以丧志。良臣不生，天命不祐，若君不死，必失诸侯。'"

晋平公有病，秦景公派名医医和为平公诊断。诊完，医和对晋平公说："你的病治不好了。由于亲近女色，因此病如蛊症。这既不是鬼神作怪，也不是饮食失调所致，而是因为迷惑于女色而丧志。辅佐你的良臣将要死去，老天爷不再保佑晋国了。你即使不死，也会失去诸侯的拥戴。"晋平公说："女人不可亲近吗？"医和答："可以亲近，但应该有节制。"

后来，赵文子听了医和之言，心中不解，便问道："我赵武和晋国几位公卿大夫辅佐国君成为诸侯盟主，至今已8年。国内没有暴政，外面的诸侯也无二心。你为什么还说'良臣不生，天命不祐'呢？"医和答道："我是在预言即将发生的事。我听说，正直的人不辅助偏邪的人，光明磊落的人不为暗昧迷惑者谋事，巨木不长在高险的位置，松柏不生在潮湿的地方。你赵文子不能直谏君主，使其不被女色迷惑，以至于君主患上这些病。并且，你还不知自退，反以自己的政绩为荣。仅仅只有8年时间，却夸张地说时间很长。这种心态怎能保证国家的长治久安呢？"赵文子又问："难道医生还管国事吗？"医和答道："上医可治国家之病，其次才是治人之病。我这个医官本来也是一个官呀！"

赵文子继续问："晋平公还能活多久呢？"医和说："如果诸侯继续拥护他当盟主，他最多能活 3 年；如果不支持他当盟主，他也活不过 10 年。10 年以后，晋国必有大难。"结果，就在当年的十二月，赵文子死去，诸侯开始背叛晋国，代之以拥立楚国为盟主。在鲁昭公十年，晋平公亦去世。此后，晋国国势每况愈下，终被三家瓜分！名医医和所言全部兑现。

在医和这个医案中，虽然人们至今仍不清楚其诊病方法是什么，但这并不影响医和所展示的中医功夫的伟大！

自古医易同源，但无论医还是易，"必天资敏悟，读万卷书，而后可借术以济世。不然，鲜有不杀人者"（清代沈德潜《叶香岩传》）。可见，但凡真大医大易者，皆为契道之人！

五行是行医的舟筏

阴阳是中国哲学的基础，五行是中国文化的基本结构，天人合一是中国智慧的核心精蕴。具体而言，五行就是阴阳的具体落实。因为医易同源，所以医家运用五行思想治病，是其基本功。

清代医家沈源所著《奇症汇》中载有一个医案："一儿初生无皮，俱是赤肉，乃因母自怀胎十月，楼居不得地气故也。取儿安泥地卧一宿，皮即长。"沈源在该著中称此症为"无皮症"，并说此症是由"不得地气"所致。那么，皮肤和地气之间存在怎样的关系呢？这就涉及我们前面讲的五行（五脏）相生的理论。皮肤为肺中的精气所化生，"肺主皮毛"，肺属金。土生金，土为金之母，皮肤不能生长，是其母气不足、子不得养所致。找到根源之后，就好治疗了——既然缺少地气，那就给其补充地气。所以，沈源让患儿"安泥地卧一宿"，最后的疗效是"皮即长"。这个结果充分证明沈源辨证和开方的精准！无皮症的病例相当少见，但却能治愈，这也从侧面提示我们：那些皮肤长期溃疡不能愈合以及其他类似的皮肤疾病，甚至包括皮肤保养和美容，是不是也可效此诊疗一下呢？

关于这种"接地气"的泥疗方法，《黄帝内经》中早有描述——春天，早上阳气最足的寅时，要迎寅起床，在院中散步，这尤利养生。明代李时珍《本草纲目》称之为"同气相召"——"接地气"等泥疗方法可以让身体的内在平衡力变得更强。具体而言，人在地上走的时候，最好光着脚，或者穿布鞋，这样才有治疗效果。那些穿着皮鞋、旅游鞋，走在柏油路上或商场、超市里，没有与实际土地相接，是接不到地气的。

中医讲："脾失健运，痰湿内生，化成内热，耗伤津液，发为消渴。"这些症状会导致很多疾病的出现，比如糖尿病。糖尿病患者在泥地上走——"同声相应，同气相求"，补土气，调和阴阳，这是"接地气"的机理，能让身体的内在平衡力变强。而这，也是老子《道德经》讲的"人法地"的智慧。

医贵应机

天下无有一物是废物，无有一法是定法。天下之法，凡称定法者，皆非正法，固而法无定法，圆活变通，应机为上。

"应机"是建立在《易经》"同声相应、同气相求"原理之上的。涉及医家之用，其辨证施治的核心在于应机和取势。

应机，乃"得时"也，所应乃时机之属。古语言"时来天地皆同力""得时者为上上"，《易·艮》曰："时行则行，时止则止。""与时偕行。"这些都告诉我们，顺时乃可得宜。中医强调的按时休养，即是这个道理。

但是，人若想走时运，就要顺着二十四节气的时令走。就食疗而言，最简单有效的养生和养运气的方法是：吃时令菜！因为天人合一，得时为上——"天以日月行四时，人奉天而时。若向明而治，向晦而息，后王君公所以奉若天道也"（清代敕修《协纪辨方书·序》）。

道无古今、上下、远近之分，皆为应机表法。"医有上工，有下工。对病欲愈，执方欲加者，谓之下工；临证察机，使药要和者，谓之上工。夫察机要和者，似迂而反捷。此贤者之所得，愚者之所失也。"这是日本明治维新时期古方派名医汤本求真所著《皇汉医学》中所载"医诫十则"强调的医家"见机行事"的重要性！

《易经·系辞》曰："《易》之为书也不可远，为道也屡迁，变动不居，周流六虚，上下无常，刚柔相易，不可为典要，唯变所适。"虽易道涵盖天地，但法无定法，其具体应用之法不可固化，而要应机辨证，方能圆通活人。

药无贵贱，愈病者良；法无优劣，契机为妙。清代名医叶天士有一"桐叶治病"的医案，广为流传。某日，叶天士于途中听见一位妇女呻吟，便断定其难产。及入室见，果然难产三天未果，气若游丝。叶天士开方后，嘱产妇家属去院中拣三片梧桐叶做药引即可。家属按叶天士所嘱，煎汤药让产妇服下，时约一炷香，产妇即顺利产下一名男婴。时人啧啧称奇。

弟子不解，问叶天士为何用梧桐叶治难产。叶天士笑言："桐叶怎么能治难产？必须是'立秋'当日的落叶才行。岂不知'立秋至而梧叶落'之说乎？为医者岂能不知物候也！"

叶天士在此医案中展现的应机变通的圆活智慧，即是识势而为，顺时施宜，故而所求必得矣！

取势，是中医思维的一大特点，也是医道应用的核心。它与《易经》的类象原理有异曲同工之妙。中医治疗和中药的选取与炮制，为什么强调时间？就是因为要借助大自然的能量来完成多元势能的转化和固化。而这，也是中医玄妙之所在！

古人对方剂的使用，我们可以用执持与圆活来概括其辩证统一的特点。明代名医张景岳在其所著《景岳全书·新方八略引》中写道："夫意贵圆通，用嫌执滞，则其要也。若但圆无主，则杂乱生而无不可矣，不知疑似间自有一定不易之道，此圆通中不可无执持也；若执一不反，则偏拗生而动想左矣。不知倏忽间每多三因难测之变，此执持中不可无圆活矣。圆活宜从三思，执持须有定见。既能执持，又能圆活，其能方能圆之人乎？"既能执持又能圆活，不容易做到，但只要掌握应机和取势的方法，一切问题都会迎刃而解！

例如，疾病若需疏散，则多采用麻黄、桂枝等具有疏散之功的草药；若需通便、消痛，则多采用地黄、何首乌等具有润下之功的草药；若需调和诸方，则会取用性微温、味甘、能解毒、得土气最全、可调和诸药的甘草。此外，治疗风热头痛用薄荷，肝热目赤用菊花，咽喉痛用木蝴蝶，等等，也都是取其清轻、药力上浮之用。治疗人体下肢疾病、膝关节痛等，用独活、牛膝等根、块，是取其质重下潜之力引为药用。

这种势能思维，都是在践行"同气相求""顺势而为"之理。

汉代医圣张仲景的"四神汤"，就是对此很好的例证。

张仲景《伤寒论》中有闻名于世的青龙汤、白虎汤、真武汤等方剂。"汤"字前的这些名词，源于中国古代"四神"，即：左青龙、右白虎、前朱雀、后玄武。

中国古天文学认为，可命名之星为320座，共有2500颗星，若加上无名星，则约有11520颗。其中日、月及金、木、水、火、土五星（即古代的太白、岁、辰、荧惑、镇五星）为"七政"。在它的周围，天体被划分出"三垣"和"四象"七大星区。"垣"即"城墙"之意。"三垣"包括："紫微垣"，象征皇宫，为天帝所居；"太微垣"，象征行政机构；"天市垣"，象征繁华街市。三垣环绕着北极星（最尊之星）呈三角状排列。在以北斗为中心辐射出去的"三垣"外围，就是"四象"，分为二十八宿。中国古代天文学家将其划分成为"东青龙、西白虎、南朱雀、北玄武"，称为"四神"。由于地球围绕太阳公转，天空星象亦随季节转换。每到冬春之交的傍晚，青龙显现；春夏之交，朱雀上升；夏秋之交，白虎露头；秋冬之交，玄武升起。"四神"功在镇守天宫，辟邪恶，调阴阳。

"四神"在生活中的应用包含五行、方位、时序、势能等内容，被广泛用于军事、艺术、文学、医学、建筑、地理、卜筮、人事等领域，其历史至少有 4000 年之久。"四神"在先秦时期即已家喻户晓，常见于建筑（尤其是瓦当）、服饰、日常器物等之上。在服饰上，古人会依据春夏秋冬对应的不同"四神"图案来着装，以应天时，顺时施宜，顺势而为。而在发生重大事件时，古人会选择四神俱全的服饰，祈愿四平八稳，诸事顺意。在古建筑中，"四神"的应用很寻常，例如在日本奈良，由唐代鉴真和尚主持兴建的唐招提寺，其屋顶瓦当便是按照四神古法来设置的。

中国文化是类象的思维，运用演绎和归纳的方法。"四神"也不例外。

四神中，东方青龙七宿为：角、亢、氐、房、心、尾、箕。七宿星象形如苍龙。青龙亦称苍龙，掌管春季，代表东方，五行属木，其色青，性温，其气主升。青龙喻义为生机勃勃，如春萌万物。

西方白虎七宿为：奎、娄、胃、昴、毕、觜、参。西方星象形如白虎。白虎掌管秋季，代表西方，五行属金，其色白，性凉，其气主降。白虎喻义为万物成熟，收敛果实。《易·文言》曰："同声相应，同气相求。水流湿，火就燥。云从龙，风从虎。圣人作而万物睹。"在

"四神"中，白虎时常与青龙相提并论。

南方朱雀七宿为：井、鬼、柳、星、张、翼、轸。南方星象形如大鹏展翅。朱雀掌管夏季，代表南方，五行属火，其色红，性热，其气热散。朱雀喻义为万物尽显身光。

北方玄武七宿为：斗、牛、女、虚、危、室、壁。北方星象形如龟、蛇，而玄武恰好为龟、蛇组合而成的一种灵物。玄武掌管冬季，代表北方，五行属水，其色黑，性寒，其气寒藏。玄武喻义为万物藏养，蓄势待发。

很显然，张仲景受了中国古代这种"让无形之阵法，护佑有形之生命"的流行观念影响，将经方取用四神名字，同时也是取其相应势能（青龙升、白虎降、朱雀散、玄武藏）的类象。譬如大小青龙汤，都取用具有性温散寒势能的麻黄来升腾发表，与青龙其气上升的特点一致。而白虎汤由知母、石膏、炙甘草、粳米四味中药组成，取知母和石膏清降的势能。虽然《伤寒论》无朱雀汤，但在敦煌遗书《辅行诀脏腑用药法要》中，却载有大小朱雀汤。其中，小朱雀汤即为黄连阿胶汤，是取黄连清热燥湿、泻火解毒的势能以及阿胶补血滋阴、润燥止血的势能与朱雀散热之性相呼应。

关于取势的重要性，往圣先贤早有异曲同工的睿见。《道德经》曰："道生之，德畜之，物形之，势成之。"《孟子》曰："虽有智慧，不如乘势。"明代吕坤《呻吟语》曰："势之所在，天地圣人不能违也。"宋代宰相薛居正甚至还专门著有《势胜学》。

足见取势之重要！

其实，无论医、易，都是势能思维的产物，皆是取万物势能平稳流畅运行之义而已。

那些被称为各种"阵法"的内容，也是势能原理的产物。其道理非常简单，不可迷信。这就是古人总结出"大易至简""大医至简"的原因了。

古往今来，帝王以驭势得天下，将相以借势得长久，商贾以度势得富贵，常人以随势得平安，医家以乘势除病患……但凡看得清得势、失势之玄机，能做到顺势而为者，便是人间清醒人！

医者，意也

你知道什么是"命悬一线"吗？

对医家而言，乃"意"也！

"医者，意也。"语出汉代名医郭玉。《后汉书·方术列传》记载："医之为言意也。腠理至微，随气用巧；针石之间，毫芒即乖。"强调实施医术时要慎重。《旧唐书》亦载："医者，意也，在人思虑。"唐代药王孙思邈曰："医者，意也。善于用意，即为良医。""神存心手之际，意析毫芒之理。"（《千金翼方》）清代许宣治《怡堂散记》记载："医者，意也。临症要会意，制方要有法。法从理生，意随时变，用古而不为古泥，是真能用古也。"

我们的身体就是我们的国土。心主神明，心为君，五脏六腑是文武百官。五脏相安与否，关乎我们是不是明君。你不正心端品，每天内忧外患，心中经常打仗，必然驾驭不了自己的文武百官。

当年唐太宗问许敬宗："我看满朝文武百官中，你最贤能，但仍有人不断地在我面前议论你的过失，这是为什么呢？"

许敬宗答：春雨贵如油。农夫因其滋润了庄稼而喜爱它，行人却因春雨使道路泥泞难行而厌恶它。秋天的月亮像一轮明镜辉映四方，才子佳人欣喜地对月吟诗作赋，盗贼却讨厌它，怕照出他们的丑恶行径。

君王盲目听信臣子，可能会有杀身之祸；父亲盲目听信儿子，可能要遭到杀害；夫妻听到谗言，可能会相互离弃；朋友听信谗言，可能会断交；亲人听到谗言，可能会疏远；乡邻听信谗言，可能会生分。

人生有七尺高的身躯，要谨慎对待听到的传言。舌头上有龙泉剑，杀人不见血。何人在人前没说过别人呢？何人又不被别人背后评说呢？

唐太宗听完，非常感慨，说："你讲得很好，我会记住的！"

《易经》曰："进德修业。"只要心胸宽大，不愧于心，不惑于情，行端意正，顺势而为，便是人生好时节！

"清初六大师"之一的傅山，医术入神，"用药不依方书，多意为之，每以一二味取验。有苦痨者，教之胎息，不三月而愈。年八十余卒，无能传其术，至今晋人称其曰'仙医'"。他有很多神奇医案，在此选取三则分享。

其一，巧治民妇气鼓。一男好赌，其妻劝说无效，竟至争吵，妇人还被掴了一掌，气闷之下，得了气鼓。其夫遂找傅山诊治。傅山问清情况后，随意捡了几把野草，说："你拿回去后，每日在你女人面前用慢火煎药，且必须和颜悦色，低声下气。除了亲自给妻子侍奉饮食外，就专心煎药，一日需十几次。"男人按傅山之嘱去办，果然不到三日，妻病痊愈！时人好奇，野草怎能治病，况且如此迅捷？傅山说："病刚得，其病尚浅，不用吃药。我以草为媒，让其夫日日侍奉，尽心尽力，平其心而和其气，就足以愈其病了。"（清代徐昆《柳崖外编》）足见傅山治病之巧。

而傅山实际上是根据"病起于意而治于意"的原理，对症精准，乃有奇效！

其二，巧治妒妇腹痛。有一妇，嫉妒心很强，闻知夫有外遇，非常恼火，不久忽然肚痛不已。其夫去找傅山诊治。傅山问明病情，让他找个破瓦罐放在妻子床前，捣上一千杵，将其末服之，疼痛立止。

其夫按傅山之嘱去做，立见奇效！（清代刘绍《傅青主先生传》）

其三，太原巡抚的老母突然患病，巡抚托阳曲县令去请傅山诊治。傅山给巡抚母亲把完脉，发怒说："偌大年纪，怎能得了这病！"也不立方，拂袖而去。旁边人再三婉转地叩问病情，傅山开始不作声，后来才说："是相思病，昨日午间起病。"巡抚之母已在内室听到傅山之言，感叹地说："傅先生真是神医呀！我昨天午间翻箱笼，偶然看到亡夫之靴，就得了病。"傅山只开了一服药，巡抚母亲之病即愈。（清代徐昆《柳崖外编》）

这真是"心病终须心药医，解铃还需系铃人"（清代曹雪芹《红楼梦》）。

而傅山这出神入化又大医至简的医术，简直让人神往！宋代苏洵《心术》说："为将之道，当先治心。"医病如用兵，异曲同工！

据唐代胡璩《谭宾录》记载，名医许裔宗医术高超，如同神仙一般。有人问他："为何不著书立说将医术传世？"许裔宗答道："医术就是'意'呀。它取决于人的思考，而脉又是极其奥妙、难以识别的，只能靠个人的心领神会，难以言尽。自古著名医家与人不同的关键之处就在于诊脉。脉象确准，方可诊病用药。如若诊断精准，只须用一味药便可克疾愈病，效有奇验；若辨脉差失，怎能了解病因呢？如若仅凭自己主观臆测诊断，多放几味药，如同打猎时不知兔子在哪里，只好出动大批人马，全面围剿；寄希望于有人能偶遇此方治病，不是太粗疏了吗？脉的奥妙，是不能用语言表达的，所以不能著书立说传世。"

许裔宗虽出语寥寥，但却能直达本源，阐明医道应机施法的玄妙所在，着实令人深思。

古往今来，能成大事者，皆有大志！当年，齐景公在跟孔子交流时谈到秦国，便问孔子："秦国是怎么从一个弱小的西方戎狄之国变强大的呢？"孔子说："秦国虽小，但志大，其谋略也和，法无私而力不余。"秦国虽然小，但其志向很大，并且其所采用的方式大家都会欣然赞同，而且法令也无偏私，所以在发号施令时，人们都非常踊跃，不余遗力地执行，哪里还会有不成功的道理呢？孔子一席言简意赅的话语，令齐景公当下震悟。是的，志大可成盛业，而医理与人理无二无别。心智健全乃至丰沛，生命便会昂扬。

联合国曾对医疗问题作过如下定位："从关注人生的病，到关注生病的人。"此言与中医思想完全相契。真正的好中医善于"治心"——从"心病"入手治疗，往往可令病人不药而愈。为什么呢？因为很多病都是由情志导致的。张仲景《伤寒论》中少阳病四症之一的"嘿嘿不欲食"，就是情志病。很多小儿近视，其内在原因，往往是心里非常抵触、讨厌某人，找到这个症结，疏解开之后，常有不药而愈之妙。

有一则很好的医案——明代何良俊《四友斋丛说》、明代杨继洲《针灸大成》卷六《手少阴心经》载："邝子元由翰林补外，侘傺无聊遂成心疾。每疾作，辄昏愦如梦，或发谵语，或言真空寺有老僧，不用符药能治心疾。子元往叩之，僧曰：'相公贵恙起于烦恼，烦恼生于妄想。夫妄想之来其几有三：或追忆数十年前荣辱恩仇悲欢离合及种种闲情，此是过去妄想也；或事到眼前可以顺应，却乃畏首畏尾，三番四覆，犹豫不决，此是见在妄想也；或期望日后富贵荣华皆如其愿，或期望功成名遂告老归田，或期望子孙登庸以继书香，与夫一切不可必成不可必得之事，此是未来妄想也。三者妄想，忽然而生，忽然而灭，禅家谓之幻心。能照见其妄而斩断念头，禅家谓之觉心。故曰，不患念起，惟患觉迟。此心若同大虚，烦恼何处安脚？'又曰：'相公贵恙亦原于水火不交。凡溺爱冶容而作色荒，禅家谓之外感之欲；夜深枕上思得冶容，或成宵寐之变，禅家谓之内生之欲。二者之欲，绸缪染着，皆消耗元精。若能离之，则肾水自然滋生，可以上交于心。至若思索文字，忘其寝食，禅家谓之理障。经纶职业，不告劬勤，禅家谓之事障。二者之障，虽非人欲，亦损性灵。若能遣之，则心火不至上炎，可以下交于肾，故曰尘不相缘，根无所偶，返流全一，六用不行。'又曰：'苦海无边，回头是岸。'子元如其言，独处一室，扫空万缘，静坐月余，心疾如失。"

大意是说，翰林邝子元由于自己的职务久不遂愿，便生心疾，发作起来头昏眼花，恍若梦中，说话也语无伦次。听说真空寺有一位僧人治病有奇效，且不用药物，便去求医。僧家的结论是：邝子元此疾是因为烦恼所致，还从中医和佛教的义理角度作了深入剖析。最后建议他"独处一室，扫空万缘，静坐……"。一个多月后，邝子元果真病症全无，非常神奇！

同样是这个案例，清代陆以湉《冷庐医话》则记载得简明扼要："真空寺僧能治邝子元心疾，令独处一室，扫空万缘，静坐月余，诸病如失。"

我们从邝子元这个医案中可以看出，僧人从情志入手，透过"心病还需心来医"的原理，令其广大身心，放弃攀执，才有了无药而愈的奇效。

可见，高人之高，不离见地。

古往今来，真君子皆是千里同风。

深得中医精髓的曾国藩也曾叮嘱儿子曾纪泽："治心病，当以'广大'二字为药；治身病，以不药为药。"真正的养生，应以饮食起居调理为要，顺时而作，且内心要中正平和，过事不羁。曾国藩很清楚：真正的中医是治未病，顺应天、地、人三才之道，平调阴阳五行，适时转化人心。若能时常保有这样的正能量，身体一定差不到哪里去。

《黄帝内经·素问·举痛论》说："余知百病生于气也，怒则气上，喜则气缓，悲则气消，恐则气下。"是的，很多疾病的来源就是气机不通、情志不畅。但凡情不稳、志不坚者，百邪可侵，疾病得昌；而情志坚定者，方可望长久。

裴行俭是唐高宗时的名将，史载其精通天文、历法，每用兵，皆知有利时日，尤善识人，颇得唐高宗等人的赏识。他曾对享誉文坛的"初唐四杰"作有评价："士之致远，先器识而后文艺。勃等虽有文才，而浮躁浅露，岂享爵禄之器耶！杨子沉静，应至令长，余得令终为幸。"（《续世说》）其后，王勃溺南海，卢照邻投颍水，骆宾王被诛，杨炯终盈川令，皆如行俭所言！其言之精准，令人赞叹。

"初唐四杰"中的卢照邻，有不少佳句后世传颂不绝，例如其《长安古意》中的"得成比目何辞死，愿作鸳鸯不羡仙"乃千古名句。至于卢照邻为什么会投颍水自杀，我们从史书记载其性情孤愤且自号为"幽忧子"，以及他与药王孙思邈鲜为人知的一段佳缘，便可管窥其中端倪。

据《新唐书·隐逸传·孙思邈》记载，身患"风疾"的卢照邻曾随药王孙思邈隐居太白山。一日，卢照邻问孙思邈："高医愈疾，奈何？"高明的医生都是如何治病的呢？孙思邈就给他讲了一番"人天学问"，说："天有四时五行，寒暑迭居，和为雨，怒为风，凝为雪霜，张为虹蜺，天常数也。人之四肢五脏，一觉一寐，吐纳往来，流为荣卫，章为气色，发为音声，人常数也。阳用其形，阴用其精，天人所同也。失为蒸生热，否生寒，结为瘤赘，陷为痈疽，奔则喘乏，竭则焦槁，发乎面，动乎形。天地亦然，五纬缩赢，孛彗飞流，其危诊也；寒暑不时，其蒸否也；石立土踊，是其瘤赘；山崩土陷，是其痈疽；奔风暴雨其喘乏；川渎竭涸其焦槁。高医导以药石，救以针剂；圣人和以至德，辅以人事。故体有可愈之疾，天有可振之灾。"

孙思邈深解中国哲学"天人合一"之精髓。他认为，"天有盈虚，人有屯危，不自慎，不能济也"。人活在天地之间，所有人事活动都受天地规律影响，人的形体气色亦与天之"和怒凝张"相呼应。而阴阳之道是天人规律，人若违背，就会出现热、寒、瘤赘、痈疽之疾和喘乏、焦槁之类症状。并且，天地也会如同人生病一样，出现秩序混乱的情形。《汉书》曰："善言天者必有征于人，善言古者必有验于今。"因此，孙思邈强调人体内在的种种变化会"发乎面，动乎形"，通过这些，便可相其本质，诊病疗疾。

听完之后，卢照邻又问孙思邈："人事奈何？"孙思邈答："心之为君，君尚恭，故欲小。《诗》曰'如临深渊，如履薄冰'，小之谓也。胆为之将，以果决为务，故欲大。《诗》曰'赳赳武夫，公侯干城'，大之谓也。仁者静，地之象，故欲方。《传》曰'不为利回，不为义疚'，方之谓也。智者动，天之象，故欲圆。《易》曰'见机而作，不俟终日'，圆之谓。"

卢照邻问孙思邈人事的道理如何，孙思邈说，在人事方面，心小胆大最为紧要。心小，就是凡事要谨慎小心，不可莽撞浮躁，须三思而后行；胆大，即是行事要果决，如同将领率兵攻城，稍有迟疑，便会错失良机。人的品行如果能达到"仁""智"的高度，其行为当为"地之象"，正直公允，不为名利所惑，不为行持正义而内疚，"内外相应也，言行相称也"（《韩非子·解老》）；若为"天之象"，则融会圆通而不偏执，如《易经》所说的，见到时机成熟就立刻行动，不再无谓地等待。这就是圆融和顺势而为。人心应如明镜，遇物便了，否则就会阴阳不调而生病。

在这段对话中，孙思邈尤其提到了"莽撞浮躁"，意在提醒卢照邻切忌之，与裴行俭所言有异曲同工之处。而孙思邈对卢照邻的这番言说，高瞻远瞩，理清法明，令卢照邻的心情得到极大宽解，病情也随之大有好转。

清代吴鞠通《医医病书》曰："凡治内伤病，必先祝由。祝，告也；由，病之所由出也。凡治一病，详告以病之所由来，使病人知之而勿敢犯；又必细体变风变雅，曲察劳人思妇之隐情，婉言以开导之，庄言以振惊之，危言以悚惧之，使之心悦情服而后可以奏效，予一生治病得力于此不少。难治之人，难治之病，须凭三寸不烂之舌以治之。"孙思邈用的就是这种高明方法。

可惜的是，孙思邈不久就去世了。去世当年，失去精神寄托的卢照邻病情亦随之转重，双脚萎缩，手也残废了一只。心情抑郁的卢照邻，终投颍水自溺。

人的精神世界有多宽广，生命就会有多大弹性。我们从卢照邻的生命经历中可以发现：很多人的生活底色，其实都是漫无边际的期待、恐惧、不安。到最后，生命必定是狼藉不堪。而不堪的原因，必定是为"六贼"所害——眼看喜、耳听怒、鼻嗅爱、舌尝思、意见欲和身本忧（《西游记》）。这"六贼"是修行道路上的拦路虎。

可见，病是自家生。

我们虽然无力去降伏外面的灾难，但要有能力保证内心不起灾难！

若果能如此，则身健寿绵、随心俯仰。

历史上，精通"医易同源"之理的医家有很多，元代著名医家滑伯仁便是其一。他从小精习儒典，及长便解医经，学识贯通古今，医德高尚，治病从不拘泥古方，且用药亦是出奇——"以意处剂，投无不立效"，江浙一代誉之为"神医"，有诸多医案流芳后世。明代许浩《复斋日记》记载："吾邑滑寿，字伯仁，号撄宁。工古文词，善医，校正《灵枢》《素问》错简者。著《难经本义》《读素问钞》《十四经发挥》《读伤寒论钞》《诊家枢要》《痔瘘篇》《医韵引彀》等集。其治人疾，不拘拘于方书，而以意处剂，投无不立效。秋日，姑苏诸仕人邀游虎邱山。一富家有产难，挽回，诸仕人不可。先生登阶，见新落梧桐叶，拾与之曰：'归急以水煎而饮之。'未登席，报儿产矣。皆问：'此出何方？'撄宁曰：'医者，意也，何方之有？夫妊已十月而产者气不足也。桐叶得秋气而坠，用以助之，其气足，宁不产乎？'其神效多类此。"

一年秋天，苏州一群官员邀请滑伯仁去虎丘山游玩宴乐。不巧的是，一富裕人家孕妇难产，急差医仆请滑伯仁去诊治。但这些官员挽留他，不同意他走。滑伯仁也不想让大家扫兴，便静默不语，慢慢沿着山阶而上，没走几步，恰见一片片梧桐叶随风飘落。他遂俯身拾取一些，对医仆说："赶快拿回去用水煎此梧桐叶汤让产妇饮下。"众人闻言颇为惊奇。医仆不知所以，只得照办，迅速返回。及至游山结束，即将宴饮之际，医仆跑来报喜："小儿已顺利生产！"众人闻言，惊奇之余，皆问该方出自何典。滑伯仁笑答："医者，意也，怎会有一定之方呢？这妇人怀孕逾十个月才临产，是因气虚所致难产。梧桐叶得金秋萧降之气而坠落，今借此秋气以助产妇之正气。如此得时之气难道还不能催生吗？"类似这种神奇的医案，在他身上实在是太多啦！

"医者，意也！意之所注，往往如期而中。"（清代何其伟《医学妙谛·序》）在上述医案中，滑伯仁基于《易经》"同声相应、同气相求、事事相关、物物相应"的天人合一指导思想，娴熟地运用了"医者，意也"的妙法，借助秋气的肃杀和梧桐叶坠落分离之势进行"同类想感"取象，对应于产妇婴儿下落之状，巧乘时令无形之力，功成于举手之间，其大医至简之道，令人叹为观止！

你看，真正精通医道者，皆能通于意、达于法、顺时呈祥、触地而安！他们能"为往圣继绝学"，保有中国文化"随取一法，便可以安身立命"的无上功夫！也正是因此，高明的医家才能无论何时何地都可以在百姓日用之中为自己和他人开辟出一个生机无限的身心乐园来。

问问自己：这样的高人，你遇到了吗？

疾病与性格

《易经·系辞》曰："君子居其室，出其言善，则千里之外应之，况其迩者乎？居其室，出其言不善，则千里之外违之，况其迩者乎？"其中的天人合一思想告诉人们：这世界，外有所征，内有所应，遥相回互，不一不二，一切都有迹可循。《华严经》对此讲得更是宏阔："一即一切，一切即一。"后秦名僧僧肇在《肇论》中亦言"圣人会万物为己"，与中国儒家文化所强调的"行有不得，反求诸己"（《孟子·离娄章句上》）其理无二。至于能否抵达此境，则取决于个人的格物功夫。

《史记》记载战国邹衍语："其语闳大不经，必先验小物，推而大之，至于无垠。"这是有着"诸子之首"美誉的"谈天衍"邹衍先生对"天人合一"的应用总结。

《吕氏春秋》曰："有道之士，贵以近知远，以今知古，以所见知所不见。故审堂下之阴，而知日月之行，阴阳之变；见瓶水之冰，而知天下之寒，鱼鳖之藏也。"此言即为世间万物皆备"物物相应"之规律，其大无外，其小无内，运用之妙，存乎一心。而医理亦不例外。

天人合一，弥纶天地，开物成务，大而无外，小而无内，放之则弥六合，退而收藏于密，只在眼前而人不识耳！因为人们习惯了"习而不察"。世人明理者多，实证者少，这叫"理明法昧"。殊不知，如人说食，终不能饱。孔子感喟曰："百姓日用而不知！"只有真正做到理事互证、行解相应，才能"通身是眼"，运用自如。

六祖慧能大师说："不识本心，求法无益！"是的，万法本闲，唯人自闹，以至于迷心认物，不能游心于方外，竟至以"无门为法门"，妄谈虚渺，无所归旨，几人到此误平生！

李白说："天地者，万物之逆旅也；光阴者，百代之过客也。"何需种了芭蕉又怨芭蕉？

汉代贾谊《新书》曰："爱出者爱返，福往者福来。"诚哉斯言！

可见，善是人间福禄的根！无私地帮助周遭的一切，就是在为自己种福田，而最终受益的还是你自己，此实乃世人添远禄之大经方也！

医者，德业

明代大学士徐阶一生有"三不荐"：荐医生，系人之生死；荐老师，系弟子之终生；荐婚姻，系人子女之休戚。这三件事情，不随便干！

是的，由古至今，历来行医与做人都是不可分割的。孙思邈《备急千金要方》第一卷《大医精诚》就是论述医德的极重要的文章，既为习医者之圭臬，亦为世人省心之良方！

附原文摘要于下：

凡大医治病，必当安神定志，无欲无求，先发大慈恻隐之心，誓愿普救含灵之苦。若有疾厄来求救者，不得问其贵贱贫富，长幼妍媸，怨亲善友，华夷愚智，普同一等，皆如至亲之想。亦不得瞻前顾后，自虑吉凶，护惜身命。见彼苦恼，若己有之，深心凄怆，勿避崄巇、昼夜寒暑，饥渴疲劳，一心赴救，无作功夫形迹之心。如此可为苍生大医，反此则是含灵巨贼。自古名贤治病，多用生命以济危急，虽曰贱畜贵人，至于爱命，人畜一也。损彼益己，物情同患，况于人乎！夫杀生求生，去生更远。吾今此方所以不用生命为药者，良由此也。

其虻虫、水蛭之属，市有先死者，则市而用之，不在此例。只如鸡卵一物，以其混沌未分，必有大段要急之处，不得已隐忍而用之。能不用者，斯为大哲亦所不及也。其有患疮痍下痢，臭秽不可瞻视，人所恶见者，但发惭愧、凄怜、忧恤之意，不得起一念蒂芥之心，是吾之志也。

夫大医之体，欲得澄神内视，望之俨然，宽裕汪汪，不皎不昧。省病诊疾，至意深心，详察形候，纤毫勿失，处判针药，无得参差。虽曰病宜速救，要须临事不惑，唯当审谛覃思，不得于性命之上，率尔自逞俊快，邀射名誉，甚不仁矣。又到病家，纵绮罗满目，勿左右顾眄；丝竹凑耳，无得似有所娱，珍羞迭荐，食如无味；醽醁兼陈，看有若无。所以尔者，夫一人向隅，满堂不乐，而况病人苦楚，不离斯须，而医者安然欢娱，傲然自得，兹乃人神之所共耻，至人之所不为，斯盖医之本意也。

夫为医之法，不得多语调笑，谈谑喧哗，道说是非，议论人物，炫耀声名，訾毁诸医，自矜己德。偶然治瘥一病，则昂头戴面，而有自许之貌，谓天下无双，此医人之膏肓也。

…………

所以医人不得恃己所长，专心经略财物，但作救苦之心，于冥运道中，自感多福者耳。又不得以彼富贵，处以珍贵之药，令彼难求，自炫功能，谅非忠恕之道。志存救济，故亦曲碎论之，学者不可耻言之鄙俚也。

文中强调有二：其一是医术要精湛；其二是医心要诚善。"一心赴救，无作功夫形迹之心。如此可为苍生大医，反此则是含灵巨贼"，对病人一视同仁，"皆如至亲"，每每读来，感佩不已！而孙思邈之德，不仅施恩于民、朝野盛赞，亦有泽及猛虎的故事，誉满杏林。为此，唐永淳元年（682），唐高宗为孙思邈御笔亲题"虎守杏林"匾额，悬挂于杏林寺（位于今河北邯郸市邱县）。

除孙思邈的《大医精诚》外，张仲景在其《伤寒杂病论》的序言中亦强调从医的目的是济世救人，并谴责"惟名利是务"。

自古以来，医家即有共训：医者，德为先！明代名医陈实功在其《外科正宗》一书中的《五戒十要》里也提出了具体的医德守则；明代另一位名医龚廷贤亦在其《万病回春》中提出医生应具备思想、道德和技术的综合素养。

研究并活用《伤寒论》的宋代杰出医学家许叔微，出身寒微，少年贫苦，父母早亡，11岁就成了孤儿。许叔微在《普济本事方》中自述："百日之间，并失怙恃，至今饮恨！"从此立志学医，造福苍生。

史书记载得很详细，凡有人生病，不论贫富贵贱，许叔微都能细心诊治，给予药物；遇到那些贫寒的患者，则不收分文。如此，许叔微一生愈人无数。宋代张杲在其《医说》中曰："人身疾苦，与我无异，凡来召请，急去无迟，可止求药，宜即发付，勿问贵贱，勿择贫富，专以救人为心。"许叔微就是这样的典范！

南宋洪迈《夷坚志》也记载了许叔微的故事：公元1112年，许叔微参加省试落榜，返乡时于船中夜梦一位白衣人语其："因汝未积阴德，故落榜！"许叔微问："我家境贫寒，无余财施舍，该如何是好？"白衣人说："汝当钻研医术，我可助你！"后果研医，得悟扁鹊、张仲景医道之妙。

数年后，许叔微考取乡试举人，后到礼部参加会试，乘船时再次路过故地平望。颇为蹊跷的是，晚上又梦见了那位白衣人，并赠其诗句："施药功大，陈楼间处；殿上呼胪，唤六作五。"许叔微百思不得其解，只是将其记下。

绍兴二年（1132），许叔微考中进士第六名。不久，第二名因故被免，许叔微升为第五名。在他上面的名次是陈祖言，下面的是楼材，他正好处于陈、楼二人之间。此时许叔微才省悟梦中诗意！

元代曾世荣《活幼心书》所言"凡有请召，不以昼夜寒暑、远近亲疏、富贵贫贱，闻命即赴。视彼之疾，举切吾身。药必用真，财无过望，推诚拯救，勿惮其劳，冥冥之中，自有神佑"，说的就是许叔微这样的医者啊！

后来，岳飞被害，移居苏州的韩世忠常渡太湖访许叔微，亲身领略过许氏医术的高明，并赠"名医进士"之匾。对许叔微而言，此乃实至名归！

范仲淹说："不为良相，便为良医。"明代龚信《古今医鉴》中的"明医箴"曰："今之明医，心存仁义，博览群书，精通道艺。洞晓阴阳，明知运气。药辨温凉，脉分表里。治用补泻，病审虚实。因病制方，对症投剂。妙法在心，活变不滞。不炫虚名，惟期博济。不计其功，不谋其利。不论贫富，药施一例。起死回生，恩同天地。如此名医，芳垂万世。"

可是纵观时下，"杀敌一千、自损八百"的医生，林林总总。

清代《笑林广记·术业部》载有"冥王访名医"的故事。阎王爷派遣小鬼寻访名医。小鬼问："大人，名医该如何分辨？"阎王说："家门前没有冤死鬼的就是。"小鬼领旨，来到人间，结果眼见几乎每个郎中家门口都挤满了冤鬼。走了很久，才发现一户郎中家门前只有一个冤鬼荡来荡去。小鬼见状，不禁感叹："终于找到了！"结果，走进去一打听才知道，原来是昨天新挂牌开张的！

这个故事虽然听起来有些夸张，但却能提醒医家：医者手上无小事，要道术合一，仁心与仁术并济，不误苍生，不积孽果。

明末医家裴一中在其《言医·序》中强调："学不贯今古，识不通天人，才不近仙，心不近佛者，宁耕田织布取衣食耳，断不可作医以误世！"而清代名医叶天士在临终时亦叮嘱子孙"慎勿轻言医"！二人之言，也许骇人耸听，但却对后世有警示作用。你在什么境界，就能够应对什么情况，这叫"同气相求、物物相应"；也要清醒：不通天人者，难医天人之病。

《三国志·魏书·方技传》载有神医华佗治病戒色的故事："故督邮顿子献得病已差，诣佗视脉曰：'尚虚，未得复，勿为劳事，御内即死。临死当吐舌数寸。'其妻闻其病除，从百余里来省之，止宿交接，中间三日发病，一如佗言。"你看，这个没听华佗忠言的家伙，终亡于男女之事！

近代的袁世凯也是一样。当年，身体虚弱的袁世凯请一老中医为其诊病。老中医把脉后，说："你若能戒掉好色的毛病，不仅能长寿，而且以你之才必会执掌天下。"可是忠言逆耳，风流成性的袁世凯根本就没听进去，后来不但找了黄花闺女侍寝，又纳了数房姨太太，还恬不知耻地说是要以毒攻毒，结果身体早早就垮掉了！

真是自戕其命啊！

"性命"二字，是"性先命后，命自性出"，而影响性命的是德行——"德，事业之基"——德大，资产才大！这个资产，包含了财富、健康、声名、寿命等内容，而要想资产丰沛，就要德大！故《易经》曰："进德修业。"

《汉书·高帝纪》载："顺德者昌，逆德者亡。"此乃天下共理，各家皆尊，况其医者乎？

"夫医者，非仁爱之士，不可托也；非聪明理达，不可任也；非廉洁淳良，不可信也。"（晋代杨泉《物理论》）

古往今来，天下大医皆谙医易同源之理，各增进德修业之功，各自随缘饱满。

第十章　中国文化中的师徒之道

第一节　师徒之道

"要成经久不易事，早立经久不易方。"（清代刘一明《会心集》）

自古人间，凡圣同居，贤愚臧否，龙蛇混杂，而其兴衰隆替，则在于主事者。利益众生，传道之要，在于得人；而知人之难，圣人所病。孔子亦有失之子羽、宰予之叹也！

明师为天下善！所谓师者，传道授业解惑者也。明师者，志之端谨，行之精进，守之坚确，修之完美，反常情而合大道，化腐朽而为神奇，能挖得造化根苗，亦可揭示天地心窝。山河大地，如在掌上；黄芽白雪，尽在眼前。当下从万丈深沟，提至千峰顶上。凡墙皆门，顺逆皆道，左右逢源，自利利他，并举而不二也！

古今多少英雄，不遇真师，多被眼耳骗过，惑于小智，往而不返，一世空空。须知道法之传承，岂容花言巧语、察言观色、便佞偏僻、谄曲媚悦之徒得受呢？况如今之辈，往往不经实证，一犬吠影，百犬吠声，未从师教，却以顽空事业，但称法子，欺世盗名，沽名饰貌，又处处开坛，方方演教，聚众收徒，惑乱正道，妄传痴狂之歪法，实可叹也！栋梁之材，严加锤制，必可成器；不成之材，强加粉饰，益增其丑矣！

师择徒，听其言而保其行，求其行而恐遗其才。自古良材难觅，非一朝一夕之所能得。既得材之后，仍需历练雕琢，不可传道于浅根薄德之人。沩山曰："见与师齐，减师半德；见过于师，方堪传授。"此堪为千古佳句！

徒择师，必具参学之眼；如其不然，己眼不明，又遇瞎师，一蟹不如一蟹，虚度岁月，永无出期，一片狼藉，可不慎哉？

师与徒，如同一器水传于一器，宜无欠无余；唯有具器之徒，方能克绍大法宏规，承担法业传承。不然，则不外乎滥竽充数矣。

师与徒，恩与德，二者兼行，如鸟之双翼，缺一不可。上无师法，下无来者。师严然后道尊，道尊然后人知敬学。不用霹雳手段，焉能造就非常人才！是故《孟子》曰："故天将降大任于是人也，必先苦其心志，劳其筋骨，饿其体肤，空乏其身，行拂乱其所为。"苏轼亦曰："古之立大事者，不惟有超世之才，亦必有坚忍不拔之志。"诚哉斯言！

徒承法脉，须从师锤炼有年。先师其迹，再师其心，终师造化，身心既敛，方堪出世——"你欲吃饭，我便捧羹；你欲度江，我便撑船；隔山见烟，便知是火；隔墙见角，便知是牛"（《人天眼目》）。

良徒弘师道，可使无边大地每一角落都有明师气息……为师即便在常寂光中，也定生无量欢喜！

由是可知：师与徒，于法为昆仲，于义为交友，于恩为善知识，于道为内外护。师得弘传道脉于千载，徒得凯旋贯通今古，师徒之光返本开新，丹心韬意互为照耀，同声相应而虎啸风生，同气相求而龙骧云起。师徒之道于出类拔萃中源远流长！

第二节　十病九恶说 [①]

同道中，惜性命者，欲要学道，先须学人。学人成就，学道有望。学人之法，先要知十病九恶为截路空亡，乃修行人之魔障。若不狠力抉去，终是大患。

何为十病？

第一病：看不破世事，妄想神仙，是糊涂病也。

第二病：利名心重，见财起意，隔绝道念，是悭贪病也。

第三病：偶遇高人，妄想即时明道，耐不得琢磨，是性急病也。

第四病：自不学好，自不立志，年久不悟，反怨师不提拔，是欺心病也。

第五病：见他人学道聪明，日有进益，师家见喜，自己不及，故意搬弄是非，败人好事，是嫉妒病也。

第六病：始而出家，勇猛精进，日久不见功效，即生退念，半途而废，是自弃病也。

第七病：见他人看经书通达，自己不会，反生毁谤，是愚拙病也。

第八病：口贪滋味，不爱淡泊，常生烦恼，是馋痨病也。

---

① 此文转引自清代刘一明《会心集》，供学人精进。

第九病：守些旁门功夫，自负有道，即遇真人，不肯低头聆教，是高傲病也。

第十病：依自己学问识见，略记几宗公案，强猜几句丹经，自谓大悟大彻，目空四海，再不求人，是自满病也。

何为九恶？

第一恶：师言不遵，阳奉阴违，多诈多谎，外装老成，内藏鬼谲，只图哄骗真诀，不思至诚感格，是奸诈恶也。

第二恶：抱个旁门功夫，自己受伤，不知退悔，又以错传错，陷害他人，是阴毒恶也。

第三恶：以烧炼采战之术，迷人不义，引人作孽，是冤业恶也。

第四恶：因衣食逼迫，或借修造，骗化十方；或弄邪术，假装神仙；或妖言鬼语，迷哄妇女；或见富贵子弟，拐骗出家；或遇老幼道者，欺压凌辱，是败教恶也。

第五恶：以十方血汗要钱赌赙，以农夫米面饮酒换肉，是忍心恶也。

第六恶：高人见我不正，不肯度引，背地毁谤，议论是非，是毒口恶也。

第七恶：募缘化斋，窥看妇女，故意斗口，是淫欲恶也。

第八恶：生平不务本分，诈称好人，哄人供养，是伤天恶也。

第九恶：自己有过，同道人劝勉，不知自改，反结仇恨；或动烟火，任性争闹，是纵性恶也。

若人于此十病九恶打的过去者，方是真正学人，圣贤暗中提携，决定闻道。如犯一条，即在教门中一世，终无进益处。

第三节　不好好教书的老师会有什么下场？

清代纪晓岚《阅微草堂笔记》载有这样一则故事，很有启发意义！为人师者，均需知晓：

安邑宋半塘，尝官鄞县。言鄞有一生，颇工文，而偃蹇不第。病中梦至大官署，察其形状，知为冥司。遇一吏，乃其故人，因叩以此病得死否。曰："君寿未尽而禄尽，恐不久来此。"生言："平生以馆谷糊口，无过分之暴殄，禄何以先尽？"吏太息曰："正为受人馆谷而疏于训课，冥司谓无功窃食，即属虚糜。"销除其应得之禄，补所探支，故寿未尽而禄尽也。盖"在三"之义，名分本尊。利人修脯，误人子弟，谴责亦最重。有官禄者减官禄，无官禄者则减食禄，一锱一铢，计较不爽。世徒见才士通儒，或贫或夭，动言天道之难明。焉知自误生平，罪多坐此哉！生怅然而寤，病果不起。临殁，举以戒所亲，故人得知其事云。

曾在鄞县做官的安邑人宋半塘说，鄞县有位很有文采的书生，仕途屡遭困顿，无有功名。后来，这位书生大病一场，病中迷离恍惚，梦见自己来到了一处官衙。据梦中所见，那地方就是冥司之处。正思忙间，对面走来一位官人。书生乍看，却是一位旧相识，便急忙向他打听，自己会死否。旧友说："你寿数未尽，但禄数却尽了，恐怕不久就要到这儿来了！"

书生非常诧异，说："我这几十年全靠设馆教书糊口，未曾做过伤天害理的过分之事，怎么禄数倒先尽了呢？"旧友长叹一声，说："虽然你教书授业，但对学生的品德教育却放任自流。冥司有言：无功受禄，就等于暗地偷盗或浪费食物，理应扣除应得的俸禄来补偿。这是丝毫不爽的。因此，你寿未尽而禄先尽了。为人师长者，位居在'三'（君、亲、师）之中，本已享有崇高的荣誉。但你收了学费却误人子弟，理应受到最严厉的谴责。有官禄的，就要削减官禄；无官禄的，就要削减食禄。一丝一毫都是计较分明的。世人往往看到一些饱学之士或通儒大家，有的生活穷困，有的年少夭折，便抱怨天道不公，可哪里知道，这些人都是不能明德，自误生平，才落得如此地步的呀！"

书生听罢，怅然而醒！此后，他的病日益加重。临终前，他将所梦之事讲给亲友们，并告诫他们要恪尽职守，善始善终。尤其是从事教育职业者，更要重视学生的品德教育，要不废灵明，不损人我！这个故事，就这样流传于世了。

你看，这世间天道乘除，虽不能尽测，但善恶之报其应如响，疏而不漏。浊人慧命者，亦不劳人遣送，皆自得本途！

汉代贾谊说："爱出者爱返，福往者福来。"若为人师，即要明向上之事，能继席领众，方可使慧风大振；而不沛慧风，便会常出自取其辱之事。这便是自得本途！

在此，以古之贤言，诫之后世："毋慢一事，一事错而流祸无穷也；毋忽一言，一言舛而贻害莫救也；毋轻一念，一念乖而酿患匪小也。然克谨于念，则言自不妄而事罔或败，所以君子有慎独之学。"因此，《大学》开篇即开宗明义地提出以"明德"为首："大学之道，在明明德，在亲民，在止于至善。"诚哉斯言！畏哉斯言！

传业不传德，减师福禄。不可不明，不可不慎啊！

隋末唐初的大儒文中子王通，不仅培养出唐初开国班底（诸如窦威、温彦博、杜淹、魏征、房玄龄、李靖等宰相和名将），更是得到后世诸如程颐、王阳明、曾国藩等名动中国的大儒的仰慕！他在与门人的教学对话中说："智极则愚也。圣人不患智寡，患德之有失焉。"王通告诉学生们：教人聪明是愚蠢的行为。圣人不担心自己的智谋少，而担心自己的品德有缺失。正是因此，才有魏征一干人等"悦谏""从谏如流""直言无隐"的风范，开创了政治清明，经济复苏，文化繁荣的"贞观之治"的光辉局面。

历代先贤的教化启蒙，都是从明德契入，然后便是培养能格物的智慧。这是因为：当你不明事理，不明物理，更不知晓自己命运时，你做事的发心便会不同，从而导致对未来的预防机制不同，人生的种种准备也会不同，自然其结果与有准备的人就大不相同了！

《了凡四训》中的袁了凡先生就是一个明例！

《大学》中的儒学八目——"格物、致知、诚意、正心、修身、齐家、治国、平天下"——为人类开出的建功立业的路径，时至今日仍是凡夫增长智慧的核心法门。可惜时下明德者少，而精通格物智慧者更是寥寥，以至于世间好为人师者以盲传盲，遗误无数子孙……可是，种瓜得瓜，种豆得豆，因果乃自然规律，看似与人无关，实则其应如响——善恶终有报，天道好轮回，不信抬头看，苍天饶过谁？世间一切种种，实乃自作自受而已。

"服人者，德也。德之不修，其才必曲，其人非善矣……敬人敬心，德之厚也……不察其德，非识人也。识而勿用，非大德也。"（《止学》）

世间唯有一途，可生生不息，即：明德知大，格物悉微；明德洗心，格物息乱。

…………

业海洪波，唯有安立于至善之方，才是生命的巍峨之岸。

而在此巍峨之中，既无人情之障，亦无法侣之碍，只是一个光风霁月的脱落而已……生命如此，才堪为大人。

大人者，大德之人也！其生命，为人间留下了缕缕浩然气！无数后人便是在他们的气息中渐渐长大的。

问问自己：这么久了，你呼吸到了吗？！

第四节　真谛在行间

无声处，自有绝唱；古今间，代有贞观！

我们有太多的愚昧，但是至今仍陶醉其中，非常可怜，但又乐此不疲。对此，我们不需要坚守，而是需要逃离和超越——唯有依靠如实精进地学习，才能出离这种陷溺……

明末四大高僧之一的紫柏真可禅师亦说："水在釜中，非火不能热也；种在土中，非春不能生也；愚在心中，非学不能破也！"足见学习之重要。

而世间所有的学习，都是为了"养生"——养己与养人。

明代大学者吕坤的《呻吟语》中载有"养生四受用"："第一受用，胸中干净；第二受用，外来不动；第三受用，合家没病；第四受用，与物无竞。"这四条，至今能够做到者，寥寥无几。由此可见，这世上的患者，遍地周流！也正因此，才会有"大雄之人"应世而出，救苍生于水火，挽法门于凌夷。能跟随这样的老师，是莫大的福报！而若能得到其厚爱，则更是稀有。因此，要倍加珍惜与敬畏！但还要记住：超越他，是我们今生对他唯一真正的报答。这叫不负！

当年梁启超说："学也者，观察事物而发明其真理者也；术也者，取所发明之真理而致诸用者也。"诚哉斯言！

所有的学习都是用来破解烦恼的，而不是增加。换言之，人生中所有的学习，都要能够解决自己的身心问题；否则，一切所学，都与自欺欺人、误人误己紧密关联——这样的生命，有如僵尸和禽兽。这叫荒废！！

"涉江湖者，然后知波涛之汹涌；登山岳者，然后知蹊径之崎岖。"（明代陈继儒《小窗幽记》）

是的！向往不等于抵达。真正的学习，就是一趟逐渐熟悉自己的旅程，是我们逐渐转心向内，认清自己的过程，其中会有许多的功课和挑战，需要去面对和完成。这就是道术合一的践行，也是抵达老子在《道德经》中所言"知人者智，自知者明"之境界的必经之途。因此，在这趟旅程中，要珍惜所拥有的，感恩所学到的。当最终走过了所有的路，便会领悟到：原来自己是丰盛的、饱满的，也更明白了自己的真实自性。这叫解脱！

《荀子·王制》载有孔子之言："大节是也，小节是也，上君也。大节是也，小节一出焉、一入焉，中君也。大节非也，小节虽是也，吾无观其余矣。"足见，人生的大节是不能出现任何偏差的，尤其不能南辕北辙。

而大节之是非，则取决于发心的质量，这也决定了一个人成就的高低。因此，一定要发心让自己的所学在慈悲和智慧的护持下，成为非常柔软的共法。如此一来，世界其余众生就有可能借着你打下的这个基础而得到法喜。这才是真正的生生不息之命！这叫守护！

"欲胜人者必先自胜，欲论人者必先自论，欲知人者必先自知。"（《吕氏春秋》）然后，才能够抵达"知己知彼，百战不殆"的境界。这叫意诚！

"凡天将发斯人也，未发其福，先发其慧。此慧一发，则浮者自实，肆者自敛。"（明代袁黄《了凡四训》）

而这，便是人之洪福！

祈愿，我们早日成为知行合一的人！

祈愿，我们在无明中所做的一切，都能最终走向光明与清澈！

祈愿，我们昂首天地之间，无论走到哪里，都能够发现神圣！

祈愿，我们早日保有无畏之安和无碍法喜，并愿此欢喜如如坚固！

祈愿，我们时时与智慧、信任、力量、凯旋、寂静同在！

祈愿，本书中所有的"法布施"，都成为慈悲、福报和资粮的汇集，令你精纯凝聚，洞见迭出，生命磅礴！

附录 《解密中国智慧》喜马拉雅音频发刊词

各位喜马拉雅的听众朋友，大家好！

我是十翼书院创始人米鸿宾老师的门生、深圳正威集团联合创始人刘结红。

今天，给大家推荐一本传家之书——《解密中国智慧》，作者米鸿宾老师。全书 33 万字，即将由东方出版社出版。为了方便更多喜爱中国文化的人学习和了解该书，我们在此将这本书制作成音频节目，经米鸿宾老师授权，由米鸿宾老师的门生许卫东先生在喜马拉雅独家播出。

可能很多听众朋友会很好奇，为什么书名叫《解密中国智慧》？"中国智慧"究竟指的是什么呢？

这个问题可以用一个故事来解答：

明代的朱元璋从小受苦，一度靠放牛为生，没有读过书，是草根皇帝的代表。他当上皇帝后，有一次上朝，见到满朝饱读诗书的臣子们对自己行叩拜礼，就自鸣得意地问道："你们这些读书人，读那么多书有什么用呢？到头来还不是要臣服于我吗？果然，百无一用是书生啊！"朱元璋满以为这个问题会考住群臣。未承想，话刚说完，就有一人站出来了。朱元璋一看，是名臣刘伯温。只见这个通古达今的刘伯温不卑不亢地说："启禀皇上，臣不是读书人。"朱元璋很不解，问道："你不是读书人，那是什么？"刘伯温淡定地答道："臣是读过书的人！"朱元璋听完，哈哈大笑，问道："读过书的人和读书人有什么区别？"这时，只见刘伯温恭敬地答道："读书人书读得广，但却没读通，穷不能独善其身，达也不能兼济天下。因为没读透，没读明白，所以他还是书生，是读书人中没有熟透的瓜果。而读过书的人，书不一定读得广，但却读得通，读得透，能够经世致用，能够举一反三，故能辅佐陛下一统天下。"刘伯温的回答真是精妙至极、一语双关：既回答了问题，又证明了读过书的人的大用——辅佐皇帝一统天下。朱元璋听完这番话后，非常佩服，击掌相赞。此后，朱元璋就再也没有取笑过文臣。并且，朱元璋还从此踏上了终身学习之路，直到71岁去世之前，常常"戴星而朝，夜分方寝"，每天在"万机之暇"抓紧读书，《明史纪事本末》载其"身在行间，手不辍书"，描写的正是朱元璋的读书画面。

在这个案例中，刘伯温的回答非常精妙——读书能令自己饱具安身立命、治国安邦的大用！但前提必须是"读过书的人"。

可是，这世间"读过书的人"却并不多。这是为什么呢？

是不会读书、缺少格物智慧所致！因为只有具备了格物的能力，才有通达万物之道的可能，才可以领略中国文化的神韵所在。

那么，问题又来了，什么是"格物"呢？

宋代朱熹特别强调，四书中的《大学》，是中国文化的入门之书，并且以《大学》中的"儒学八纲目"为立身治学的进阶道路。这"儒学八纲目"便是人们耳熟能详的"格物、致知、诚意、正心、修身、齐家、治国、平天下"，它们是依次递进的关系。也就是说，"格物"是后七目的基础，也是蒙学的基础；读书人不具备格物之功夫，便无法抵达后面的"致知、诚意、正心、修身、齐家、治国、平天下"，这也是无数世间人困惑的源头所在，以及导致无数人认为读书不能致用的浅浮认知的缘由。所以，梁漱溟先生说得很直白："什么是学问？学问是用来解决问题的。什么是真正的学问？真正的学问是一定能够解决自己的问题的。"

朱熹在《朱子语类》中说："格物是梦觉关。格得来是觉，格不得只是梦。"格物是迷梦和觉悟的玄关，能格物者是觉者，不能格物者仍是迷梦中人。可见，格物之学，格的是物，知的却是自己。

程颐说："读史须见圣贤所存治乱之机，贤人君子出处进退，便是格物。"其意为，阅读古代史料文献，要能够从中见到往圣先贤给予世人把握治乱的关键启发，以及贤人君子们对待出仕与静处的进退智慧。真正懂得并掌握了这些，便保有了格物的功夫。王阳明的心学，也是依靠格物智慧来造就的。而清代医家王秉衡在其《重庆堂随笔》中亦特别强调："格物之学，最为医家要务。凡物性之相制、相使、相宜、相忌，与其力量之刚柔长短，皆宜随时体验，然后用之无误。"是说，格物智慧是医家最应掌握的本事，并且明明白白地告诉我们，对万物本性之间的相互制约、相互驱使、相依协成、相互排斥，以及其内在势能的刚柔与长短，都应时时体悟与验证，如此方能做到应用无误。足见古人对格物之学的重视和理解之深刻。

很多人虽然读经典、讲经典，却不能致用，不能体道和证道，究其原因，正是格物功夫的沦丧。也正因人们对格物之学的了解和掌握之欠缺，才导致虽然读了书却难以通经致用。而这，也是时下传统文化弘扬过程中的主要问题和弊陋。

《礼记·学记》说："记问之学，不足以为人师。"北宋五子中的邵雍说："记问之学，未足以为事业。"而曹雪芹在《红楼梦》第九十三回中借贾宝玉之口说："诗词一道，但能传情，不能入骨。"是的，真正的文化，绝不仅仅是通过背些诗词歌赋和古典章句便能深入理解并传承应用的。要知道，文化是智慧的体现，能执行的文化知识才有力量！而读书人作为天下的触须，不能与天地打成一片，不能解决自己的身心问题，安顿不了身心，那就还只是一个未读透书的人，仍是未熟的瓜果，落地便是狼藉！

宋代严沧浪在其《沧浪诗话·诗辨》中写道："路头一差，愈骛愈远，由入门之不正也。"这句话告诉人们：路径的发端一旦错误，就会导致所行与所愿的距离越来越大，甚至背道而驰。而这种情形皆由入门方法的错误所导致！可见，在人的一生中，做任何事都要路径正确，否则便会南辕北辙，焦头烂额，苦不堪言！

《解密中国智慧》这本书的作者米鸿宾老师，以简练敏慧之文笔，亲切感人之情识，恢宏高旷之视野，阐述以"宗经、涉事、守先、待后"为传承路径的中华文化以及以《大学》中的格物智慧为津梁的磅礴圣贤功夫。

该书堪为中华文脉之地图、格物智慧之再启、百姓日用之大法、中华文化之开蒙的续命之作。书中出史翔实，案例鲜活，讲法清晰——以平实案例，根极领要，环启妙义，于随取随用之中，纳格物智慧之要旨；承历代可法之言，践中华文化之大理。构中华之文脉，申先哲未语之灵明，发中华智慧精韵之所在，再现中国文化之伟大！

作者在书中将渺不可寻的中国智慧，根极领要，环启妙义，落实于百姓日用之中，以人为本，亲切而明晰。诸如孔子的圣智功夫、色彩的势能、卜居的智慧、鉴人的韬略以及医易同源之道等诸多百姓日用行常的内容，皆为时下相关领域之巅峰指引。有缘者随得一隙而入，皆能得透身心，顺流而下，宛转通关，盈科而进。

作者数十年来，为文化负薪火，为往圣继绝学。以充沛因缘，先行复建道场，再以独特精辟之演绎风格，跨越文化精神之藩篱，为后学设绳墨，令无数学人得悉格物之法，得备照见人我之功，解析中华文化之妙，以至于门下山长之才辈出，栋梁济济绵绵。

北宋大儒张载的"横渠四句"曰："为天地立心，为生民立命，为往圣继绝学，为万世开太平。"什么是绝学？作者在书中阐述道："绝学就是——随取一法，蕴于心中，便可安身立命！"可见，于中华文化而言，张载"横渠四句"所期之人，本书作者即是。

这本书，可印心，可孕贤，可励意，良机满天地！

这本书，击破了生命中诸多概念和应用的过患，让你活得更加明白、更有方法、更有智慧！

这本书，理上清明，法亦不昧，能传家，更能传世！

这本书，将会成为无数人的精神生命旅途。

颖悟之人，从该书的只言片语中，便可嗅其大端。

作者有很多省励之言、传世之理，发人深省，例如：

这世间，有人是来证道的，有人是来挣钱的。许多年后，证道的广为传颂，挣钱的音信杳无。试问：究竟谁赚到了？

人生，最好的成长，就是让生命充满智慧地绽放。

要知道，人的一生，是做了很多半途而废的事情的。可是，仔细想想，事情真的不是废在半途，而是由于智慧不够，一开始就废了！

要知道，时下的人们，不缺能力、不缺热情，缺的是智慧财产。

要知道，有了智慧，人们所做的一切正向之事，都会迅速崛起。

人生要有不群之气——与其在别处仰望，不如跨越百代，与往圣先贤并蒂，让生命成为一本正经！

你有钱，我不稀罕；我有道，你够不着……心有千千智，布衣何处不王侯！

什么是浩然之气？就是：脚踏泥土，气在云端，心中了了分明。

让我们的生命，在更庄严处相见！

……

诸如此等气象，作者的言谈中随处可见。刘伯温心中那个"读过书的人"的豪迈气象与高旷格局，跃然纸上——作者在数十年的经典熏习和格物智慧的传承之中，汲取了无限灵源——于推陈出新之中，浩然阳气缕缕升腾，令人如沐春风又别开生面！而无数的读者更可在这种气息之中，胸襟大长、慧命大开，生命也因此愈加巍峨。

晋代葛洪的《抱朴子》曰："不见此法，不值明师，无由闻天下之有斯妙事也。"足见，明师如灯。日本著名汉学家安冈正笃对此亦有千里同风之赞："一灯照隅，万灯照国。"由此可知明师之重要！

无声处，自有绝唱；古今间，代有贞观。

在你和经典之间，也许只差这本书！

欢迎大家聆听由米鸿宾老师所著、许卫东老师在喜马拉雅音频诵读的《解密中国智慧》。

图书在版编目（CIP）数据

解密中国智慧 / 米鸿宾 著 . —北京：东方出版社，2024.4
ISBN 978-7-5207-3454-7

Ⅰ . ①解… 　Ⅱ . ①米… 　Ⅲ . ①中华文化—研究 　Ⅳ . ① K203

中国国家版本馆 CIP 数据核字（2023）第 091319 号

解密中国智慧

（JIEMI ZHONGGUO ZHIHUI）

作　　　者：米鸿宾
责任编辑：王　萌
出　　　版：东方出版社
发　　　行：人民东方出版传媒有限公司
地　　　址：北京市东城区朝阳门内大街 166 号
邮　　　编：100010
印　　　刷：北京联兴盛业印刷股份有限公司
版　　　次：2024 年 4 月第 1 版
印　　　次：2024 年 4 月第 1 次印刷
开　　　本：680 毫米 ×960 毫米　1/16
印　　　张：34.5
字　　　数：510 千字
书　　　号：ISBN 978-7-5207-3454-7
定　　　价：136.00 元
发行电话：（010）85924663　85924644　85924641
